汽车先进技术译丛
日本汽车技术协会·汽车技术经典书系

汽车测试分析技术

[日]　城井幸保　编著
潘公宇　范秦寅　译

机 械 工 业 出 版 社

《汽车测试分析技术》是日本国内应用非常普遍的一本技术书籍，对发动机、振动噪声和舒适性、操纵稳定性、碰撞安全性、空气动力学特性、人机工程学特性等方面基本的测量分析技术的现状进行了介绍，进一步对包含了应用的最新技术及课题做了概要的介绍。其研究与实验方法贴近工程实际，非常值得国内技术人员阅读借鉴。

图书在版编目（CIP）数据

汽车测试分析技术/（日）城井幸保编著；潘公宇，范秦寅译．—北京：机械工业出版社，2018.2

（汽车先进技术译丛．日本汽车技术协会汽车技术经典书系）

ISBN 978-7-111-58950-1

Ⅰ．①汽…　Ⅱ．①城…　②潘…　③范…　Ⅲ．①汽车－测试技术　Ⅳ．①U467

中国版本图书馆 CIP 数据核字（2018）第 008005 号

机械工业出版社（北京市百万庄大街 22 号　邮政编码 100037）

策划编辑：孙　鹏　责任编辑：孙　鹏

责任校对：樊钟英　责任印制：孙　炜

北京中兴印刷有限公司印刷

2018 年 4 月第 1 版第 1 次印刷

184mm×260mm · 12.75 印张 · 300 千字

0 001—3 000 册

标准书号：ISBN 978-7-111-58950-1

定价：80.00 元

凡购本书，如有缺页、倒页、脱页，由本社发行部调换

电话服务　　网络服务

服务咨询热线：010－88361066　　机 工 官 网：www.cmpbook.com

读者购书热线：010－68326294　　机 工 官 博：weibo.com/cmp1952

010－88379203　　金 书 网：www.golden－book.com

封面无防伪标均为盗版　　教育服务网：www.cmpedu.com

序

本丛书是日本汽车技术协会主编的汽车技术经典书系，书系共12册。本系列丛书旨在阐述汽车相关的焦点技术及其将来的发展趋势，由活跃在第一线的研究人员和技术人员编写。

日本汽车技术协会的主要责任是向读者提供最新技术课题所需要的必要信息，为此我们策划了本系列丛书的出版发行。本系列丛书的各分册中，相对于包罗万象的全面涉及，编者更倾向于有所取舍地选择相关内容，并在此主导思想下由各位执笔者自由地发表其主张和见解。因此，本系列丛书传递的将是汽车工程学、技术最前沿的热点话题。

本系列丛书的主题思想是无一遗漏地包含基础且普遍的事项，与本协会的“汽车工学手册”属于对立的两个极端，“汽车工学手册”每十年左右修订一次，以包含当代最新技术为指导思想不断地进行更新，而本系列丛书则侧重于这十年当中的技术进展。再者，本系列丛书的发行正值日本汽车技术协会创立50年之际，具有划时代的意义，将会为今后的汽车工学、技术，以及工业的发展发挥积极的作用。

在本系列丛书发行之际，我代表日本汽车技术协会向所有为本系列丛书提供协助的相关人员，以及各位执笔者所做出的努力和贡献表示衷心的感谢。

社团法人　日本汽车技术协会
汽车技术经典书系出版委员会
委员长　池上 询

编辑的话

本书是由日本汽车技术协会组织编写的“汽车技术经典书系”的第7分册《自動車の計測解析技術》翻译而来的。本丛书的特点是对汽车设计、测试、模拟、控制、生产等技术的细节描写深入而实用，所有作者均具备汽车开发一线的实际工作经验，尤其适合汽车设计、生产一线的工程师研读并应用于工程实践！本丛书虽然原版出版日期较早，但因为本丛书在编写时集聚了日本国内最优秀的专家，使本丛书具有极高的权威性，是日本汽车工程技术人员必读图书，故多次重印，目前仍然热销。非常希望这套丛书的引进出版能使读者从本丛书的阅读中受益！本丛书由曾在日本丰田公司工作的刘显臣先生推荐，也在此表示感谢！

本书由在日本取得博士学位并长期在日本工作，目前任教于江苏大学的潘公宇教授，以及大阪大学范秦寅教授联合翻译。其中，第2~4章、第6章由潘公宇教授翻译，第1章、第5章由范秦寅教授翻译。在此，对两位译者表示感谢！

日本汽车技术协会
“汽车技术经典书系”
出版委员会

主编

城井幸保　　三菱汽车工业株式会社

参编

桑原一成　　三菱汽车工业株式会社
塚本时宏　　堀场制作所工业株式会社
小野裕行　　三菱汽车工业株式会社
宫下哲郎　　三菱汽车工业株式会社
小野　明　　三菱汽车工业株式会社
北田泰造　　三菱汽车工业株式会社
镰田慶宣　　三菱汽车工业株式会社
岸本博志　　三菱汽车工业株式会社
森田隆夫　　三菱汽车工业株式会社
佐佐木由夫　　三菱汽车工业株式会社
丹羽史泰　　三菱汽车工业株式会社
岡部绅一郎　　三菱汽车工业株式会社
御室哲志　　三菱汽车工业株式会社
藤田春男　　大发汽车工业株式会社
中川邦夫　　三菱汽车工业株式会社
知名　宏　　三菱汽车工业株式会社
柳濑徹夫　　日产汽车工业株式会社
平松真知子　　日产汽车工业株式会社
早野阳子　　日产汽车工业株式会社

前　言

最近，科学技术的发展，很多内容让人刮目相看，但是更应该看到作为基础的测量分析技术，看到它们达到的目前的高水平和普及率的影响。从测量技术的发展和其自身的自动化可以把汽车技术的发展看作是一种典型。理论研究和试验测量，相得益彰，互为比较，促进了发展。测量技术则可以证明设计的合理性，是产品向更高水准进行改良的桥梁和重要的手段。

计算机的发展代表了科学的进步，实现了测量技术的高度自动化，可处理大量信息，并改善了测量结果数据的质量。以前，要求技术人员有一定想象力和灵感的一些行业的测试，通过数值化、可视化，使得任何人都可以掌握，因而，原因和结果得到了证明，这些原因和结果又成为很多新的理论的展开的根据。

技术人员失去了想象力，原始数据无法充分灵活利用等问题也是事实。测量仿真技术应该是为了理解物理现象的，埋头于庞大的试验测量和数据的分析观察，反而变得容易陷入失败。

测试技术的世界中，测试装置越来越先进了，就像变成了机械在指挥人了。因此，技术人员变得不重视把握物理现象的本质，容易犯只相信数据的错误。

今后的测量分析技术将更多地考虑和人有关的数据的测量分析。比如，噪声和振动，燃烧等的可视化，内部装饰的手感、气味等的数值化，人的疲劳和觉醒度等和人本身有关的数据的测量分析等，我们期待着这些和人类直接有关的测试分析技术的发展。

本书不可能将和汽车的开发所需的一切测量分析技术都编辑起来，作为代表性的内容选择了①发动机；②振动噪声和舒适性；③操纵稳定性；④碰撞安全性；⑤空气动力学特性；⑥人机工程学特性。关于各个项目，对于基本的测量分析技术的现状进行了介绍，进一步对包含了应用的最新技术及课题做了概要的介绍。

城井幸保

目 录

第1章 发 动 机

1.1 流场的测试分析

发动机中的流场，是在与活塞运动的同时，在形状和大小不断变化的封闭容积内，随时间和空间都发生很大变化的具有复杂结构的场。在进气行程开始，到压缩行程的前半程形成涡流（水平旋回流）和滚流（垂直旋回流）那样结构明确的流动，这种结构在发生燃烧的压缩行程的结尾开始崩溃，流场开始形成一种变动较大的总体流动和尺寸较大的涡团，以及稍后生成的湍流共存的复杂流场。因为，这些流场特性是支配混合气形成和燃烧过程的主要因素，所以，作为控制燃烧的实质性的手段，这些流场的各种各样的控制方法都得到了尝试。为此，准确把握复杂的流动特性极为重要，采用激光多普勒流速计和激光片照射的流场测量方法，得到了广泛利用。

1.1.1 可视化粒子流

LDV法、激光片照射法等都是向流体供给微小颗粒，根据追随流体运动的颗粒的散射光，得到有关速度的信息的方法。这些方法成为测量流动的主流的背景理由是，在发现的众多新颗粒中，对应测量目的，可以选择最适合自己测量方法的颗粒，从而实现精度较高的测量。

表1-1和图1-1中，列举了有代表性的可视化颗粒。测量流速时，对可视化颗粒的性能的要求可列举为，对于流动的反应灵敏度、散射光强等。为了满足这些要求，尽量选用粒径大、密度小的颗粒。但是，在决定了尺寸小到何种程度的流动作为测量对象时，就已经决定了颗粒的半径的上限。因此，根据测量对象以及测量目的，将各种颗粒分门别类进行使用，变得非常重要。

表1-1 具有代表性的可视化粒子流参数

	粒子名	商品名 制造单位	平均粒径/μm 粒径范围/μm	密度 g/cm³
中空微粒	玻璃微球	ニップセルK－135 日本シリカ工業	40 10～100	0.4
	树脂微球	エキスパンセル 日本フイライト	40 10～100	0.04
多孔微粒	聚酯微球	バイロン 東洋紡	任意 单分散	1.2
	硅石微球	MSF－30M リキッドガス	2.7 SD：0.18	0.9
2次凝聚微粒	白炭	ニップシルSS－50 日本シリカ工業	1.3 —	0.12
金属氧化物粉末微粒	二氧化钛	—	0.25 —	4.2
	二氧化铝	—	0.2 —	4.0

注：产品和制造厂家的名字保持日语原文，以便读者容易查找。

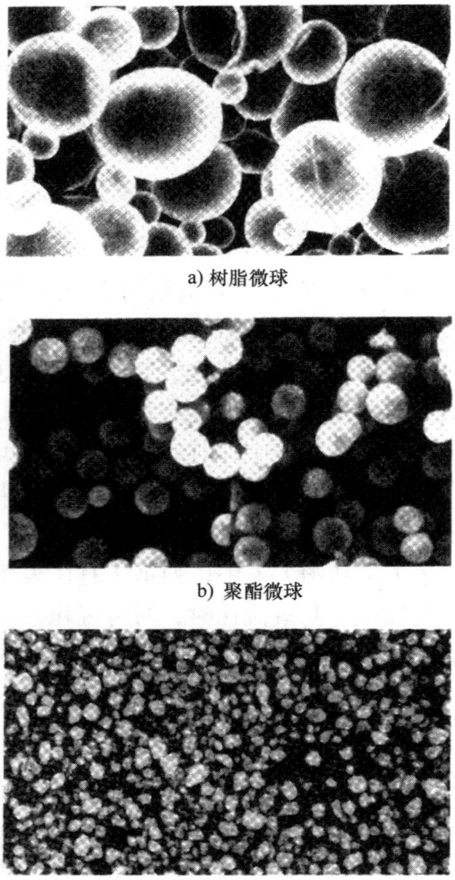

a) 树脂微球

b) 聚酯微球

c) 白炭颗粒

图 1-1　具有代表性的可视化粒子流

对总体流动进行测量时，较多使用粒径为几十 μm 的树脂微气球。当颗粒的半径在这个范围时，散射光强度与颗粒的半径的平方成正比，和氧化钛、氧化铝等传统颗粒相比，LDV 数据密度可提高到两位数附近。在使用激光片照射法的场合，大粒径的颗粒容易得到清晰的图像是其优势。

粒径为 40μm，密度为 $0.04g/cm^3$ 的树脂微气球，对于阶梯状的速度变化延迟时间常数是 40μs，对于正弦波形的流速变动显示了振幅响应 0.9 的追随响应频率为 2.5kHz，对于总体流动响应及时。粒径的偏差虽然很大，因为微气球壁面的厚度是一定的，所以微气球具有直径越大密度越小的倾向，从而抑制了由于粒径引起的响应的偏差。

测试分析湍流特性的时候，对于可视化颗粒特性要求更加严格，需要对数百千赫附近的频率能够及时准确地响应，对于 100μm 规模的湍流，要求微球粒径在数 μm 以下。为了符合这些条件，可考虑使用二次冷凝颗粒的白色碳。

在流速测试分析中，保持颗粒在时间、空间中的均匀分布非常重要。另外，对于颗粒密度要求能够自由控制。图 1-2 是能够满足这种要求的颗粒供给装置的一个例子。装置结构是，把恒温槽里干燥好的颗粒，由空气泵驱动，穿过开孔的平板，间歇性地落下，分布到向上方流动的离子化空气中，进一步引导到回旋加速器中，最后供应到对应装置里。由于颗粒在回旋加速器内将滞留充分的时间，能够使颗粒密度分布达到均匀。颗粒密度的控制，则由调节多孔平板的重复往返运动的频率进行控制。

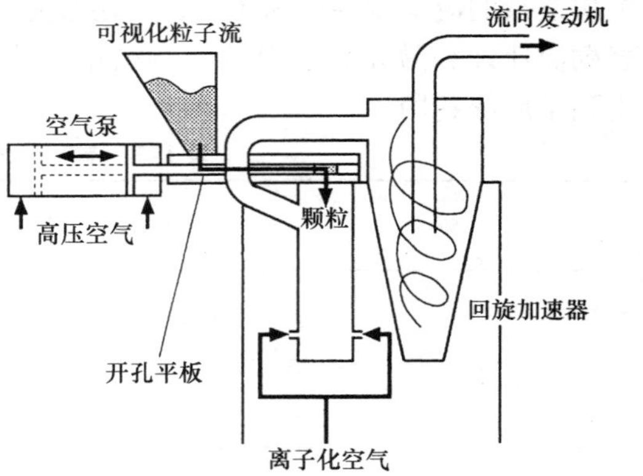

图 1-2　提供可视化粒子流的装置

1.1.2　激光多普勒流速计（LDV）

利用激光多普勒流速计（LDV：Laser Dopplar Velocimetry），可以在比较开阔的空间中进行局部性的非接触流速测量，所以，为了调查清楚发动机内流动的特性，上述装置的利用有了极快的进步。

颗粒通过两束激光的交点会产生散射光，LDV装置对散射光进行干涉，得到脉冲窜信号。而这个脉冲窜信号的频率数（多普勒频率）是和流速成比例的。LDV就是基于以上原理进行测量的。也就是说，多普勒频率数f_D可以根据以下算式得到。

$$f_D = 2v\sin\theta/\lambda \tag{1.1}$$

式中，v是颗粒速度；θ是激光束交叉半角；λ是激光波长。

根据LDV散射光的检测方向，可以大致分为前方散射式和后方散射式（图1-3）。前方散射式LDV信号强度大，可测量高密度数据，所以可适用于湍流的测量。但是，用于发动机内流动测量时，由于需要方向相对的两个测量窗口，大多数情况下测量范围受到一定限制。另一方面，后方散射式LDV在数据密度大小这一点上，性能较前方散射式差，然而，测量窗只需要一个，有自由度较高的优点。另外，激光发出系统和信号接收系统一体化，激光轴的位置调整方便简单。在较大空间中需要多点测量的总体流动的横贯测量，这种方式效率较高。

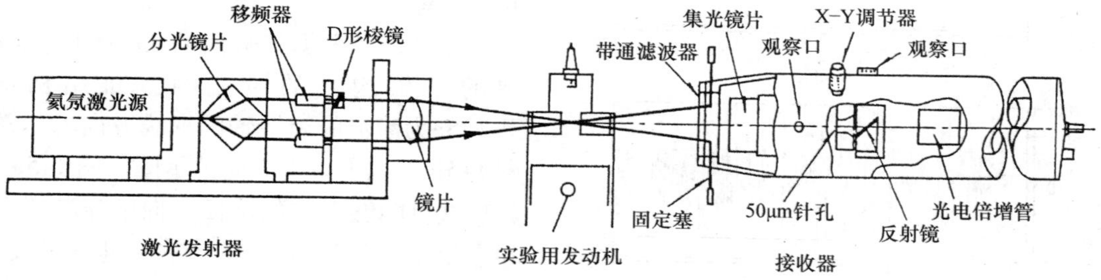

a) 前方散射式LDV[11]

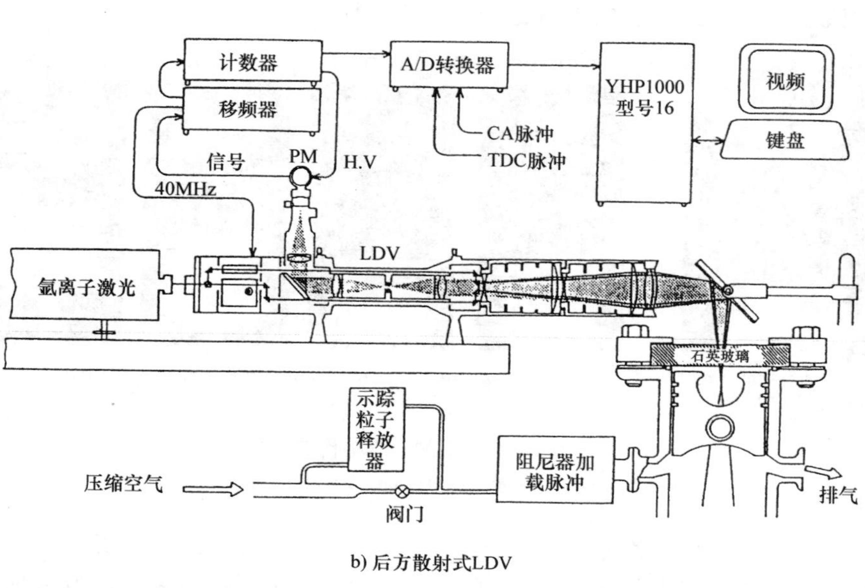

b) 后方散射式LDV

图1-3 具有代表性的LDV光学系统

LDV被确立为一般的测量方法有10年以上了，其间试图通过信号处理方法和光学系统的改善，提高测量密度的尝试不断得到实施。特别是，随着计算元件高速化，实时的 FFT（Fast Fourier Transform）处理成为可能，FFT 进行信号处理的方法在实际应用中，大大改善了测量极限的 S/N 之比数。图 1-4 中，比较了 FFT 法和以前的周期计数法的脉冲窜信号的测量极限。和周期计数法的 S/N 比的 6dB 界限相比，FFT 法可以测到 2dB 为止的信号。以前，由于壁面附近发生的散射光的强度较高，壁附近的测量变得较为困难，如果使用 FFT 法，再根据

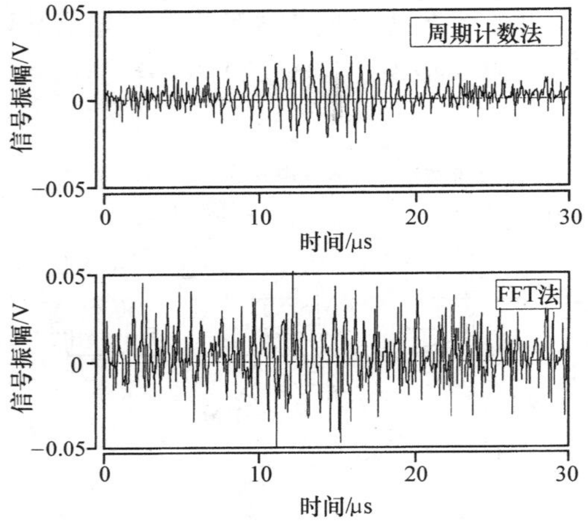

图 1-4　周期计数法和 FFT 法的脉冲窜信号测量极限

需要采用大粒径的颗粒，壁面距离 1mm 范围以内的空间的测量也是可行的。

（1）总体流动的测试分析

对于结构较明确的流动，实施高精度的定量测量，进而进行分析的场合，应用后方散射式 LDV，进行多循环多点测量，基于这些结果取循环平均值，构成流场的方法较为有效。这时，后方散射式 LDV 数据密度较低，对多次循环数据每当其出现时进行采样的方法比较合理。也就是说，需要和信号处理器的颗粒认识信号同步，在记录流速数据的同时，同步记录当时的曲轴角度数、第几循环等。

图 1-5 是根据气缸内的 64 个测量点得到的结果构成的滚流的三维结构图。图 1-5a为滚流的旋转轴的视线方向的示图，图 1-5b 为以上垂直方向的示图。图 1-5a 中为从这里能够看到的旋回方向的流速成分，和它相比，图 1-5b 的轴向的流速成分变得几乎没有了，从而可以知道，这就是气缸滚流的特征。

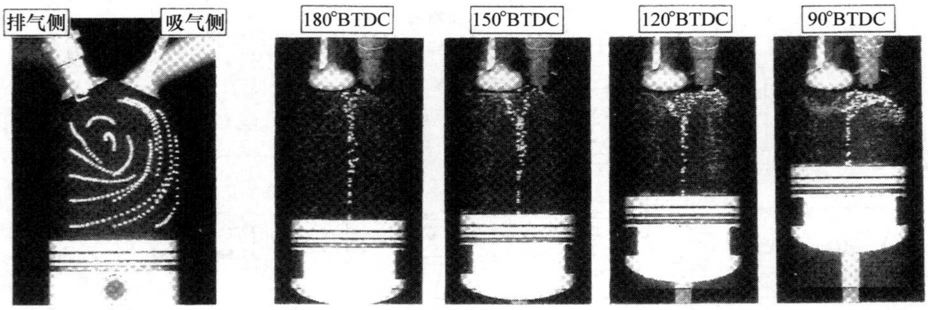

a)下支点滚流的结构（从旋转方向表示）　　b)压缩行程的流场结构（与以上滚流垂直方向的示图）

图 1-5　滚流的三维结构图

根据颗粒轨迹法表示，1000r/min，WOT，电动机带动

这个方法，由于是采用多循环的测量结果，综合平均求出其流场结构的，压缩行程的后半程，总体流动崩溃后，流场局部变动以及各循环之间的变动变大时，就不能够得到充分的分析数据了。

（2）湍流的测试分析

图 1-6 所示为采用后方散射式 LDV 得到的 200 循环的组合数据（上）和根据前方散射方法得到的周期分离数据的 20 循环的叠加结果（下）。两者都是在火花塞附近

测量滚流的旋回方向的流速成分。组合数据里体现了滚流的循环变动的影响，高频率成分的相位在各个循环中有错位，无法从这里求出湍流的强度和大小。为了对湍流进行分析，必须进行高时间密度的周期分离数据采集。

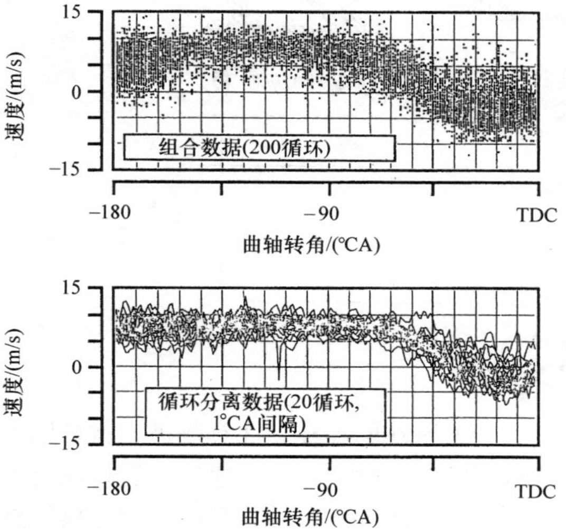

图1-6 采用后方散射式LDV得到的组合数据（上）和根据前方散射方法得到的周期分离数据（下）的比较
火花塞下方8mm处的旋回方向的流速，1000r/min，WOT，电动机带动

图1-7中所示为进行了高数据密度测量的单－循环的流速数据（上）和高频率成分（下）。在这里，发动机转速为1000r/min时，在曲轴转角180°的期间，得到了超过10000个的组合数据，这些数据是按照0.05°转角的间隔（开口）进行平均化的流速数据结果。而0.05°的分辨率是和120 kHz的频率相对应的。高频率成分，则是按照1°曲轴转角的间隔（开口）进行分离得到的。

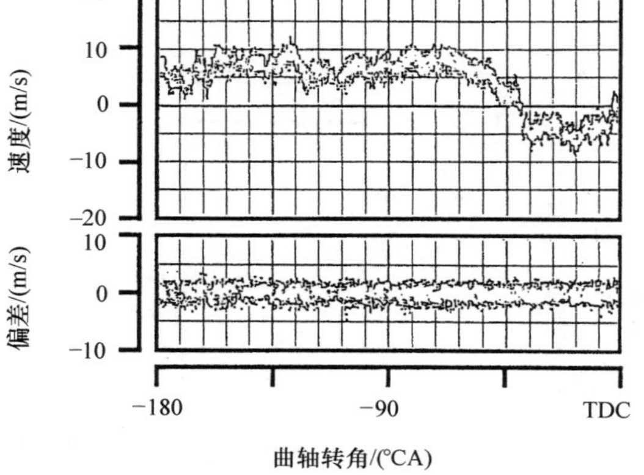

图1-7 高数据密度测量的单－循环的流速数据（上）和曲轴转角以1°间隔分离的高频率成分（下）
火花塞下方8mm处的旋回方向的流速，1000r/min，WOT，电动机带动

在这个例子里，使用了2W的输出功率较高的氩离子激光光源，利用了白色碳微粒和前方散射式LDV激光仪，实施了高密度的数据测量。要保证数百千赫的数据密度，当时的FFT元件的运算能力不够，使用了按照500MHz时钟计数运转的计数处理器得到流速数据，并按照5μs的时间间隔收集颗粒识别信息，进行同步记录，最后根据颗粒识别信息作为基准，分离每个颗粒数据，最后提取出来。

用前方散射式LDV装置进行发动机测量时的问题是，方向相反的水平对置的两个窗口的设置会遇到很多困难。因此，研究者尝试基于后方散射式LDV装置，对其光学系统和信号处理方法进行改良，使之成为在湍流测量中也能够得到足够的数据密度的装置。作为有效的方法，图1-8所示的旋转格子式LDV就是其中的一个例子。为了识别流动的方向，通常，需要将电子频率相位变换动作转变为机械的转角刻度。频率相位转换装置除了不会发生电子性干扰之外，还具有测量点的光束交叉能够得到保证（self－aligning）等优点，从而使可测得的数据密度有了飞跃性的改善。这个方法中，再加上扩大集光镜片直径，利用FFT方法处理信号，可确保得到20kHz以上的数据密度。

气缸内的湍流的测试分析方法是基于可将短时间内的流速变动作为稳态流处理的假设（稳态时间平均法）的，这种方法也被确认为根据矢量分析求出湍流特性值的方法。即，根据以下公式可以求出，湍流强度u'，自相关系数R，一维正规化能量光谱E。

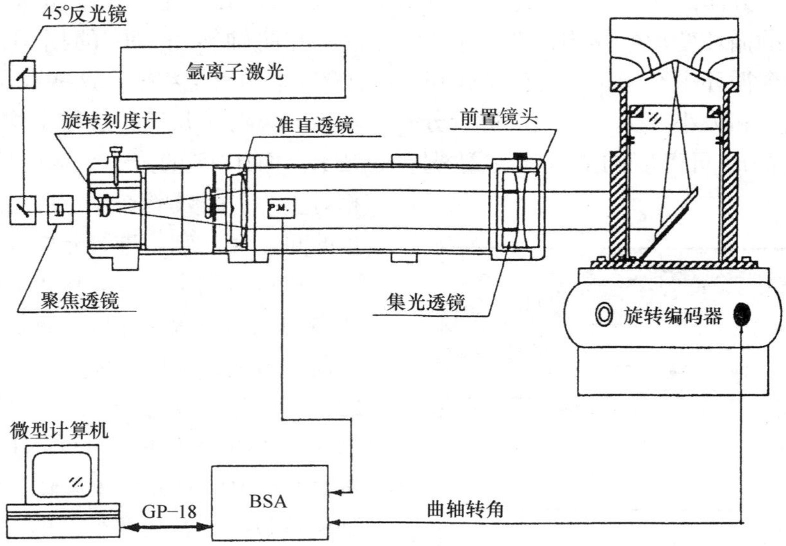

图 1-8　旋转格子式 LDV

$$u(t) = U(t) - \left[\int_0^T U(t)\,\mathrm{d}t\right]/T \quad (1.2)$$

$$u' = \left\{\left[\int_0^T u(t)^2\,\mathrm{d}t\right]/T\right\}^{1/2} \quad (1.3)$$

$$R(\tau) = \left[\int_0^{T-\tau} u(t)u(t+\tau)\,\mathrm{d}t\right]/(T-\tau)/(u')^2 \quad (1.4)$$

$$E(f) = 4\int_0^{T/2} R(\tau)\cos(2\pi f\tau)\,\mathrm{d}\tau \quad (1.5)$$

式中，t 是时间；T 是平均化时间间隔；$U(t)$ 是流速；$u(t)$ 是流速的变动成分；τ 是延迟时间；f 是频率。

如上所述的那样，注意改进，就可以根据得到的高密度数据的流速值，进行湍流的测试分析。图 1-9 所示为根据周期分离数据求出的，自相关系数的 20 个循环的数值的重合图。相当于滚流崩溃前，在压缩上止点前 70°～110°，是比从顶部连续运动下来的湍流成分具有更大的时间间隔的、非平衡的漩涡的重叠。在滚流崩溃过程中，压缩上止点前 10°～50°时，可以观察到，与崩溃前相比湍流的尺寸增加，而非平衡的漩涡减

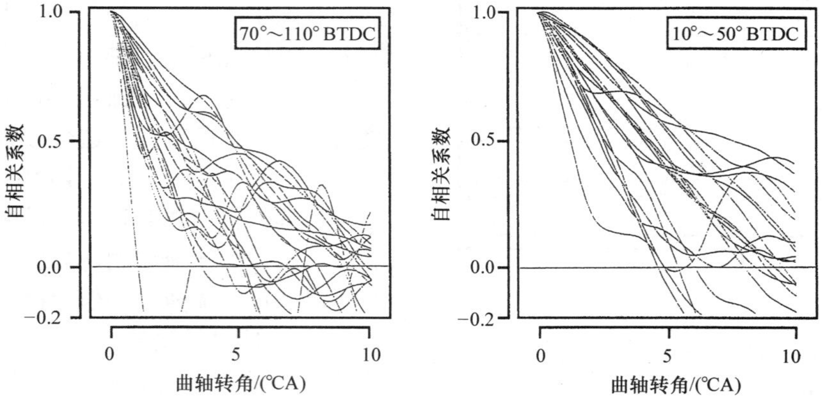

图 1-9　根据周期分离数据求出的自相关系数

火花塞下方 8mm，1000r/min，WOT，电动机带动

少。在这里，非平衡旋涡中，滚流的旋转中心和测量点中心之间的相对位置的变化等，引起的总体流动那样的结构的非定常性的因素也包含在内。测量湍流的能量频谱，求出积分尺寸时，应该对自相关系数实施总体平均化处理，除去非平衡涡流的成分，才能得到妥当的结果。图 1-10 所示为采取上述方法求得的一维正规化能量频谱。滚流崩溃过程中，大致应该保持这种关系，与之相反，崩溃前的数据则偏离这种关系，可以认为存在 2kHz 程度的湍流的生成项。

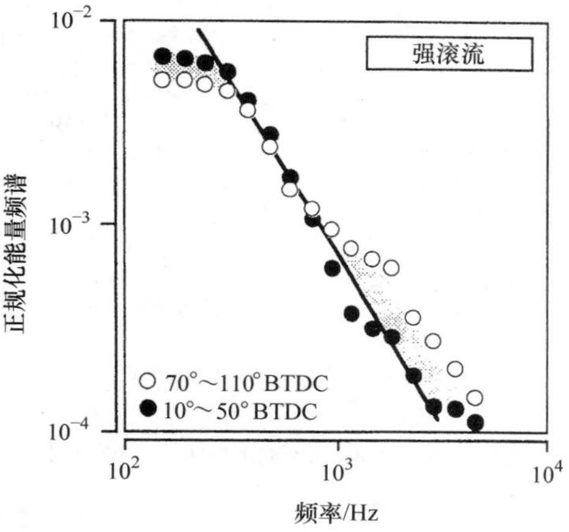

图 1-10　一维正规化能量频谱
火花塞下方 8mm，1000r/min，WOT，电动机带动

因为，以上的湍流的测试分析是基于稳态流动的假设，扩展应用到气缸内湍流的，所以，关于如何区分总体流动以及湍流，一般认为两者的对应于截断频率中的平均化时间幅度的设定基准不一定明确仍旧是一个问题。

由对 LDV 的时间系列数据分析的结果，可以知道，基于泰勒的假说（Taylor's hypothesis），平均流的流速乘以时间间隔就可以大概估算其空间尺寸。这个方法实施时，两点同时 LDV 测量法、扫描 LDV 法、激光自差法等方法均被提议使用，而这些方法都可以直接测得空间尺寸。所谓激光自差法就是通过复数的颗粒的散射光的叠加重合形成脉冲窜信号，根据这个信号具有与颗粒间的平均相对速度相对应的频率的原理，形成的湍流测量法。这些方法中，和测量点的间隔、被测量部的长度的设定等有关的截断频率的问题，仍旧是个不容易搞清楚的问题。

1.1.3　激光片照射法

最近，越来越多的实验使用激光片照射进行流场的可视化以及其定量化的尝试。这种装置是对通过激光片的激光颗粒的动作直接摄影，然后通过照片求出其速度，所以，把尺寸较小的湍流作为测量对象会遇到困难。但是，这种装置可以抓住瞬态的流速矢量的空间分布，应用于局部变动较大或循环变动较大的发动机内的总体流动，搞清楚其结构，效果明显。

激光片照射法包括 PIV（Particle Image Velocimetry）法，它是按照规定的时间间隔，使脉冲激光发生振荡，从得到的两个不同时刻的颗粒群的图像中，找出同一个颗粒的两个不同位置，用连接它们的直线表示流速；还有 PTV（Particle Tracking Velocimetry）法，它使用连续发生振荡的激光，激光在规定时间内发光，直接从颗粒的轨迹图像中求出流速。

（1）PIV

PIV（Particle Image Velocimetry）装置，在以前，由于难以找到颗粒密度较高的颗粒群中的一个颗粒的对应位置，使可测量的数据密度受到限制，但是，利用了图像相关技术从颗粒图像抽出速度信息后，高密度数据的测量也变得可能了。

图 1-11 是一个光学系统的例子。利用两台 ND：YAG 激光，形成双脉冲振荡的激光束，通过圆柱形镜片，最后激光束变为片状。按照照相机快门打开所规定的时间间隔，使激光片发光，两个时刻的颗粒记录在同一张图像内。由于激光装置功率大，即使供给高密度颗粒，如氧化钛微小颗粒，仍可

以得到清楚的图像。激光片照射法的最大的问题是，如何判断速度矢量的方向。在这个例子里，如图 1-12 所示，在激光片和相机之间，装置一个转动的镜子，镜子的反射使颗粒在两个时刻的图像当中的一个被移动一点点，这种微小的移动，使颗粒位移的同时，有一点错位（也叫影像错位法）。另外几种方法如在不同时间间隔，进行 3 次曝光的方法，利用荧光在颗粒图像里对颗粒拖出一个像下摆一样的痕迹，根据偏光原理把颗粒的两个对应的颗粒图像的一个略微移动一点的方法，使用两种激光使颗粒的两个影像具有不同颜色的方法等，实验者提出了各种方案。

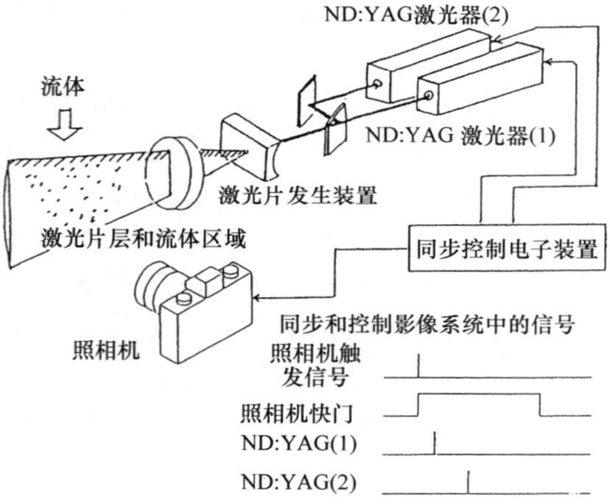

图 1-11　具有代表性的 PIV 光学系统的结构

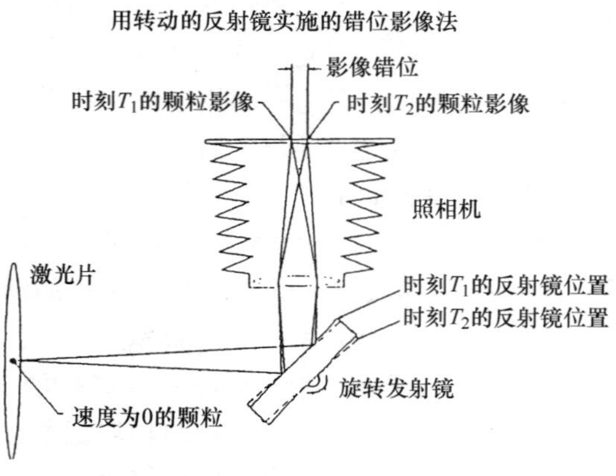

图 1-12　根据旋转反射镜拍摄的颗粒的移动

高数据密度的测量中，为了用高分辨率记录高颗粒密度图像常常使用胶卷。在这种情况下，根据图 1-13 所示的装置和顺序的不同，可以对颗粒图像实施图像相关处理。即把胶卷的微小领域扩大，进行投影，读入图像处理装置，进行 2 次 2 维 FFT 处理，求出空间相关系数，通过空间相关系数峰值点连接直线，这就是所得到的颗粒位移，除以激光的发光时间间隔，于是得到流速。

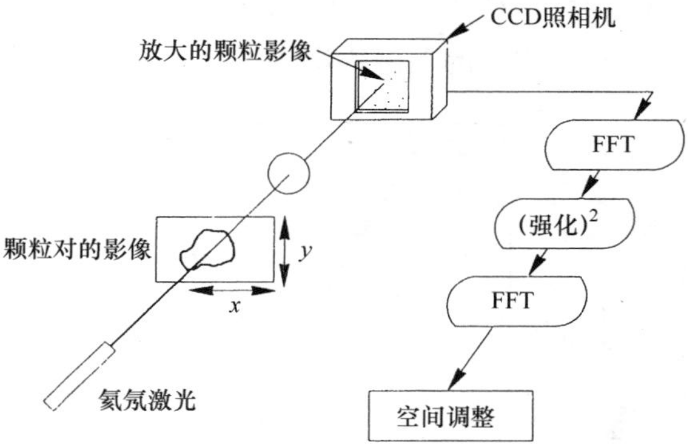

图 1-13　图像相关处理的顺序

如果求得高密度空间中的流速矢量空间分布的话，利用上述方法，还可以实施涡度、应力、能量的消散率的测试分析。各值可以通过以下公式求出：

$$\omega z(x, y) = [\partial v(x, y)/\partial x - \partial u(x, y)/\partial y]/2 \tag{1.6}$$

$$\phi(x, y) = v\{2[\partial u(x, y)/\partial x]^2 + 2[\partial v(x, y)/\partial y]^2 + 2\{[\partial v(x, y)/\partial x] + [\partial u(x, y)/\partial y]\}^2\} \tag{1.7}$$

$$\varepsilon x(x, y) = \partial u(x, y)/\partial x$$
$$\varepsilon y(x, y) = \partial v(x, y)/\partial y$$
$$\varepsilon z(x, y) = -[\varepsilon x(x, y) + \varepsilon y(x, y)]/2 - (\mathrm{d}\rho/\mathrm{d}t)/\rho \tag{1.8}$$

式中，x、y 是激光片上的直角坐标；z 是和激光片垂直的坐标。$u(x, y)$、$v(x,y)$ 是 x、y 方向的流速成分；$\omega z(x, y)$ 是涡度；$\phi(x, y)$ 是能量消散率；γ 是动黏度系数，$\varepsilon x(x, y)$、$\varepsilon y(x, y)$、$\varepsilon z(x, y)$ 是各方向的垂直应变；ρ 是密度。

罗伊斯（Reuss）的团队，从燃烧室内的流速矢量分布，求出了涡度和应力分布，成功抽出了漩涡的尺寸。图 1-14 举出了其中的一个例子。图 1-14a 是直径 0.9mm 区域的图形相关时，用 0.5mm 的间隔求出来的流速矢量向量的结果。图 1-14b 是用 10mm 的尺寸的空间滤波器分离出来的小规模流速成分，图 1-14c 是涡度的分布。再对这些物理量采用空间相关的话，漩涡的积分尺寸也可以估算出来。

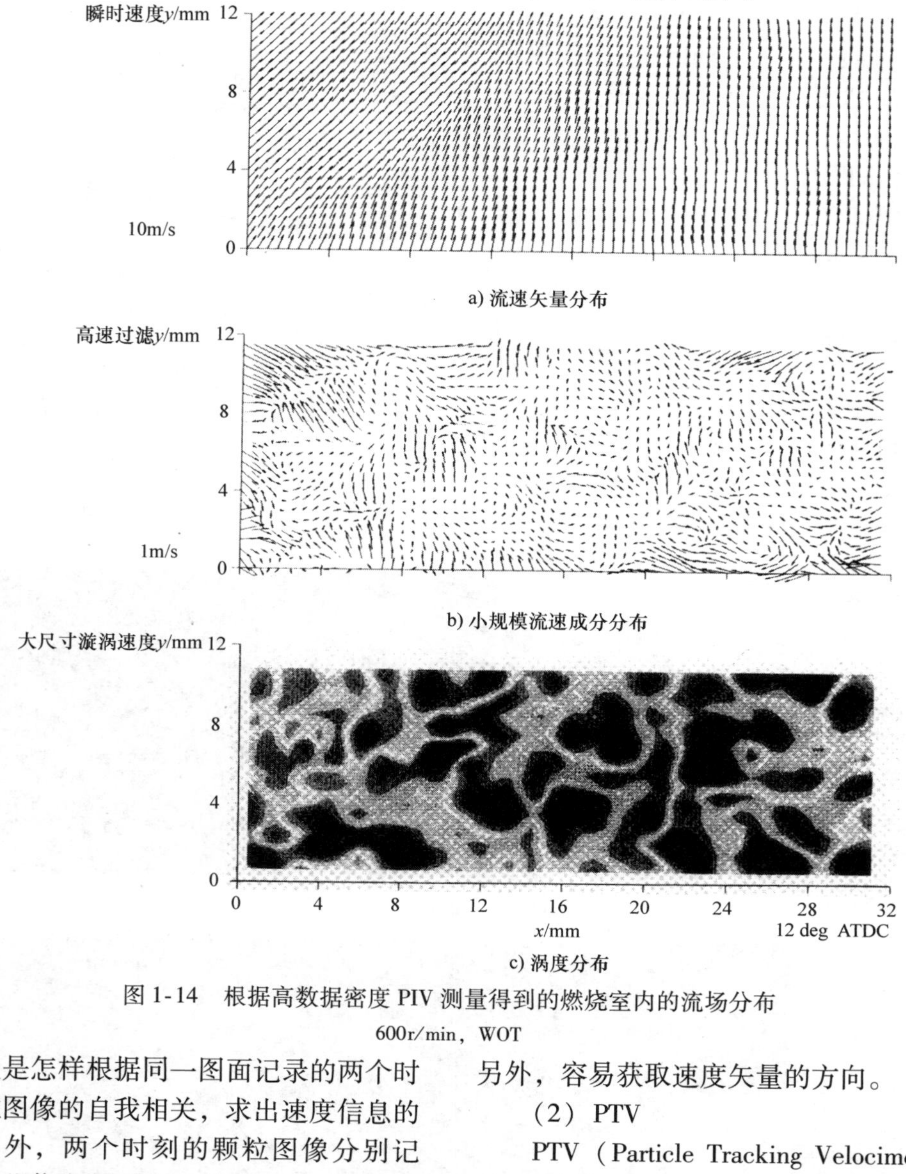

图 1-14　根据高数据密度 PIV 测量得到的燃烧室内的流场分布

600r/min，WOT

以上是怎样根据同一图面记录的两个时刻的颗粒图像的自我相关，求出速度信息的方法。另外，两个时刻的颗粒图像分别记录。将这些信息相关起来的方法也有介绍。两个系统的摄影装置，需要准备可以高速摄取复数图像的成帧照相机，使试验装置变得复杂，但是，根据图像相关原理，这种装置的优点是，误认速度矢量的可能性相当小。另外，容易获取速度矢量的方向。

（2）PTV

PTV（Particle Tracking Velocimetry）容易分离颗粒的轨迹，在高密度环境中，也能够测得数据。但是，与脉冲激光相比，需要低输出的连续振荡的激光振荡器，不容易得到鲜明的图像。发光期间，穿过激光片，存在形成不良轨迹的问题。还有，需要对速度的方向的确定进一步下功夫想办法。

解决这些问题，使用双色激光片的方法被提出来了。图 1-15 说明了其测量原理。将氩离子激光的发光分成为蓝色（波长：488nm）和绿色（波长：514.5nm）的光束，两个音响光学元件（AOM：Acousto - Optic Modulator）在不同的时机，经矩形调制后再次让其集合，通过圆柱形透镜的作用，变形为片状。激光片按照绿色、绿色+蓝色、蓝色的顺序发光，拍摄其中通过的颗粒，图像中将有由绿色、浅蓝色、蓝色构成的颗粒轨迹组成。把其中 3 色都备齐的颗粒轨迹作为分析对象，根据浅蓝色部分的长度求出速度，边缘部分作为颗粒轨迹的起点决定流速的方向。颜色不齐全的轨迹，作为不良轨迹完全删除。两个颗粒轨迹重合的情况下，由于这些颗粒容易区分，可进行高数据密度的测量。使用输出功率在 6W 以上的激光器，组合树脂微球和高感度 35mm 胶片，可以得到非常鲜明的颗粒轨迹。

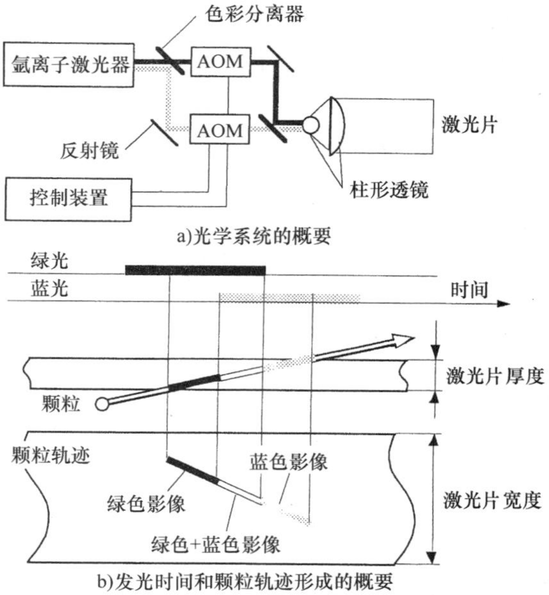

b)发光时间和颗粒轨迹形成的概要

图 1-15　双色 PTV 激光测量原理

图 1-16 是燃烧室内的水平、垂直截面

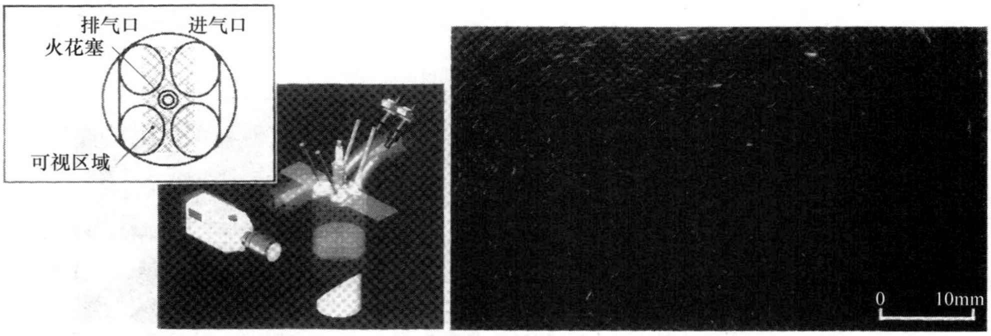

a) 火花塞下面8mm处水平截面

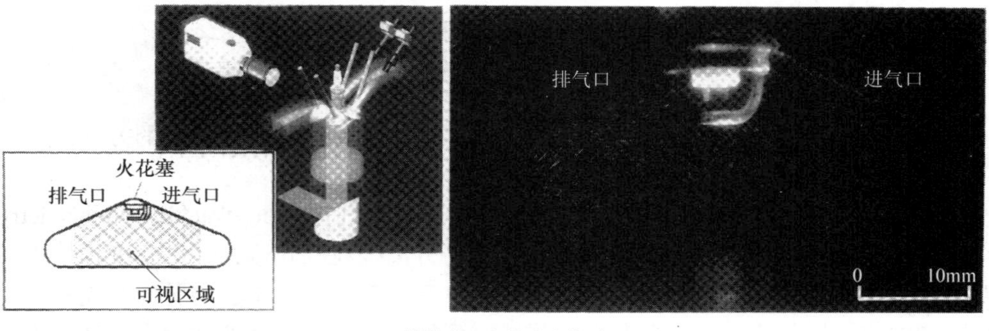

b) 燃烧室中心的垂直截面

图 1-16　双色 PTV 测量的燃烧室内流场的摄影结果

1000r/min，WOT，电动机带动

的摄影结果。图中显示的光学系统的配置是，用激光片等观察燃烧室内部时需要的最基本的装置。这个图像包含了 74mm×40mm 左右的领域内的大约 1500 个数据。对其进行插值后，可以求出 1mm 间隔的流速失量分布。图 1-17 显示了典型的循环中，将速度矢量分布进行组合，滚流支配的流场的结构的变化。根据这个结果来看，压缩行程接近结束时，可认为，滚流大约在 10mm 左右，进一步转变为尺寸比较大、个数较多的旋涡。就是这样，利用局部的变化，理解全体的复杂的流场的结构时，上述方法可以说是有效的。

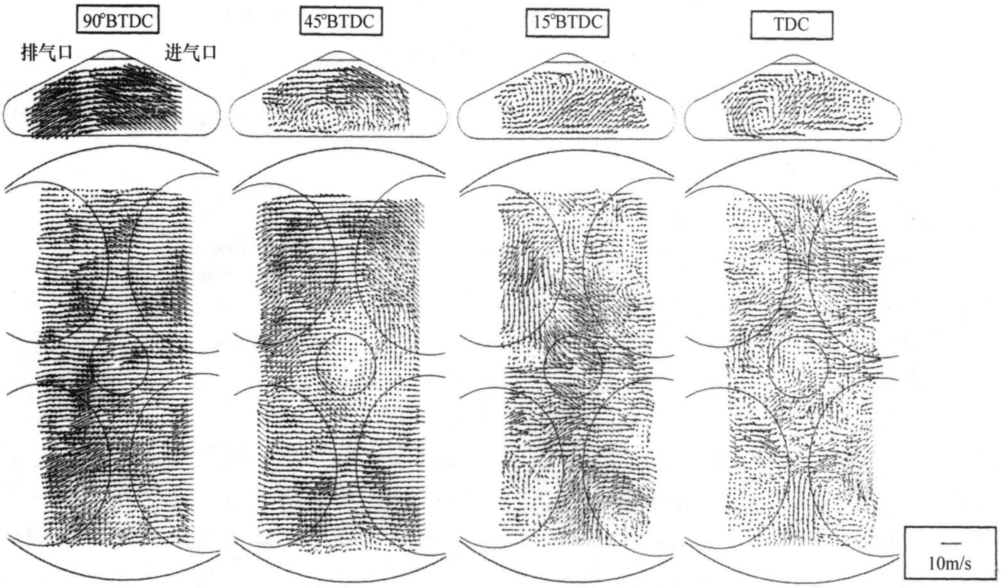

图 1-17 滚流支配的流场的结构

1000r/min，WOT，电动机带动

在这样的高密度下，如果能够测量得到流速矢量，毫米级尺寸的涡度、应力、能量耗散率都能够得到测量和分析。作为一个例子，在图 1-18 里进行说明，这是从水平截

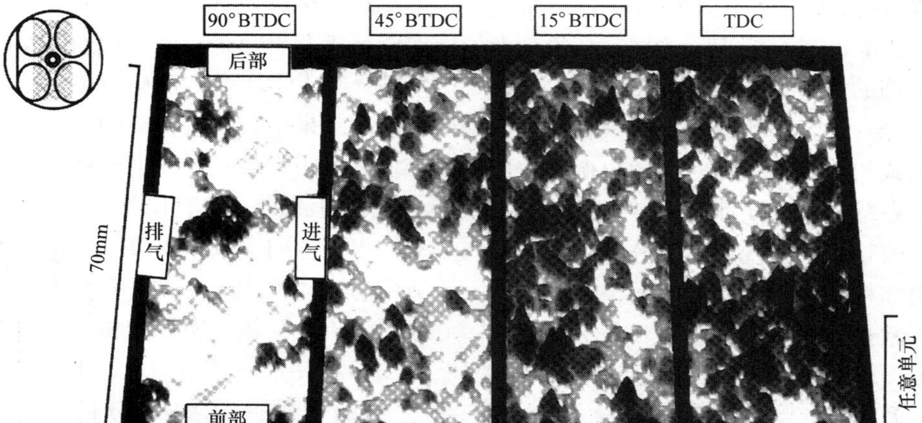

图 1-18 滚流支配的流场的能量耗散率分布

火花塞下方 8mm 的水平截面，1000r/min，WOT，电动机带动

面的结果求出的能量耗散率的分布图。颜色浓厚处表示是等值线较高的地方，表示能量耗散速度较大。到压缩行程的中间为止，可以说滚流形成了容易保留能量的结构，但是也可以发现，到了压缩上止点之前，大量的能量开始逸散，可以认为，这些能量转变为湍流能了。这样，如果可以得到高密度数据，从总体流动的结构，就可以得到湍流的信息。

（3）三维 PTV

发动机中的流场具有复杂的三维结构，循环之间变化很大。因此，很多情况下，不适合利用不同循环中的多截面测量结果进行组合来求出流场的三维结构。于是，尝试着从利用三色激光片得到的单一图像中，抽出三维流动速度场。

图 1-19 说明了测量原理。氩离子激光器的蓝色、绿色光束，通过 AOM，在不同时刻和在不同时间幅度中进行矩形调制。再对这些光束加上 YAG 激光器的第二谐波（黄绿色）的光束，形成 3 色重叠激光片层和只有绿色的激光片层，最后形成由以上两个片层组合的激光片。在颗粒通过绿色的激光片层时间内，给予充分的发光，而在其中，通过蓝色激光片层时，只给予短暂的发光。由 YAG 激光器将不等间隔的蓝色激光片层的发光时间进行标识。这样，从得到的颗粒的轨迹的浅蓝色部分和标识时间，可以求出和激光片平行的流速成分。把颗粒轨迹的彩色模式的比例和发光时间的比例进行比较，提取在绿色的发光期间内突入贯通激光片的颗粒的轨迹，以浅蓝色部分的长度为基准，求出颗粒穿透激光片的时间，就可以得到垂直于激光片的流速成分了。分析颜色模式的图形，就可辨别颗粒是从上、下哪个方向突入了激光片。

这个方法的数据密度，和二维测量的场合比较，会发生被抑制在 1/10 左右的问题。颗粒与激光片垂直方向的流速越大，颗粒轨迹越短，测试分析精度变得较低，这是和装置原理相矛盾的地方。但是，封闭在发动机缸内的流场里，如果能够知道流动的方向的话，大多数场合，流场构造在一定程度上也是可以理解的。所以，利用的方法对头，可以发挥较好的效果。

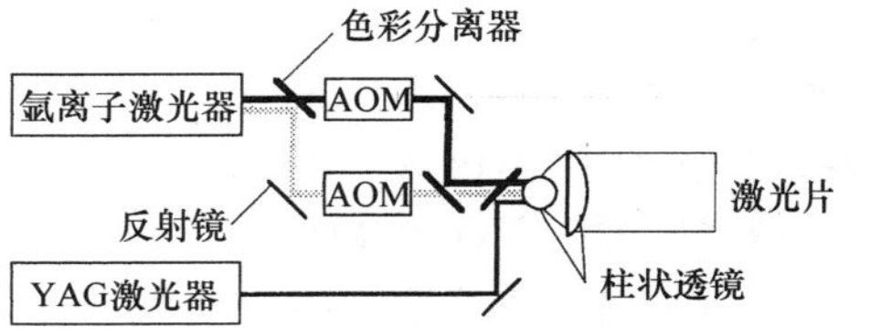

a)光学系统的概要

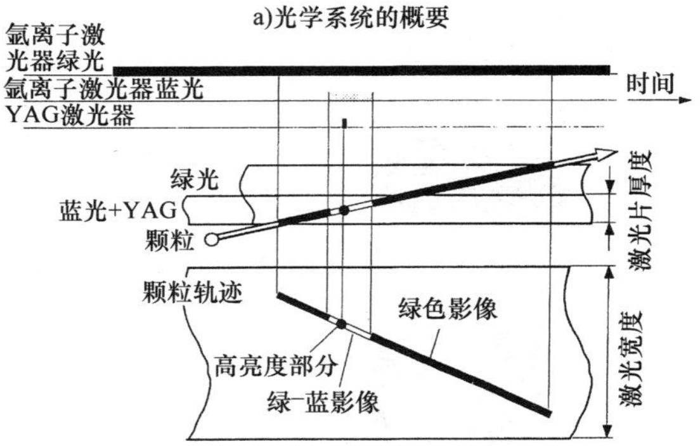

b) 发光时间和颗粒轨迹形成概要

图 1-19　三色 PTV 抽出三维流速的测量原理

图 1-20 是滚流崩溃过程的非常及时且完整的测量结果。上半部展示的是垂直截面的流动的摄影结果，下半部展示的是水平截面的三维测量结果。两个截面的交线上的一致性，在上下配置的图中可以看到。在三维测量的结果中，垂直方向的流速分为三个水准，灰色阴影表示上升的流动，黑色阴影表示下降的流动，没有阴影的表示水平的流动。水平方向可以导出以下结论，即和垂直截面的流动模式无关，水平截面上存在一对水平涡流，并相互逆向旋转。

（4）使用高速摄像机的 PIV

表 1-2 是高速录像系统的一览表。高速摄影的最近的技术进展的有关报道中，报道了诸如不用胶卷和录像带等中间媒介，直接将图像记录到计算机内存中的系统。报道中

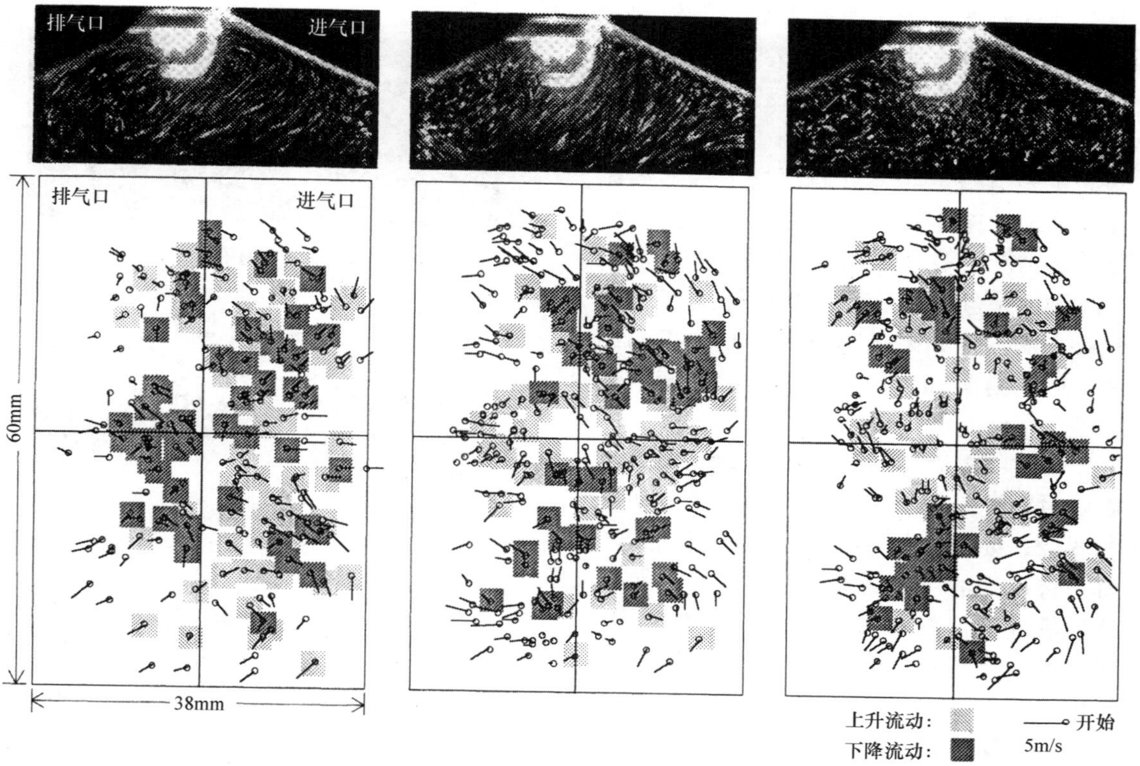

图 1-20 滚流崩溃过程的三维测量结果

火花塞下方 8mm 的水平截面，1000r/min，WOT，电动机带动

表 1-2 具有代表性的摄像机的参数

名字	摄影速度	像素分解能	记录方式
KODAK，PS2000－c	2000fps（Full Frame） 12000fps（frame divided）	192×240 （Full Frame）	专用磁带
NACK　HVC－1000	500field/s（full size） 1000field/s（frame divided）	180×240 （Full Frame）	VHS 磁带 S－VHS 磁带
KODAK，EKTAPRO，IMG6000	1000fps（Full Frame） 6000fps（frame divided）	192×238 （Full Frame）	IC memory
Photron FASTCAM，KODAK KODAK HS4540	4500fps（Full Frame） 40500fps（frame divided）	256×256×8bit （Full Frame）	IC memory

最高速的系统分辨率是 256×256，可达每秒 4500 帧，128×128 的分辨率则可达 13500 帧的速度进行摄影。伴随高速化，产生的光量不足的问题，很多场合，使用图像强化处理（image intense file）解决，还有，如果考虑到，图像数据最后传送到图像处理装置中处理，空间解析能力不那么高的问题不太会发生的话，摄影一开始就将数据进行电子化（digital），在后面处理中分析性能能够继续维持，还是认为有意义的。

随时间连续拍摄的结果中，因为各帧图片信息上，含有跨越帧间的微分信息，分辨率较低的时候，会在图片中给人强烈的印象。进行流场的微细结构测试分析时，要求使用静止照相机等高分辨率装置，如果仅仅是想扼要地理解流场的结构，使用高速摄像装置也是有效的。气缸内流场形成的涡流中，在形成连续的涡流流线前，发生变形，崩溃的情况很多。瞬间的图像中，只能看到这些地方是弯曲的流动，可能不会察觉到那里存在涡流。如果是随时间连续拍摄的图片，就容易察知这样的漩涡，看到旋转的流动。

用连续振荡的激光装置作为光源是实施随时间连续摄影的前提。为了得到清晰的图像，要求用树脂微球作为跟踪颗粒。由于将得到的所有图像的数据进行数值化处理后进行保管，需要庞大的内存装置，现实中，将信号转变为不容易发生劣化的元件信号之类的模拟信号进行保管，放到可以任意随机阅读指定的图像的光盘里合理保存。

需要从高速摄影的结果定量地求出速度的信息时，可按照图 1-21 所示方法进行。图 1-21a 是火花塞周围的流体，以每秒 4500 帧的速度拍摄下来的单张图片的图像数据，发动机的转速是 1000r/min，一帧照片中颗粒移动的距离非常小，说是颗粒的轨迹，不如说是接近颗粒的本身的数据。因此，为了从这样的结果得到速度的信息，必须使用复数张图片的数据。两个常用测试分析方法叙述如下。

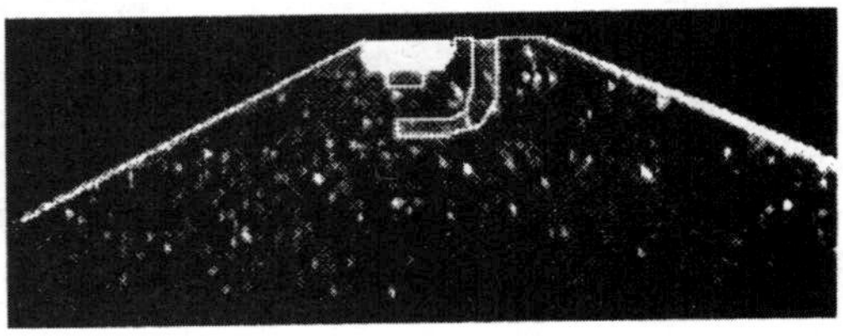

a) 单张图片的图像

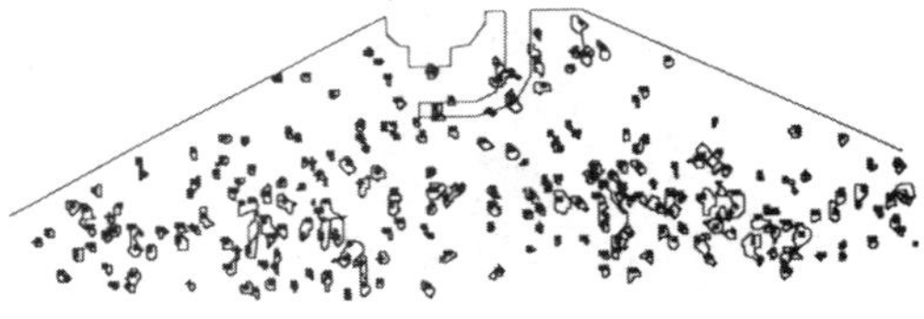

b) 颗粒识别，重心点定义

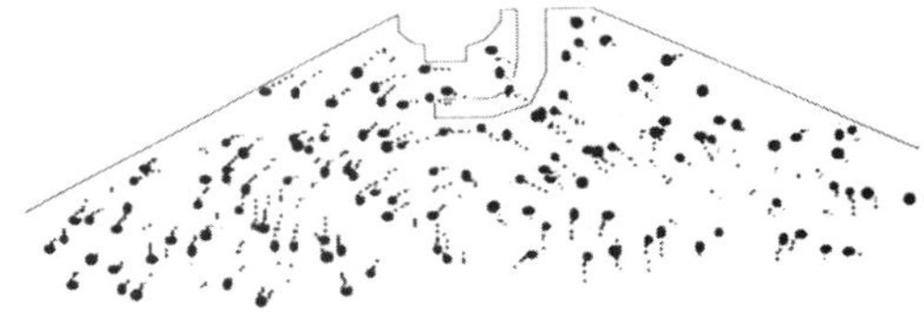

c) 连续5帧照片的颗粒坐标重叠结果

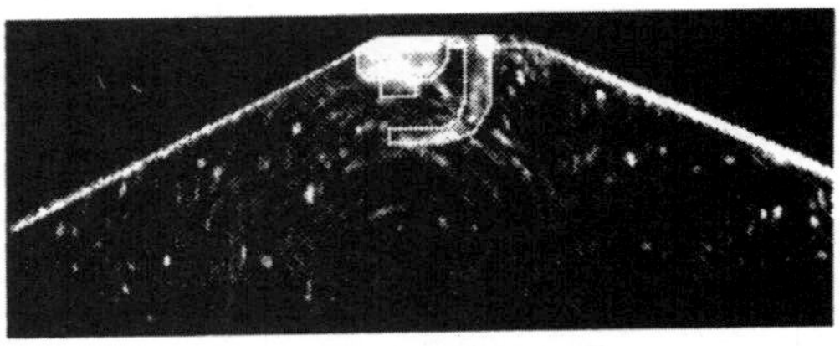

d) 图像数据演算得到颗粒轨迹

图 1-21　从高速摄影结果求出速度信息

火花塞下方 8mm 的垂直截面，

1000r/min，WOT，电动机带动

一个是基于通过图像分析识别颗粒的方法。图 1-21b 是图 1-21a 的图像中的颗粒的识别结果。通过轮廓的处理，识别颗粒占据的闭空间，闭空间的重心定义为颗粒中心坐标，图 1-21c 为连续 5 帧照片的颗粒坐标重叠起来的结果。将这些轨迹作为连线，求出颗粒速度。这里，为了表示速度方向，最后的那帧照片的数据需要表示为较大的点。

另一个方法是对图像的数据直接进行运算的方法。图 1-21d 是这种方法的一个结果，表示 5 帧的连续的图像数据合成得到颗粒的轨迹。这时，因为越是后面的图像亮度越亮，重叠在一起，就可以根据轨迹上的亮度的明暗而识别流速的方向。如果只需要得到颗粒的轨迹，只要降低摄影速度，延长曝光时间就可以了。对于无法预测方向的复杂的流动，根据高速摄影的结果取得方向的信息的这个方法是非常有效的。

1.2 喷雾的测试分析

在发生喷雾燃烧的柴油发动机里，燃料的喷雾特性是对燃烧及有害排放物生成有极大影响的因素，以液滴微粒化为主的喷雾的特性需要进行优化，对此，大量有关研究正在进行。最近发表的缸内喷射汽油发动机中，在部分负荷域和高负荷域，从层状混合燃烧切换到均匀混合燃烧，燃烧喷雾的先进的控制方法成为系统成立的关键。一般的汽油发动机，在进气管内向进气门喷射燃料，只有一部分保持液滴的状态流入气缸，喷雾特性对燃烧的影响较少，基本不予考虑。

燃料喷雾的控制项目包括：支配宏观的混合的到达距离、喷雾角、平均液滴直径等，关于微观混合，包括燃料液滴的行为和分布等多方面因素。非定常喷雾中，这些特性随时间的变化也都是重要的控制项目。考虑所有这些因素实施喷雾特性的优化时，利用各种各样的测量方法来研究复杂的喷雾结构和行为，非常重要。

1.2.1 喷雾外形的观测

非定常喷雾和很多循环变动因素有关，如果只限于分析其宏观行为，可以认为各循环之间变化不大，反复再现同一现象。因此，追踪用到达距离、喷雾角等指标表示的喷雾形状随时间变化的时候，使用宏观的闪光灯光源和静止相机，进行拍摄运动轨迹的同样的频闪式拍摄，大多数情况下可以得到满意的结果。即在相机的快门开放期间中，进行一回曝光的摄影方法，这样，把曝光时刻错开，在多次循环中进行连续拍摄。假设各循环差别不大的前提成立的话，不同的循环的照片，按照循环中的不同时刻排列起来，就可以看到现象的时间变化了。

图 1-22 表示摄影装置的配置。图 1-23 举例表示了观测的结果。例子显示，在喷雾后方和照相机相对的方向设置了光源，穿过喷雾的透射光途中受到衰减，对这种衰减进行摄影，从喷雾液相部的外形的影子，就可以得到喷雾的外形（背景光摄影法）。把穿过喷雾的光线作为平行光，使用纹影背景光学系统进行摄影的话，就可以对喷雾周围的气态部分进行可视化了。

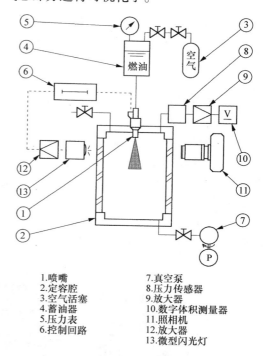

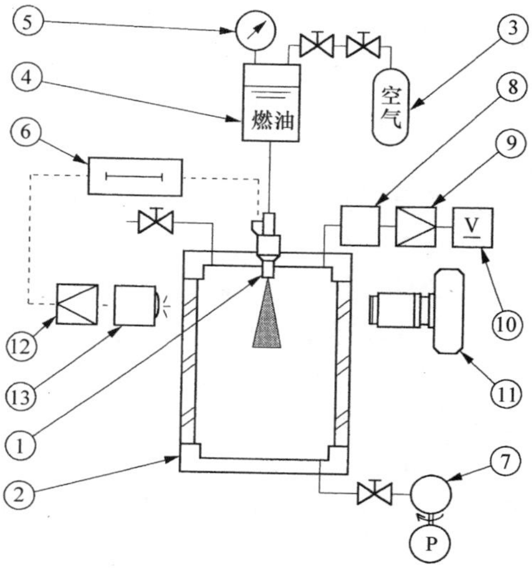

1.喷嘴
2.定容腔
3.空气活塞
4.蓄油器
5.压力表
6.控制回路
7.真空泵
8.压力传感器
9.放大器
10.数字体积测量器
11.照相机
12.放大器
13.微型闪光灯

图 1-22 燃料喷雾频闪摄影装置

观测窗口的配置受到制约时，从照相机侧，或者喷雾侧投射光线，从而对喷雾液相部分散射的光线进行摄影，观察窗口和壁面的反射光则会造成妨碍，很难得到反差较高的图像。

1.2.2 喷雾截面的观测（激光片照射法）

为了调查喷雾内部结构和燃料液滴的行为，用激光片照射喷雾截面形成散射，对散射光进行观察的方法是有效的。具体的摄影方法和流体的测量方法一样，连续振荡的激光和高速摄像机的组合，在一定时间内进行连续拍摄，连续振荡的激光和静止相机适用于颗粒的轨迹的摄影，脉冲激光和静止相机

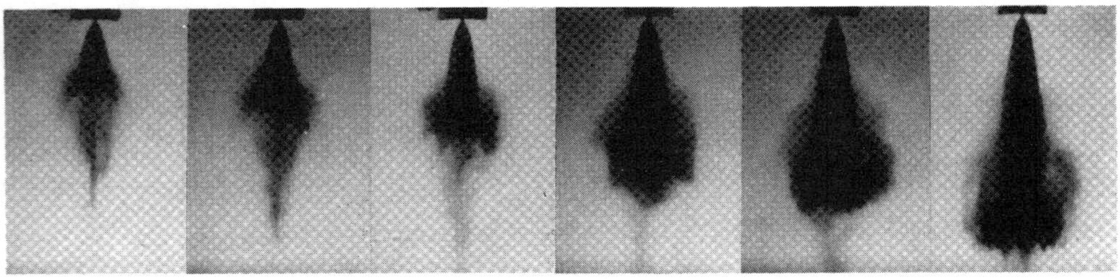

图 1-23 轴针式喷嘴形成的燃料喷雾的变化

喷射压力：13.3MPa，周围空气压力：100kPa，常温

可适用于颗粒的图像摄影。

以下，介绍适用于缸内喷射汽油机的电磁式离心喷嘴形成的喷雾的观察结果。

图 1-24 所示为 6W 功率的氩离子激光光源，喷雾的垂直和水平截面的内容，以及由高速视频摄影的结果。根据这个，喷雾的内部结构和燃料的空间分布，以及随时间的变化、喷雾周围的空气流动、和喷雾联动的相互作用等都一目了然。由于周围环境的压力的影响，喷雾结构不断发生变化，缸内喷射汽油发动机就是利用这个特性控制着混合的。进气行程喷射时，相当于在常压的条件下进行，实现均匀混合，需要较大范围的分散结构的喷雾，而压缩行程喷射对应的条件则需要瞄准层状混合，以便形成紧凑结构的喷雾。

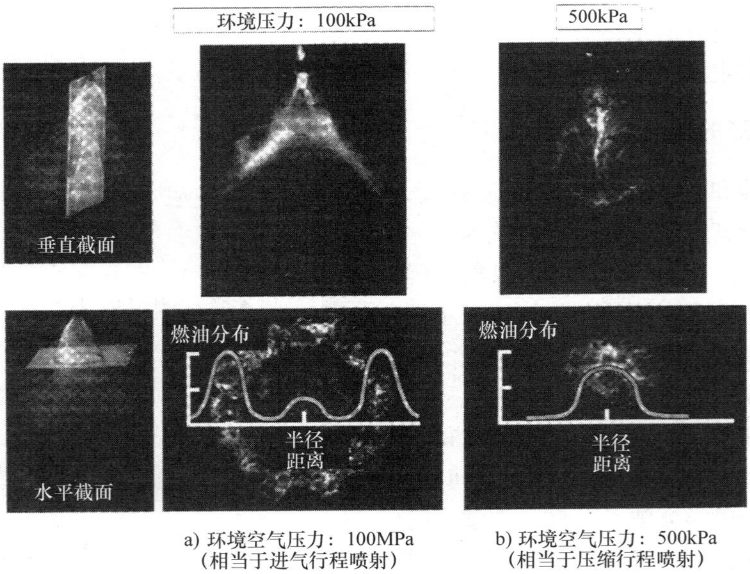

图 1-24 缸内喷射汽油机喷嘴形成的喷雾的截面结构

电磁式离心喷嘴，喷射压力：5MPa，常温，环境气体：空气

图 1-25 是激光片和光学放大系统组合起来，在喷嘴的喷口附近对液滴进行观察的例子。利用 Nd：YAG 激光对液滴的颗粒进行照相，高倍率的摄影光学系统 F 值取得非常大，高功率的脉冲激光的输出不足，要进行弥补。激光片和光学系统的焦点景深相

比，会变得较厚，颗粒的图像多半变得像衍射图那样，在个数密度高的领域，把各个液滴分开捕捉，进行摄影变得不可能了。

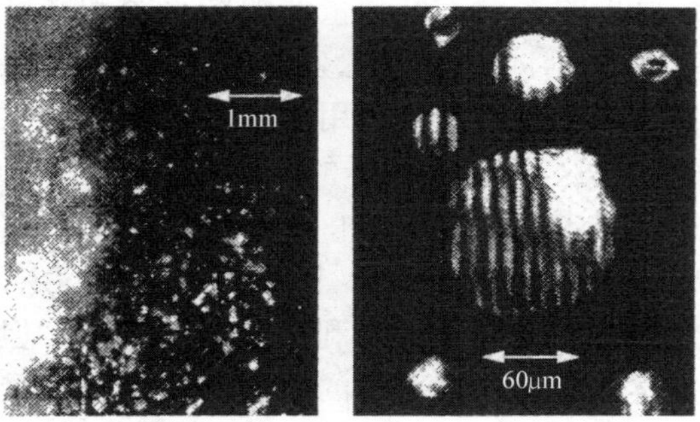

图 1-25 喷嘴附近扩大的摄影结果
电磁式离心喷嘴，喷射压力：5MPa，环境空气压力：100kPa，常温，环境气体：空气

图 1-26 是把氩离子激光的发光期间设定得较长时，根据喷雾内部和周围的燃料液滴的移动拍摄的颗粒轨迹的结果。表面层的液滴具有涡流的横向旋转速度，比较整齐地移动着，和它们相反，内部的液滴的运动显得比较凌乱。这一结果说明了，为了记述燃料液滴的行为，需要考虑液滴本身引起的空气流动和液滴运动之间的干涉。这张图中，

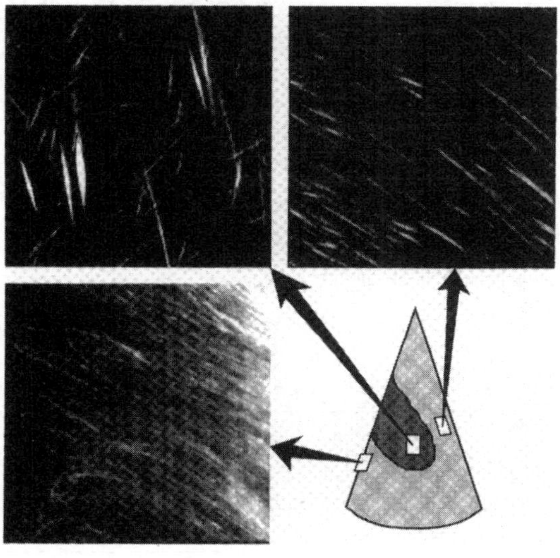

图 1-26 喷雾表面和内部的燃料颗粒轨迹
电磁式离心喷嘴，喷射压力：5MPa，
环境空气压力：100kPa，常温，环境气体：空气

各个液滴是分开来的，可以一个个观察，这正是把颗粒作为轨迹进行摄影的意义所在。

图 1-27 是说明在喷雾周边的气体中，用激光片照射树脂微球，捕捉到的喷雾运动引起的空气流动的颗粒的轨迹。由于被赋予了水平方向的旋转速度成分的液滴的带动，可以确认周边空气发生了涡流运动。利用这个方法，可以测定分析喷雾的运动和喷雾内的空气导入状况。

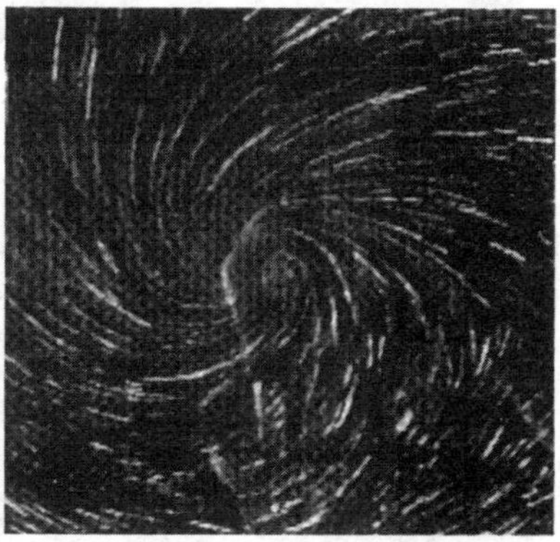

图 1-27 喷雾运动引起的喷雾周围气体的旋回运动
电磁式离心喷嘴，喷射压力：5MPa，环境空气压力：100kPa，常温，环境气体：空气

在这里，柴油机喷雾的观测结果的例子在图 1-28 中进行了说明。利用 Nd：YAG 激光和 35mm 静止相机实施了高分辨率的拍摄，从而把握了喷雾内部的微细结构。结合垂直截面和斜截面的观测结果导出了以下结论，那就是，垂直截面中看到的枝状结构是一种 3 维的圆锥状的棱线的表现。

作为激光片照射法的喷雾观测的应用实例，有硅油颗粒散乱法。就是事先将硅油混入燃料，向高温处喷射，燃料蒸发后，硅油微粒仍旧残留。这些微颗粒作为示踪颗粒，是使燃料蒸气可视的方法，从得到的散乱光强度，就可以算得燃料蒸气浓度。

1.2.3 局部测试分析

获得液滴直径和个数密度等喷雾内部的

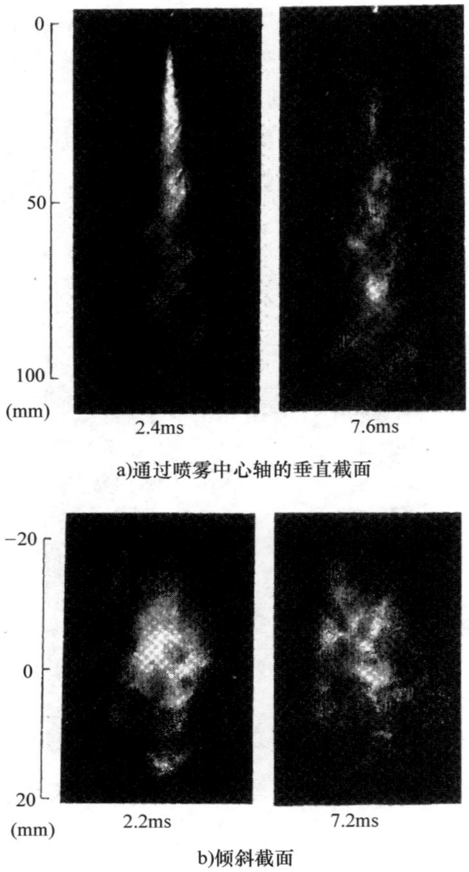

图 1-28　柴油机喷雾截面结构

喷射压力：49.1MPa，喷射时间：3.6ms，
环境空气压力：1.57MPa，常温，环境气体：氮气

局部信息的测试分析方法，首先是表 1-3 里列举的各种光学的方法，不管哪种方法，都是基于 Mie 的理论，但是，根据测量原理的不同，可测量的颗粒直径和密度范围是不同的。考虑发挥各种方法的效果，应该注意使其适用于高密度域的界限较高，这是非常重要的，这一点也说明，透射光衰减法和位相多普勒法（PDPA：Phase Dopplar Particle Analysis）是更为有效的方法。另外也有利用回析的方法，但是这个方法可以适用的液滴的密度范围受到限制，还有，湍流容易成为光学的外乱原因，很难应用于气缸内部。

（1）透射光衰减法

透射光衰减法是一个可以用来求出喷雾内的局部液滴密度和喷雾全体的索特平均粒径的、能适用于高密度域的、使用范围最广的方法，且具有光学系统简单的优点。

粒径为 D、数密度为 N 的颗粒群中，平行光通过时的衰减率，可根据 Lambert - Beer Law，用以下的公式表示。

$$I/I_0 = \exp(-Q_{ext}\pi D^2 NL/4) \quad (1.9)$$

式中，I_0 是入射光强度；I 是透过光强度；I/I_0 是衰减率；Q_{ext} 是衰减系数；L 是光路长

表 1-3　为了得到喷雾内局部信息的光学测试方法

测试方法	测量项目	光学系统	内容
全系测量法	液滴直径	透过型光学系统 相干光	单一液滴的回折分析 使用广角透镜以便测得小液滴信息 低液滴密度高精度测试分析 根据测试图像可进行复数颗粒分析
弗劳恩霍费尔衍射方法 （Fraunhofer diffraction method）	液滴直径	透过型光学系统 相干光	颗粒群弗劳恩霍费尔衍射法回折缟纹分析 假定颗粒直径分布函数 可测最高液滴密度介于全系测量法和透过光衰减法之间
透过光衰减法	喷雾全体平均液滴直径，喷雾局部液滴密度	透过型光学系统	测量平行光衰减率 用孔径法检测半角 不能测试喷雾根本密度较大处 可做图像测量分析
相位多普勒法	液滴直径 液滴速度	LDV 光学系统 相干光多种光测试	检测多普勒脉冲信号的频率和相位 适合较高密度领域测量分析 不能测量分析喷雾根部

度。这个关系在可以忽视多重散乱的影响的条件下成立。对于燃料液滴，公式在特定波长带以外，忽视吸收的衰减，只考虑散射的话就成立，衰减系数（散射系数）根据 Mie 的理论，由粒径参数（$\pi D/\lambda$，λ 为波长）和折射率的函数给定。颗粒直径 5μm 以上，粒径参数超过 30 个以上，光学系检测半角在 0.1°以下的条件时，可以将衰减系数取为 2.0。透射光一旦在测量点聚光，在聚光点设定好镜头的孔径大小，同时就规定了检测半角。

轴对称喷雾的场合，因为是根据从光路上累计的衰减率的测量数据抽出局部燃料量的数据，需要使用图 1-29 表示的同心圆模型。根据通过最外层的光路的衰减率，求出这层液滴面积密度 $r(1) = [\pi D^2 N(1)/4]$，可以反映这一数值，并依次求出内侧的层的值的话，从外侧数的第 i 层的值 $r(i)$ 就可以根据以下公式赋予：

$$r(i) = [(-1/Q_{ext}) \cdot \log(I/I_0) - \sum_{j=1}^{i-1} r(j)2L(i,j)]/[2L(i,i)] \tag{1.10}$$

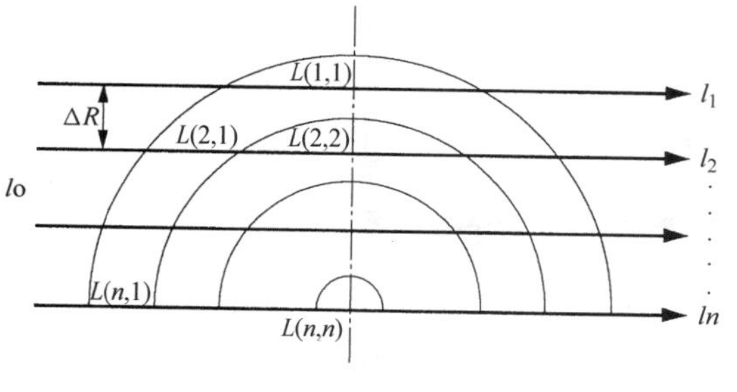

图 1-29 同心圆模型

如果能够得到液滴面积密度的空间分布，喷雾全体的索特平均粒径 D_{32}，局部的液滴密度 $C_f(r,z)$ 可用以下公式求出。

$$D_{32} = 3/2 \cdot Q/[\sum_z \sum_r \gamma(r,z)V(r,z)] \tag{1.11}$$

$$C_f(r,z) = 2/3 \cdot D_{32}\gamma(r,z) \tag{1.12}$$

式中，r 为半径方向坐标；z 为 z 轴方向的坐标；$V(r,z)$ 为位于坐标（r，z）的层的体积；Q 为喷油量。

同心圆模型不能适用的非轴对称喷雾，可根据多方向的测量数据实施 CT（Computed Tomography）处理，就可求出局部信息。

这些截面的处理，是对除去了循环变化成分的数据进行的，所以处理需要基于多循环数据的收集，并在平均化处理的基础上实施。

图 1-30 是将同心圆模型应用于柴油机，求出的喷雾内液滴密度分布的结果。图上部可以看到和壁面冲突的喷雾，这是使用氦气霓虹激光的狭缝光和光电二极管阵列进行一

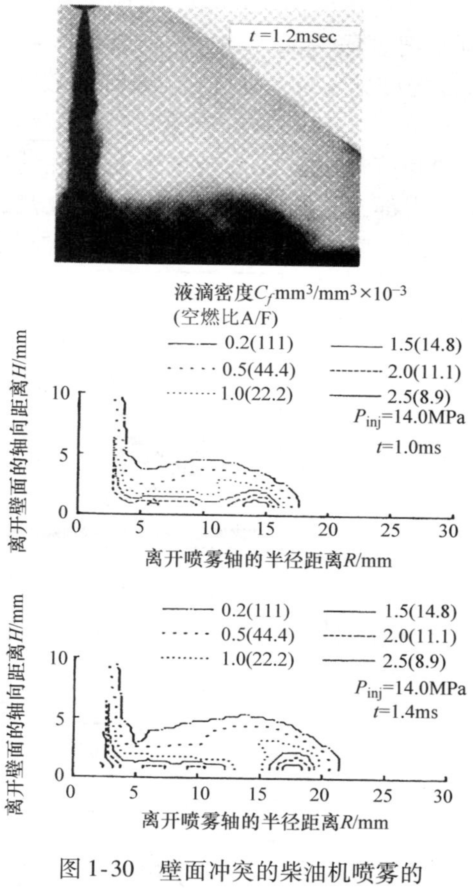

图 1-30 壁面冲突的柴油机喷雾的喷雾内液滴密度分布

喷嘴位置：壁面上方 20mm；喷射压力：14MPa；喷射时间：1.2ms；环境气体密度：18.5kg/m³，常温

维测量时，在喷雾轴方向交错进行构成的喷雾整体图像。同心圆模型用来进行测试分析的问题是，误差在向层内侧进行时，累积起来，为了得到喷雾轴附近较为妥当的结果，要求非常小心，注意密切关注实验的细节，确保高精度的测量的实施。

实际的发动机里，燃烧室形状和喷雾的行为非常复杂，而且，测量的方向受到限制，采用上述的截面处理方法，往往是比较困难的。

应该注意到，在应用透射光衰减法测量蒸发喷雾时的方法，是一种积极地利用了由于吸收产生的衰减将气相和液相的燃料量进行分离的方法（紫外线与可见光 2 波长吸收、散射光度法），图 1-31 说明了这个方法的概要。作为 α – 甲基萘燃料，照射 560nm 的可见光时，只是由于液滴的散射产生了衰减，对于 280mm 的紫外线，液滴的散射和和蒸气吸收成为衰减的支配性的因素。因为都知道这个时候液滴的吸收足够小，所以，紫外线光衰减率可由液滴散射衰减率和蒸气吸收形成的衰减率的积求出。因为可见光的数据可通过紫外线的数据得到反映，所以就可以分别求出液滴密度和蒸气浓度。另外，衰减率和蒸气密度之间的关系式和后面介绍的红外吸收法公式形式是一样的。

以下给出一个例子，图 1-32 是其光学系统的配置，图 1-33 是其测量结果。色素激光器可同时振荡发出可见光和紫外线，使用两台 CCD 相机对两种光线的衰减率的空间分布分别进行摄影，再根据图像数据求出各自的衰减率空间分布。

(2) 相位多普勒法（PDPA）

相位多普勒法（PDPA：Phase Dopplar Particle Analysis）是利用 LDV 类似的光学系统，同时测量液滴速度和直径的测量方法。也就是说，基于 LDV 测量原理，在求得速度的同时，从两方向检出多普勒脉冲串信号，根据相位差，并基于液滴是球形的假设，算出颗粒直径。适用于燃料液滴那样的透明的颗粒时，两次折射光线支配了多普勒

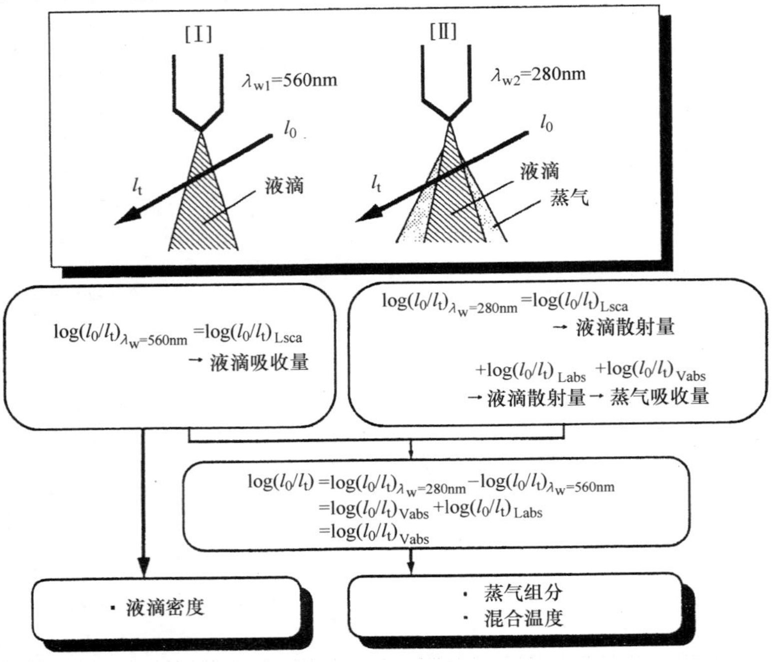

图 1-31　紫外线与可见光 2 波长散射光度法原理

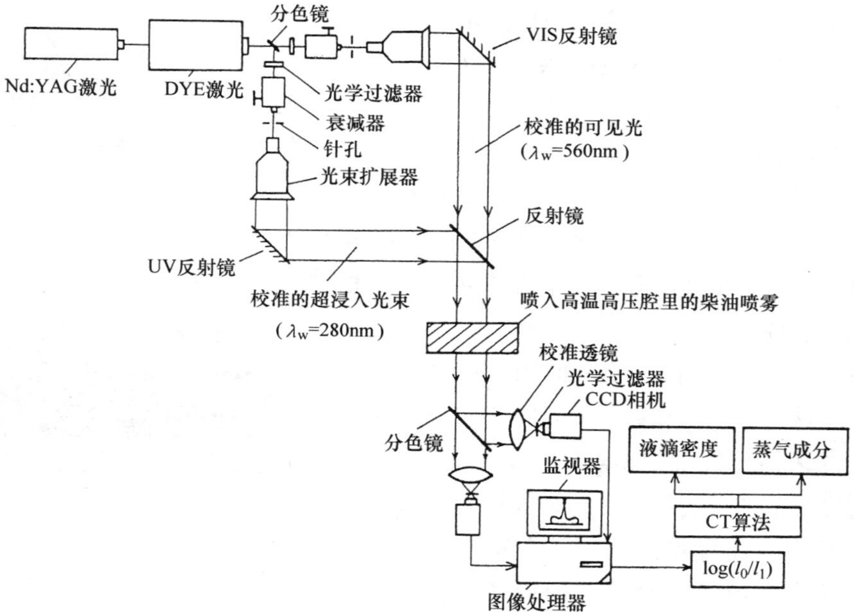

图 1-32　紫外线与可见光 2 波长散射光度法光学系统

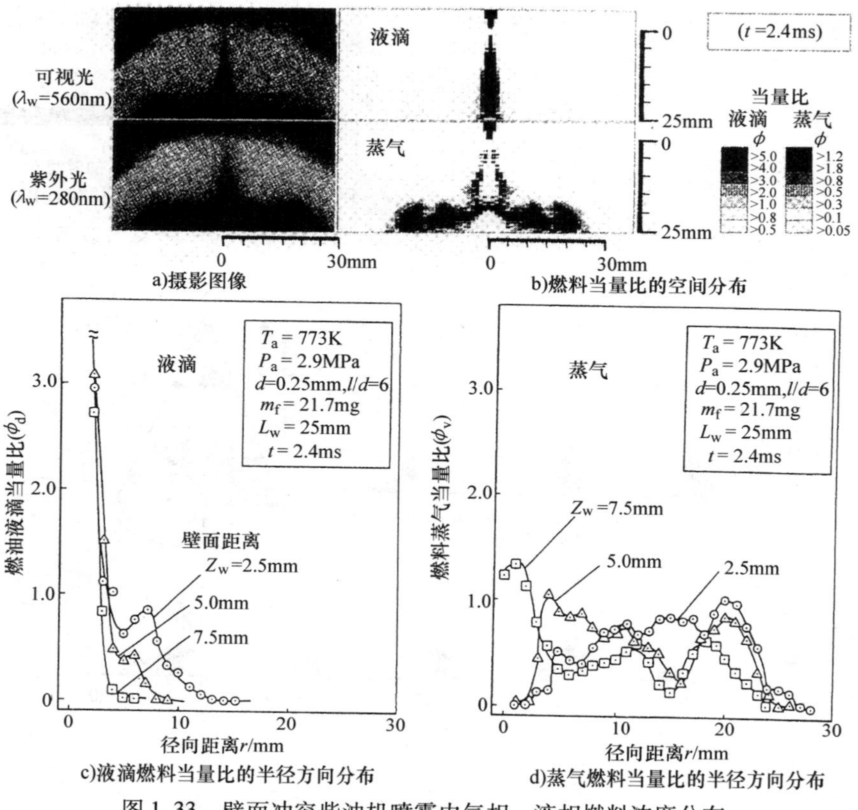

图 1-33　壁面冲突柴油机喷雾内气相、液相燃料浓度分布

喷嘴位置：壁面上方 25mm；喷嘴开启压力：19.6MPa；燃料喷射量：21.7mg；环境气体压力：2.9MPa；
环境气体常温：773K，环境气体：氮气

脉冲信号的发生。因为装置较难受到相位光衰减的影响，所以在液滴密度较高的领域也可以使用，但是，测试分析的前提是测量点只存在单一颗粒，像靠近喷雾出口的喷雾根部那样液滴密度相当高的领域，无法使用该方法。由于可以直接求出局部的时间系列的信息，所以可以进一步详细分析喷雾内部空间的、时间上的特点。

图 1-34 是高压喷射汽油喷雾的测量结果的说明。在这里，速度和粒径的时间变化是测量得到的多循环集合数据。图 1-35 所示为液滴直径分散的空间特性。因为收集了各个液滴的信息，还可得到液滴的存在概率，以及其速度和粒径的分布等的统计信息，也是这个方法的一个很大的优势。利用这些数据，还可以求出质量流束和运动量等。

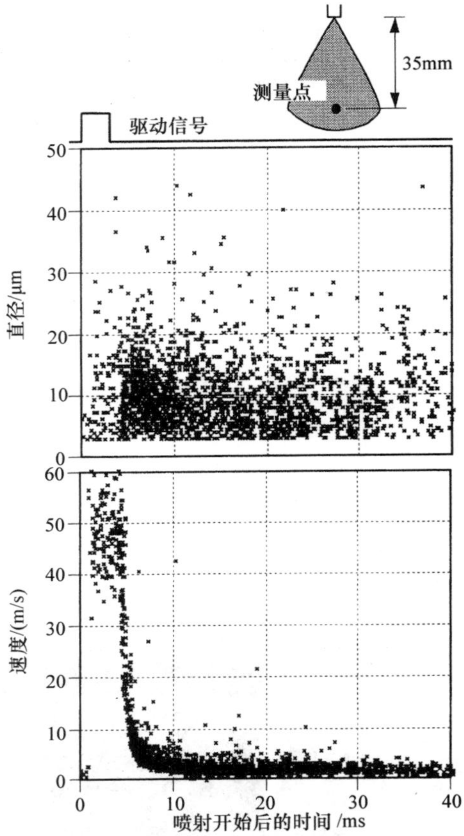

图 1-34　喷雾轴上速度和粒径的时间变化（多循环集合数据）

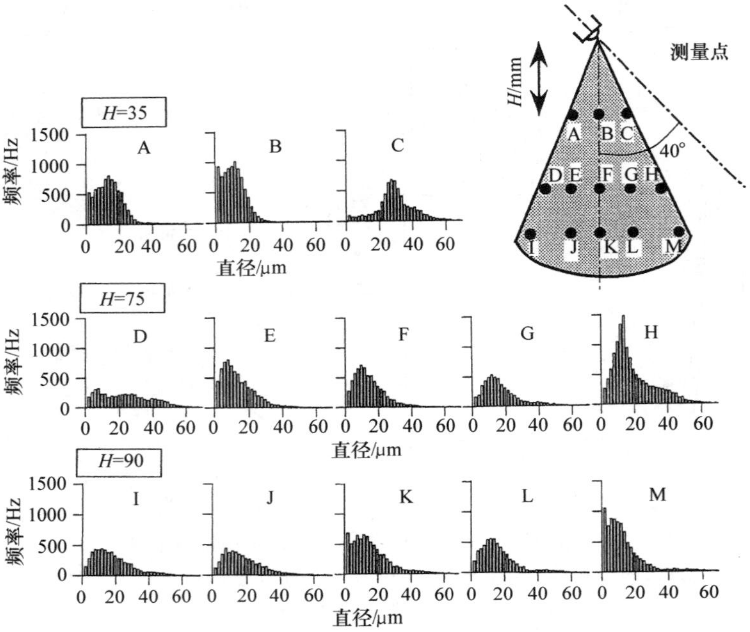

图 1-35　燃料喷雾局部液滴直径分布

1.3　混合气的测试分析

发动机对燃烧的控制，一般是通过对气体流动和喷雾的控制，进而调节混合气的形成来实施的。

理论上汽油发动机要求形成均匀的混合气，但是，现实中实现完全均匀的混合气是困难的。即，由于进气管内随着气流输送进来的燃料量随时间的变动，流入气缸内的混合气的流动相对气缸轴的非对称偏离，燃料在宏观上被分离到富裕的领域和贫乏的领域。另外，气缸内以液滴的形态供给的燃料，进行汽化和扩散的时间不够充分，从周围微观领域看，混合气在富裕的领域里滞留的情况常有发生。相反，在稀薄燃烧发动机中，为了尽可能扩大一点稀薄燃烧的界限，在有些情况下，则有意识地形成带有一点点浓淡差别的混合气的层状混合。在柴油发动机和缸内喷射汽油发动机里，浓混合气形成的空间和时机，混合气团块的浓度分布，决定了燃烧的特性。

积极实现均匀混合，积极利用不均匀混合，无论那样，为了尽可能接近混合气的理想状况，进一步将现象优化，深入研究混合气浓度的分布状况是非常重要的。

作为混合气的测量方法，在近几年之间由于采用了包含了激光技术的各种光学方法，有了显著进步，这些测量法收集在表1-4里，特别是，激光诱发荧光法（LIF 法：Laser Induced Fluorescence Method）到达了实用水平，在和实际接近的条件下，局部燃料浓度的定量测量成为可能，发动机内现象的诊断技术得到大幅度提高，这里介绍一些具有代表性的混合气测量方法。

表 1-4　应用激光技术的混合气测量分析方法

测量方法	内　　容	信号强度
拉曼散射法	根据振动能级，转动能级间跃迁量，将波形位移后的散射光 米氏散射，壁面反射光等的妨碍 局部燃料浓度	小
雷利散射法	气体分子引起的弹性散射 使用散射截面较大的气体 可自由选择激光光源的波长 米氏散射，壁面反射光等的妨碍 局部燃料浓度	↓
激光诱发荧光法	给燃料添加荧光剂 氧气引起的消光问题 局部燃料浓度 激励络化物荧光法的气、液层分离	大
红外吸收法	碳氢化合物的 3.39μm 的吸收带 使用氦荧光激光器红外发振光 光路上平均燃料浓度 基于 CT 处理抽出局部燃料浓度的可能	大

1.3.1　条纹摄影

条纹摄影（Schlieren Photography）法是由于场的密度的梯度变化，伴随着光线折射率的变化，当平行光通过其中时，捕捉其中发生的偏差的摄影方法。图 1-36 说明了光学系统的配置。再透过光的聚光部，设置开口和棱镜，捕捉偏离的平行光的光线，把由于场的密度梯度引起的光的浓淡，反映在屏幕的图像上。如撤去设置的开口和棱镜的话，得到的图像的浓淡和密度梯度的变化成为对应的关系（纹影摄影法）。

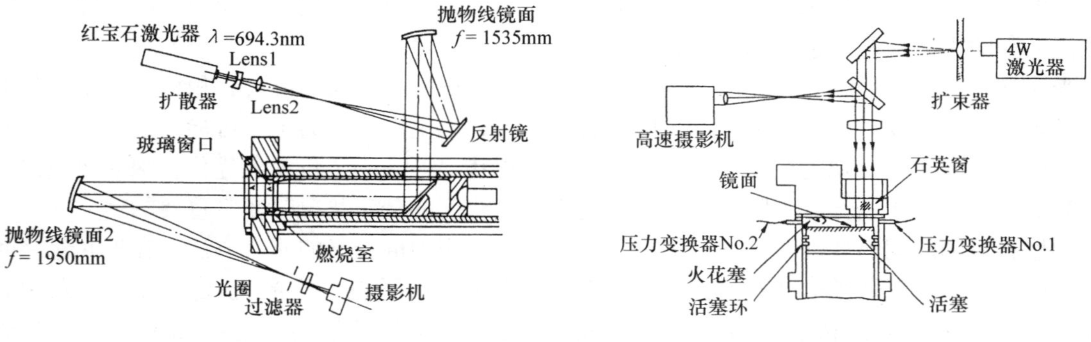

a)条纹摄影法　　b)纹影摄影法

图 1-36　条纹摄影光学系统

这种摄影法从一开始，就以下述现象作为主要研究对象，例如，燃料蒸气的行为，着火诱导期的火焰核形成，发动机发生敲缸时压力波的传播，火焰面的湍流的情形，等等。由于直接拍摄这些现象非常困难，在这些现象的可视化中，灵活运用了上述方法。又由于得到的信息仅仅是光程上的积分值，还有难于进行定量分析等问题，但是，使用这种简单易行的方法，使这些不可视的现象，得到了定性、直觉的理解，可以说这种方法是有效的。

比较喷雾蒸发过程的条纹摄影法（纹影法）和背景光摄影法摄影的结果，将喷雾液相部分和气相部分分开进行分析摄影，可以搞清楚喷雾的蒸发特性。也就是说，背景光摄影法的对象是液相部，而相反，条纹摄影法是把液相部分和卷入其中的气相部分作为可视化对象的。图 1-37 是用纹影法和背景光摄影法拍摄的缸内喷射的汽油发动机中的喷雾的图像。面向活塞顶部的曲面喷射的燃料液滴，由于活塞的上升运动，以及沿着活塞顶部曲面的流体流动，被运送到火花塞附近，可以看到在此期间，燃料得到高速的汽化。

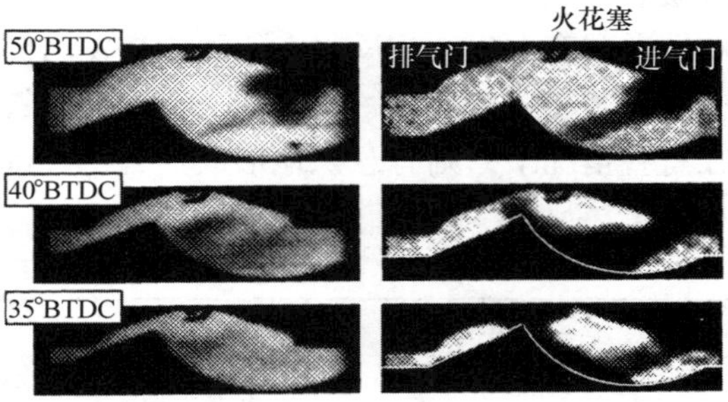

a) 背景光摄影法　　b) 纹影法

图 1-37　纹影法和背景光摄影法拍摄的汽油发动机中的喷雾图像

1000r/min，WOT，A/F：35，喷射压力：5MPa，喷射时间：压缩上止点前 60℃A

1.3.2　四氯化钛测试分析法

四氯化钛测试分析法是比较适合于模拟燃料蒸气宏观混合状况的方法。四氯化钛的溶液和空气中的水分进行反应，四氯化钛的颗粒会形成极其细微的烟雾状的分布。以此为燃料蒸气的追踪媒介，只要控制氯化钛溶液的供给量，就可以实现各种各样的浓度的空气和四氯化钛的混合状态。也就是说，根据这一特征，只要把空气输送到溶液中，就可达到完全均匀的状态，而且在空气中喷射溶液的话，可以偏向空间的某个部分，形成浓度的分布。上述的高数据密度 PIV 方法中，大多数情况下就是用这种方法提供均匀的高密度追踪颗粒的。

图 1-38 是容易形成较强滚流的双进气门发动机的一侧的进气管供给的燃料流动的模拟结果。这里只向图右侧的进气管供应氧化钛示踪颗粒，并从这一侧气缸的下方进行照明，对右侧散射光进行了摄影。从结果来看，两个进气管流入的分别是只有空气流和含有氧化钛在内的空气流，两股气流之间保持着层的分离，由此可推测出，在滚流旋回轴方向，即图的左右方向，燃料移动不多的事实。

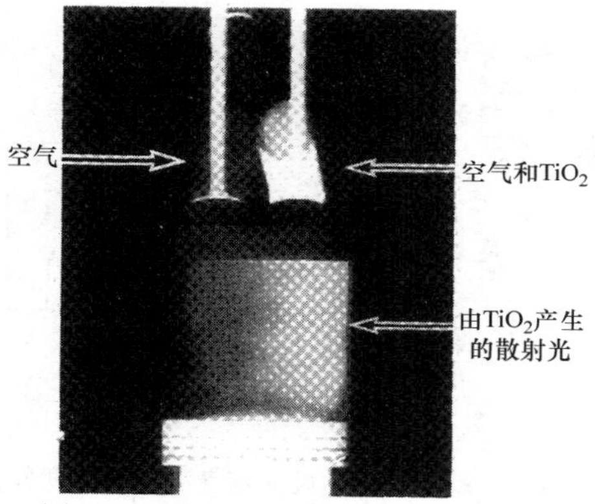

图 1-38　滚流支配的混合气形成过程

500r/min，WOT，行驶

1.3.3　红外线吸收法

利用碳化氢类燃料在 3.39μm 特殊的吸收带和氦气霓虹激光的发光振荡波长一致的特点，激光通过气相燃料时，测量其透过率，在比耳定律的基础上，通过以下公式可以求出燃料摩尔浓度 C：

$$I/I_0 = \exp(-\varepsilon LC) \qquad (1.13)$$

式中，I 为射出光强度；I_0 为入射光强度；I/I_0为透射率；ε 为摩尔吸收系数；L 为光路长度。

虽然测得的蒸气浓度是光路上的平均值，但是具有可以比较简单地实施高定量性测量的优点。再采用前述的同心圆模型和 CT 处理的话，局部燃料浓度也能求出来。吸收系数是依存于燃料的种类、压力、温度的，比如，有关论文曾报告，甲烷和丙烷在 285～420K 的温度范围，得到过以下的实验式，和理论计算的结果基本一致。

$$\varepsilon = 1.10 \times 10^5 (P/P_0)^{-0.302}\text{（甲烷）}$$

$$\varepsilon = 1.10 \times 10^5 (P/P_0)^{-0.046}\text{（丙烷）} \qquad (1.14)$$

图 1-39 是向火花点火发动机供给丙烷燃料时，在火花塞附近测得的燃料浓度的结果。全体当量比是 0.64。测量光路长度为 25.6mm，如果重点想了解宏观上混合气的分布，实验精度是可以满足需要的。燃料浓度在循环周期中的变化不超过百分之几，但是燃烧却发生了非常大的变化，这暗示了，在极其贫氧的条件下，除了混合气体浓度的变化的影响以外，还有引起燃烧变动的其他重要因素。

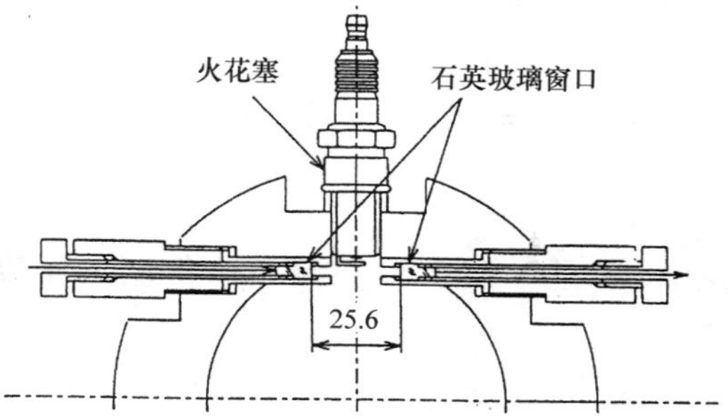

a)测量位置

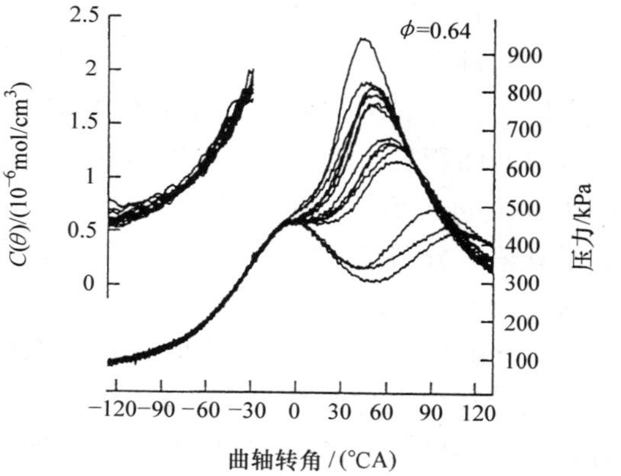

b)燃料浓度和压力在循环中的变化

图 1-39　火花塞附近测得的燃料浓度分布

1000r/min，体积效率：50%，当量比：0.64，丙烷

1.3.4　雷利散射法

雷利散射（Rayleigh Scattering）是比波长小的微颗粒的分子水平的散射。用由 M 成分组成的某个混合气体分子的强度 I_0 的激光进行照射时，雷利散射光的强度 I_r 可由以下公式表示：

$$I_r = CI_0N\sum_{i=1}^{M}X_i\sigma_{ri} \tag{1.15}$$

式中，C 为光学系统常数；N 为分子数密度；X_i 为 i 成分的摩尔分率；σ_{ri} 为 i 成分的雷利散射截面积。考虑气相燃料和空气这两种成分，在一定条件下的燃料浓度是 X_f 的话，参照条件（下缀 S）里空气中只有空气的散射光强度 I_{ras}，和已知的燃料浓度的均匀混合气产生的散射光强度 I_{rfs}，根据下式求出：

$$X_f/X_{fS} = k(I_{rf} - I_{ra})/(I_{rfs} - I_{ras}) \tag{1.16}$$

式中，k 是参照条件和测量条件间的密度的比。

雷利散射法有可以自由选择波长、还可以根据实验目的分别选用各种激光的优点。但与此同时，气体中浮游颗粒的米氏散射和壁面反射有容易影响实验结果的问题。

发动机内的混合气测试分析中使用了雷利散射法，有的例子中，作为气体燃料使用了散射截面积较大的氟利昂 12 和丙烷。图 1-40 是向进气管内喷射丙烷，在燃烧室内测量其浓度分布结果的一个例子。这里使用了 Nd：YAG 激光（波长：532nm，输出功率：180mJ/6ns）的片光，获取了雷利散射光，然后利用图像强化器和 CCD 相机的组合，检测出结果。图1-40a是水平截面的燃料浓度分布作为全体，A/F13 作为阈值的 2 值化表示；图1-40b是图 1-40a 的 $A-A$ 线上的浓度分布。跨过燃烧室全域，可以观察到小规模不均质混合气的块状物的存在。

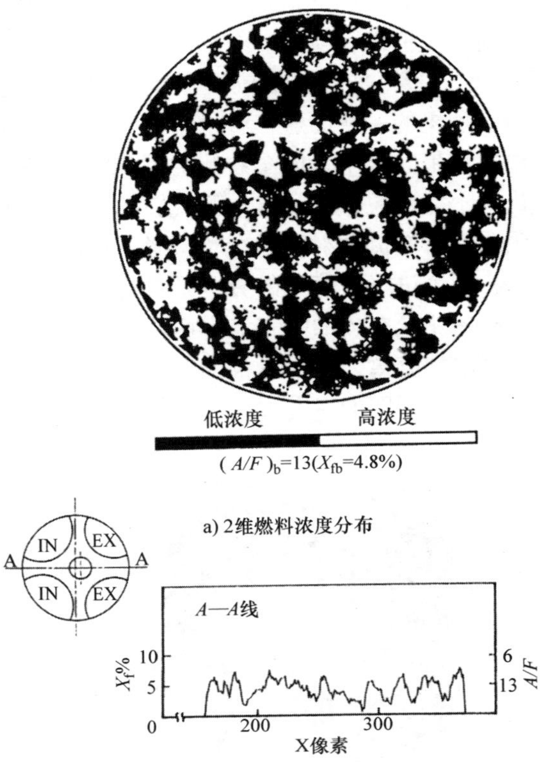

b) 1维燃料浓度分布

图 1-40　燃烧室内丙烷－空气混合气浓度分布

气缸盖下方 6mm 的水平截面，200r/min，体积效率：63.7%，A/F：13，燃料喷射时间：排气上止点后 50°CA，摄影时间：压缩上止点前 90°CA

1.3.5　激光诱发荧光法（LIF 法）

激光诱发荧光法（LIF 法：Laser Induced Fluorescence Method）是用强有力的激光，通过电子激励化学成分，当化学成分向下按序迁移时检测其发出荧光的方法。激光波长和化学成分的固有的吸收带预先调谐好，那么就可以选择想要它发光的化学成分。LIF 法用于局部的混合气体浓度的测量中，需要预先在燃料里添加好荧光剂，喷射这些燃料时，照射激光片，激光片截面上的燃料浓度分布发出对应的荧光强度，根据荧光强度即可求出燃料浓度。荧光较微弱，处于紫外线领域外的情况很多，因此，摄影时需要利用图像强化器使光强度放大，还需进行波长变换等。荧光照射过程中，会接触到温度、压力的依存性较高的概率过程，这时燃烧场的测量中，从荧光强度很难得到定量的信息。但是，非燃烧的场合，荧光强度分布和燃料浓度分布相对一致，预先对于燃料及浓度的关系和温度及压力的依存性检量清楚的话，就可以定量地测量燃料的浓度。

LIF 法对于混合气测量的具体应用是，可以分开检测燃料的气体层和液体层的激光诱发激基复合物荧光法（LIEF 法：Laser Induced Exciplex Fluorescence Method）。这是因为，特定的荧光剂在气体层里作为单体而被激发，分子之间的冲突的概率很高，液体层里荧光剂与其他分子形成激基复合物，两者的荧光波长不一样，测试分析就是利用这一特点实施的。

对于荧光剂的条件的要求列举如下，诸如荧光强度强，氧气引起的消光的影响较少，沸点接近燃料的沸点，等等。对于柴油喷雾，一般使用麦尔登（Melton）等人提倡的 TMPD（N，N，N′，N′ - tetrametyl - p - phenylen - ediamine）和用萘作荧光剂的激基复合物的系统（图 1-41）。图 1-42 是用这个系统测得的荧光光谱特性。TMPD 发出的荧光在气相时波长于 390nm 达到峰值，在液相时，与萘形成激励错体，荧光峰值错位到 490nm，因此，通过分光观测各自的荧光光谱，可以区分出燃料的气相和液相。图 1-43 是以上测试分析使用的光学系统的一个例子。荧光剂的光谱由于受到激光的激励，位于荧光剂光谱波长较短一侧，即需要量子能量较大的光照，这时，Nd：YAG 激光的第 3 高次谐波（波长：355nm）较为适宜，还有，为了避免消光，要求在氮气的氛围中形成流场。图 1-44 是十二烷作为燃料，和高温壁面发生冲突时的柴油发动机的喷雾特性的调查结果。相对于液相仅存在于壁面附近，气相却扩散到壁面上方了，可以观察到燃料蒸发的进行状况。

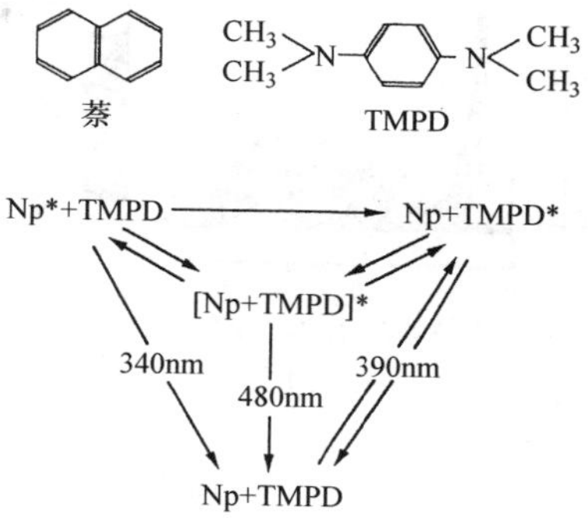

图 1-41 TMPD 和用萘作荧光剂的激基复合物系统

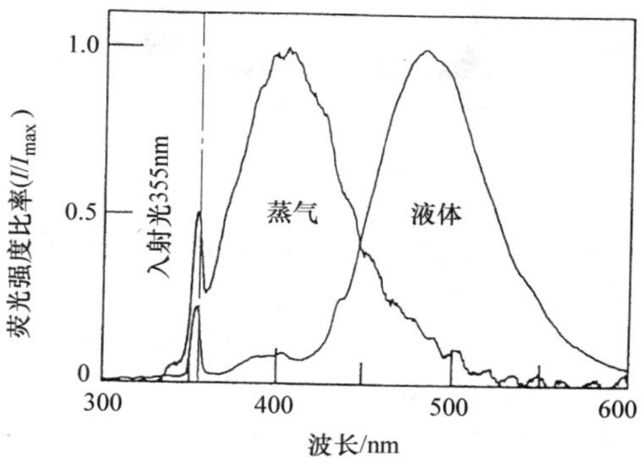

图 1-42 荧光光谱特性

十二烷 90%、萘 9%、TMDP1% 的质量分数

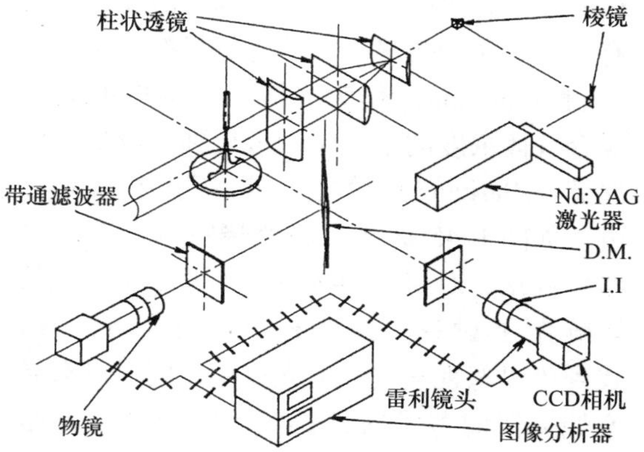

图 1-43 LIEF 法混合气体测试分析系统

火花点火发动机的测量中，提出了各种各样的荧光剂的应用方案。洛伦兹（Lawrenz）等对一些醛类、酮类等化学物品作为荧光剂的适应性做了调查，结论是，它们的蒸

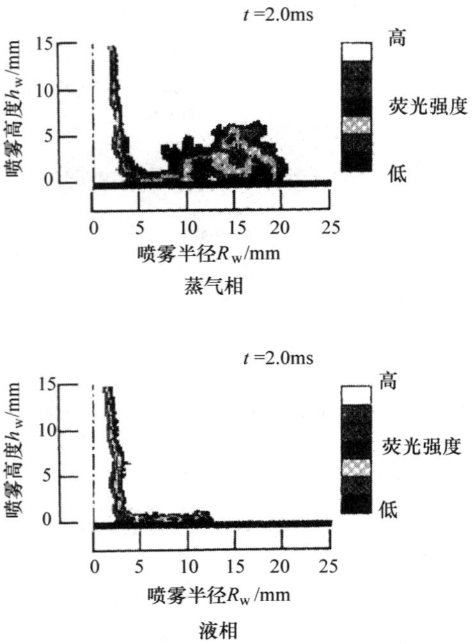

图 1-44　和高温壁面冲突时柴油发动机的喷雾气相和液相分离结果

十二烷 90%、萘 9%、TMPD1% 的质量分数，Nd：YAG 激光（355nm，60mJ/8ns），喷嘴位置：壁面上方 24mm，喷射压力：16.4MPa，喷射时间：1.8ms，环境气体密度：12.3kg/m^3，环境气体温度：700K，壁面温度：550K

发特性类似汽油，荧光强度不易受到氧气的影响，具有较高的甲基乙基酮的潜在性。还有，以它作为燃料，以氯化氙气准分子激光（波长：308nm）作为光源，气缸内的局部混合气体浓度的定量化测量得到了成功。巴厘藤（Baritaud）等在异辛烷里掺杂双乙酰，如图 1-45 那样实施燃烧室内混合气分布可视化，对流动结构对燃料的不均匀性的影响做了讨论。约翰松（Johansson）等，找到可以忽视氧气的消光作用，同时具有异辛烷类似的蒸发特性的 3－戊酮（二乙基酮），在异辛烷里添加了 2% 的这种混合物作为燃料，使用氟化氪（波长：248nm），报告了他们以当量比 0.03 以内的误差，定量测试分析燃料浓度的成果。在其他报告中，也提到了使用丙酮，利用汽油本身的荧光特性的方法等。

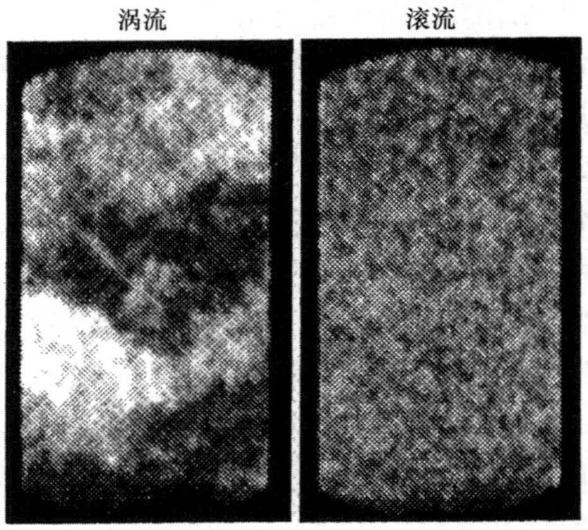

图 1-45　气缸内流动对混合气浓度分布的影响

异辛烷 98%（体积分数），双乙酰 2%（体积分数），Nd：YAG 激光（355nm，80mJ/pulse），气缸顶部下面 8mm 水平截面，2400r/min，体积效率：100%，当量比：1，燃料喷射时间：压缩上止点前 60℃A，摄影时间：压缩上止点前 25℃A

单一燃料的测量，主要使用向异辛烷添加荧光剂的方法，这样，燃料的汽化、混合等过程都和实际使用的燃料不同，也就是说，和具有多种成分的汽油的过程会有不同，这本身就是一个问题。另外，利用汽油燃料本身的荧光特性时，紫外线部分的激励光被极其强烈地吸收，有明显衰减的问题。伊东等人指出了这些问题，为实际的混合气测量，开发了一种合成燃料，这种燃料的特性是，不仅具有汽油的类似的蒸发特性，还对紫外线诱发光的吸收较弱，自身荧光强度高。

适用于火花点火发动的方法是激基复合物的系统，清水等开发的 DMA（N，N－dimethylaniline）和萘系统是这种方法的有代表性的装置。图 1-46 是荧光光谱的特性。为了得到这些荧光，可采用氙气、氯化准分子激光作为光源。图 1-47 是燃烧室内气相的荧光强度和混合气体浓度之间关系的校正曲线，可以认为，利用这个系统对混合气浓度进行定量化测试是比较适当的。图 1-48 是燃烧室内混合气形成过程的调查结果。这说明了，即使燃料保持液体的状态流入了气缸，到进气行程结束时也基本全部完成汽化，成为蒸气了。

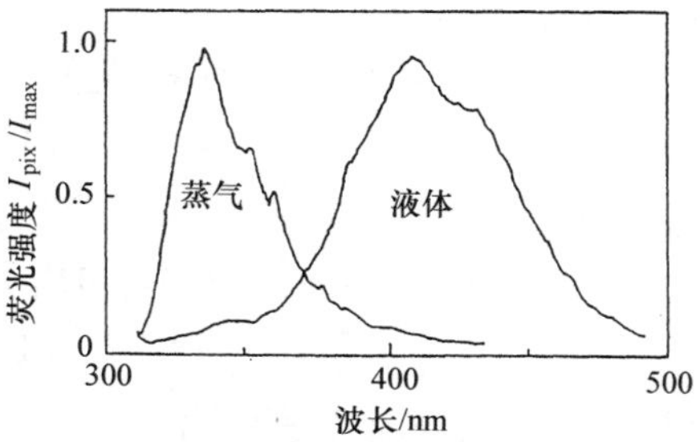

图 1-46 荧光光谱特性

汽油 90%、萘 5%、DMA5% 的质量分数

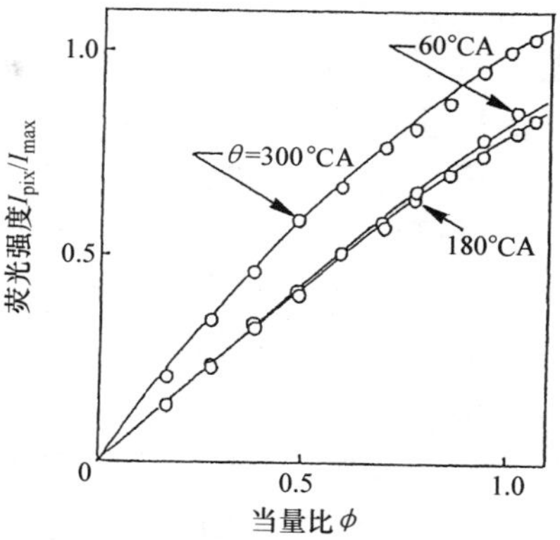

图 1-47 各曲轴转角的混合气体浓度和荧光强度之间关系

汽油 90%、萘 5%、DMA5% 的质量分数

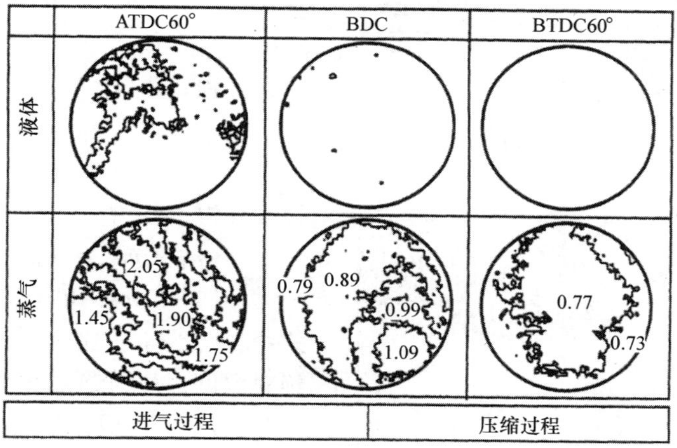

图 1-48 燃烧室内气相、液相燃料分布

汽油 90%、萘 5%、DMA5% 的质量分数，火花塞面 23mm

水平截面，1200r/min，吸气压力：-35kPa，

当量比：0.8，燃料喷射时间：排气上止点后 40℃A

1.4 燃烧的测试分析

1.4.1 发动机压力曲线分析

指示压力曲线是反映发动机总体工作状态的一种数据。这个数据是根据热力学理论求出的每个循环中发生的热量随时间的分布，每个循环的功率、效率，以及基于这些结果在各循环间的变动的统计数据，来判断燃烧的好坏等，不用说，这些都是分析发动机燃烧的主要内容。最近，缸内压力传感器作为发动机控制系统的一个零件，直接搭载在发动机上，把利用压力曲线判断燃烧的功能编入发动机控制系统里了。这里介绍几个值得注意的压力分析方法。

(1) DSP 实时压力分析

发动机的指示压力曲线分析中，需要根据曲轴转角 1°前后的分解能画出压力曲线，以前是用专用机器，连续获得数千循环的大量数据，进行存储积累，所以分析受到限制。然而最近 DSP（Digital Signal Processor）技术的应用，实现压力曲线的实时分析，开发了不需要保存庞大数据的测试分析系统。图 1-49 中显示了这种系统的结构。

这个系统的优点列举如下，由于可进行无限循环次数的测试分析，因而可在实车的排气模式下，在整个驾驶过程中进行燃烧的测试分析，还可以利用统计处理功能，一边观察燃烧变动率，一边设定驾驶条件。图 1-50 是测试分析的一个例子。

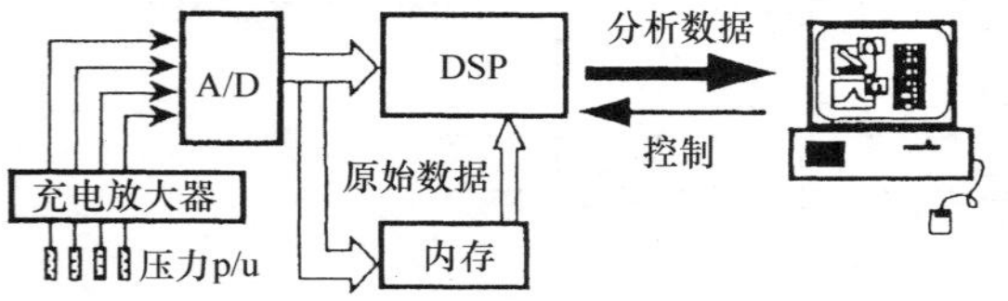

图 1-49　可实时测定压力曲线的 DSP 系统

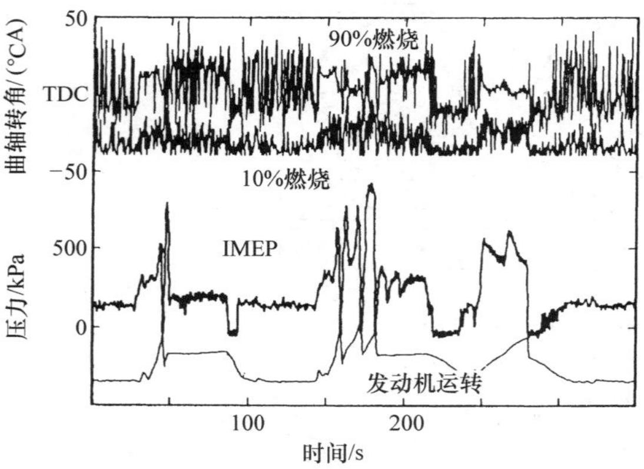

图 1-50　实时测定分析压力曲线的例子

（2）柴油发动机副燃烧室的压力曲线测试分析

这种柴油发动机的燃烧室分为主燃烧室和副燃烧室，压缩、燃烧、膨胀期间通过联络孔，气体发生移动。因此，通常发动机那样的密封系统的能量守恒公式不能适用于这里的压力测试分析了。

在这种情况下的热力学关系式中，把主室和副室分开考虑，多变过程可表示为绝热变化和伴随着供给热量的等容变化的和，从而导出以下公式。能量公式，在 $P_1 > P_2$ 时，对于副燃烧室，有：

$$c_{p1}T_1\mathrm{d}m_2 + \mathrm{d}Q_2 = \mathrm{d}(m_2c_{v2}T_2) \tag{1.17}$$

对于主燃烧室，有：

$$c_{p1}T_1\mathrm{d}m_1 + \mathrm{d}Q_1 = \mathrm{d}(m_1c_{v1}T_1) + AP_1\mathrm{d}V_1 \tag{1.18}$$

$P_1 < P_2$ 时，对于副燃烧室，有：

$$c_{p2}T_2\mathrm{d}m_2 + \mathrm{d}Q_2 = \mathrm{d}(m_2c_{v2}T_2) \tag{1.19}$$

对于主燃烧室，有：

$$c_{p2}T_2\mathrm{d}m_2 + \mathrm{d}Q_1 = \mathrm{d}(m_1c_{v1}T_1) + AP_1\mathrm{d}V_1 \tag{1.20}$$

状态方程式为

$$P_1V_1 = m_1R_1T_1 \tag{1.21}$$

$$P_2V_2 = m_2R_2T_2 \tag{1.22}$$

连续守恒方程为

$$m_1 + m_2 = m_{10} + m_{20} = m_0 \tag{1.23}$$

$$\mathrm{d}m_1/\mathrm{d}\theta = \mathrm{d}m_2/\mathrm{d}\theta \tag{1.24}$$

式中，c_p 为定压比热；c_v 为定容比热；T 为绝对温度；P 为绝对压力；m 为气体质量；V 为燃烧室容积；R 为气体常数；Q 为热量；A 为功的热当量；m_{10}，m_{20} 为压缩行程开始时主燃烧室、副燃烧室的气体质量；m_0 为全燃烧室气体质量；θ 为曲轴转角。下缀 1 表示主燃烧室，下缀 2 表示副燃烧室。主燃烧室和副燃烧室测得压力曲线算出通过联络孔的流量，随后通过上述公式，算出热量发生率 $\mathrm{d}Q_1$、$\mathrm{d}Q_2$ 的值。这个计算值得注意的是，假设通过联络孔的气体的运动能立即变成为热能了。图 1-51 显示了这一分析结果。

（3）自燃、爆燃（敲缸）的检测

爆燃是自燃引起的必然结果。也就是说，发生自燃，当气缸振动没有被测出时会坦然地过去了，气缸振动即使发生了，各个

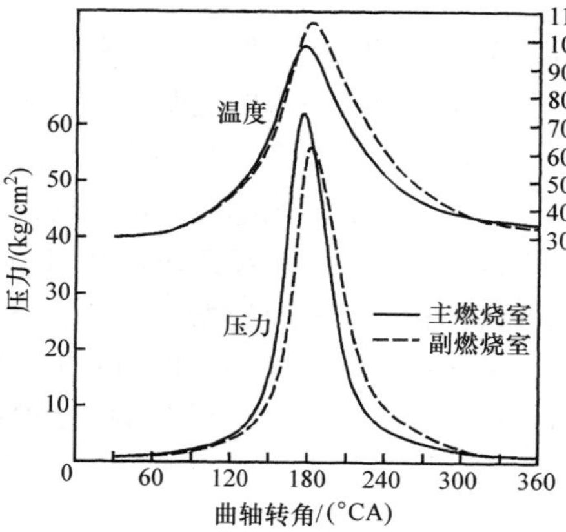

图 1-51 带副燃烧室柴油机压力曲线测试分析结果

循环振动的模态也是不同的。为了确切地测得这种现象，相比之下，利用以前的对缸内压力的高频率波的振动成分评价敲缸的强度的这种方法，不如以下方法有效。那就是发生自燃时，热量发生率的下降斜率变得很大，利用热发生率的二次微分值作为表示自燃的强度的指标的方法。

下面介绍，利用这个指标，得到的加速时发生的过度爆燃的特性测试分析结果。当发动机旋转速度保持在 1000r/min 时，从无负荷状态到节气门全开，得到热量发生率的二次微分值如图 1-52 所示。这时的点火时刻，和全开的定常运转发生轻微爆燃时的点火时刻相差 4°转角。这时，随时间变化自燃特性开始变化，加速后发生的强烈爆燃，是经过由于壁面温度上升爆燃受到抑制的阶段，到达发生定常强烈爆燃阶段的。爆燃受到抑制的阶段，是由自燃不发生的阶段和虽然自燃发生但是并不引起气缸振动的阶段构成的。这些认识，不是直接测试分析气缸的振动，而是测试分析自燃现象才开始得到的。

1.4.2 火焰发光的测试分析

发动机燃烧时观察到的火焰发光里，包含了以下成分：

1）燃烧产生成物 H_2O、CO_2、CO 等的

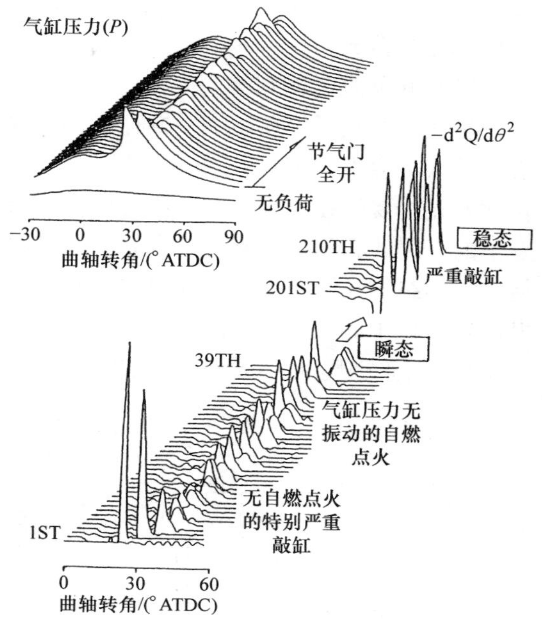

图 1-52 跟踪加速时热量发生率的二次微分值的结果
1000r/min，进气温度：25℃，轻微爆燃后 4℃A

振动，伴随的旋转能级跃迁，从红外领域到可视频率领域，离散地发射热量。

2）从红外领域到可视光领域连续存在的炭烟固体的发热。

3）燃烧反应的过程中，伴随生成的活性化学物质 OH、CH、C_2等的电子序列的迁移，从可见短波波长领域，到紫外线领域，离散地发出的化学发光。

4）CO 的燃烧过程中，CO 和 O 的再结合反应，从可视光领域到紫外线领域，连续发出的化学发光。

对于柴油发动机的燃烧一直实施着下述观测，由于其中辉焰发光的主要成分是固体热辐射，因为有足够的辉度，可直接拍摄图像。除此以外，都是低辉度发光，或者是不可见光，需要预先增幅放大，或者变换波长，否则，直接摄影是有困难的。

还可以看到下述研究，那就是，为了研究清楚发动机燃烧火焰的举动，除了常用火焰的发光以外，还有很多把特定化学物质的

发光和燃烧反应的进展状况关联起来，追踪燃烧过程的尝试。

（1）化学发光的观测

热性的发光不仅在燃烧领域存在，高温既燃领域也会发射光能，和这些发光相对，化学发光主要是在燃烧反应活泼的燃烧领域发出的。因此，仅仅观察化学发光，明确燃烧领域的结构还是可能的。这里，调查稀薄燃烧发动机中的火焰结构时，介绍一些考虑采用定量地处理化学发光强度的方法的配置。

图 1-53 是使用最新光电子技术，进行火焰化学发光的观测系统的说明。用带通滤波器提取特定波长的发光，紫外线领域也通过感度高、对荧光屏的残像时间极短的图像进行强化处理的介入，用高速录像和图像转换相机进行拍摄。图 1-54 是通过高速摄影得到的大量图像的数据库的管理和分析系统的说明。构成系统的主要机器和功能说明如下：

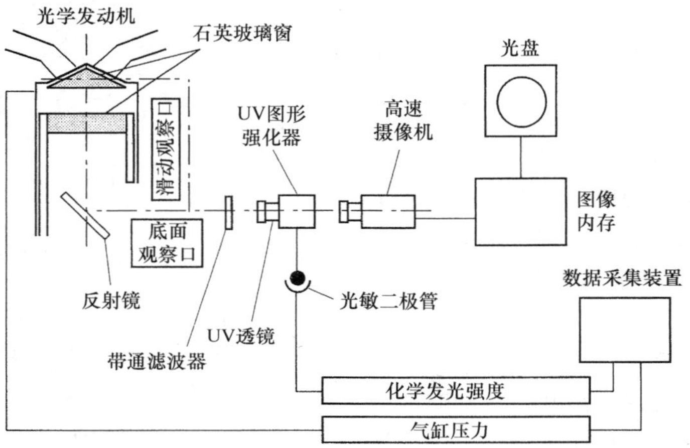

图 1-53　火焰化学发光观测系统

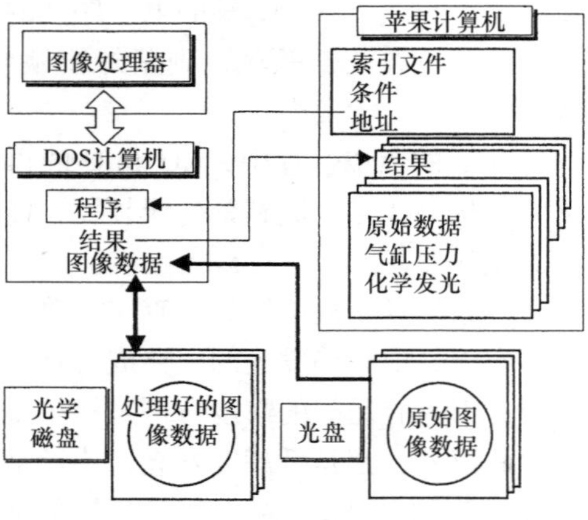

图 1-54　图像数据库系统的说明

1）光盘：存储图像。

2）光学磁盘：存储图像分析结果。

3）图像处理装置：图像处理、图像分析。

4）DOS 计算机：控制和管理光盘和图像处理装置。

5）苹果计算机：建立光盘上图像地址和相关信息的对应关系，存入数据库里。图像分析结果的统计分析。

这个系统的图像处理分析过程几乎达到全部自动化，如果利用这一优点，可以实施大量图像的统计分析。

图 1-55 是基于波长 360 ~ 390nm 范围的发光，涉及整个火焰领域的火焰亮度积分值和热发生率的关系的调查结果。这里，除了燃烧气体温度的升高条件以外，存在明确的相关关系。局部火焰亮度的积分值，是场的概括性的总物理量，也是燃烧速度的指

标，对应于热发生率，这一事实意味着，通过火焰亮度推断局部的燃烧状态，认为其结果具有定量性是妥当的。另外，在这个图里，每一个点对应一张图像的分析结果，这样大规模的图像分析利用了图像数据库系统才能完成，也是前所未有的。

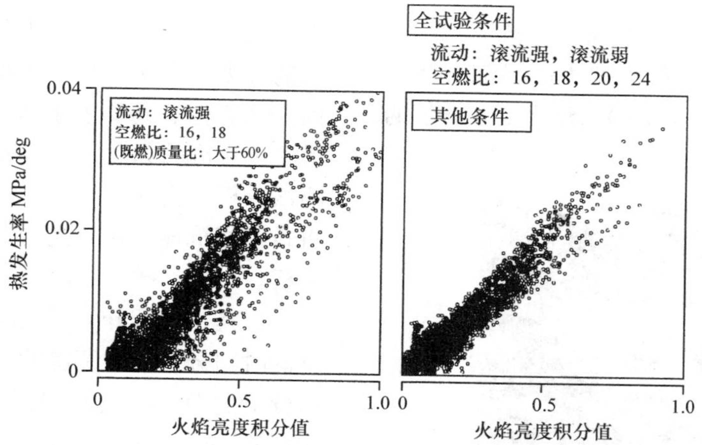

图 1-55　火焰亮度的积分值和热发生率的关系

360～390nm 的发光，1500r/min，IMEP：0.3MPa

图 1-56 是强化了滚流的条件下，稀薄燃烧火焰的化学发光的摄影结果。明亮的部分相当于燃烧领域，灰暗的部分则包括了未燃烧领域和既燃领域。根据这些可以预测，稀薄燃烧火焰中，燃烧领域分布在火焰面背后的较大范围内。

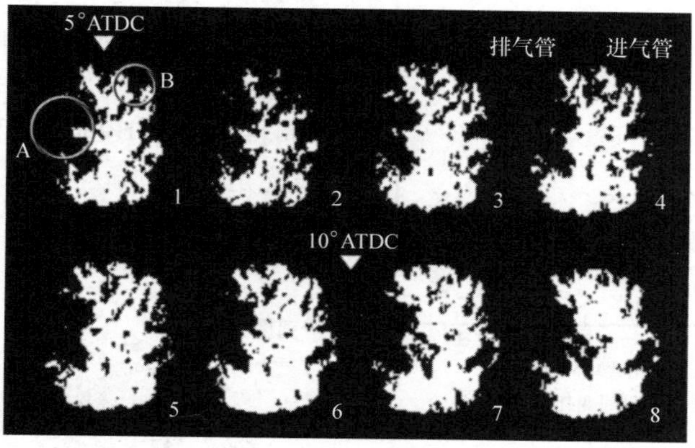

图 1-56　稀薄燃烧火焰的结构

1500r/min，A/F：20，IMER：0.3MPa

（2）燃烧场流速的测试分析

火焰内部，由于气体迅速膨胀，激光片照射到的颗粒密度急剧减少，使 LDV 和激光片照射法的流速测量变得困难了。因此，由火焰发光的高速摄影得到的火焰图像的亮度斑点，可以作为追踪颗粒，也就是根据两个时刻的图像的相关关系，提出了抽出局部流速的方法。据此，燃烧领域广泛分布的柴油发动机和稀薄燃烧发动机的火焰中，火焰内的流速矢量分布可以求出。另外，如果假定亮度的时间变化服从于正态分布的密度函数的扩散过程，那么标准偏差，也即随着平均扩散速度和时间间隔的积的增加，基于相关系数的减少，从相关系数的峰值，可以推算出作为平均扩散速度的乱流强度。

图 1-57 是柴油机火焰中的局部流速分布和全部流速抽出点上的湍流强度平均值的时间变化。

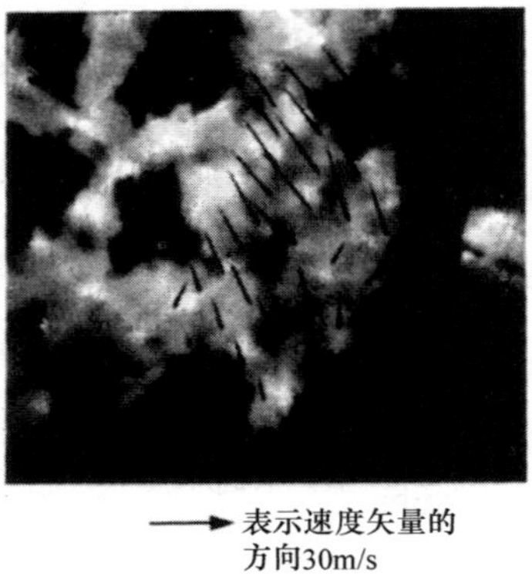

a) 速度矢量的分布

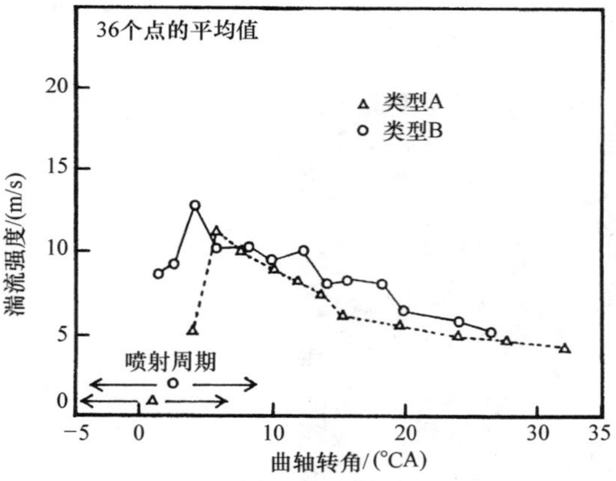

b) 湍流强度的时间变化

图 1-57　柴油机火焰中的局部流速分布

发动机转速：1000r/min，过量空气系数：1.25

火焰的亮度斑点不明显时，对火焰图像事先实施空间微分处理后，亮度的微分值的分布，可以作为示踪颗粒使用。

（3）光谱分析

将高速发动机非稳态燃烧作为光谱分析对象时，要求至少用 100μs 程度的高分辨能力，进行多波长光谱测量。光谱分析使用分光器和光敏二极管阵列的组合的 OMA（Optical Multi - channel Analyser）进行，OMA 的通常类型需可在数 ms 时间内取得数百条光谱数据，因此，利用装置内部的图像强化器的数据采集功能及荧光面的残光，采用画面冻结方法，可以扫描画面上的瞬间的光谱。也正因为如此，不可能进行时间连续的测试分析。目前，时间连续的光谱分析，是将条纹相机连接在分光器上实施连续的光谱分析。

但是，最近开发了能满足发动机燃烧要求的时间分辨能力范围的可进行时间连续测试分析的 OMA 的技术环境。也就是说，使用短残光时间的图像强化处理，将 AD 转换器元件高速化，使反复测量时间缩短到 10μs。图 1-58 是使用这个 OMA 测得的汽油发动机的蓝色火焰光谱的结果。火焰光谱每相隔 1°曲轴转角取得一次数据，可以看着时间变化采样。O_2 的激光波长范围是 300 ~ 400nm，其舒曼 - 龙格带域的发光和 350 ~ 500nm 范围的 CO - O 的再结合形成发光是其主要成分，以此可以知道，峰值波长 306.4nm 的 OH 的发光和 431.4nm 的 CH 的发光是重叠的。

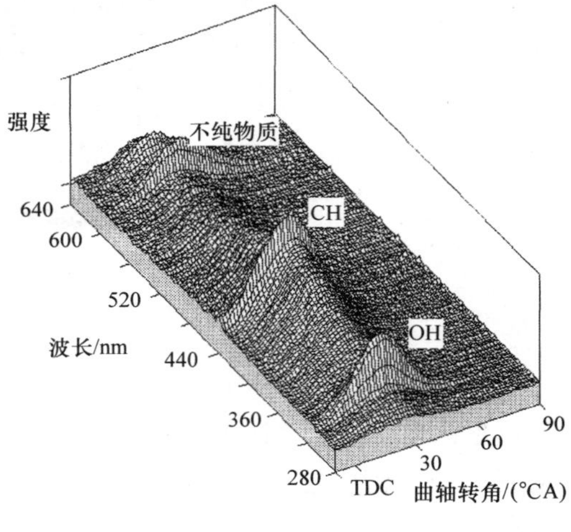

图 1-58　汽油发动机火焰光谱随时间的变化

1000r/min，IMEP：0.4Pa，A/F：16

（4）点火前反应的检测

在自燃现象中，为了搞清热焰发生前进行的前焰反应的特性，控制发火、抑制爆缸等，将诸如此类的技术要求较高的控制燃烧的方法具体化显得极其重要。

1000K 以下发生的低温自燃的前焰反应中，首先发生冷焰，经过蓝焰阶段，形成热焰，根据对各种火焰到发生时所需要的延迟时间的调查数据，就容易理解那些火焰的特点了。冷焰发光是 340.5 ~ 522.7nm，属于 HCHO 的惰性化的微弱的发光。蓝焰的发光是冷焰峰值波长 306.4nm 的 OH 的发光和 329.8nm 的 HCO 的发光的叠加。热发光是可见光波长范围的被看到的强烈的发光。为了准确检测出这些发光，需要有选择地导入滤波器，使用光电子倍增管，测量发光强度的过程。

庚烷和空气的化学计量比混合气体，用压缩机快速压缩发生自燃时的压力及蓝色光的过程整理在图 1-59 中。测量是在蓝色光的 350 ~ 520nm 范围内进行的，包括了冷焰和蓝焰。压缩结束后，首次看到压力上升和蓝色光，这是由于有冷焰产生的缘故。蓝色光的强度一旦变小，就可以看到带有冷焰特征的自我退缩的现象。蓝焰的出现，会使压力再次上升，蓝色光的强度也会再次增加，还可以观察到之后急剧变化到热焰阶段的过程。

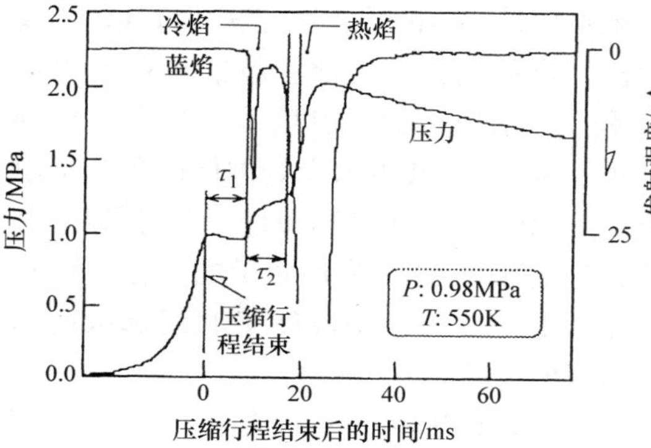

图 1-59　低温自燃时压力及蓝色光的过程
（n－庚烷和空气的混合气）

1.4.3　火焰截面的观测

火花点火发动机在较大旋转速度范围内的燃烧效率都较高，这一事实是基于以下认识进行说明的，那就是，湍流随旋转速度的增加成比例地增强，对应这个现象，湍流燃烧速度也就得到提高。另外，湍流燃烧理论认为化学反应的特性时间和湍流运动的特性时间的大小的关系可以说明由于火焰的伸长引起的消焰现象，根据这一说明，可以导出以下结论，那就是，通常的汽油发动机的高速旋转范围的燃烧条件是引起消焰的条件。更别说，稀薄燃烧发动机中，层流燃烧速度低、湍流被强化的条件可认为是向低转速方向转移的。无论怎么样，可以不考虑实际上不会发生的发动机持续高转速驾驶，而需要对气缸内的火焰形态、火焰面的结构等调查清楚。

布莱克（Bracco）等人根据火焰截面可视化结果对这个问题提出了可靠的解决方法。即根据既燃领域和未燃烧领域的气体的温度差，用激光片拍摄法，调查散射颗粒数密度的差距，把两个领域的边界上的火焰面的 2 次元结构抽取出来。进一步，把拉曼移位器和棱镜组合起来，多层配置不同波长激光片，通过复数截面同时可视化，成功地求得三维火焰面结构。图 1-60 是这个试验装置的说明。测量的要点是，用四氯化钛法，将混合气均匀分布，对高密度数散乱分布的颗粒进行激光片扫描，为了得到比火焰发光更强的散射光，使用诸如 Nd：YAG 那样的高输出激光器。图 1-61 是可视化结果的一个例子，它显示了在比较低的转速条件下，随转速的增加火焰面变得复杂的过程。

另一方面，使用激光片的 LIF 法（PLIF 法：Planer Laser Induced Fluorescence Method）的试验方法受到了关注。这个方法可以检测出燃烧反应过程中产生的各种各样的化学成分，以及火焰内部的燃烧状况。有

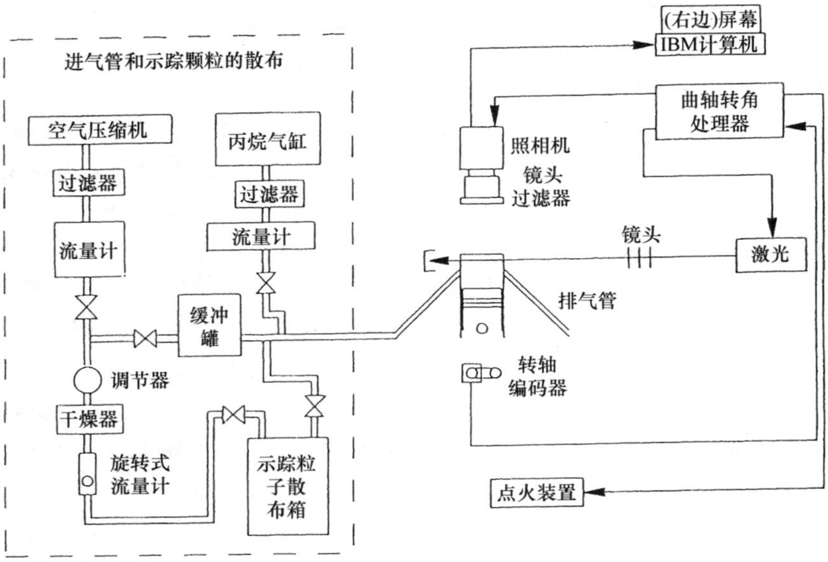

图 1-60　火焰截面的观察系统

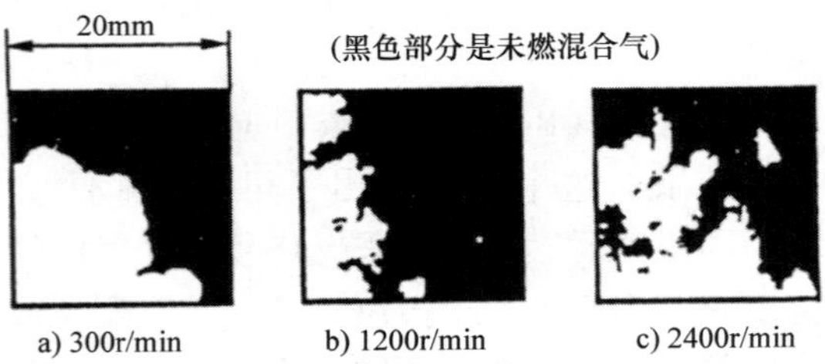

图 1-61　发动机转速对火焰面 2 维结构的影响

关燃烧的化学成分，诸如：OH、NO、O_2、CH、HCHO、C_2 等，都可检测到。图 1-62 是 OH 的观测结果，表明了 OH 不仅在燃烧领域，在既燃领域也有高浓度存在。LIF 法还停留在发动机的复杂燃烧的定性测试分析上，但是，如果能够决定激发化学成分的辐射跃迁概率（荧光产额）的话，从荧光强度中定量地抽出浓度信息也是可能的，因为荧光产额对温度和压力的依存度较大。不过，燃烧器火焰利用以下方法，可分别定量测得 CH、OH、NO 的浓度。这些方法是：饱和荧光法（LISF 法：Laser Induced Saturation Fluorescence Method），前期解离荧光法（LIPF 法：Laser Induced Predissociation Fluorescence Method），时间分解式荧光法（TR-LIF 法：Time Resolved Laser Induced Fluorescence Method）等。

研究发动机中的火焰形态，除常用的上述方法外，还有一些类似的方法，都是在得到火焰截面包络线后实施分形分析，对火焰面皱纹特性则还在尝试定量化预测。

1.4.4　炭烟颗粒的测试分析

（1）二色法

柴油机中的固体炭烟颗粒热辐射为火焰发光的主要成分，因此，如果发光强度的波长依存性是明确的话，就能获得火焰的温度信息。也就是说，炭烟颗粒的单色射出能 E_λ 和黑体辐射近似，引用维音公式（Wien expression），以及表示炭烟群体的单色辐射率 ε_λ 的豪太尔公式（Hottel）可得到以下公式，E_λ 的值根据二波长测量的方法，可求出作为未知数的火焰温度 T 和炭烟浓度的相对应的指标 KL。

$$E_\lambda = C_1\lambda^{-5}\exp(-C_2/\lambda T_a) = \varepsilon_\lambda C_1\lambda^{-5}\exp(-C_2/\lambda T) \qquad (1.25)$$

$$\varepsilon_\lambda = 1 - \exp(-KL/\lambda^\alpha) \qquad (1.26)$$

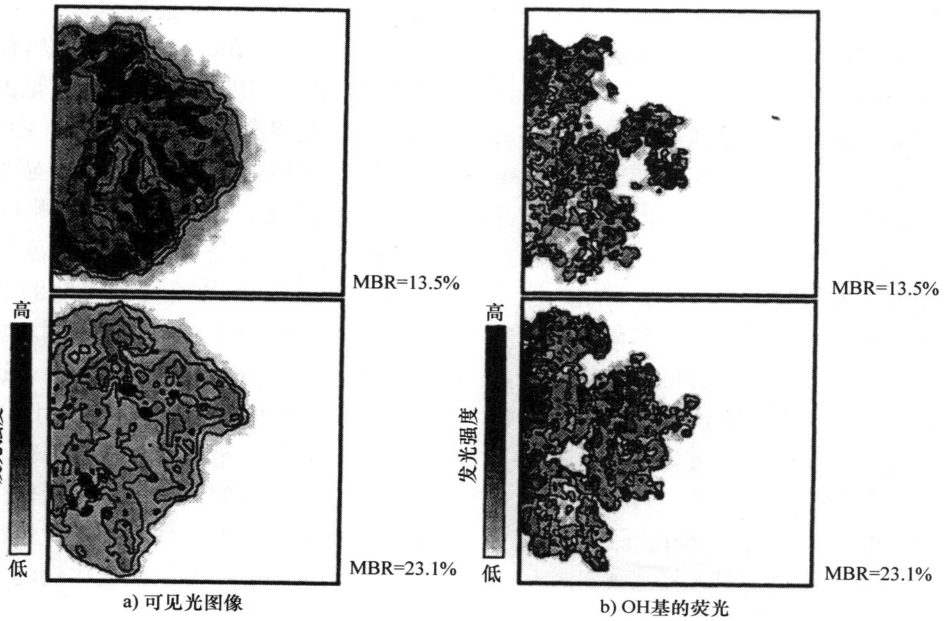

图 1-62 OH 径向的 2 维分布

1000r/min，IMEP：0.4MPa，A/F：14.7

式中，C_1、C_2 为普朗克辐射常数；λ 为波长；T_a为辉度温度；K 为和炭烟体积分数成比例的炭烟颗粒群体吸收强度指标；L 为光路长度；α 为波长指数。α 的值根据有关研究，在可见光范围取 1.38。但是，考虑到 α 的值和炭烟颗粒的大小有关系的话，所有的燃烧条件下，都取一个值是有问题的。

检测器的输出和单色辐射能之间的关系，可用黑体炉和标准灯泡进行测定。

二色法应用于图像测量时，一般用 16mm 彩色胶卷摄影，从胶卷上的彩色图像，用以往的方法抽出二色分光图像。这个测量的关键点是，为了修正胶卷显影条件造成的差别，一部分胶卷上应该把标准光源的情况记录下来。另外，其他不使用胶卷的方法还有，把彩色电视摄像机的两个摄像面的各自的分光图像结合起来的方法，或者把黑白电视摄像机的同一帧图像中，并排记录两个分光图像。这些方法中，为了得到分光图像，需要使用滤波器进行摄影。

图 1-63 显示了和燃烧室内腔冲突的柴油机火焰的分析结果，采用了图像二色法。二色法得到的火焰温度和 KL 值需要注意到，我们假设了燃烧在光路方向的均匀性。如果这个前提不成立，就不一定能得到局部的准确信息了。还有，火焰温度和 KL 值的计算过程中，采用了复杂的非线性联立方程式，从本质上说，容易产生误差的事实不可否认。作为改善上述方法的若干打算和尝试列举如下，诸如把炭烟的领域分为高温燃烧领域及其周边的低温领域，分别用两种数学

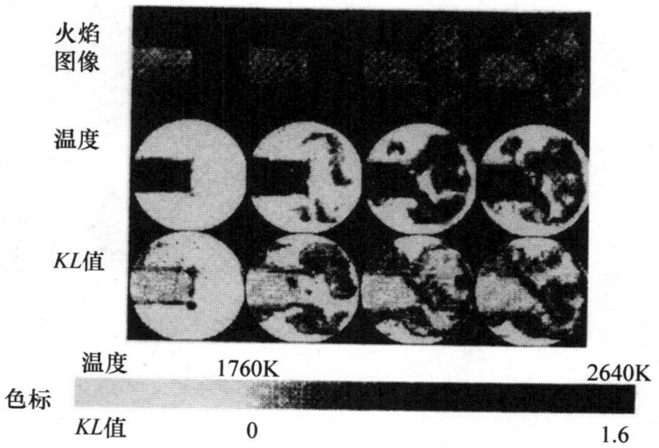

图 1-63 火焰温度和 KL 值的空间分布

模型计算，或对3波长以上单色辐射能进行测量，求得高温领域的温度的方法等。

（2）炭烟的观测

利用激光的透过光衰减法，火焰内部的炭烟颗粒会形成黑影，从而被捕捉到。和喷雾的测试分析不同的是，喷雾内部只有散乱产生的衰减，在粒径20~50nm的炭烟颗粒群中，吸收产生的衰减成为支配性的因素了。因此，就没有必要像喷雾测量那样规定检测半角了。还有，为保证比火焰发光强度高的激光光源的作用，激光光源波长以外的火焰发光，要通过狭域带通滤波器滤掉。使用这个方法产生的问题是，光线通过时得到的信息可能并不和局部炭烟颗粒的信息相对应。

另一方面，可以看到利用激光片获取火焰截面，实施炭烟颗粒可视化，试图求出其空间分布的尝试。其中有一个叫激光诱发赤热法（LII法：Laser Induced Incandescence Method）。使用Nd：YAG等高功率激光照射炭烟时，炭烟温度会从2000多K的火焰温度上升到4500K左右，这个热辐射形成的所谓LII的强度，由于周围炭烟的热辐射的影响，变得高出两位数以上。又因为可见短波波长区域内附近的炭烟的热辐射变得十分弱小，因此，在此区域内观测LII，可以捕捉到炭烟截面分布。LII的强度等于炭烟粒径的3次方乘以颗粒数密度的值，也就是，大约和炭烟体积密度成比例。

还有一个散射光的观察方法。这是在还不会产生LII的强度范围，使用强大激光，通过范围狭窄的带通滤波器，观察炭烟散射光的方法。如果假设雷利散射近似法适用炭烟颗粒的话，散射光强度是和炭烟粒径的六次方乘上颗粒数密度的值成比例的。图1-64显示的是用这个方法和LII法，同时观察扩散火焰中的炭烟的结果。两者间再进行运算，如图下半段所示，可以求出炭烟粒径与颗粒数密度分布。

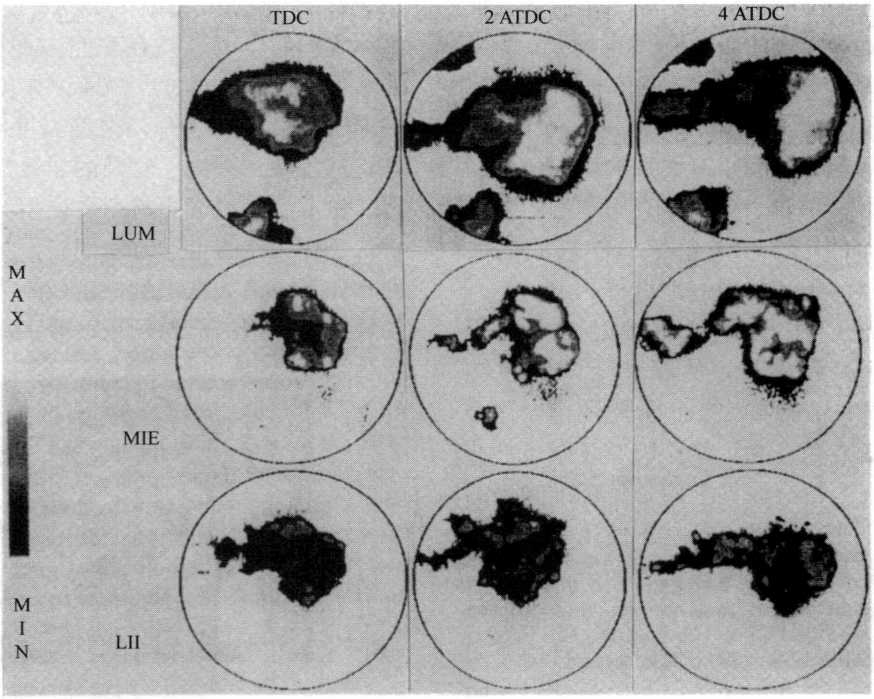

图1-64　柴油机火焰中的炭烟2维分布

（上）发动机内的火焰

1200r/min，过量空气系数：4.8

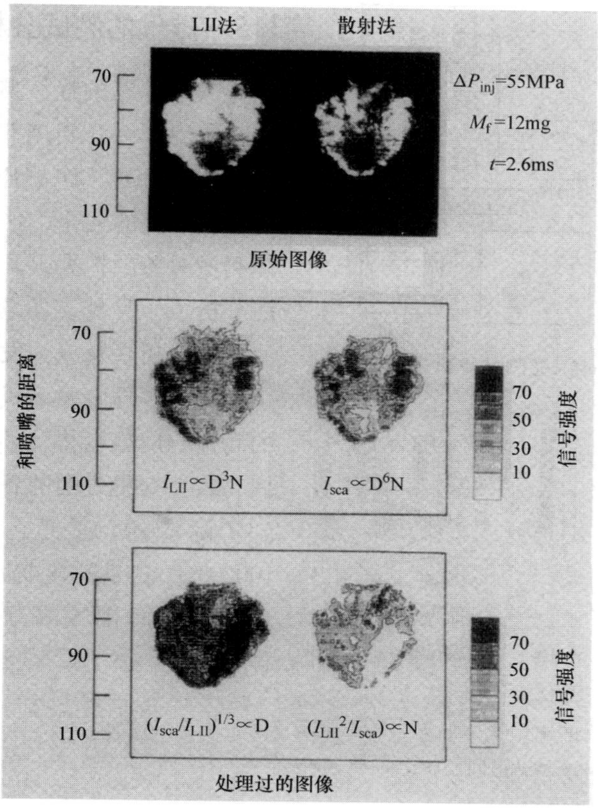

图 1-64　柴油机火焰中的炭烟 2 维分布（续）

（下）定容燃烧器内的火焰

环境压力：2.7MPa

环境温度：690K

1.4.5　CARS 法

在激光技术高速发展，分光器性能不断提高的背景下，各种拉曼光谱分析器的实用性提高得很快。在可适用于发动机这一点上，能接受强烈信号的 CARS 法（Coherent Anti - Stroke Roman Scattering Spectroscopy）的实用性最高。CARS 法的现象是，照射振动数为 ω_1 和 ω_2 的入射光，当 $\omega_1-\omega_2$ 和分子固有振动数一致时，会产生振动数为 $2\omega_1-\omega_2$ 的干涉光。CARS 光呈线状发射，和通常的拉曼散射光（线状拉曼散射光）相比，检测感度高得多。光谱的形状可以决定温度，具体原理为，光谱的形状依存于数密度分布，也就是依存于温度（分子的振动和分子转动能级），利用这一关系，对于氮等特定的分子比较其理论计算和实测的光谱的形状，就可以决定其温度了。

到现在为止，CARS 法被用来测量燃烧室内未燃烧气体局部温度，查明爆燃发生的因素等，得到了各种各样的尝试。图 1-65 是具有代表性的实验装置，图 1-66 是测量结果的一个例子。在这些尝试中，不管有无爆燃，气体结束时的温度差总在 50℃左右，也是得到的共识。

另外，还可以看到，求出温度边界层内的温度梯度，调查气缸内的流动对形成边界层厚度、热传递的影响的例子。

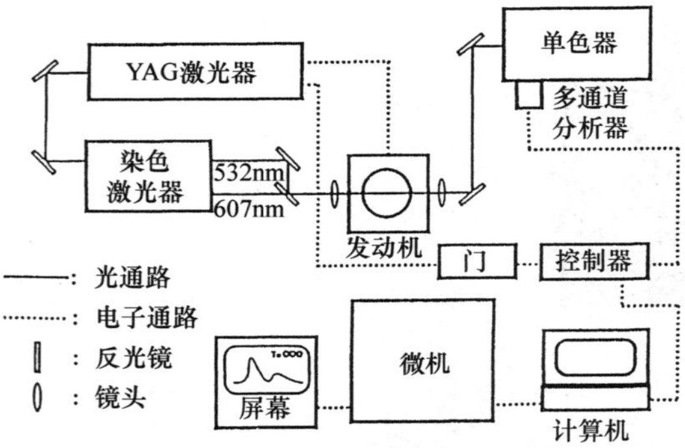

图 1-65　CARS 法局部温度测量分析系统

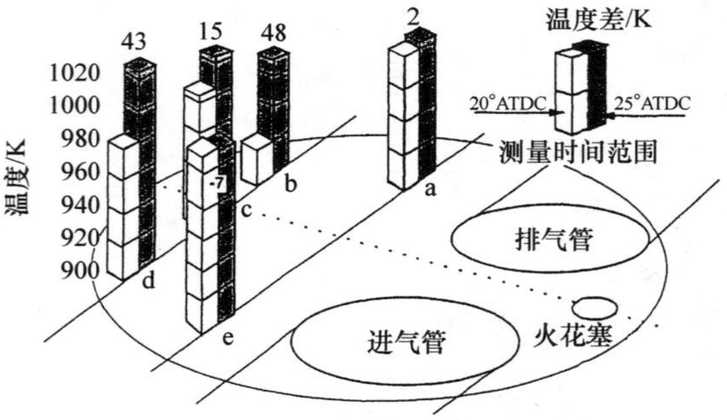

图 1-66　爆燃有无的未燃气体温度

1200r/min，A/F：12.5，点火时间：TDC

1.5　排气的测试分析

汽车排气的连续测量到 1960 年左右才实际使用。一开始用非分散型红外吸收法，仅实施了 CO、CO_2、HC 的测量，之后随尾气排放规定的强化，伴随着测量精度的提高和测量对象的扩大，开始要求对排气进行全面分析了。另外，发动机电控技术的进步，使排气分析普及成为发动机燃烧分析的一般工具，为了理解发动机过渡特性，测量装置的高速响应也变得特别重要了。对应这些发展，表 1-5 里说明的各种排气分析方法都得到实际应用。最近，响应速度提高了约 1000 倍，测量感度提高了约 100 倍，可以连续测量的排气成分的数量大约达到 30 种了。

表 1-5　主要排气分析方法及其特性

分析法	主要测试对象	分析原理	特点
非分散型红外吸收法（NDIR 法）	CO、CO_2、HC、NO、SO_2 等	可选择波长的过滤器，测定红外线的吸收量	高感度、连续、单成分
氢火焰离子化法（FID 法）	CH_4、C_3H_8 等的碳氢化合物	试样气体在氢气中燃烧，测定和离子化的碳原子数成比例的电流量	高感度、连续、全碳素数分析
化学发光法（CLD 法）	NO、NO_2 等氮氧化物	试样气体和臭氧反应，测定从励起状态变缓慢的发光量	高感度、连续、全 NO_x 量分析
傅里叶变换红外吸收法（FTIR 法）	无机物、碳化氢、含酸碳化氢等	测定红外线吸收光谱，分析各成分的浓度	高感度、多成分分析
气相色谱法（GC）	几乎所有气态物质	通过装置将试样气体分离，对每样物质进行检测	高感度、多成分分析

1.5.1　测试分析方法

（1）非分散型红外线吸收法

非分散型红外线吸收法（NDIR 法：Non Dispersive Infrared Method），具有比较高的响应性，可连续测量气体浓度，作为排气连续分析方法被广泛使用。NDIR 法，对于 CO、CO_2 那样的异类原子构成的分子，则利用其固有的红外线吸收带的特点进行测量。测量时，N_2 和 O_2 等同种原子组成的双原子分子，不吸收红外线，因此，不会妨碍其他成分的测量。

NDIR 法的测定原理如图 1-67 所示。两个红外光源放射出的红外线，分别通过样品单元和比较单元，反复调节截波，变换脉冲，通过光学过滤器，到达检测单元。样品单元是测定成分的浓度，进行相关的红外吸收，使到达检测单元时，红外线减少。因此，检测单元内产生温度差，这个温度差由电容式话筒检测，测出成分的浓度。光学过滤器是为了排除尾气中其他成分的吸收的影响使用的。之外，水具有广范围的波长吸收域，为了使排气气体进行脱水，有时使用冷却装置。

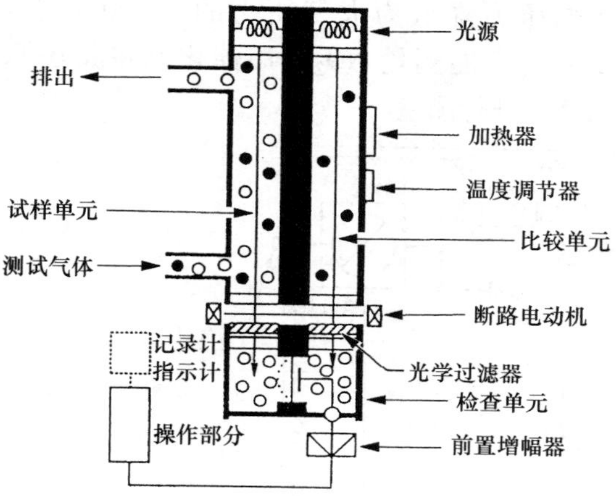

图 1-67　NDIR 的测定原理

这种方式能够测定排气的成分，诸如：CO、CO_2、HC、SO_2、H_2O 等。图 1-68 所示是红外吸收光谱。

（2）氢火焰离子化法（FID 法）

氢火焰离子化法（FID 法：Flame Ionization Detection Method）检测全碳氢化合物（THC，Total Hydrocarbon），也就是用碳原子数表示碳氢化合物浓度的方法来检测其浓度的方法。测量原理在图 1-69 中说明。氢火焰中含有碳氢化合物在内的样品气体时，碳氢化合物在氢火焰中被离子化。这些离子电流和样品气体中的碳原子数成正比，测量出离子电流，就求出了 THC 的浓度。这种检测法，试样气体中 CO、CO_2、H_2O、NO、NO_2 等不受无机气体的影响，但是受到氧气的影响。燃料气体（氢气）中加入氦气混合，可避免氧气的干涉。还有，检出感度应碳氢化合物的种类而异，表 1-6 中的感度 100 是作为相对感度标识的数值。

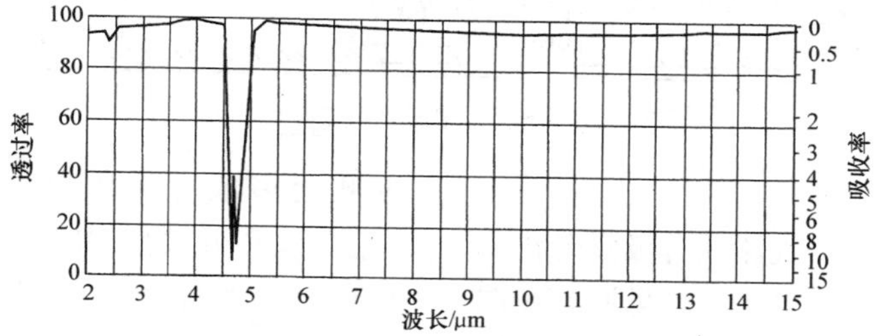

图 1-68　CO 的红外吸收光谱

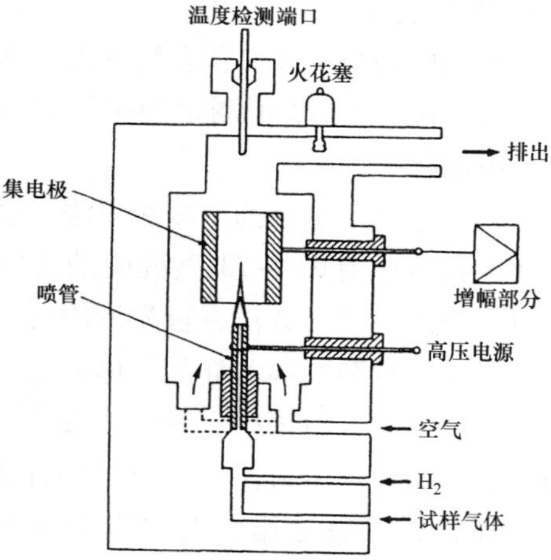

图 1-69　FID 的测量原理

表 1-6　FID 的相对感度的例子

测试物质		相对感度
气体名字	化学式	$C_3H_8=100$
甲烷	CH_4	106.2
乙炔	C_2H_2	96.3
i－丁烷	$i-C_4H_8$	99.5
n－乙烷	$n-C_6H_{14}$	99.3
甲苯	C_7H_8	100.1
萘	$C_{10}H_7$	98.5
乙基苯	$C_6H_{13}-C_6H_5$	96.5
环十二烷	$C_{12}H_{24}$	100.0
十二烷	$C_{12}H_{26}$	97.7
比托拉十二烷	$C_{14}H_{30}$	98.0
乙烯	$C_{16}H_{32}$	96.4
n－十六烷	$C_{16}H_{34}$	96.6

注：测试气体基于 AIR，测试范围是 900×10^{-6}C。

（3）化学发光法（CLD 法）

化学发光法（CLD：Chemiluminescence Detection Method）是根据以下原理的测试方法，这个原理是：当化学反应形成的原子和分子，变化为基底状态时，检出其放出的化学发光的强度，就可得到其浓度。CLD 法的构成在图 1-70 里做了说明。汽车排气测量中，需要测定 NO 的量。NO 在内的试样在容器内和臭氧气体混合，NO 被氧化成为 NO_2，一部分受到激励变为 NO_2^* 了，这些成分回到基底状态时，激发能作为光能放射出来。CLD 输出特性的线性良好，$(0.01 \sim 20000) \times 10^{-6}$ 的宽广浓度范围内的测量都没有问题。CLD 的干扰成分是 CO_2 和 H_2O，激发状态的分子会和这些妨碍成分冲突，形成急速冷却，失去激发能源。使用低浓度分析计时，为了减小急速冷却的影响，将反应室内压力降低为大气压力的 1/100 左右。CLD 法不能测量 NO_2，用催化剂将其还原成 NO 进行测量。

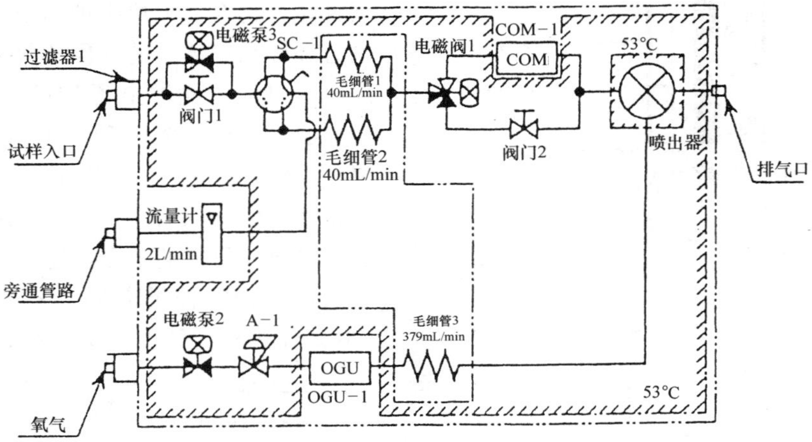

图 1-70　CLD 的结构图

（4）磁气压法

磁气压法是根据 O_2 气体拥有极强磁化率的特点，测量 O_2 浓度的方法。测量原理在图 1-71 中说明。试样气体在磁场中流动，O_2 被磁极吸引过来，磁极附近的压力上升。这种压力变化被电容式检出装置检出，就可以测得排气中的 O_2 浓度。氮气在磁极附近的压力变化，传给检出装置的同时，还防止试样气体流入检测器。磁气压法的妨碍成分是 O_2 以外的磁性气体，NO 的影响是最大的。

（5）傅里叶变换红外吸收法（FTIR 法）

傅里叶变换红外吸收法（FTIR 法：Fourier Transform Infrared Spectroscopy）是一般化学分析法中占主流的分光分析法。NDIR 法测定特定波长的红外线吸收率，而 FTIR 法则通过测定范围较广的红外线，同时测定多成分的气体浓度。图 1-72 中对 NDIR 法和分散型 IR 法的概念进行了说明。使用衍射光栅的传统的红外线分光器吸收一次光谱要 10min，而 FTIR 法由于计算机的进步 1s 就都能够得到了。所以 FTIR 法被预期用作排气中的个别碳氢化合物浓度的连续测定方法。用 FTIR 法可测量的排气成分在表 1-7 中进行了说明。

另外，作为个别烃的浓度测量法，最近被关注的技术中有图 1-73 里说明的化学电离质量分析法。这个方法，首先利用自由电子把离子化的载荷气体和样品气体撞击，使样品气体电离化。电离的试样气体接受质量分析计的分析。这个方法的特点是具有选择性和响应性，可以适用的对象范围还在确认中。

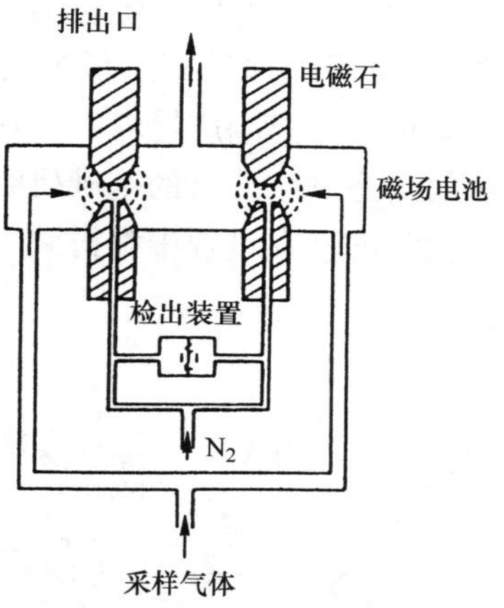

图 1-71 磁气压法测量原理

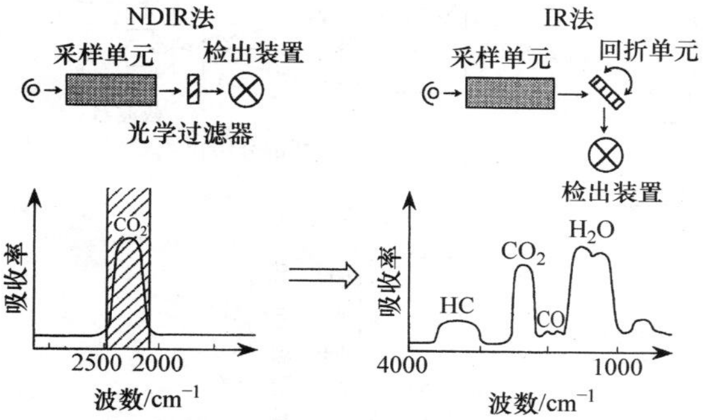

图 1-72 NDIR 和分散型 IR 传递原理

表 1-7 FTIR 法的测试成分

成分	浓度范围/（$\times 10^{-6}$，体积分数）
一氧化碳	0～200/10%位置5阶段
二氧化碳	0～1%/5%/20%/
一氧化氮	0～200
二氧化氮	0～200
一氧化二氮	0～24
水（水蒸气）	0～200
氨气	0～500
二氧化硫	0～200
甲醛	0～200
乙醛、醋醛	0～500
甲醇	0～200
丙酮	0～500/2000
MTBE	0～100
蚁酸	0～200
甲烷	0～100
乙烯	0～500
乙烷	0～500
丙烯	0～200
1、3－丁二烯	0～200
异丁烯	0～200
苯	0～500
甲苯	0～500

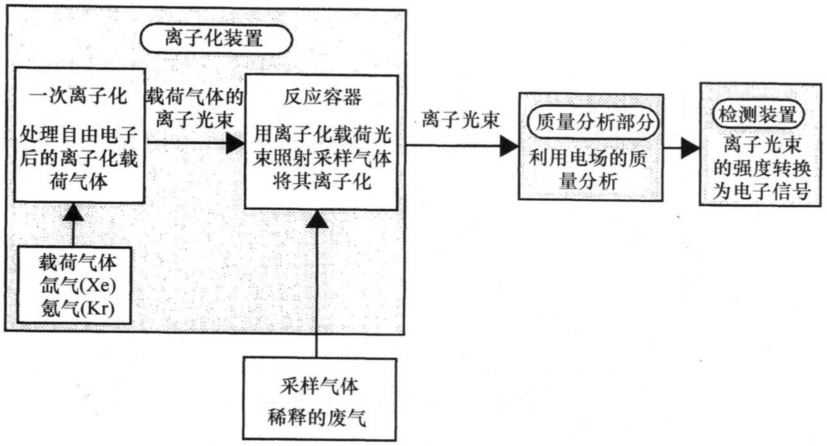

图 1-73 化学离子化质量分析法的结构

1.5.2 样本法

汽车排气法规是根据规定驾驶循环的排气总量进行规定的。因此，排气采样测量方法里，除了把排气的一部分直接吸引到分析装置里的直接法以外，还有为了测量排气总量，只采用一定容量取样（CVS 法：Constant Volume Sampling）的稀释法。最近，个别烃浓度采用气相色谱仪进行分析，还有把排气捕集到粉尘采集装置里的方法。

(1) 直接法

直接法容易采集试样气体，可在发动机的各种驾驶条件中进行排气浓度的连续分析。这些技术中的高速采样法最近受到关注。装置的结构如图 1-74 所示。这里，分析计的检测单元独立设置在极其靠近排气管的位置，以缩短采样时间。测量结果的例子在图 1-75 里说明。这种方法低速各个循环的燃烧状态可被分离响应性较好。这些技术在发动机的瞬态响应分析的基础研究中以及瞬态运转控制的开发过程中都得到了有效的应用。

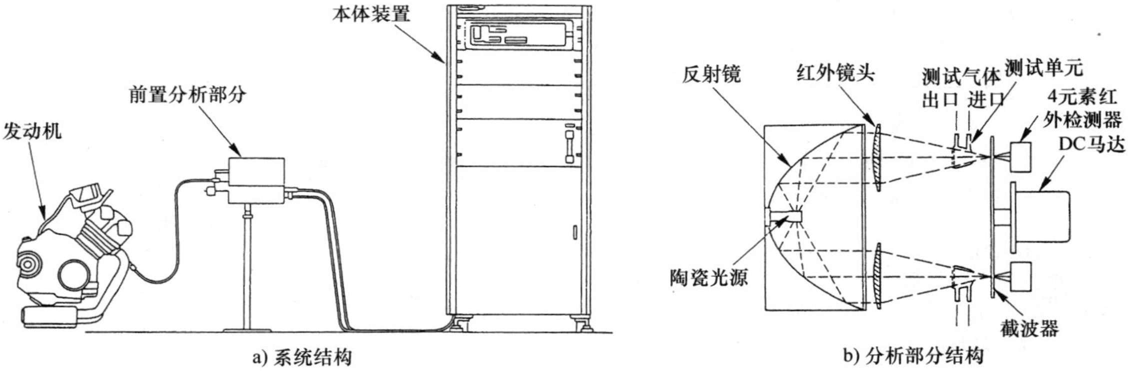

图 1-74 高速采样系统的结构

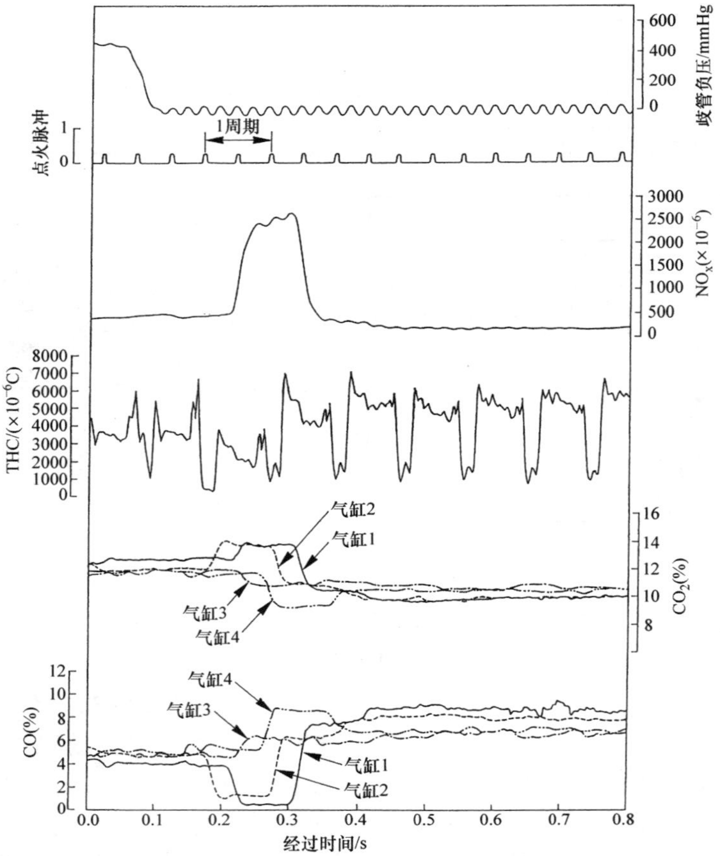

图 1-75 高速采样得到的加速排气特性

（2）定容量样本法（CVS 法）

定容量样本法（CVS 法）如图 1-76 所示。排气被全部引进有关装置里，和稀释空气混合后，通过定容量泵和限流调节管保持一定流量，由于排气和稀释的空气的流量的总和保持一定，被稀释后气体成分的浓度和单位时间排出的重量成一定比例。将这个稀释气体的一部分装入取样袋作为试样，通过稀释气体和排气的流量的和与成分浓度的积，就可以求出气体成分总重量。取样用的口袋要求选用没有气体透过性，对 HC 和 NO_2 等的吸附性较少的材质，还有为了防止排气中烃的吸附和解吸附等造成的停滞现象，可以考虑采样分流以及使用加热型 CVS 等有效措施。

（3）颗粒污染物的测试分析

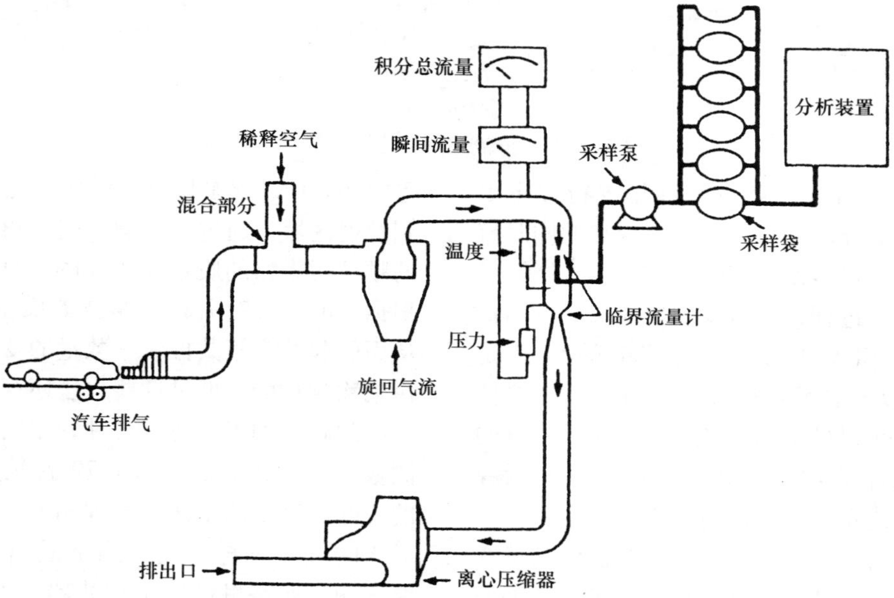

图 1-76 CVS 方法的系统结构

柴油机排出的颗粒状物质叫作颗粒污染物（PM：Particulate Matter），由炭烟和可溶性有机物（SOF：Soluble Organic Fraction）等构成。PM 的测定使用稀释管道。稀释管道分为稀释全部排气的全流式和稀释部分排气的分流式两种，大型发动机的固定模式的测量常用分流式的。图 1-77 和图 1-78 是其中的一例。

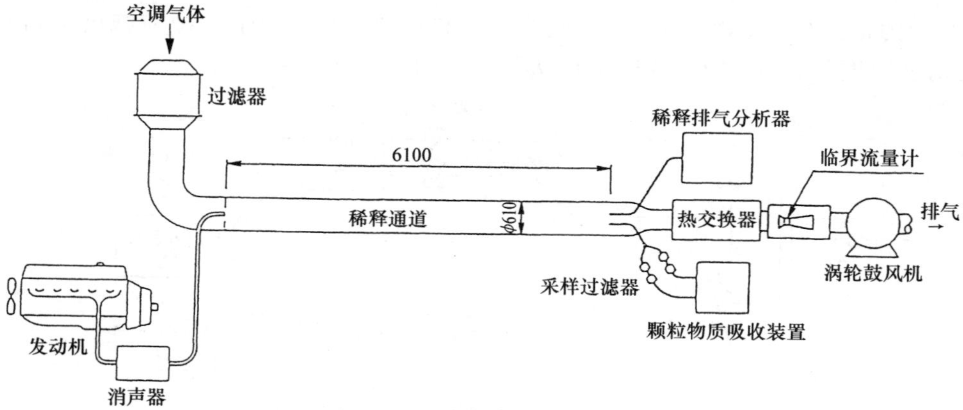

图 1-77 全流式稀释通道的结构

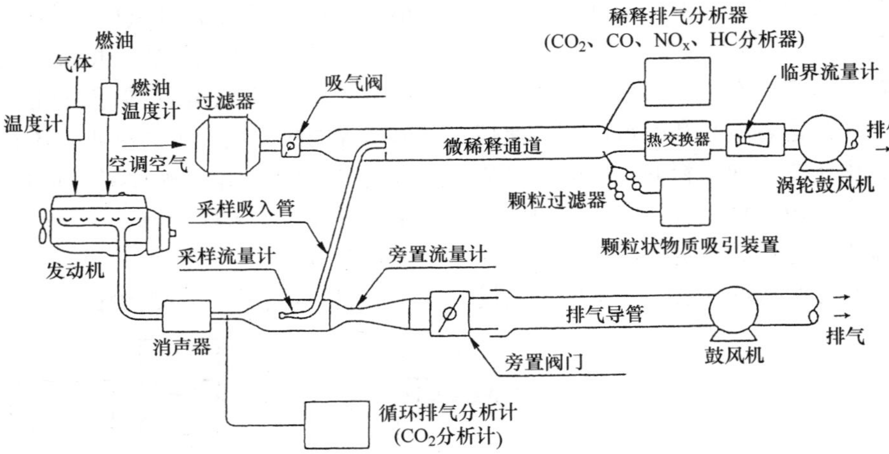

图 1-78　分流式稀释通道的结构

排气中的炭烟和 SOF 在排气行程中由高温状态下释放到大气里，被冷却的同时流速减慢，经过冷凝成长形成 PM。稀释管道模拟了这个过程，使这个现象在实验室内得到再现。EPA 的规定中，PM 的定义是“51.7℃以下的稀释排气通过特殊过滤器捕集的冷凝水以外的所有物质”。稀释管道的下游，设置了 CVS 装置，其中排气和稀释空气流的流量的总和保持一定。

颗粒污染物通过有氟化碳镀层的玻璃纤维过滤器，过滤器中利用使用挥发性溶剂的索氏提取方法，将颗粒污染物分离为 SOF 和 ISF（Insoluble Fraction）。

颗粒污染物的排放在过量空气系数较低的高负荷的加速状态时较为显著，发动机的开发过程中，要求进行连续的直接测试分析。到目前为止，作为测量悬浮微粒的透光度的光透过浓度计，开发了 PAS 和 TEOM 等方法。PAS 法是以红外线作为光源，在雷利散射区域，通过光音响效应，测量排气中的颗粒污染物的质量和浓度的。TEOM 法是根据 PM 的附着引起的滤波器质量的变化，从而引起的弯管共振频率数量的变化，检出污染物颗粒的。但是这些方法还存在是否可靠的问题。到了最近，几种利用碳平衡法的测量方法得到提议。图 1-79 就是其中一例的说明。这个测定法的原理如下，由排气管导入的气体试样，流入测量通路和参考通路，测量通路里设置了过滤器，PM 等微粒在这里被收集起来。参考流路没有设置过滤器，微粒可以自由通过这里。通过了两个流路的气体再次引导到燃烧器里，微粒和未燃烧成分被氧化成为 CO_2 和 H_2O。由于两个流路的 CO_2 浓度的差异是过滤器收集的微粒的多少引起的，于是微粒浓度就可计算出来了。

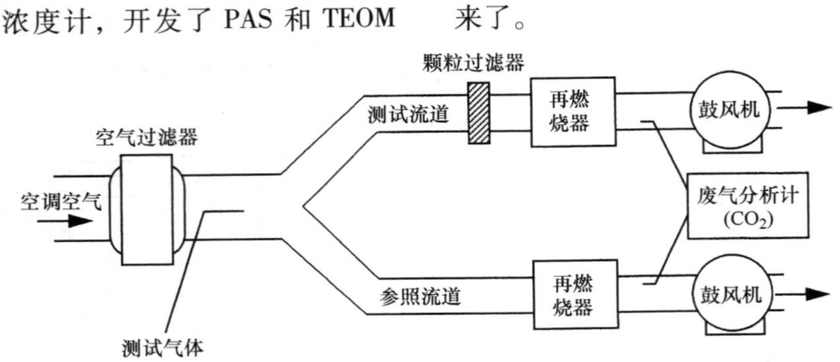

图 1-79　碳平衡法测定颗粒状污染物质的例子

（4）粉尘采集法

目前，能连续测定的排气气体成分是有限的。而且，详细的成分分析不得不对排气气体采样，再通过液相色谱仪和气相色谱仪进行分析。这些装置是为努力实现连续测量设计的。这些设计中，设置了自动交换装置，使用复数盒式的粉尘采集装置，实现了较短的时间间隔的取样，还组合自动分析装置，达到了接近连续数据采集的设计目标。由于设计具有测量的一般性和信赖性，可以认为是一种比较现实的方法。

1.5.3　排气测试的应用

（1）空燃比的测试

空燃比是由发动机吸入的空气质量和燃料质量的比表示的，以前都是对两者同时测量求出来的。但是，在不影响发动机性能的条件下，准确测得吸入空气量是困难的。另外，汽油机的场合，吸入空气量的动态范围较大，只用一个仪器，能够从怠速到最大功率输出点完成整个测量的仪器几乎没有。燃料流量的测量，特别是电子喷射式那样的喷油器，返回量有时候是供给量的几倍甚至几十倍的情况下，连续测量变得很困难。

这里，试图从排气气体浓度求出空燃比的尝试一直不断，现在这种方式被广泛采用了。一般来说，修兵特（R. S. Spindt）和霍鲁（W. H. Holl）设计的碳平衡法被广泛利用，给定燃料中的氢/碳比和水煤气反应系数，根据干燥排气中 CO、CO_2、THC 的浓度，就可求出空燃比。如果使用前述的高速分析装置（30ms 响应）的话，过渡状态的空燃比是可以得到的。图 1-80 是汽油机空燃比和各种排气成分的浓度的分布。

从排气求出空燃比的其他方法还有叫作 CO_2 全测定法的方法，那就是向排气混入已知量的氧气，通过催化剂促使其燃烧，让 CO、HC 变化为 CO_2，测定转换后的 CO_2 浓度。还有，图 1-81 是说明如果使用线性空燃比传感器（LAFS：Linear Air Fuel Ratio Sensor）的话，就可以在开车行驶同时测得空燃比。以前的 O_2 传感器，使用固体电解质的浓淡电池测量 O_2 的浓度，LAFS 则在其上增加电压，移动 O_2，附加氧气的抽吸效果，使广范围空燃比的测量成为可能，最近一部分市场上销售的车上，搭载了这些装置，实现了空燃比的自动控制。

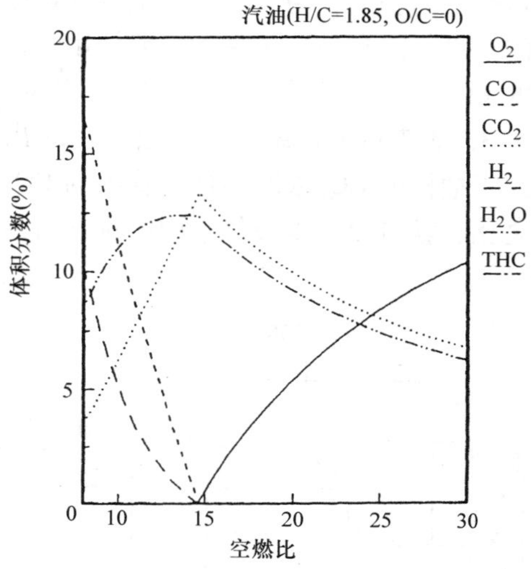

图 1-80　汽油发动机空燃比和各成分浓度的关系

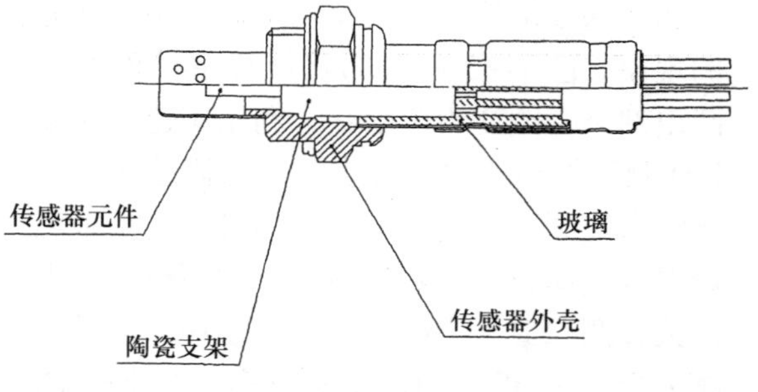

图 1-81　实时空燃比传感器

（2）EGR 率的测试分析

EGR（Exhaust Gas Recirculation）率是吸入空气量和排气再循环量的比值，也就是废气再循环率，为了得到这个值，需要测量吸入空气量和排气气体的再循环量。但是，排气是包含水分和碳颗粒等的高温流体，在一定范围内变动，用流量计实施排气再循环量的测量是困难的。于是，一般使用将排气中的 CO_2 作为示踪物质的 EGR 率测定法。图 1-82 是其测量系统和计算公式。求出进气歧管抽样的 CO_2 浓度和排气管内的 CO_2 浓度之比，就可以求得吸气管中的排气所占比例了。

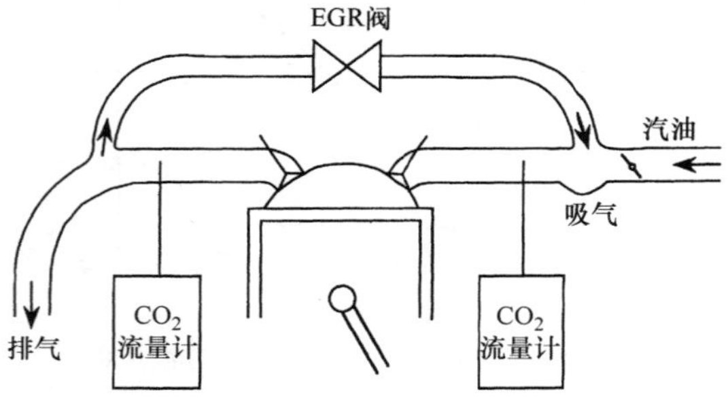

$$\text{EGR率}=\frac{CO_{2IN}-CO_{2AIR}}{CO_{2EX}-CO_{2AIR}}$$

图 1-82　EGR 率的测试及其计算公式

（3）失火的测试

形成发动机排放中的 HC 的主要原因是失火。而发动机失火表现为以下各种现象，诸如靠近燃烧室壁面附近的预混合气受到冷却无法达到着火温度的现象，以及火焰无法到达活塞顶部间隙和火花塞附近的小空间等的现象。图 1-83 所示为将燃烧室壁面上的凸出部分，改变为凹陷状，利用高速响应型 FID 测量得到的 HC 的结果。也就是在进气行程中直到火焰到达采样点的时刻测量未燃烧混合气体，火焰到达后由于壁面影响产生失火，测量这时燃烧后所剩的 HC。这里，靠近壁面越近，HC 浓度越高。另外，图 1-84所示为变更活塞顶部小空间容积，测量得到的 HC 排放量的变化的结果。小空间增大 85%，会有约 40% 的排出量的增加。

（4）爆燃测试

爆燃的测量是根据指示压力变化的测量、发动机振动的测量，再加上听觉进行的。但是，测量压力变化时指示压力计的安装困难，测量发动机振动时区别气门座和活塞撞击等产生的振动是困难的。另外，听觉的场合，对于是没有受到训练的工作人员的话，很难得到定量化的结果。于是，考虑提出了以下的测定方法。发生爆燃时，如图 1-85 显示的那样，和正常燃烧相比，NO 的排放会增加。而且，这个排放量随爆燃质量燃烧比例的增加而急剧增加。所以，根据排放量增加的比例，就可以推测得到爆燃燃烧的比例。如果在所有气缸装上 NO 测量计进行连续测量的话，就容易判别发生爆燃的气缸，可以得到定量的结果。

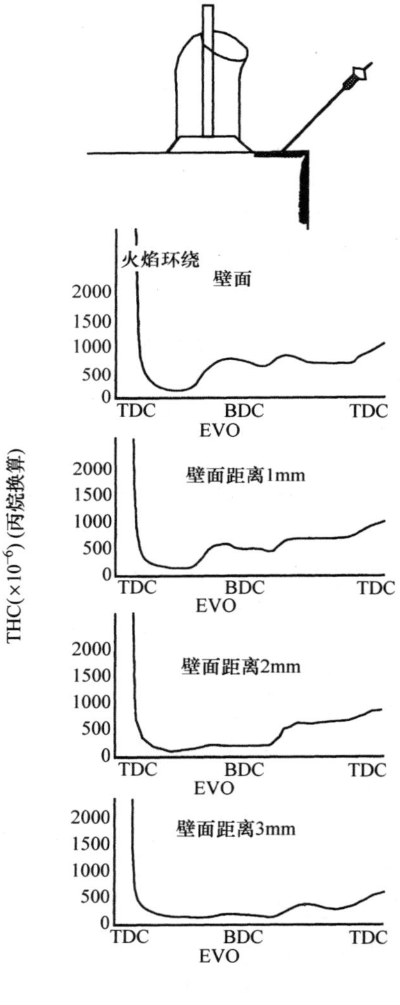

图 1-83　急速冷却法测试 HC 的例子

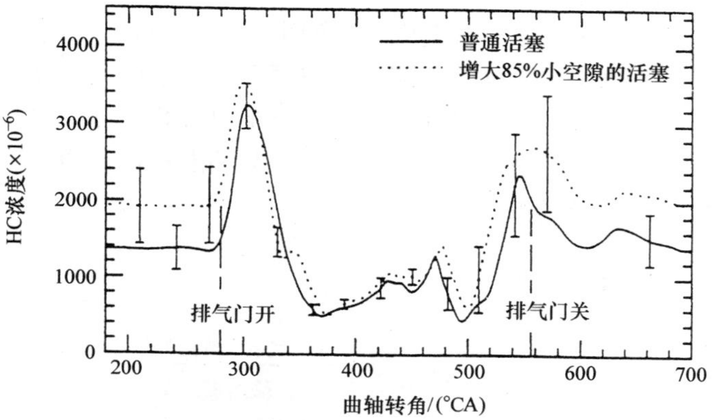

图 1-84 活塞顶部等小空隙的 HC 排量测试例

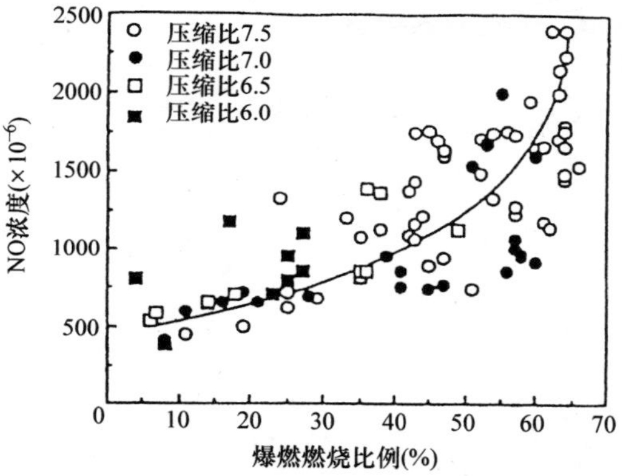

图 1-85 爆燃燃烧比例和 NO 浓度

(5) 排气流量的测试分析

排气流量测定方法有，诸如前面列举的 CVS 法，以及测量进气流量和燃料流量后算出排气流量的方法等。CVS 法的装置整体尺寸大，特别是因为混合部分体积大，所以响应缓慢。因此，存在吸入空气量和燃料流量的测量方法会使系统混乱、响应速度不够灵敏等问题。

于是考虑采用以下的方法。在空气滤清器进口吸入的大气中，混入原来几乎不存在的一定量的惰性气体，例如氦。由于氦气是从进气系统混入，因此，在排气管内，无论从时间、空间上考虑都得到了均匀的混合。通过排气中的氦浓度测量，就可求出排气流量。图 1-86 中列出了用这个方法求出的 LA－4模式运行时的排气量和吸入空气流量的时间系列数据[167]。

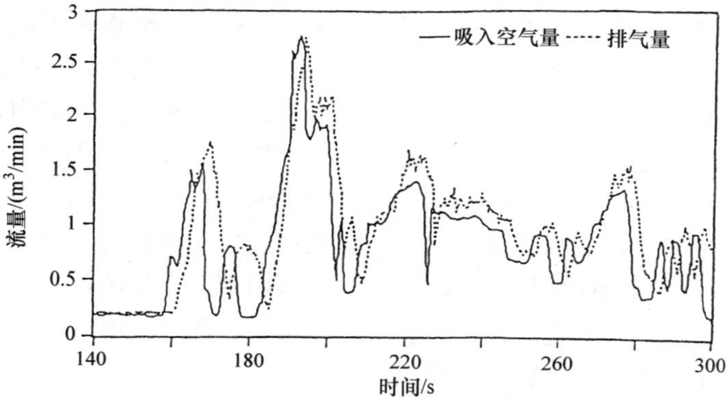

图 1-86 排气流量和吸气流量的时间变化

（6）发动机机油消耗率的测试分析

发动机机油消费率的测量方法，最有效的是S（硫）追踪法。图1-87所示为其装置说明。这个方法的原理是，发动机机油中S（硫）燃烧后，产生硫的氧化物，和排气同时全部排出，氧化炉内向排气供给一定的氧气，将S转换为SO_2后，测量其浓度的NDIR方法，叫S追踪法。从得到的SO_2的浓度和排气量可以计算出机油消耗量。燃料最好不包含S成分。建议汽油发动机使用辛烷，柴油发动机使用癸烷。

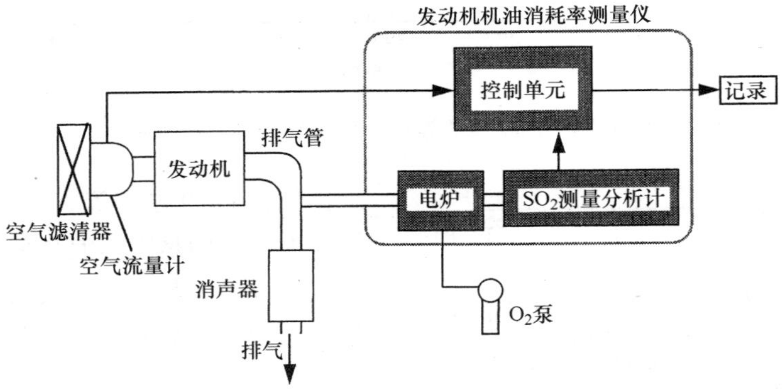

图1-87　发动机机油消耗率测量系统

（7）燃料输送的测试分析

火花点火发动机的燃料，从燃料供给装置喷射到进气管里，附着到壁面上，主要按照由空气流速和液膜蒸发面积决定的速度进行蒸发，然后和空气一起输送到气缸里。另外，液膜会形成脉动流，直接流入气缸内，这个现象，特别是在低温情况下不容忽视。燃料输送过程中会发生响应延迟现象。进气道进气门附近，即使使用多点喷射法（Multi Point Injection）进行燃料喷射，紧急加速或者怠速的场合，必须预测燃料输送的延迟时间加以控制。

为了实施燃料输送过程的测试分析，建议使用高响应的空燃比传感器和HC计量器，在每个循环跟踪测量伴随着燃料供给量的变化而变化的排气成分的变化，效果较好。

测试分析结果的例子如图1-88和图1-89所示。图1-88在测量中使用的是改进了响应速度的LAFS装置，图示为测得的MPI发动机燃料输送的延迟结果。在这里，发动机保持在LPG稀薄燃烧状态下运转，在适当的时间内喷射汽油，测量空燃比的变化，进行燃料输送延迟的测试分析。结果表明，喷射的燃料大约一半，在之后的进气行程中，直接输送到气缸内，其他的一半残留在进气道内。图1-89是，高速NDIR在SPI（Single Point Injection）发动机冷态燃料输送过程中的测试分析结果。SPI发动机的进气道内部混合气浓度，到达可燃极限的时间非常长，而这个时间是依存于燃料的蒸发特性的。

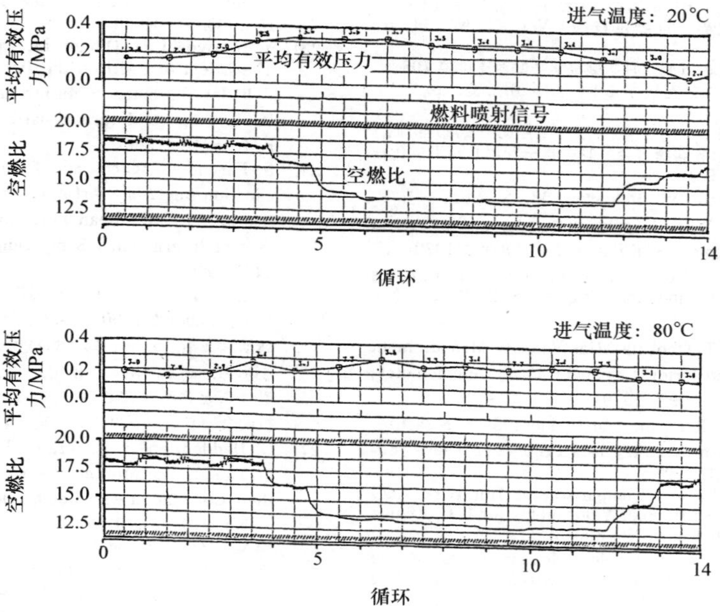

图 1-88 MPI 发动机燃料输送延迟的测量分析示例

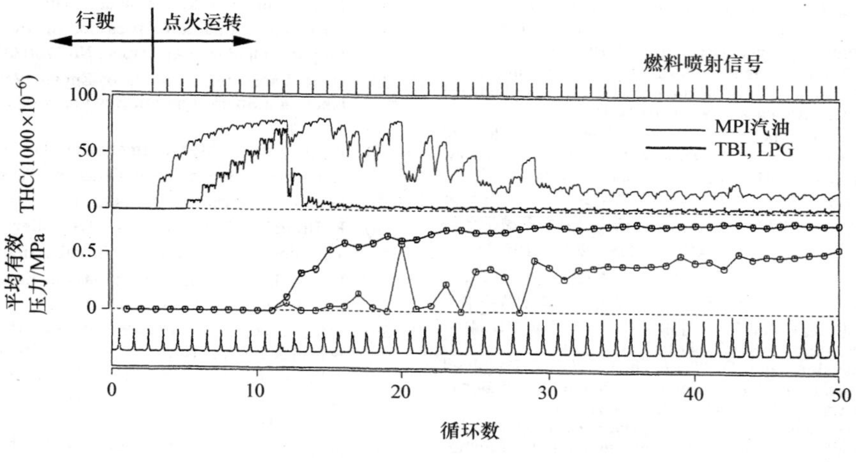

图 1-89 SPI 发动机冷态状况的燃油输送过程测量分析示例

500r/min，WOT

参考文献

1) 三林，熊谷，安東：大粒径のシード粒子を利用したLDV法のメリットと限界，自動車技術，Vol. 43, No. 11, p. 23-28 (1989)
2) 安東，桑原：流れの計測，日本機械学会関西支部第195回講習会，燃焼診断を支援するレーザ応用計測，p. 9-16 (1992)
3) 安東，桑原，棚田：レーザライトシート照明法と流速計測，可視化情報学会第8回講習会，レーザを利用した可視化技術，p. 60-67 (1993)
4) S. C. Johnston, C. W. Robinson, W. S. Porke, J. R. Smith, and P. O. Witze：Application of Laser Diagnostics to an Injected Engine, SAE Paper, No. 790092 (1979)
5) R. B. Rask：Laser Doppler Anemometer Measurements in an Internal Combustion Engine, SAE Paper, No. 790094 (1979)
6) T. Asanuma and T. Obokata：Gas Velocity Measurement of a Motored and Firing Engine by Laser Anemometry, SAE Paper, No. 790096 (1979)
7) G. Wigley and J. Renshaw：In-Cylinder Swirl Measurement by Laser Anemometry in a Production Diesel Engine, AERE-R9651 (1979)
8) P. O. Witze：Critical Comparison of Hot-Wire Anemometry and Laser Doppler Velocimetry for I. C. Engine Applications, SAE Paper, No. 800132 (1980)
9) A. P. Morse Laser-Doppler Measurements of the In-Cylinder Flow of a Motored 4-Stroke Reciprocating Engine, AERE-R9919 (1980)
10) 松岡，永倉，河合，青柳，神本：レーザ流速計によるディーゼル機関シリンダ内の空気流動の計測，日本機械学会論文集（B編），Vol. 47, No. 422, p. 2074-2084 (1981)
11) 小保方，浅沼：火花点火機関の燃焼室内におけるガス流動，日本機械学会論文集（B編），Vol. 48, No. 436, p. 2636 (1981)
12) D. R. Zimmerman：Laser Anemomenter Measurements of the Air Motion in the Prechamber of an Automotive Diesel Engine, SAE Paper, No. 830452 (1983)
13) T-M. Liou, D. A. Santavicca, and F. V. Bracco：Laser Doppler Velocimetry Measurements in Valved and Ported Engines, SAE Paper, No. 840375, (1984)
14) T. D. Fansler：Laser Velocimetry Measurements of Swirl and Squish Flows in an Engine with a Cylindrical Piston Bowl, SAE Paper, No. 850124 (1985)
15) S. Bopp, C. Vafidis, and J. H. Whitelaw：The Effect of Engine Speed on the TDC Flowfield in a Motored Reciprocating Engine, SAE Paper, No. 860023 (1986)
16) 神本，八木田，森吉，小林，盛田：透明シリンダエンジンによるシリンダ内空気流動に関する研究，日本機械学会論文集（B編），Vol. 53, No. 492, p. 2686-2693 (1987)
17) 小保方，花田，倉林：小型二サイクル火花点火機関における燃焼室内ガス流動のLDA測定（第2報，定常的時間平均法による乱れ特性の評価），日本機械学会論文集（B編），Vol. 53, No. 495, p. 3465-3472 (1987)
18) T. D. Flansler, and D. T. French：Cycle-Resolved Laser-Velocimetry Measurements in a Reentrant-Bowl-in-Piston Engine, SAE Paper, No. 880377 (1988)
19) R. A. Fraser, and F. V. Bracco：Cycle-Resolved LDA Integral Length Scale Measurements in an I. C. Engine, SAE Paper, No. 880381 (1988)
20) A. R. Glover, G. E. Hundleby, and O. Hadded：The Development of Scanning LDA for the Measurement of Turbulence in Engines, SAE Paper, No. 880379 (1988)
21) 植木，石田，江上：LDVによる直接噴射式ディーゼル機関筒内流動の研究（低データレイト不等間隔データの乱れ解析），Paper No. 222，第7回内燃機関合同シンポジウム講演論文集，p. 351-355 (1988)
22) M. Lorenz, and K. Prescher：Cycle-Resolved LDV Measurements on a Fired SI-Engine at High Data Rates Using a Conventional Modular LDA System, SAE Paper, No. 900054 (1990)
23) Y. Moriyoshi, H. Ohtani, M. Yagita, and T. Kamimoto：The Effect of Swirl on the Decay and Generation of In-Cylinder Turbulence during the Compression Stroke, Proceedings of International Symposium COMODIA 90, p. 405-410 (1990)
24) S. Furuno, S. Iguchi, and T. Inoue：The Effects of "Inclination Angle of Swirl Axis" on Turbulence Characteristics in a 4-Valve Lean-Burn Engine with SCV, Proceedings of International Symposium COMODIA 90, p. 437-442 (1990)
25) 長面川，浅沼：火花点火機関における燃焼室内流れの乱流特性，Paper No. 209，第8回内燃機関合同シンポジウム講演論文集，p. 207-212 (1990)
26) 小木田，高木，伊東，横山，漆原：四弁機関燃焼室のサイクルごとの乱れ強さの計測，Paper No. 214，第8回内燃機関合同シンポジウム講演論文集，p. 237-242 (1990)
27) O. Hadded, and I. Denbratt：Turbulence Characteristics of Tumble Air Motion in Four-Valve S. I. Engines and their Correlation with Combustion Parameters, SAE Paper No. 910478 (1975)
28) 漆原，村山，季，高木：スワール・タンブルによる乱流生成と燃焼特性，Paper No. 97，第11回内燃機関シンポジウム講演論文集，p. 573-578 (1993)
29) K. Kuwahara, and H. Ando：TDC Flow Field Structure of Two-Intake-Valve Engines with Pentroof Combustion Chamber, JSME International Journal (Series B), Vol. 36, No. 4, p. 688-696 (1993)
30) 長山，島津，池田，中島：LDV信号処理の改善によるインジェクター噴霧速度のサイクル変動計測，Paper No. 97，第11回内燃機関シンポジウム講演論文集，p. 517-522 (1993)
31) J. C. Dent, and N. S.Salama：The Measurement of the Turbulence Characteristics in an Internal Combustion Engine Cylinder, SAE Paper, No. 750886 (1975)
32) D. R. Lancaster：Effects of Engine Variables on Turbulence in a Spark-Ignition Engine, SAE Paper, No. 760159 (1976)
33) P. O. Witze：Measurements of the Spatial Distribution and Engine Speed Dependence of Turbulent Air Motion in an I. C. Engine, SAE Paper, No. 770220 (1977)
34) F. Brandl, I. Reverencic, W. Cartellieri, and J. C. Dent：Turbulent Air Flow in the Combustion Bowl of a D. I. Diesel Engine and Its Effect on Engine Performance, SAE Paper, No. 790040 (1979)
35) 脇坂，浜本，木下：内燃機関の燃焼室内乱流の計測，自動車技術会論文集，No. 18, p. 59-65 (1979)
36) 脇坂，浜本，木下：内燃機関の燃焼室内における乱流特性，日本機械学会論文集（B編），Vol. 48, No. 430, p. 1198-1205 (1982)
37) 城戸，和栗，村瀬，藤本，王，富田：圧縮行程中でのシリンダ内乱れの空間尺度の変化，日本機械学会論文集（B編），Vol. 50, No. 452, p. 1114-1121 (1984)
38) A. E. Catania, and A. Mittica：Analysis of Turbulent Flow Parameters in a Motored Automotive Engine, Proceedings of International Symposium COMODIA 85, p. 99-106 (1985)
39) 浜本，富田，三葉：四サイクル機関シリンダ内乱流の計測，日本機械学会論文集（B編），Vol. 53, No. 491, p. 2226-

2232 (1987)
40) M. Ikegami, M. Shioji, and K. Nishimoto：Turbulence Intensity and Spatial Integral Scale During Compression and Expansion Strokes in a Four-Cycle Reciprocating Engine, SAE Paper, No. 870372 (1987)
41) D. L. Reuss, R. J. Adrian, C. C. Landreth, D. T. French, and T. D. Fansler：Instantaneous Planar Measurements of Velocity and Large-Scale Vorticity an Strain Rate in an Engine Using Particle-Image Velocimetry, SAE Paper, No. 890616 (1989)
42) D. L. Reuss, M. Bardsley, P. G. Felton, C. C. Landreth, and R. J. Adrian：Velocity, Vorticity and Strain Rate Ahead of a Flame Measured in an Engine Using Paticle Image Velocimetry, SAE Paper, No. 900053 (1990)
43) 漆原，高木，Adrian：PIVによる微細乱流場の定量的可視化，Paper No. 18，第10回内燃機関合同シンポジウム講演論文集，p. 97-102 (1992)
44) J. Lee, and P. V. Farrel：Intake Valve Flow Measurements of an IC Engine Using Particle Image Velocimetry, SAE Paper, No. 930480 (1993)
45) M. Reeves, C. P. Garner, J. C. Dent, and N. A. Halliwell：Particle Image Velocimentry Measurements of Barrel Swirl in a Production Geometry Optical IC Engine, SAE Paper No. 940281 (1994)
46) K. A. Marko, and L. Rimai：Video Recording and Quantitative Analysis of Seed Particle Track Images in Unsteady Flow, Applied Optics, Vol. 24, p. 3666 (1985)
47) M. Gharib, M. A. Hernan, A. H. Yavrouian, and V. Sarohia：Flow Velocity Measurement by Image Processing of Optically Activated Tracers, AIAA Paper, No. 85-0172 (1985)
48) C. C. Landreth and R. J. Adrian：Electrooptical Image Shifting for Particle Image Velocimetry, Applied Optics, Vol. 27, p. 4216 (1988)
49) E. Nimo, B. F. Gajdeczko, and P. G. Felton：Two-Colour Particle Image Velocimetry in an Engine with Combustion, SAE Paper, No. 930872 (1993)
50) 塩路，川那辺，河崎，池上：相互相関PIVによるガス流動の時間的計測，Paper No. 1631，日本機械学会第74期通常総会講演会講演論文集(Ⅲ) (1997)
51) K. A. Marko, P. Li, L. Rimai, T. Ma, and M. Davies：Flow Field Imaging for Quantitative Cycle-Resolved Velocity Measurements in a Model Engine, SAE Paper, No. 860022 (1986)
52) J. C. Kent, A. Mikulec, L. Rimai, A. A. Adamczyk, S. R. Mueler, R. A. Stein, and C. C. Warren：Observations on the Effects of Intake-Generated Swirl and Tumble on Combustion Duration, SAE Paper, No. 892096 (1989)
53) B. Khalighi：Intake-Generated Swirl and Tumble Motions in a 4-Valve Engine with Various Intake Configurations-Flow Visualization and Particle Tracking Velocimetry, SAE Paper, No. 900059 (1990)
54) D. H. Shack, and W. C. Reynolds：Application of Particle Tracking Velocimenry to the Cyclic Variability of the Pre-Combustion Flow Field in a Motored Axisymmetric Engine, SAE Paper, No. 910475 (1991)
55) M. Ronnback, W. X. Le, and J-R. Linna：Study of Induction Tumble by Particle Tracking Velocimetry in a 4-Valve Engine, SAE Paper, No. 912376 (1991)
56) 桑原，河合，安東：3色レーザシート法による流れ場の3次元計測，Paper No. 96，第11回内燃機関シンポジウム講演論文集，p. 567-572 (1993)
57) A. Azetsu, S. Dodo, T. Someya, and C. Oikawa：A Study on the Structure of Diesel Spray (2-D Visualization of the None-Evaporating Spray), Proceeding of International Symposium COMODIA 90, p. 199-204 (1990)
58) 畔津，四辻，染谷，及川：ディーゼル噴霧の構造とその形成過程に関する研究—噴射パラメータが噴霧構造に及ぼす影響—，Paper No. 223，第9回内燃機関合同シンポジウム講演論文集，p. 391-396 (1991)
59) M. Nishida, T. Nakahira, M. Komori, K. Tsujimura, and I. Yamaguchi：Observation of High Pressure Fuel Spray with Laser Sheet Method, SAE Paper, No. 920459 (1992)
60) T. Kume, Y. Iwamoto, K. Iida, N. Murakami, K. Akishino, and H. Ando：Combustion Control Technologies for Direct Injection SI Engines, SAE Paper, No. 960600 (1996)
61) 冨田，浜本，堤，高崎：非定常気体噴流の周囲気体導入過程に関する研究，Paper No. 71，第10回内燃機関合同シンポジウム講演論文集，p. 397-402 (1992)
62) 冨田，浜本，堤：非定常気体噴流の周囲気体導入過程に関する研究（続報），Paper No. 92，第11回内燃機関シンポジウム講演論文集，p. 541-546 (1993)
63) 小酒，神本，元：非定常噴霧の構造に関する研究—第1報，シリコンオイル混入法による燃料蒸気の可視化—，Paper No. 92，第10回内燃機関合同シンポジウム講演論文集，p. 403-408 (1992)
64) 日本機械学会：燃焼のレーザ計測とモデリング，東京，丸善書店，p. 141-159 (1987)
65) T. Kamimoto, S. K. Ahn, Y. J. Chang, H. Kobayashi, and S. Matsuoka：Measurement of Droplet Diameter and Fuel Concentration in a Non-Evaporating Diesel Spray by Means of an Image Analysis of Shadow Photographs, SAE Paper, No. 840276 (1984)
66) N. Katsura, M. Saito, J. Senda, and H. Fujimoto：Characteristics of a Diesel Spray Impinging on a Flat Wall, SAE Paper, No. 890264 (1989)
67) M. Nakayama, and T. Araki：Visualization of Spray Structure by Means of Computed Tomography, proceedings of International Symposium COMODIA 85, p. 131-139 (1985)
68) H. Hiroyasu, K. Nishida, and J. C. A. Min：Computed Tomographic Study on Internal Structure of a Diesel Spray Impinging on a Flat Wall, Proceedings of International Symposium COMODIA 90, p. 205-210 (1990)
69) H. Fujimoto, J. Senda, M. Nagae, and A. Hashimoto：Characteristics of a Diesel Spray Impinging on a Flat Wall, Proceedings of International Symposium COMODIA 90, p. 193-198 (1990)
70) M. Suzuki, K. Nishida, and H. Hiroyasu：Simultaneous Concentration Measurement of Vapor and Liquid in an Evaporating Diesel Spray, SAE Paper, No. 930863 (1993)
71) J-Y. Koo, and J. K. Martin：Droplet Sizes and Velocities in a Transient Diesel Fuel Spray, SAE Paper, No. 900397 (1990)
72) C. Arcoumanis, J-C. Chang, and T. Morris：Spray Characteristics of Single- and Two-Spring Diesel Fuel Injectors, SAE Paper, No. 930922 (1993)

73) 栗原，池田，中島：エアーアシストインジェクタにより形成される噴霧の分散過程，Paper No. 86，第11回内燃機関シンポジウム講演論文集，p. 505-510 (1993)
74) F. Vannobel, D. Robart, J. B. Dementhon, and J. Whitelaw：Velocity and Size Distribution of Fuel Droplets in the Cylinder of a Two-Valve Production Engine, Proceedings of International Symposium COMODIA 94, p. 373-378 (1994)
75) T. Kamimoto, H. Kobayashi, and S. Matsuoka：A Big Size Rapid Compression Machine for Fumdamental Studies of Diesel Combustion, SAE Paper, No. 811004 (1981)
76) K. R. Browne, I. M. Partridge, and G. Greeves：Fuel Property Effects on Fuel/Air Mixing in an Experimental Diesel Engine, SAE Paper, No. 860223 (1986)
77) 谷，斎藤，山田：エンジン筒内における噴霧蒸発過程の研究，Paper No. 120，第6回内燃機関合同シンポジウム講演論文集，p. 119-124 (1987)
78) K. Nishida, N. Murakami, and H. Hiroyasu：A Pulsed-laser Holography Study of the Evaporating Diesel Spray in a High Pressure Bomb, Proceedings of International Symposium COMODIA 85, p. 141-148 (1985)
79) J. A. Gotowski, J. B. Heywood, and C. Deleplace：Flame Photographs in a Spark-Ignition Engine, Combustion and Flame, Vol. 56, 71-81 (1984)
80) C. F. Edwards, H. E. Stewart and A. K. Oppenheim：A Photographic Study of Plasma Ignition Systems, SAE Paper, No. 850077 (1985)
81) T. A. Baritaud：High Speed Schlieren Visualization of Flame Initiation in a Lean Operating SI Engine, SAE Paper, No. 872152 (1987)
82) R. Herweg, and G. F. W. Ziegler：Flame Kernel Formation in a Spark-Ignition Engine, Proceedings of International Symposium COMODIA 90, p. 173-178 (1990)
83) Y. Nakagawa, Y. Takagi, T. Itoh, and T. Iijima：Laser Shadowgraphic Analysis of Knocking in S. I. Engine, SAE Paper, No. 845001 (1984)
84) 太田，高橋：ノックの発生におよぼす混合気流動の影響，Paper No. 202，第5回内燃機関合同シンポジウム講演論文集，p. 79-83 (1985)
85) J. R. Smith，：The Influence of Turbulence on Flame Structure in an Engine, ASME Conference on Flows in Internal Combustion Engines, p. 67-72 (1982)
86) A. Floch, T. Kageyama, and A. Pocheau：Influence of Hydrodynamics Conditions on the Development of a Premixed Flame in a Closed Vessel, Proceedings of International Symposium COMODIA 90, p. 141-146 (1990)
87) Y. Kiyota, K. Akishino, and H. Ando：Concept of Lean Combustion by Barrel-Stratification, SAE Paper, No. 920678 (1992)
88) 吉山，浜本，南：3.39 μm 赤外吸収法による炭化水素燃料濃度の計測，Paper No. 76，第12回内燃機関シンポジウム講演論文集，p. 443-448 (1995)
89) C. Arcoumanis, H. G. Green, and J. H. Whitelaw：The Application of Laser Rayleigh Scattering to a Reciprocating Model Engine, SAE Paper, No. 840376 (1984)
90) F. Q. Zhao, T. Kadota, and T. Takemoto：Rayleigh Scattering Measurements of Fuel Vapor Concentration Fluctuation in a Motored Spark Ignition Engine, Proceedings of International Symposium COMODIA 90, p. 377-382 (1990)
91) 趙，竹富，西田，廣安：火花点火機関燃焼室内混合気濃度分布の二次元計測—機関運転条件の影響—，Paper No. 94，第11回内燃機関シンポジウム講演論文集，p. 553-558 (1993)
92) L. A. Melton：Spectrally separated fluorescence emissions for diesel fuel droplets and vapor, Applied Optics, Vol. 21, No. 14, p. 2224-2226 (1983)
93) M. E. A. Bardsley, P. G. Felton, and F. V. Bracco：2-D Visualization of Liquid and Vapor Fuel in an I. C. Engine, SAE Paper, No. 880521 (1988)
94) J. Senda, Y. Fukami, Y. Tanabe, and H. Fujimoto：Visualization of Evaporative Diesel Spray Impinging Upon Wall Surface by Exciplex Fluorescence Method, SAE Paper, No. 920578 (1992)
95) W. Lawrenz, J. Köhler, F. Meier, W. Stolz, W. H. Bloss, R. R. Maly, E. Wagner, and M. Zahn：Quantitative 2 D LIF Measurements of Air/Fuel Ratios During the Intake Stroke in a Transparent SI Engine, SAE Paper, No. 922320 (1992)
96) T. A. Baritaud, and T. A. Heinze：Gasoline Distribution Measurements with PLIF in a SI Engine, SAE Paper, No. 922355 (1992)
97) B. Johansson, H. Neij, M. Aldén, and G. Juhlin：Investigation of the Influence of Mixture Preparation on Cyclic Variation in a SI-Engine, Using Laser Induced Fluorescence, SAE Paper, No. 950108 (1995)
98) D. Wolff, V. Beushausen, H. Schlüter, P. Andresen, W. Hentschel, P. Manz, and S. Arndt：Quantitative 2D-Mixture Fraction Imaging Inside An Internal Combustion Engine Using Acetone-Fluorescence, Proceedings of International Symposium COMODIA 90, p. 445-451 (1990)
99) 藤川，勝見，秋濱：ガソリン LIF を用いた筒内混合気分布の計測，Paper No. 9437449，自動車技術会学術講演会前刷集，No. 946, p. 73-76 (1994)
100) T. D. Fansler, D. T. French, and M. C. Drake：Fuel Distributions in a Firing Direct-Injection Spark-Ignition Engine Using Laser-Induced Fluorescence Imaging, SAE Paper, No. 950110 (1995)
101) 伊東，角方，菱沼，漆原，堀江：燃焼室内混合気場のためのレーザ誘起蛍光法（LIF）における合成燃料の開発，Paper No. 9632929，自動車技術会学術講演会前刷集，962, p. 13-16 (1996)
102) REDLINE ACAP Version 4.0 User Manual, dsp Technology Inc. (1995)
103) 徐：予燃焼室ディーゼル機関の燃焼に関する研究（第1報，副室付ディーゼル機関の熱力学的考察），日本機械学会論文集（第2部），Vol. 31, No. 225, p. 808-822 (1965)
104) H. Ando, J. Takemura, and W. Koujina：A Knock Anticipating Strategy Basing on the Real-Time Combustion Mode Analysis, SAE Paper, No. 890882 (1989)
105) W. M. Scott：Understanding Diesel Combustion through the Use of High Speed Moving Pictures in Color, SAE Paper, No. 690002 (1969)
106) 長尾，池上，清田，三田，川廷：直接噴射式ディーゼル機関における燃焼の研究，日本機械学会論文集，Vol. 38, No. 311, p. 1866-1874 (1972)
107) T. Shiosaki, T. Suzuki, and M. Shimoda：Observation of Combustion Process in D. I. Diesel Engine via High-speed Direct and Schlieren Photography, SAE Paper,

No. 800025 (1980)
108) Y. Aoyagi, T. Kamimoto, Y. Matsui, and S. Matsuoka：A Gas Sampling Study on the Formation Processes of Soot and NO in a D. I. Diesel Engine, SAE Paper, No. 800254 (1980)
109) K. Kontani, and S. Gotoh：Measurement of Soot in a Diesel Combustion Chamber by Light Extinction Method and In-Cylinder Observation by High speed Shadowgraphy, SAE Paper, No. 831219 (1983)
110) K. Kanairo, N. Hirakouchi, M. Sekino, and H. Nakagawa：Study of High Speed Diesel Engine Combustion Using High Speed Photography-Attempt to Obtain All Aspects of Combustion and Its Improvement, Proceedings of International Symposium COMODIA 85, p. 373-381 (1985)
111) S. Shundoh, T. Kakegawa, K. Tsujimoto, and S. Kobayashi：A Study on Combustion of Direct Injection Diesel Engine with 150Mpa Injection Pressure, Proceedings of Internationl Symposium COMODIA 90, p. 607-612 (1990)
112) 水田，青山，佐藤，渡辺：ディーゼル機関におけるHC生成要因調査，Paper No. 217，第9回内燃機関合同シンポジウム講演論文集，p. 165-170 (1991)
113) S. C. Bates：Flame Imaging Studies of Cycle-by Cycle Combustion Variation in a SI Four-Stroke Engine, SAE Paper, No. 892086 (1989)
114) C. Arcoumanis, C. S. Bae, and Z. Hu：Flow and Combustion in a Four-Valve Spark-Ignition Optical Engine, SAE Paper, No. 940475 (1994)
115) Y. Gotoh：Flame and Wall Temperature Visualization on Spark-Ignited Ultra-Lean Combustion Engine, Proceedings of International Symposium COMODIA 90, p. 147-152 (1990)
116) 河合，服部，塚本，千田，藤本：火花点火機関におけるノッキング現象の解明，Paper No. 110，第9回内燃機関合同シンポジウム講演論文集，p. 51-56 (1991)
117) 小松，古谷，太田：ピストン圧縮低温自着火炎の発現形態，Paper No. 49，第10回内燃機関合同シンポジウム講演論文集，p. 265-270 (1992)
118) N. Iida：Combustion Analysis of Methanol-Fueled Active Thermo-Atomosphere Combustion (ATAC) Engine Using Spectroscopic Observation, SAE Paper, No. 940684 (1994)
119) T. McComiskey, H. Jiang, Y. Qian, K. T. Rhee, and J. C. Kent：High-Speed Spectral Infrared Imaging of Spark Ignition Engine, SAE Paper, No. 930865 (1993)
120) H. Jiang, Y. Qian, S. Campbell, and K. T. Rhee：Investigation of a Direct Injection Diesel Engine by High-Speed Spectral IR Imaging and KIVA-II, SAE Paper, No. 941732 (1994)
121) K. Kuwahara, and H. Ando：Analysis of Barrel-Stratified Lean Burn Flame Structure by Two-Dimensional Chemiluminescence Measurement, JSME International Journal (Series B), Vol. 37, No. 3, p. 650-658 (1994)
122) 河合，桑原，安東：画像データベースを利用した火炎統計解析，Paper No. 905，日本機械学会関西支部第69期定時総会講演会講演論文集，p. 211-213 (1994)
123) 塩路，紀本，岡本，池上：画像処理によるディーゼル火炎の解析，日本機械学会論文集 (B編)，Vol. 54, No. 504, p. 2228-2235 (1988)
124) 山口，塩路，辻村：高圧噴射式ディーゼルエンジンの燃焼場における流動および乱れの画像解析，自動車技術会論文集，Vol. 23, No. 2, p. 15-20 (1992)
125) M. Fields, J-b. Zheng, S-X. Qian, P. J. Kindlmann, J. C. Swindal, and W. P. Acker：Single-Shot Temporally and Spatially Resolved Chemiluminescence Spectra from an Optically Accessible SI Engine, SAE Paper, No. 950105 (1995)
126) K. Nagase, and K. Funatsu：Spectroscopic Analysis of Diesel Combustion Flame by Means of Streak Camera, SAE Paper, No. 881226 (1988)
127) 桑原，渡辺，首藤，安東：火炎温度計測による筒内噴射ガソリンエンジンの燃焼解析，Paper No. 25，第13回内燃機関シンポジウム講演論文集，p. 145-150 (1996).
128) 古谷，太田：ピストン圧縮自着火の新しい抑制法，Paper No. 17，第11回内燃機関シンポジウム講演論文集，p. 97-102 (1993)
129) H. Shoji, A. Saima, K. Shiino, and S. Ikeda：Clarification of Abnormal Combustion in a Spark Ignition Engine, SAE Paper, No. 922369 (1992)
130) A. O. zur Loye, and F. V. Bracco：Two Dimensional Visualization of Ignition Kernels in an IC Engine, Combustion and Flame, Vol. 69, p. 59-69 (1984)
131) J. Mantzaeas, P. G. Felton, and F. V. Bracco：3-D Visualization of Premixed-Charge Engine Flames-Islands of Reactants and Products; Fractal Dimensions; and Homogeneity, SAE Paper, No. 881635 (1988)
132) P. G. Felton, J. Mantzaras, D. S. Bomse, and R. L. Woodin：Initial Two-Dimensional Laser Induced Fluorescence Measurements of OH Radicals in an Internal Combustion Engine, SAE Paper, No. 881633 (1988)
133) P. Andresen, G. Meijer, H. Schluter, H. Voges, A. Koch, W. Hentschel, W. Oppermann, and E. Rothe：Fluorescence imaging inside an internal combustion engine using tunable excimer lasers, Applied Optics, Vol. 29, No. 16, p. 2392-2404 (1990)
134) T. Tanaka, and M. Tabata：Planar Measurements of OH Radicals in an S. I. Engine Based on Laser Induced Fluorescence, SAE Paper, No. 940477 (1994)
135) B. Alatas, J. A. Pinson, T. A. Litzinger, and D. A. Santavicca：A Study of NO and Soot Evolution in a DI Diesel Engine via Planar Imaging, SAE Paper, No. 930973 (1993)
136) F. Hoffmann, B. Bauerle, F. Behrendt, and J. Warnatz：2D-LIF Investigation of Hot Spots in the Unburnt End Gas of I. C. Engines Using Formaldehyde as Tracer, Proceedings of International Symposium COMODIA 94, p. 517-522 (1994)
137) J. Mantzaras, P. G. Felton, and F. V. Bracco：Fractal and Turbulent Premixed Engine Flames, Combustion and Flame, Vol. 77, p. 295-310 (1989)
138) M. J. Hall, D. Wengang, and R. D. Mathews：Fractal Analysis of Turbulent Premixed Flame Images from SI Engines, SAE Paper No. 922242 (1992)
139) M. Adam, T. Heinze, und P. Roosen：Analyse der Flammenfrontstruktur in einem Ottomotor mit hilfe laserdiagnostischer Verfahren, MTZ, Vol. 54, No. 1, p. 38-42 (1993)
140) S. K. Ahn, Y. Matsui, T. Kamimoto, and S. Matsuoka：Measurement of Flame Temperature Distribution in a D. I. Diesel Engine by Means of Image Analysis of Nega-

Color Photographs, SAE Paper, No. 810183 (1981)
141) 木村，小川，久保田，千田，藤本：副室式ディーゼル機関のセラミック製渦流室における燃焼特性，日本機械学会論文集（B編），Vol. 57, No. 535, p. 1161-1166 (1990)
142) 小林，酒井，中平，辻村：高圧噴射ディーゼル機関の火炎温度分布の測定，Paper No. 208，第9回内燃機関合同シンポジウム講演論文集，p. 115-120 (1991)
143) K, Kawamura, A. Saito, T. Yaegashi, and Y. Iwashita: Measurement of Flame Temperature Distribution in Engines by Using a Two-Color High Speed Shutter TV Camera System, SAE Paper, No. 890320 (1989)
144) C. Arcoumanis, C. Bae, A. Nagwaney, and H. Whitelaw: Effect of EGR on Combustion Development in a 1.9L DI Diesel Optical Engine, SAE Paper, No. 950850 (1995)
145) 太田，服部，藤井，角田：直噴式ディーゼル機関におけるすす雲の形成とその抑制，Paper No. 6，第11回内燃機関シンポジウム講演論文集，p. 31-36 (1993)
146) R. Pittermann: Multispektralpyrometrie: Ein neues Verfahren zur Untersuchung der Verbrennung im Dieselmotor, MTZ, Vol. 56, No. 2, p. 78-84 (1992)
147) Y. J. Chang, H. Kobayashi, K. Matsuzawa, and T. Kamimoto: A Photographic Study of Soot Formation and Combustion in a Diesel Flame with a Rapid Compression Machine, Proceedings of International Symposium COMODIA85, p. 149-157 (1985)
148) A. O. zur Loye, D. L. Siebers, and J. E. Dec: 2-D Soot Imaging in a Direct Injection Diesel Engine Using Laser-Induced Incandescence, Proceedings of International Symposium COMODIA 90, p. 523-528 (1990)
149) C. Espey, and J. E. Dec: Diesel Engine Combustion Studies in a Newly Designed Optical-Access Engine Using High-Speed Visualization and 2-D Laser Imaging, SAE Paper, No. 930971 (1993)
150) 小酒，西垣，神本，原田：レーザ誘起赤熱・散乱光法による非定常噴霧火炎内のすす生成と酸化に関する研究，Paper No. 11，第12回内燃機関シンポジウム講演論文集，p. 61-66 (1995)
151) M. Shioji, K. Yamane, N. Sakakibara, and M. Ikegami: Characterization of Soot Clouds ans Turbulent Mixing in Diesel Flamess by Image Analysis, Proceedings of International Symposium COMODIA 90, p. 613-618 (1990)
152) J-J. Marie, and M-J. Cottereau: Single Shot Temperature Measurements by CARS in an I. C. Engine for Normal and Knocking Conditions, SAE Paper, No. 870458 (1987)
153) 中田，伊東，高木：CARS法によるノッキング発生時の未燃部混合気温度分布の計測，Paper No. 112，第9回内燃機関合同シンポジウム講演論文集，p. 63-66 (1991)
154) 秋浜，浅井，久保，中野，山崎，井口：CARSによるエンジン筒内未燃ガス温度測定，Paper No. 52，第10回内燃機関シンポジウム講演論文集，p. 283-288 (1992)
155) R. P. Lucht, D. Dunn-Rankin, T. Walter, T. Dreier, and S. Bopp: Heat Transfer in Engines: Comparison of Cars Thermal Boundary Layer Measurements and Heat Flux Measurements, SAE Paper, No. 910722 (1991)
156) 久保・長倉・井口・江沢編：理化学辞典 第4版，岩波書店 (1987)
157) D. L. D'Allva, et al.: SAE Journal, Vol. 38, No.3, p. 90 (1936)
158) R. S.Spindt: SAE Paper, No. 650507 (1965)
159) W. H. Holl: SAE Paper, No. 730533 (1973)
160) 細井：自動車研究，第10巻，第11号 (1988)
161) 福井ほか：自動車技術，Vol. 44, No.8, p. 52-57 (1990)
162) W. K. Cheng, et al.: An Overview of Hydrocarbon Emissions Mechanisms in Spark Ignition Engines, SAE Paper, No. 932708 (1993)
163) M. Peckham, et al.: SAE Paper, No. 922237 (1992)
164) J. B. Heywood, et al.: The Effects of Crevices on the Engine-out Hydrocarbon Emissions in SI Engine, SAE Paper, No. 940306 (1994)
165) 藤本ほか：日本機械学会講演論文集，No. 924-2, p. 263-265 (1992)
166) Y. Maeda, et al.: SAE Paper, No. 860544 (1986)
167) S. Aiga, et al.: SAE Paper, No. 922196 (1992)
168) 塚本：各種燃料の排ガス計測と応用，自動車技術会関東支部第1回講習会資料 (1995)
169) 安東・元持：ガソリンエンジンの吸気管・吸気ポートでの燃料の輸送過程，内燃機関，Vol. 25, No.317 (1986)

第 2 章　振动噪声和舒适性

汽车发动机的振动、驱动系统转动不平衡等引起的振动以及路面的输入、空气的外部作用等，都会在汽车的内部和外部产生各种各样的振动和噪声。随着行驶条件及环境的变化，这些振动噪声的大小和频率都会随之变化。

几乎所有的机械只需考虑一定转速下的振动频率，或是在设定的转速范围内求解频率带宽即可。但对于汽车来说，从簧上质量的几赫兹（Hz）振动到制动尖叫的几千赫兹（Hz）的频率范围，从稳态响应振动到含有非线性元素的过渡响应振动、自励振动等都是需要研究的对象，这就像是一本关于振动噪声的教科书。

在汽车上观测到的宽频范围内的振动噪声，有让人感到不舒适的振动，以及由声学系统所形成的让人感到不快的噪声。由于振动噪声源及传递路径的复杂性，单频率的振动噪声相对较少，而多频率混杂在一起的现象较为普遍。汽车振动噪声及平顺性测试分析的发展阐明了这些让人感到不快的现象并提出了改善措施。振动噪声及平顺性是时域内随时间而变化的一种现象，将它在时域内测得的不同时刻的信号变换为频域内信号，进而研究这种现象与振动噪声系统的关系，这是汽车振动噪声及平顺性测试分析的主要目的。

2.1　振动噪声的测试分析

对振动噪声进行测试并再现，进而弄清这种现象产生的原因，就需要把握振动噪声在时域内的因果关系。对于振动，可直接或间接测量加速度、速度或者位移；对于噪声，可用噪声计测量。这些在时域内测得的信号是多频率的振动源通过振动系统、声学系统传递的结果。

因此，对于振动噪声分析来说，频域的特性是重要的。

2.1.1　振动噪声的一般测试方法

（1）振动测试仪器

图 2-1 表示振动测试仪器的分类。大多数的振动测量是加速度的测量，而其中压电式加速度传感器和压阻式加速度传感器是用得较多的两种形式。

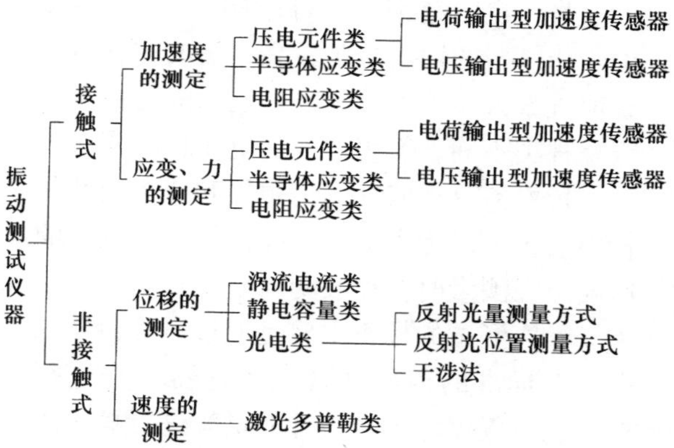

图 2-1　振动测试仪器的分类

压电式传感器是基于压电效应（当晶体受到外力作用有机械变形时，内部就产生电极化形成电压差的现象）的传感器，是一种交流自发电式的变换器，与电荷放大器一起构成测量系统。它虽然不适用于低频信号或者是静态特性的测量情况，但它的优点是频带宽。压电式传感器的输出阻抗非常高，非常容易受到外部噪声的影响，因此要特别注意导线和接头的绝缘。最近，已开发出质量在 1g 以下、放大器内置的轻型振动计并已面世销售。

压阻式应变传感器作为阻抗变换型传感器，适用于静态特性和低频信号的测量。但这种传感器需要外部电源，并且由于变换器内部的共振，限制了对高频信号的测量。

因此，按用途来分，压阻式应变传感器用于低频信号的测量；而压电式传感器用于中高频信号的测量。测量时，一般用磁铁或胶接的方式把加速度传感器固定在测量位置上，但具体用什么方法需要考虑测量的频率范围、精度以及安装效率等。

非接触的振动测量方法包括激光全息图像和激光多普勒振动计。这些测量方式主要用于面测量要求较高的情况或者测试对象对振动计的质量非常敏感的情况。

（2）噪声测试仪器

噪声通常用电容传声器把声信号转换成电信号，再由精密声级计增幅后测得声压。由于传声器的输出阻抗较高，需要在其后设置前置放大器。另外，需要注意的是由于声级计种类不同，需用的外加电压也不同。

传声器分指向性的传声器和非指向性的传声器，有时为了消除风噪以及其他噪声的影响，在测量时会加装防风罩。

噪声测试的校正主要是通过对传声器加上一个标准的声压（音位校正器）来进行的；也有仅仅对于声级计的增幅进行校正的情况，但前者应用较多。

噪声的可视化方法包括音响强度和音响全息术。这些方法要求多个传声器同时测量，其中各个传声器的声压和相位的管理特别重要（图 2-2）。另外，保管电容型传声器时，对环境的湿度管理很重要。

（3）噪声级的测试

噪声是以测量得到的声压 P 与参考声压 P_0 的常用对数乘以 20（dB 值）来表示的。因此，声压级（SPL）L_P 为

$$L_P = 20\lg\frac{P}{P_0} \qquad (2.1)$$

式中，P 为测量得到的声压（Pa）；P_0 为参考基准声压，它是人耳能听到的最低声压 20μPa。

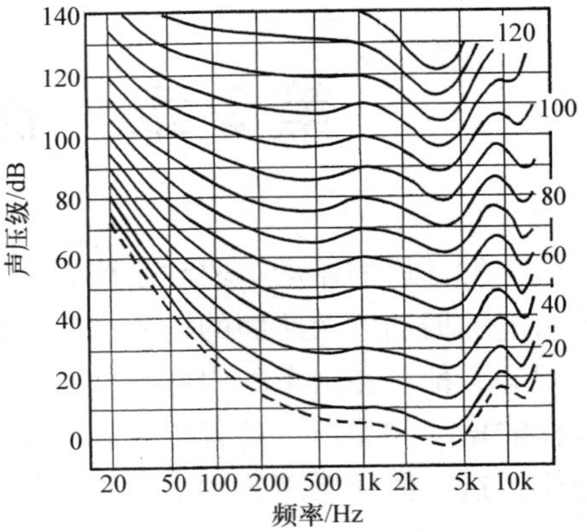

图 2-2　纯音大小的等感觉曲线 – 等响度曲线

即使声压级相同，如果频率不同的话，听到的声音的响度也不相同。为了对其进行修正，以 1000Hz 的纯音为基准，可以得出如图 2-2 所示的标准的等响度曲线。

等响度曲线上的声压级的大小只反映声音强度对人响度感觉的影响，不能反映声音频率对响度感觉的影响。因此，就出现了各种频率计权网络，如图 2-3 所示的 A 计权特性和 C 计权特性应用较多。其中 A 计权网络特性与 40phon 纯音的响度曲线相近，而 C 计权网络特性与 80phon 以上纯音的响度曲线相近。

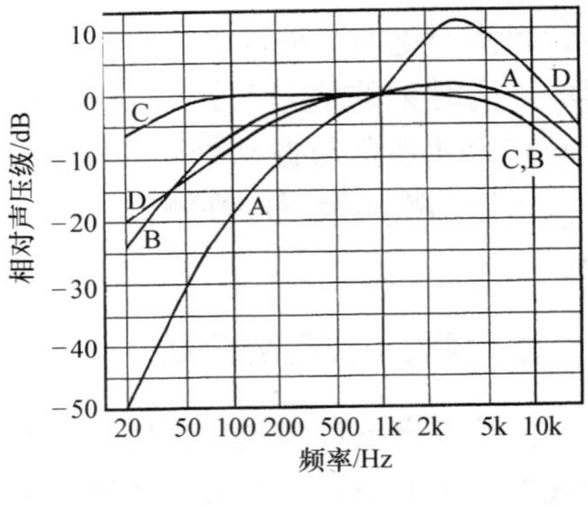

图 2-3　噪声计的频率加权曲线

用 A 计权网络特性测得的声压级称为

噪声级。而 C 计权网络特性较为平坦，故可替代用于声压级的测量。另外，为了与有限元等分析的结果进行比较，有时在测量低频噪声时，会运用极低频率的低通滤波器进行测量。等响度线是纯音的等感觉曲线，对于一般噪声来说，需要考虑屏蔽或者临界的频率带的不同，故定义产生了各种评价方法。

（4）数据处理

振动计或噪声计的输出经过通用的振动噪声分析仪或 FFT 分析仪进行数字化处理，实现时域信号到频域信号的转换，进而进行原因分析，提出改进方案。另外，如果要记录长时间实际行驶的工况，大多数情况下先用 DAP（数字式录音磁带）进行录音，然后进行再生和分析。随着分析仪器的大型化，进行实时的模式模拟分析也有了可能。

2.1.2 频率分析

频率分析是进行振动噪声分析的方法之一，它可以明确汽车振动噪声的发生源以及传递路径，分析振动噪声产生的原因，进而提出改善方法。现在，频率分析已从模拟数据处理进化到数字化处理，并且随着 DSP（数字信号处理）的发展，已经能够实时处理到约 20kHz 频率的振动噪声的问题。因此，这里主要介绍数字信号频率分析的基础和应用。

（1）傅里叶变换

傅里叶变换是将振动噪声在各频率上的能量分布显示出来的一种方法，通常用 DFT（离散傅里叶变换）来进行分析。DFT 用下式来表示：

$$X(l) = \sum_{k=0}^{n-1} x(k)\mathrm{e}^{-\mathrm{j}2\pi lk/n}/n \qquad (2.2)$$

式中，x 为时域上的数据信号；X 为频率变换后的数据信号；n 为数据个数。

进行数字频谱分析时受到采样定理的制约，也就是说，最大的分析频率是采样频率的二分之一，频率分辨率为上述 n 个数据（1 个时间窗）的时间长度的倒数。因此，如果最大频率相同，要将分辨率变为一半，只有把采集上述 1 个时间窗的时间变长一倍。另外，如果所分析的信号含有大于最大频率的信号时，会发生混叠现象，这时需用模拟信号的反混叠滤波器（A/A 滤波器）。

在市场销售的 FFT 分析器中，已经考虑到信号数字化前处理的必要性，已把 A/A 滤波器的有效分析频率设定在最大分析频率以下（1/1.28）。

考虑到三角函数的对称性（偶函数、奇函数）及周期性，可以用 FFT（高速傅里叶变换）来减少计算的次数，实现数据处理高速化。该方法在处理 2 的指数倍的数据时效率最高，故振动噪声的测试以 512 ~ 2048 个数据作为一组数据进行处理的情况较多。

与傅里叶变换分析处理无限长的时域信号相比，DFT 是以单位长度进行有限长的信号分析处理，并且假定单位长度是可重复的。由于要求所处理数据的开始段和终了段具有连续性，用表 2-1 所示的与实际波形相适宜的窗函数相乘，再进行频谱分析。基于 FFT 的频谱分析可以在小型的专用测试器或大型的模态分析装置上进行，但傅里叶变换的处理内容几乎没有什么区别。

利用 DFT 进行的各种分析如表 2-2 所示。

表 2-1 典型的窗函数

	函数形式
矩形	1：$(0 \leqslant t < 1/T)$ 0：左边的时域以外
正弦波	$\sin(\pi t/T)$
哈宁窗函数	$0.5(1 - \cos 2\pi t/T)$
汉明窗函数	$0.54 - 0.46\cos 2\pi t/T$
指数	1：$(0 \leqslant t < a)$； $\mathrm{e}^{b(t-a)}$：$(0 \leqslant t < 1/T)$

注：窗函数的长度：$1/T$。

表 2-2　利用傅里叶变换的分析法

名称	计算方法
传递函数	$H_{XY}(\omega)=\overline{Y(\omega)/X(\omega)}$
功率谱(自谱)	$P_{XY}(\omega)=\overline{X(\omega)\ X(\omega)^*}$
互谱	$P_{XY}(\omega)=\overline{X(\omega)Y(\omega)^*}$
互相关函数	互谱的逆傅里叶变换
相关函数	$\gamma_{XY}(\omega)^2=P_{XY}(\omega)\ P_{XY}(\omega)^*/P_{XX}(\omega)\ P_{XY}(\omega)$
相关函数功率	$S_{XX}(\omega)=\gamma_{XY}(\omega)^2P_{XX}(\omega)$
脉冲响应	传递函数的逆傅里叶变换

注：X、Y 是时间波形的傅里叶变换，一表示平均，$*$ 表示共轭复数。

单位长度（1 个时间窗）的能量 P 可表示为

$$P=\sum_{k=0}^{n-1}x(k)^2/n=\sum_{t=0}^{n/2-1}|X(l)|^2 \tag{2.3}$$

它是各频率上绝对值的平方和。因此，频率特性就是表示各频率相对于能量的贡献度。

路面噪声和空气噪声具有很强的随机性，其功率谱并不是线谱，且随着频域分辨率的不同，各频率上的声压也不同。这是由于无限时长或无限频率分辨率的傅里叶变换被离散化的结果，通常用谱密度表示更好些。但对于发动机转动的频率成分分析，这是与线频谱接近的现象，用功率谱表示也可以。

互谱在计算互相关函数、相关系数以及后面所述的传递函数的高精度化中使用。互相关函数用来评价两个时间序列之间的一致程度和时间差。相关函数用于两个现象的再现性评价，相关功率谱用于分析各输入对响应的贡献度。脉冲响应函数多在时域内模态的曲线拟合评价及后述的数字信号处理中会涉及。

（2）FIR 滤波处理

FIR 滤波处理是实时处理的数字信号滤波器，在各种分析中都有广泛的应用。

具体而言，可对任意的滤波特性进行脉冲响应及对时域波形进行卷积积分的滤波处理，包括 FIR（Finite Impulse Response）滤波及 IIR（Infinite Impulse Response）滤波等。FIR 滤波处理进行的是有限时间长的离散化的卷积积分处理。即

$$Y(t)=\sum_{\tau=0}^{n-1}X(t-\tau)h(\tau) \tag{2.4}$$

式中，X 为输入；Y 为输出；h 为滤波器特性的脉冲响应；n 为提取数，可以实现任意的滤波处理。滤波特性可以考虑衰减量和相位或者时间延迟。提取数越多，频率的分辨率越小，滤波器的精度就越高。然而，数字滤波器的缺点是会出现因提取数而产生的时间延迟。由于在一个采样周期能有一个连续的输出，其在主动噪声控制等其他控制及测试领域有较广的应用。

数字滤波器适用的最大频率受采样定理的制约，只有采样频率的二分之一。因此，与其他数字处理方式一样，也需要 A/A 滤波器。

（3）跟踪分析

分析发动机等的转动速度所引起的频率成分时，要进行阶次跟踪处理。现在的阶次跟踪处理也几乎已经数字化（参考2.7.1 小节）。

数字处理有下列几种方法。

1）定比分析。对与转动同步的脉冲信号进行分周叠倍处理后，形成一个新的脉冲信号。对与这个信号同步的采样数据进行 FFT 处理，求得与目标转动阶次数的成分的方法称为定比分析。数据的计算处理与时间轴上的 DFT 相同。

转动一周的采样数为 m，1 个时间窗的数据数为 n 的话，最大的分析次数为 $m/2$，分析次数的分辨率为 m/n。可用于转动信号的同步分析，也可用于基于发动机点火信号的转动相位分析。

另外，随着转速的变化，最大分析的频率也会变化，为了避免混淆需要有跟踪低通滤波器。

2）定幅分析。它是用一定时间周期的采样数据，进行通常的 FFT 处理，分析得到与目标转速次数对应频率附近的一定频带宽的功率谱的方法。

由于采样时间与转动不同步，各频率的相位成分是与发动机等的转动无关的数据，不能用来做相位分析。

上面的分析方法都用到 DFT，如果傅里叶变换一个窗口的时间长度较长的话，可以分析平均特性，如果一个窗口的时间长度较短的话，可以分析瞬态特性。另外，定比分析的分辨率次数是一个时间窗口转动次数的相反数。

一般来说，转速变化较快的话，分析精度会变差。因此预先对转速的变化率进行预测，通过分周叠倍的脉冲信号进行同步，再对数据进行采样，这样可以较好地追随转速的变化。

另外，对数据进行高速采样，形成与转速同步的采样数据进行转动次数比分析的方法，以及用卡尔曼滤波器对同步回转的正弦波形成分进行多点近似的滤波处理方法等都可提高对转动变化的追随性（参考 2.5 节）。

（4）倍频程分析

在高频域要分析特定频率的噪声比较困难，另外，考虑到听觉上对于各种频率噪声的判断是通过各临界带宽进行的，因此在噪声分析评价时多进行 1/1 倍频程和 1/3 倍频程分析。也就是求出各自频带宽的能量。

进行 1/3 倍频程分析时，带宽中心频率有 10 的指数和 2 的指数两种形式，使用哪一种均可。此外，求频带域内的能量时需要进行滤波处理，包括规格化数字处理滤波器和模拟处理滤波器这两种类型。

过去对于高频特性的实时分析多采用模拟信号处理，但最近由于 DSP 而产生的 FIR 处理以及由移动平均而产生的能量计算等数字信号处理技术的进步，对于 20kHz 以内的噪声问题的分析可以用数字信号分析来实时处理。

1/1 倍频程分析和 1/3 倍频程分析适用于车辆的隔声性及车内的吸声能力（混响时间）测试等较高频域的车辆特性测试和噪声分析。另外，虽然这种方法不适用特定频率的分析，但由于能把握各个频带宽的能量，也可用于 SEA（Statistical Energy Analysis）法及音响强度测试中。

（5）时间－频率分析

测量随时间变化的现象有多种方法。

在一定的时间间隔内进行功率谱分析（频谱图），用图形来表示的方法应用最多。等间隔的发动机转速上示出功率谱和转速，可以同时评价转动次数成分和频率特性。另外，在时间－频率平面上表示出功率的等高线也是一种常用的方法。

也有在一定间隔进行倍频程分析，用图形或者等高线表示的方法。即用听觉的临界带宽代替规定的频率带宽作为一个频带来处理，测量功率谱随时间的变化（图 2-4）。

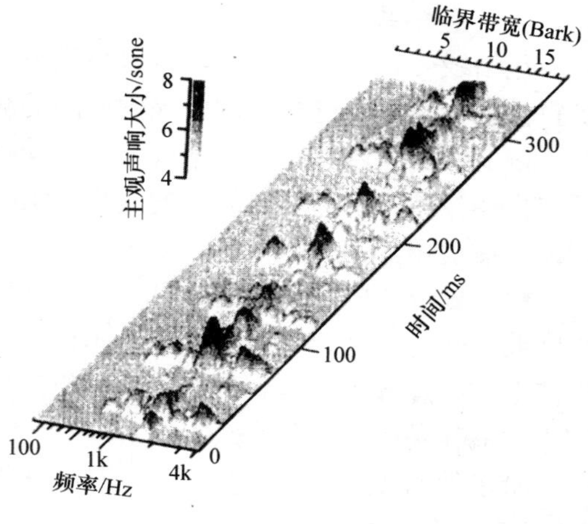

图 2-4　基于听觉模型的声音分析（发动机的嘎嘎声）

其他的时间－频率分析法，包括 Wigner 法、Rihaczec 法、Levin 法、Page 法等。这些方法可分析随时间变化较大的情况，用来把握瞬时的频率特性。

Wigner 分布可很好地把握瞬态的特性，但会出现交叉项和负的能量成分等，因此难以评价。Rihaczec 法虽然没有 Wigner 分布的缺点，但对瞬时变化不敏感。对瞬时现象的频率特性分析方法各具优点和缺点，应充分认识并加以合理运用。图 2-5 示出了 Rihaczec 法适用于车门关闭声的分析的实例。

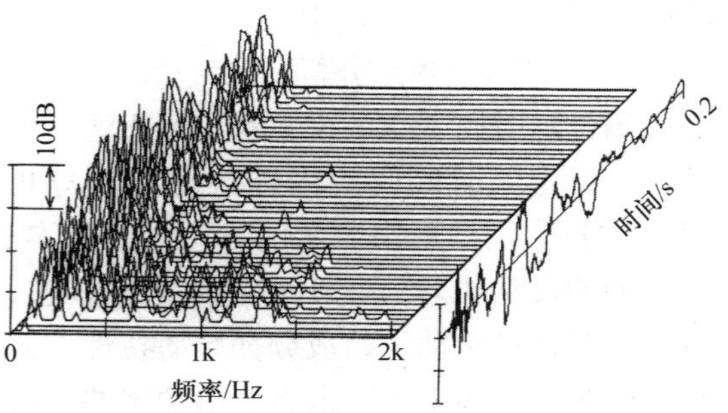

图 2-5　车门关闭声的时间－频率分析

此外，在音响领域，时间－频率平面的分辨率变化的小波变换受到关注。高频域用较粗的分辨率来分析快速的时间响应，低频域用较细的分辨率来分析较慢的时间变化。这在音响分析中可以加以灵活运用。

（6）包络线分析

包络线分析是用时间波形的包络线来评价特性变化，可在进行车内的混响时间的测量，以及在测量含有多种频率成分的振动噪声中由相位差所引起的时间上的变化现象时加以灵活运用。

数字处理中的包络线的计算方法是利用实际波形作为实部，实际波形的希尔伯特变换波形作为虚部求出其解析波形，解析波形的绝对值就是所求的包络线。

希尔伯特变换就是把波形的相位推迟 90°，故包络线由下式给出：

$$E(t) = \left| \sum_{i=0}^{n-1} a_i \cos(\omega_i t + \theta_i) + \mathrm{j}\sum_{i=0}^{n-1} a_i \sin(\omega_i t + \theta_i) \right| \tag{2.5}$$

上式的实部是实际的时间波形。

（7）倒频谱

倒频谱是分析信号周期性的方法，是对于用数值表示的频率特性再进行傅里叶变换，变成时间领域（类频率）函数的方法。一般来说，用频率特性观测具有周期性的时间波形，在其周期的时间间距的倒数的频率间隔上具有频谱。倒频谱就是对这一特性再次进行傅里叶变换后，强调其周期性的表现方法。

2.2　汽车振动噪声测试

2.2.1　激振试验

为了了解产生振动噪声原因的振动声响系统、振动模态以及其传递特性，需通过激振试验测量振动声响特性。一般采用单位振动输入下的输出与输入的振幅比和相位差所构成的传递特性来评价其振动声响特性。

（1）单点激振法

单点激振法包括用激振器进行激振的方法以及利用 delta 函数具有所有频率成分的特点用激振锤激振脉冲信号的方法。图 2-6 示出了激振输入波形的分类。

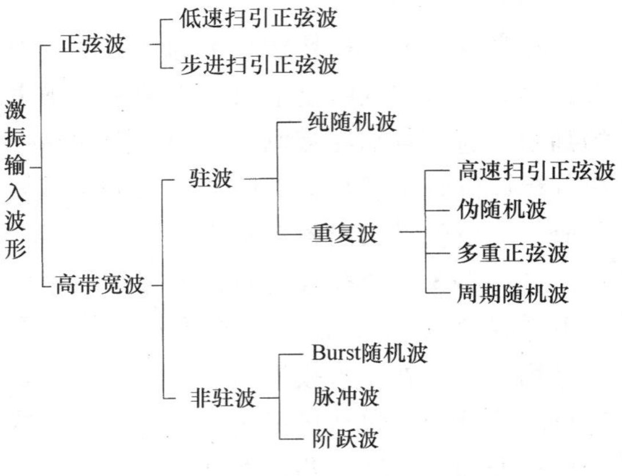

图 2-6　激振输入波形的分类

从激振输入的波形看，阶跃波及正弦波激振具有良好的精度，但缺点是时间长；随机或伪随机信号激振可以进行短时间的测量，但精度没有正弦激振好。

脉冲激振是最为方便的方法，但需要积累一定的敲击激振锤的经验；另外在有些情况下其精度有可能比其他方法要差。对于脉冲激振来说，傅里叶变换的一个窗口内的响应应该保证收敛。对白车身这样的阻尼非常小的构造物进行激振时，其响应在一个窗口内可能不会收敛，因此在测量时应使用指数函数等特殊的窗函数来处理。

虽然有各种测试方法，但由于各有优缺点，应根据时间和精度要求选择合适的方法。为了提高测量精度，应对信号进行充分的平均化，直到其特性已经收敛，还要注意的是不断地确认其相关性。

为正确地求得频率响应函数，应防止噪声信号混入到输入输出信号里。下面是一些防止噪声信号混入到输入输出信号里的计算方法。

1）H1 修正。这是噪声混入到输出信号里的修正方法。当信号 x、y 的互谱的平均值为 G_{xy} 时，频率响应函数 H_{xy} 由下式给出：

$$H_{xy} = G_{xy}/G_{xx} \tag{2.6}$$

设噪声成分中具有随机的相位特性，通过时间平均，其互谱的误差会收敛到零。H1 修正就是利用了这一特点。

2）H2 修正。当输入中混入噪声时，频率响应函数 H_{xy} 由下式给出：

$$H_{xy} = G_{yy}/G_{xy} \tag{2.7}$$

这一修正方法是以噪声与输入输出无关作为前提的，对于与输入输出有关的噪声，这不是有效的修正方法。

（2）多点激振法

大阻尼、单点激振时难以对构造物全体的振动情况进行评价，譬如要把握实车的车体特性等振动特性时需要用多点激振法。此外，对于单个输入难以激振的情况，可同时加上前后上下的力，使其振动模态同时发生，这样可提高测试的效率，获得更高的精度。

多点激振时，其输入特性为随机信号，由此求得输入输出间的传递特性。此时，其他输入点的影响可作为噪声信号来考虑，与上述的 H1 修正法一样，可用平均的方法来消除其他输入点的影响（参考 2.5.4 小节）。

（3）扬声器激振法

扬声器激振能对面板类的薄板构造的试件加上均等的激振能量，可以消除点加振负荷带来的局部影响。车体的吸隔声试验等就采用这种激振。这种激振法的应用实例，可把握中高频域的车身面板的振动，用激光全息测量其振动模态。

此外，扬声器激振还用于车内及排气系统的音响模态的测量。在车内难以形成声模态节的部位安放扬声器，对车内空间进行声加振，通过测量声压来把握模态。

2.2.2 激光全息振动测试法

激光全息振动测试法是振动现象可视化的手段。大多数的振动用应变片或压电加速度传感器来测量振动加速度，但有时会因为传感器质量的影响不能得到精确的振动特性。为此，出现了激光全息振动测试这类非接触式的振动速度的测试方法。

激光全息振动测试包括使用连续波和脉冲波两种方式，它们的特点如表 2-3 所示。

激光全息是将激光分离为照射在物体上的照射光和参考光，从物体反射过来的反射光和参考光在记录介质上相遇，就记录下了相互干涉的图形（全息摄像）；用全息摄像同样的方法，仅参考光照射，在物体的位置可产生虚像。当然，这是以激光光源与相关光源较近作为前提的。

设记录介质上的参考光为 e_r，物体光为 e_s，则记录介质上的光的强度 I 为

$$I = (e_s + e_r)(e_s^* + e_r^*) \tag{2.8}$$

式中，$*$ 表示共轭复数，形成的全息图具有与 I 成比例（系数 α）光的透过特性。仅用参考光进行照射时透过记录介质的光 t 为

$$
\begin{aligned}
t &= \alpha I e_r \\
&= \alpha(e_s + e_r)(e_s^* + e_r^*)e_r \\
&= \alpha(|e_r|^2 e_r + |e_s|^2 e_r + |e_r|^2 e_s + e_s^* e_r e_r)
\end{aligned}
\qquad (2.9)
$$

上式的第 3 项表示在物体的位置再生出了物体的虚像。

进行振动试验时，在多个或一个照相底片上连续记录振动物体的位置信息。再用参考光照射，可在多个或连续记录的一个底片上再现虚像，利用光源及虚像可观察由振动形成的干涉图。

表 2-3　激光全息振动测试的种类

<table>
<tr><th colspan="2" rowspan="2">名称（方法）</th><th rowspan="2">原理</th><th rowspan="2">干涉纹的情况</th><th colspan="3">使用上的限制</th><th rowspan="2">优势</th></tr>
<tr><th>振幅范围</th><th>现象</th><th>实验环境</th></tr>
<tr><td rowspan="3">连续波激光全息法</td><td>时间平均法</td><td rowspan="2">时间平均法</td><td>节点等的振幅线</td><td rowspan="2">0.1～1.5μm</td><td rowspan="3">正弦振动</td><td rowspan="3">需要防振和暗室的环境</td><td rowspan="3">① 可以实时测量
② 测定方法多样，可根据不同目的进行选择
③ 干涉纹的说明容易</td></tr>
<tr><td>参照光正弦波相位变调法</td><td>相对相位</td></tr>
<tr><td>实时闪光法</td><td rowspan="3">两次曝光法</td><td>等振幅线（实时测量）</td><td>0.1～3.0μm</td></tr>
<tr><td rowspan="2">脉冲波激光全息法</td><td>双脉冲波法</td><td>等振幅线</td><td rowspan="2">0.1～30μm</td><td rowspan="2">稳态及非稳态振动都可能</td><td rowspan="2">在生产现场及明亮处也可以</td><td rowspan="2">① 适用范围广，除了适用生产现场外，也可对工作时的机械及转动机械的振动进行测试
② 装置移动容易</td></tr>
<tr><td>转动双脉冲波法</td><td>相对相位
等振幅线</td></tr>
</table>

连续波下时间平均法的再生图像的光的强度可用 0 次贝塞尔函数 J_0 来表示：

$$I = cJ_0(4\pi a\cos\theta/\lambda) \qquad (2.10)$$

式中，a 为振幅；λ 为波长；θ 为振动方向与全息图的角度。在 $a\cos\theta = 0$，0.31，0.35… 处最明亮，亮点亮度会渐渐地减弱。

闪光测频法时再生图像的光的强度如下：

$$I = c\cos^2(4\pi a\cos\theta/\lambda) \qquad (2.11)$$

即使振动较大，也能很明显地观测到干涉的明暗，但对振动节点的判定比较困难。

这类连续波的方法可以用于振动评价，但不适用于瞬态响应和复合振动模态的分析。注意考虑测量精度需要与外部进行隔振处理。

双脉冲法是用脉冲激光对振动中的试件进行 2 次照射，使其发生因时间差而产生的不同位置的再现图像干涉的方法。干涉图形的亮度（强度）与振幅 a 相关位置差之间的关系与闪光测频法相同。这一特点对于测量瞬态的振动响应及瞬时的时间变化是有利的，但由于不能直接测得绝对振幅，需要与加速度传感器并用。利用这一优势，该测量方法可用于测量车门关闭时的振动以及制动盘的振动模态等。图 2-7 是测试的应用实例。

因为双脉冲发射时间的不同，产生的干涉条纹数也不同，因此需要调整脉冲的间隔和反射的时机。通过调整再生时的参照光来求得空间相位的系统已经实用化。记录介质有照相底片和热塑性胶片。热塑性胶片利用胶片的厚度差来记录摄影时光的强度差，是改变光的透过率的方法。虽然需要进行高电压处理，但并不需要像照相底片那样进行显影、定影等处理，适用于相位的判别，并且测试效率较高。但一旦播放胶片会产生应

变，因此干涉图形的记录仅在全息摄影时实施。

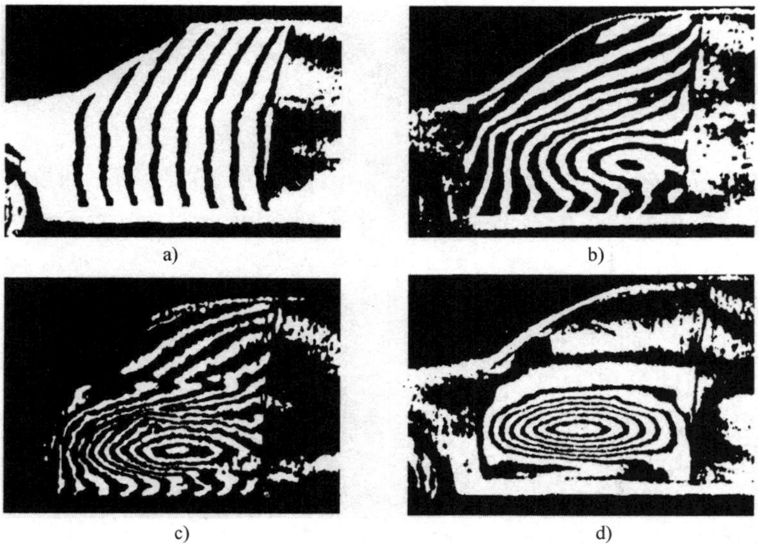

图 2-7　车门关闭时的面板振动测量示例（双脉冲波的激光全息）

以前，激光全息振动测试都是以大型设备为主，最近，由光缆、CCD（Charge - Coupled Device）摄像机及分析装置构成的可移动的小型系统在逐步普及。

2.2.3　激光多普勒振动测试法

激光多普勒振动测试法就是用激光照射试件，利用振动速度产生的多普勒效应，使得反射光频率发生变化的性质的测量方法。

具体而言，将激光照射到试件上的照射光和参考光分离，然后将参考光与从试件上反射过来的反射光合成，可以得到与试件上振动速度引起的光频变化成比例的电压输出。

最近，用激光进行 2 维的扫描，测量平面内振动信息的方法已经实用化。

2.2.4　声强测试法

声强（Sound Intensity）测试法是用来探测车内噪声声源及评价噪声传递的测量方法。声强 $I(r)$ 是声压 $p(r)$ 与粒子速度的共轭复数矢量 $u^*(r)$ 的乘积，声强测试法是考虑声音的大小和传播方向的测量法。声强由下式来表示：

$$I(r) = p(r)u^*(r)/2 = p^2(r)\ \nabla\phi(r)/2\omega\rho - \mathrm{j}\ \nabla p^2(r)/4\omega\rho \tag{2.12}$$

式中，$p(r)$ 为 r 点的声压振幅；$\phi(r)$ 为 r 点的声压相位；ρ 为密度；ω 为角速度；∇ 为拉普拉斯算子符号。实部是 *AI*（Active Intensity），虚部是 *RI*（Reactive Intensity）。

AI 表示声音的能量和相位梯度的方向，*RI* 表示声音能量梯度的方向。因此，*AI* 适合于把握前进波起支配的声音的流动，而 *RI* 适合于把握随距离而衰减的球面波和圆筒波的流动，它们在各自的适用范围内用于声源的探测。

另外，像气柱共鸣这类具有驻波的情况，必须注意到由于前进波和后退波在空间上没有声压相位差，*AI* 将为零。这时，*RI* 为声压与声压梯度的乘积，表现为空间的音响模态。

某方向的声强可用两个距离 d 的传声器来测量，用下式来计算。

$$AI(\omega) = RI\{S_{AB}(\omega)\}/\omega\rho d$$

$$RI(\omega) = \{S_{AA}(\omega) - S_{BB}(\omega)\}/\omega\rho d \tag{2.13}$$

式中，S_{AB}为 AB 间的互谱。这种测量方法通过对直交 3 方向分别测试，可以用矢量表示出声强。

当测试的频率范围较宽时，仅用两个传声器不能测量时，可在直线上设置 3 个传声器进行测量。

通常，只能测量 *AI* 的测量仪器较多，*AI* 的测量实例也较多。如探测车外声源的开放空间的情况，通常仅用 *AI* 来评价。低频域的车内噪声具有音响模态，会受到驻波的影响，因而 *AI* 有时只能把握整个噪声能量的变化。这时需要同时用到 *AI* 和 *RI*。在高频域，车内的吸声较大，不易形成驻波，这时多数只用 *AI* 来评价。

图 2-8 是在车内设置扬声器对车内进行音响加振时测到的 *AI* 和 *RI*。通过 *RI* 可以评价车内气柱共鸣的节和腹的位置，而 *AI* 可以了解声音从前到后的声能的流动。

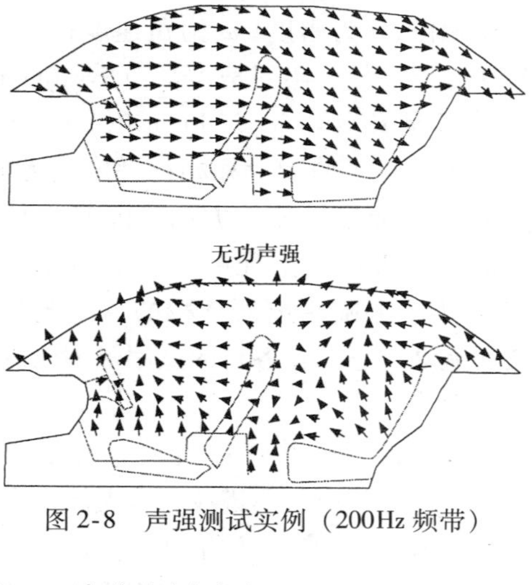

图 2-8 声强测试实例（200Hz 频带）

2.2.5 声全息测试法

声全息测试法是声的可视化及声源同定的方法。声全息测试法与激光全息测试法相似，在全息摄像面记录声音的状况，通过反向重放，同定出声源的位置。

声音与光不同，可以直接测出其相位，因此不需要类似于激光全息的参考光。与之对应的是记录相对于基准点在全息图的各点的相位。

设点声源（相对于全息图基准点的 u_0，v_0，w_0 位置）的声的强度为 Q，则全息摄像面上的声压 P_A用下式表示：

$$P_A(x,y,0) = Q\exp(jkr_A)/4\pi r_A \tag{2.14}$$

式中，r_A 为声源与评价点的距离。这一复数的声压分布再现为声音时，如果考虑到声源与全息摄像距离较远时，点（u，v，w）的声压为下式，可以再生声源位置的声像：

$$\begin{aligned} P_A(u,v,w) &= \frac{\iint Q\exp[\,jk(r_A - r_B)\,d_x d_y\,]}{16 r_A r_B \omega_0{}^2} \\ &= \delta(u - u_0)\delta(v - v_0) \end{aligned} \tag{2.15}$$

做成实际的全息摄像时，在全息面上顺次地横放传声器，测量面上的声压及与基准传声器之间的相位差。

再生时，将记录在全息面上的声音重放，进而求得声源面上的声压分布。

声全息测试适用于移动声源的情况，也适用于车外声源的探查。

2.3 实验分析法

2.3.1 振动噪声贡献度分析

对于由多种传递路线产生的振动噪声而言，有以下几种方法可用来测量评价其输入的贡献度。一是考虑振动输入、传递函数的大小及相位的矢量合成法；二是相位关系由随机输入引起时，对各输入响应的功率的和进行处理的标量相加法；三是用输入输出的相关来评价的相关法等。下面介绍这些分析法的主要内容。

（1）矢量合成法

由激振输入到车身上所引起的车内的振

动成分（或者是噪声的声压成分），可以通过求出各激振点所产生的振动或声压矢量值（考虑幅值和相位后的矢量），然后对这些矢量进行相加，可以推定车内的振动和噪声。

低速轰鸣声之类的噪声是由固体传播声和空气传播声所形成的，可用下式表示：

$$P = \sum P_i + \sum P_j = \sum \alpha_i F_i + \sum \gamma_i Q_i \tag{2.16}$$

式中，P_i是 i 点发出的固体传播声（dB）；P_j是声源 j 的空气传播声（dB）；α_i是车内的声响振动变换系数（dB/N）；F_i是振动输入（N）；γ_i是声响传递系数；Q_i是声源的声压（dB）。另外，怠速振动这类的车内振动可用下式表示。

$$V = \sum V_i = \sum w_{ij} F_i \tag{2.17}$$

式中，w_{ij}是 j 点的振动输入所引起的 i 点的振动；F_i是振动输入（N）。

图 2-9 示出了怠速振动情况下的实例。可以任意点的输入作为相位基准，在复数平面上表示出各输入点的响应及它的矢量，通过响应的矢量和与各输入的响应的乘积可以求出各输入的贡献度。此外，也可以预测输入相位变更时的响应。

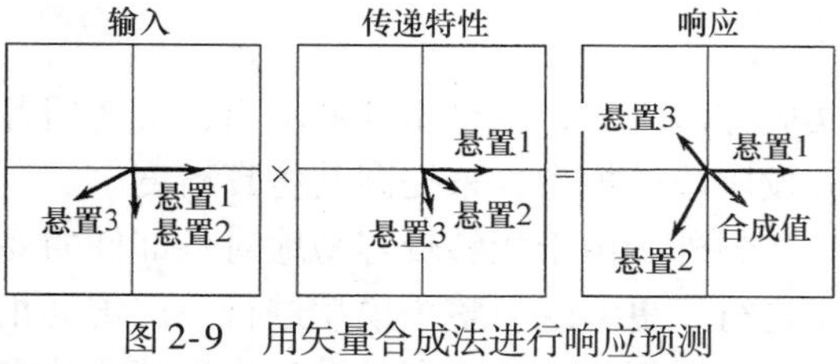

图 2-9 用矢量合成法进行响应预测

（2）标量相加法

输入的相位关系基本可看成随机的情况下，将各输入产生的响应谱的标量和作为所有输入的响应，并由此求出各部分的贡献度。输入的相位完全是随机情况下的响应和的功率谱，从统计角度来说可表示为各响应的功率谱，这里正是利用了这一点。

如路面噪声的情况，各车轮的输入相位为随机信号时，上述方法可用于分析各轮的输入贡献度的分析。

另外，上述方法也适用于空气噪声、发动机等相关度较小的现象的分离及贡献度的推定。

（3）相关法

表示两个信号关联度的相关函数显示出了输入点对响应谱的贡献程度。可以利用这一关系，通过实际状态下输入和输出间的相关函数及响应点的功率谱来求出各输入的贡献度。

设 x 为输入，y 为响应，z 为输入 x 以外的响应成分，H_{xy}为 xy 间的传递特性，x 与 z 之间不相关，则响应点的功率谱 G_{yy}与输入输出互谱 G_{xy}之间有下列关系：

$$\begin{aligned} G_{yy} &= H_{xy}{}^{2} G_{xx} G_{zz} \\ G_{xy} &= H_{xy} G_{xx} \end{aligned} \tag{2.18}$$

相关函数则如下式所示：

$$\begin{aligned} \gamma^2 &= \frac{|G_{xy}|^2}{|G_{xx}||G_{yy}|} \\ &= \frac{|H_{xy}|^2 G_{xx}}{|H_{xy}|^2 G_{xx} + G_{xx}} \end{aligned} \tag{2.19}$$

也就是说，相关函数表示了响应点 y 的全部功率中输入点 x 所占的比重。因此，将响应点 y 的功率谱与相关函数相乘，可以分离出输入点 x 的响应成分，即可用式（2.20）表示，并称为相关功率：

$$E_{xy} = \gamma^2 G_{yy} \tag{2.20}$$

必须注意这里假设了输入 x 与其他的输入 z 是不相关的。

2.3.2 实验模态分析

实验模态分析是对振动实验得到的振动波形和传递函数进行模态分析，对机械构造物的数学模型进行同定。由于当系统是线性系统时，构造物的响应可以用模态参数（固有振动模态、固有频率、模态刚度、模态质量、模态阻尼）的线性组合来表示，用实验求出这些模态参数，就可以通过仿真计算来分析由于设计变更对系统振动特性的影响。

（1）曲线拟合法

可以通过对振动实验得到的传递函数曲线进行拟合来提取得到实验模态分析中的模态参数。曲线拟合有图 2-10 所示的方法。

在仅仅提取阻尼比较小较为明显的模态时，使用单自由度法就可以解决。但对于在实车激振这样阻尼较大的情况通常使用多自由度法。对于用 1 点激振难以激起所有模态的情况，或者是阻尼太大导致测试精度有问题的时候，可以用多点激振法及多点多自由度参照法。

另外，曲线拟合有在频域进行拟合的情况，也有在时域内进行拟合的情况。频域内拟合方法是通过频率响应函数直接求得相关的模态参数，而时域内拟合方法则通过计算频率响应函数的脉冲响应来求得与之对应的模态参数。

进行曲线拟合时，由于不能忽视频域范围外的模态的影响，需要将其处理成剩余的刚度及剩余质量。对于时域内曲线拟合的情况也开发了考虑这些剩余项的曲线拟合方法。

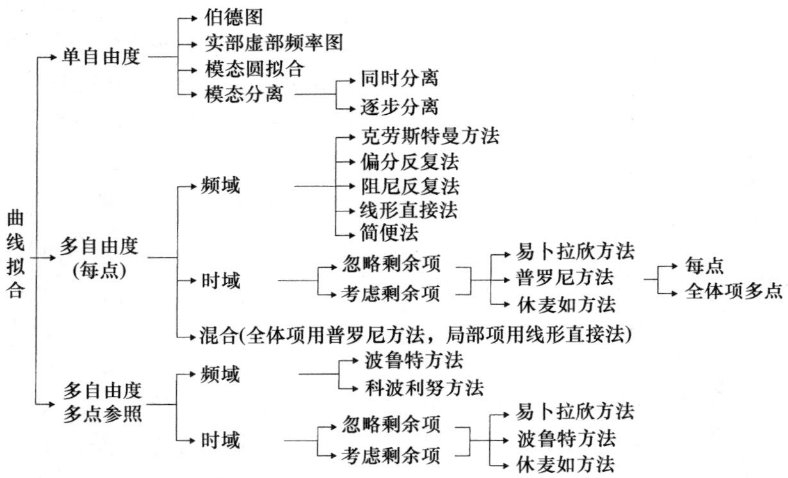

图 2-10　曲线拟合的分类

（2）系统同定法

这是用有限元法通过实验对质量、刚度、阻尼等的行列式进行同定的方法。为了提高有限元法的模型精度，可以运用实验数据对计算模型进行修正。可以运用 MAC（Mode Assuarance Criteria）等方法来比较实验和计算的振动模态，调查模态间的对应关系。

（3）部分构造合成法

部分构造合成法的分类如图 2-11 所示。作为部分构造合成法一种的模态合成法是先求出各部件的模态参数，然后将它们合成，求出系统整个振动特性。模态参数由于可用实验方法求出，也可用计算求出，可使用各开发阶段的模型，来提高其仿真精度。

另外，由于能够较容易地对各部件的要素进行变更，这与整个模型进行一次仿真相比计算时间较短，有利于设计变更情况较多的仿真。

（4）传递函数合成法

固有模态难以分离的频域内，可以采用构造合成法中的传递函数合成法。该方法直接使用各个部分构造求得的频率响应函数。对于构造物的结合点有多个的情况，由于需要用行列式（矩阵）来表示构造物的频率响应函数并且求其逆矩阵，要确保频率响应函数的精度。

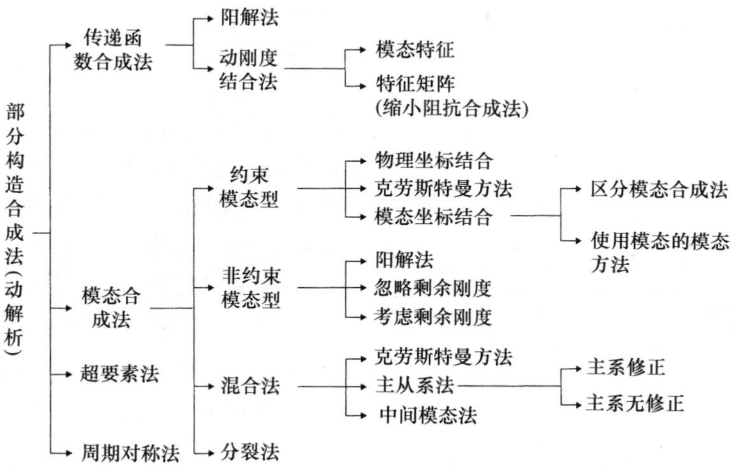

图 2-11　部分构造合成法的分类

2.4　振动噪声评价

2.4.1　振动噪声评价指数

（1）振动

人对振动感觉定量化的评价，自从 1926 年 Meister 的研究以来，已经发表了各种研究成果。即使同样的振动，但因为方向（上下、左右、前后）和频率不同，人对振动的感觉仍存在各异现象。汽车的振动都是各种方向及各种频率的复合振动，因此需要对每种不同的振动情况进行评价，但为了方便起见，大多数是对各个方向的振动进行评价。图 2-12 所示的是一般通用的 ISO 标准。

（2）噪声

由于用 1 维的评价尺度难以评价含有音质的噪声，根据目的的不同提出了各种评价指标。典型的评价指标如下面所示。

1）声音的大小。评价声音大小的指标是纯音，可通过相对于纯音等感觉曲线来确定噪声级（如 A 特性等），必要时也可能用 B 特性或 C 特性。由于多数情况下 A 特性的声音大小与感觉最为相近，一般汽车噪声都使用该指标。

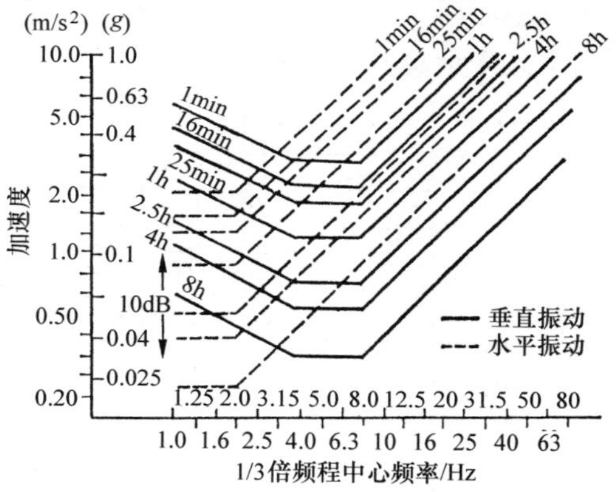

图 2-12　振动的等感觉线

声音大小感觉量用响度（sone）值表示。1kHz 40dB 声音的大小被定义为 1sone（图 2-13）。声音大小的响声级 L（phon）与声音大小的感觉量 S（sone）的关系如下：

$$S = 2^{(L-40)/10} \tag{2.21}$$

为了考虑遮挡等的影响，还有用临界频域或者倍频程特性的评价法，如 Zwicker 法、Stevens 法、Fletcher 法。由于对于像线性频谱相近的噪声或者是与白噪声相近的噪声难以用同一评价式来定义，需要分开使用。

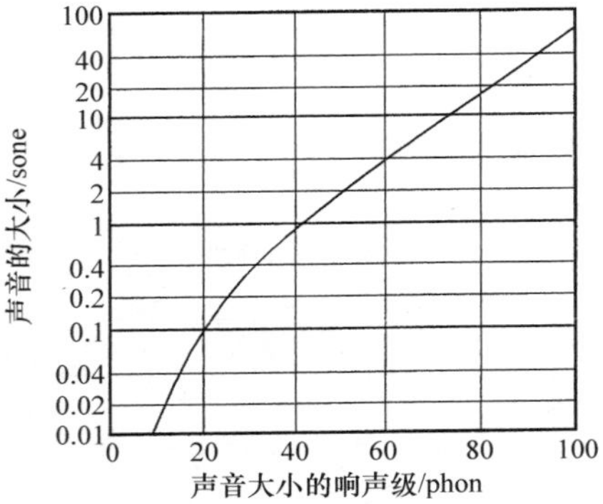

图 2-13　声音大小的尺度

2）声音的噪度。声音的噪度（noisiness）可以用图 2-14 所示的等感觉曲线来求得。在这里，1 倍频程以下的带噪声的噪度用其中心频率来表示。1/3 倍频程的情况下用下式来计算其噪度：

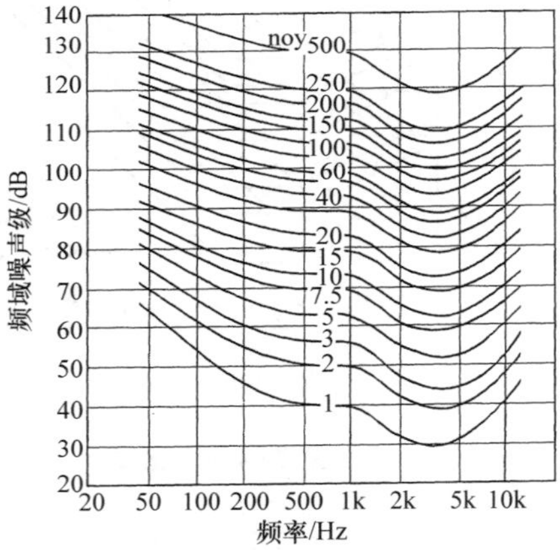

图 2-14　噪声的等感觉曲线

$$N = N_m + 0.15\sum_{i=1}^{n}(N_i - N_m) \tag{2.22}$$

式中，N_i是各频带的 noy 值，N_m是噪度最大的频带的 noy 值。感觉噪声级 P_{NL}（perceived noise level）用下式表示。

$$P_{NL} = 10\log_2 N + 40 \tag{2.23}$$

3）SIL。SIL（Speech Interference Level）是实际会话的频域（500Hz～5kHz）范围内各倍频程噪声水平的算术平均值。SIL 与音质因子中最优美的音质因子具有较密切的关联。

以上是对声压的频率特性进行评价的方法。听觉并不能分离相近的频率成分，因此用声压的包络线来判断声压的时间变化。该方法包括求出声压的包络线以及使用频率成分中频率间隔的方法。

4）包络线分析。求声压包络线的方法包括用模拟回路求出的情况以及采用前面所述的希尔伯特变换的方法。

成为噪声问题的是包络线的低频率成分（50～60Hz 以下），多数情况是使用这一噪声水平的和。这一现象与声品质的浑浊感关系密切，对于像发动机噪声这样周期性比较强的情况，用“咕噜”感觉来评价。上面的包络线频率以上的变化将不是忽强忽弱的噪声，一般要用声音的高低或者音色来进行评价。

5）频率间隔分析。用于分析发动机噪声之类的周期性的强噪声。具有等间隔频率成分的噪声可以再现该间隔倒数的时间间隔的噪声变化。噪声形成的原因是上述所示的 50～60Hz 以下的频率间隔的现象。因此，用相邻频谱尖峰值的大小及对应的频率间隔来评价声品质是否良好。发动机噪声的起因在于发动机转动的频率（4 缸发动机是其 2 次项）的 1 次、1/2 次、1/4 次等间隔发生的噪声问题，为了提高其声品质，除主频以外，这些成分的噪声也需要降低。

以上的噪声评价指标并不能适用所有的噪声，对它们进行统一的评价。现在，还在研究适合于各类现象或声品质的评价指标。一般来说，声品质可归结为 3 大因子，即用迫力（感染力）因子、动听因子及金属因子来表现。对于汽车噪声，应根据噪声的特征用其他因子进行表示，但其本质可用上面的 3 大因子来表征。

2.4.2 主观评价实验法

对汽车的平顺性及噪声的音质等进行主观评价，并与其物理特性进行对比分析，对于提高车辆的品质具有重要的意义。

精神物理学测试法对振动和噪声进行定量化评价的方法包括调整法、极限法、恒常法及尺度构成法。包含以上方法的一对比较法、系列范畴法、评定尺度法、等级评价法等1维评价法已经用在主观评价中。

噪声的响度曲线及噪度等评价曲线可用调整法来求得。该方法是先展示评价基准的激励，通过调整其他的激励频率和幅值等使得该激励的主观评价与基准相一致。

一对比较法就是展示作为一组的两个激励，测定评价激励的好评度的方法。在一实例的报告中：固定一辆基准车，将其他各种比较车与其一一比对，在各种路面上行驶，对它们的平顺性进行定量化比较。表2-4表示出了对各种路面的因子分析后的因子负荷量。使用该方法时，因子所包含的意义需从路面的特征来判断。另外，如图2-15所示，应以因子分析的结果为基准，将各种测得的物理量与主观评价值进行重相关分析，以此来对平顺性进行定量化的主观评价。

表2-4 对于乘坐舒适性的行驶路面因子分析

主观评价	因子负荷		
	1st	2nd	3rd
路面A	0.851	0.470	0.083
路面B	-0.479	0.845	0.165
路面C	0.950	-0.040	-0.239
路面D	0.819	-0.437	0.359
自身值	3.297	1.337	-0.068
累计值	65.9%	92.7%	97.2%

汽车的噪声由于具有多维的复合属性，使用SD（Semantic Differential）法及多维尺度构成法（MDS法：Multiple Dimensional Structure Method）等分析方法。另外，由于

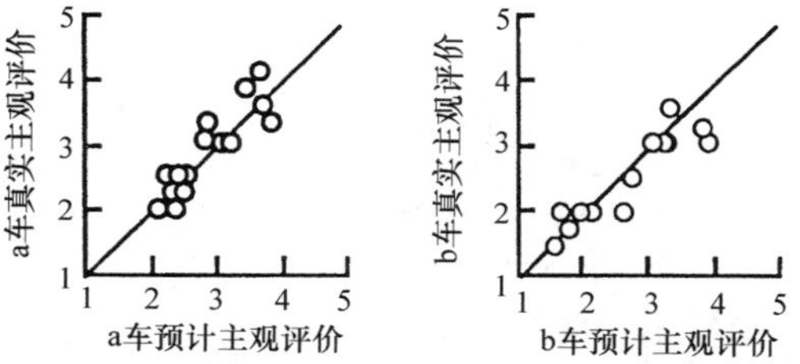

图2-15 对于乘坐舒适性感觉评价的定量比例

音质的时间变化特征在加减速时很重要，分类连续判断等方法较为适用。

SD法和多维尺度构成法将噪声的音质显示在具有未知维数的空间里，求出其直角轴。

SD法就是选择多个表征音质的相反的形容词对，对每个形容词对用5段或7段来评价音质。基于该评价结果进行因子分析，就可以求出包括相似形容词对的独立维值。该方法适用于车内噪声及操作所产生的声音。表2-5及图2-16示出了路面噪声的分析实例。

表2-5 由SD法对路面噪声音质因子的分析结果

评价语言	第1因子	第2因子	第3因子
软--硬	0.8990	-0.0776	-0.2516
有压迫力--不足	-0.1254	0.8064	-0.1932
安静--吵闹	0.9468	-0.1723	-0.0512
清澈--浑浊	0.4258	-0.2371	0.5757
强力--软弱	-0.1539	0.9033	-0.2320
高级--便宜	0.9457	0.0138	0.1866
光滑--粗糙	0.8468	-0.1588	0.1844
粗--细	0.3777	0.6257	-0.5202
舒畅--堵心	-0.1890	-0.4135	0.6703
安心--烦躁	0.9023	-0.0854	0.1670
宽敞--狭窄	0.9022	0.0855	-0.0738
口齿利索--口齿不清	0.0130	-0.1701	0.8879
平静--紧张	0.9247	0.1851	-0.2249
贡献率（累积贡献率）%	47.4（47.4）	17.1（64.8）	16.5（81.3）
因子名	喧闹	压迫	浑浊

多维尺度构成法是仅仅用相似度来逐一

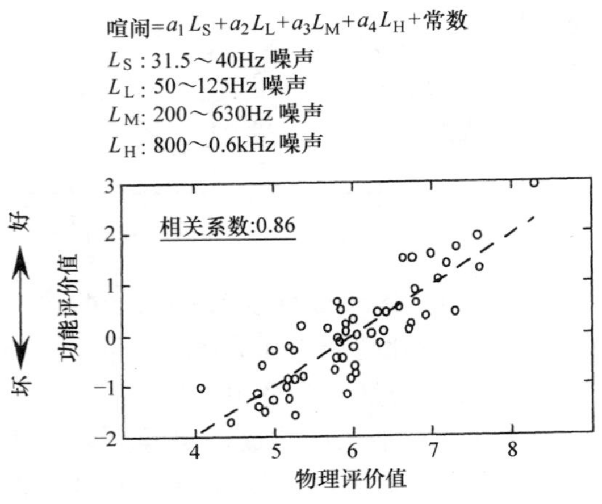

图 2-16　由 SD 法对路面噪声音质因子的分析结果

比较几个声音与所有的样本声音，在多维坐标系中进行分割，提取独立维数的方法。需要对所有样本声音的组合进行评价试验，而样本声音在多数情况下需要巨大的实验情景。该方法对于与样本声音相似、用 SD 法难以选定形容词对的状况比较适用。

对于加速噪声等声品质随时间变化较大的情况，当 SD 法及多维尺度构成法都不适用时，采用分类连续判断法，该方法可以连续记录声品质的时间变化。

用这些方法求得的噪声声品质的独立因子需要与噪声的物理特性相结合。物理特性就是前节所述的噪声大小、SIL 等指标。

另外，对于噪声声品质的聚合分析，要注意所谓的声品质对于各个国家和地区来说是不同的。

声品质评价时要对声音进行忠实的再现。由于用扬声器对声音进行再现时会受到房间的声响特性的影响，现在大多数用假人头进行录音，用耳机进行双耳再生。进行声品质变更的台架模拟时，可以用可任意改变频率特性的 FIR 滤波器。

增强声音临场感的方法是在消声室内的 OSS（Ortho - Stereophonic - System）再现，但不用于汽车的噪声声品质评价。将来，如果使用 3 维模拟器进行声品质评价的方法实用化的话，这样的再现技术可以用到汽车噪声评价中。

2.4.3　台架再现实验法

行驶中的振动和噪声用台架再现的方法包括在底盘测控机上及在传动带式测控机上进行实验。

（1）底盘测控机实验

底盘测控机实验就是在平滑的转鼓表面再现发动机及动力传动系统的输入，在转鼓上重现路面的状态，这样就再现了路面噪声等路面的激励。

平滑的转鼓可根据行驶状态吸收动力传动系统的动力，在台架上再现及解析相关的振动噪声现象。对于加速、减速及等速行驶状态都能模拟。在平滑的转鼓上附上微小的突起时，就可以评价由路面激励所引起的平顺性。

在重现路面的转鼓上可单独评价路面噪声，也可分析前后轮的贡献度和传递路径。各轮对于车内噪声的贡献度可用各轮产生的噪声的能量和来评价。

一般来说，利用这些实验对噪声进行评价时，需要除去墙壁反射的影响，因此需要在消声室内进行或需要对墙面进行吸声处理。

（2）传动带式测控机实验

在传动带式测控机进行实验可以模拟 4 轮的行驶情况，可以评价轮胎输入产生的摇动和晃动。

（3）激振模拟实验

行驶中的平顺性的模拟方法是在 4 车轮的接地点或者轴上用油压或者电动的激振机对汽车进行上下或者是 3 方向的激振。由于不能获得足够的激振行程，在低频域的再现有一定的局限性。

为分析影响平顺性的要素，可以用以上的装置测得轮胎输入点到汽车各部分的频率响应函数。

为了在激振实验中再现发动机的输入，可以在发动机上外装一个转动的执行器。

2.5　车辆部件的振动噪声测试分析

2.5.1　动力总成振动噪声测试

在汽车的振动噪声中，动力总成发出的振动噪声所占的比例较大，是最希望改善的部分。在进行动力总成的振动噪声分析时，特别是分析对车内噪声影响的情况时，应该分别处理由发动机的辐射噪声直接渗入到车内的空气传播声，以及因为发动机的振动被传递到车身，由车身的声响特性而产生的固体传播声。一般来说，前者是动力总成的噪声问题，而后者作为动力总成的振动问题来处理。

（1）动力总成振动测试分析

在车内容易形成噪声的有发动机的轰鸣声及加速时的杂乱声等。它们是由于约500Hz以下的动力总成的振动通过发动机悬置系统传递到车身而引起的车内噪声。为解决这类噪声问题，必须正确而且详细地把握动力总成的振动特性，一般要进行实验模态分析。近年开发了MPSS（Multi Phase Step Sine）激振法，能进行精度更高的模态分析（参照2.5.4小节）。另外，开发出的能高速扫描的激光振动计，使得原本模态分析中较为困难的高频域实际工作时的振动模态分析变得较容易实现。

1）MPSS激振法在动力总成模态分析中的应用。作为动力总成振动特性的分析方法，实验模态分析是非常有效的手段。但是，对于动力总成这样构造复杂的部件，由构件疲劳所产生的非线性以及较大的构造阻尼，很多情况下使得曲线拟合变得困难。实验模态分析一般用通常的模态激振法或用多点随机激振等方法进行激振，用得到的传递函数进行曲线拟合；从测试时间短、激振设备规模小这点来看，后者成为目前主流的研究方法。但由于对于构造复杂、阻尼大的物体来说前一种激振方法较为有效，开发了利用后者的激振设备而采用前者处理手法的MPSS激振法。

图2-17示出了MPSS激振模态分析的处理流程。4点激振时，各激振点的相位具有8种形式，在每一种相位形式下进行阶梯正弦激振。结果可以求得（8×测试点数）个复数的谱矩阵，通过最小二乘法可以缩小为（4×响应点数）个传递函数矩阵。通常是对这个传递函数矩阵进行曲线拟合，但将传递函数矩阵变换成MMIF（Multivariate Mode Indicator Function）后，可求得最优的约束值，也可从通常的激振及复数的谱矩阵中选择共振明显的组合，进行单自由度的曲线拟合。

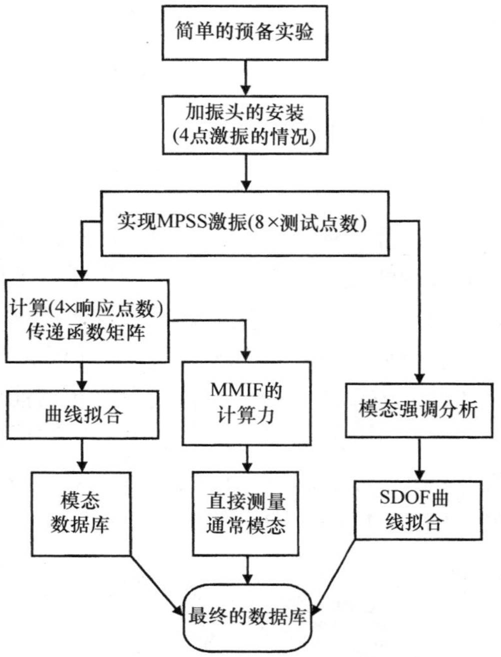

图2-17　MPSS激振模态分析的处理流程

图2-18示出了对于4WD车型的动力总成运用MPSS激振法得到的传递函数的相反性。由于在发动机前段和变速器的后端相反定理成立，可得到整个总成的传递函数。

2）预备调查。发动机的曲轴及气缸体的 FE 分析（Finite Element）已经被广泛应用，在已经有有限元分析模型的情况下，可根据固有模态的解析结果来选定合适的激振点和响应点。

在选定激振点时，先从固有解析的结果的各模态中，选出振幅大（振动感度高的点）且激振可能的若干点，然后，用被选各点的模态矢量的 2 次方除以模态质量，也就是求得各点作为激振响应点时的残留值。比较各模态之间的残留值，可以知道是由振动感度高的点（残留值大的点）激起变化方向，可以选择该点作为激振点。另外，也可不通过残留值，而是通过计算激振点的响应传递函数，从传递函数的大小来选择合适的激振点。

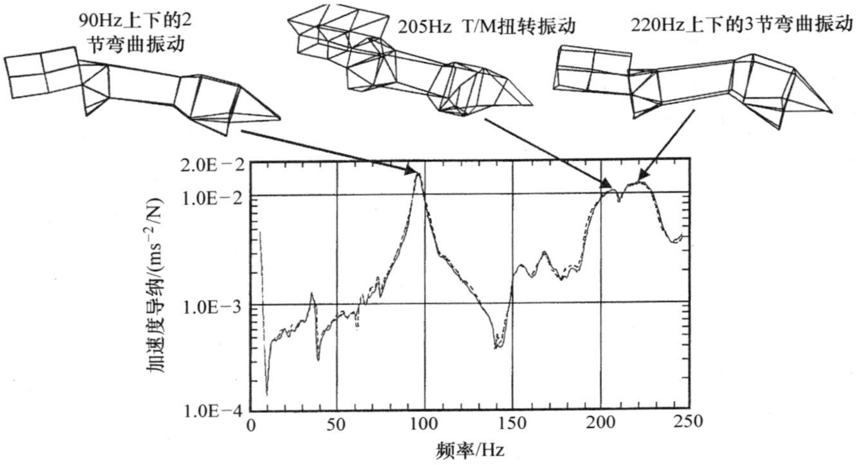

图 2-18　4WD 车型动力总成的振动特性

在选择响应点时，首先在 FE 分析模型上通过判断振动模态来选择一些觉得合适的点。然后，求出仅仅用所选点表现出的模态与所有点模态之间的 MAC。假如 MAC 的非对角项的值整体都较大，说明没有包含能够区分各模态的响应点。图 2-19 是气缸体的 FE 模型，图 2-20 是所选择的响应点的模型，图 2-21 是两者间的 MAC。

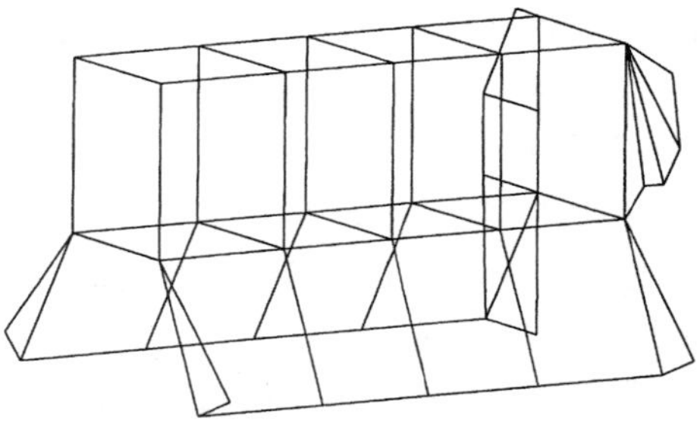

图 2-20　所选择的响应点的模型（42 点）

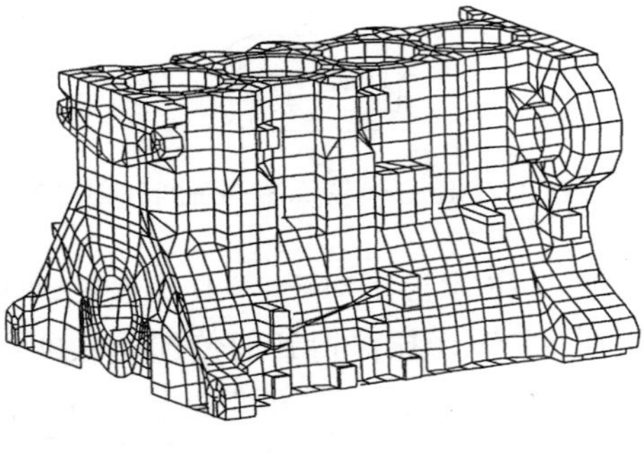

图 2-19　气缸体的 FE 模型（4268 点）

3）运用扫描式激光振动计进行实动模态振动分析。动力总成的辐射噪声是在 500Hz 以上的频域，用激振实验对动力总成进行全面的模态分析较为困难。因此，可用实际工作状态下的振动模态测试作为高频域下的动力总成振动模态分析方法。

进行激振试验时，总成处于冷状态，动

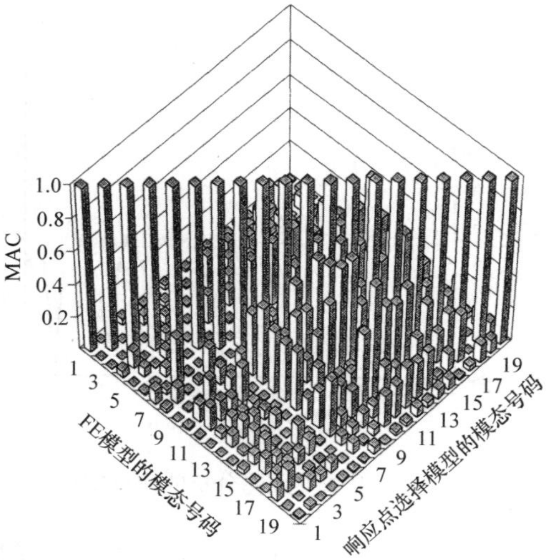

图 2-21　两者间的 MAC

力总成的状态变化几乎不成问题。但是，实际运行状态下，要将测试保持在同一状态较为困难，因此要使实际运行状态的振动模态测试精度较好的话，需要尽量在短时间内完成测试。

使用加速度传感器时，理想的情况是同时测定所有响应点的信号，但这样的话会出现实验设备的成本非常高的问题。最近开发的可自动高速扫描的激光振动计，可在短时间内测试数百个响应点。由于该装置的出现，使得实际运行状态的振动模态分析原来在设备上及操作上的问题得到了解决，变得较容易实现。

图 2-22 及图 2-23 是 3000r/min 稳定工况下，变速器壳振动的等值线结果。在该例中，对 1500 个响应点的测试仅用了 20min。

图 2-22　T/M 壳体振动分析侧面图

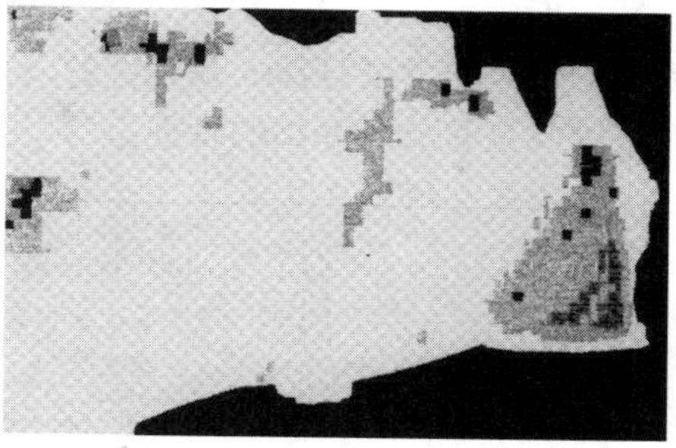

图 2-23　振动形态（763～790Hz）

（2）动力总成噪声测试

近年来，不仅要求动力总成具有低噪声，更加要求提高其声品质。因此仅仅用过去的跟踪分析或倍频程分析难以进行分析。随着能够进行数字滤波和噪度处理的测试装置的出现，再加上卡尔曼滤波的应用，开发出了可以克服原来跟踪分析遇到的问题的测试装置，有效地利用这些测试和分析装置可以进行声品质分析。

1）卡尔曼滤波器及跟踪分析。利用 FFT 进行跟踪分析，在理论上存在 FFT 避免不了的几个问题。FFT 对在窗函数中采样的数据进行处理时，如果窗函数内发生转速（频率）急剧变化时，会造成阶次分解能低下，相位错位，漏出误差增加。相反，如果减少采样点数，每个采样窗的时间设定得较短的话，频率分解能将低下。

最近，开发出了能根据转速变化对采样频率进行修正的重采样阶次跟踪（Resampling Order Tracking）的方法，能改善阶次的分解能及高阶的漏出误差。但是，该方法也会随着转速的变化急剧变化，阶次分解能及相位的错位也会变得恶化。另外，由于 FFT 不能分离出与发动机转速成分无关的路面噪声及风的流动声等，具有不能正确评价发动机转动中各阶成分所引起的噪声水平的缺点。而现在随着应用卡尔曼滤波的跟踪分析技术的开发，原来 FFT 不能避免的缺点得到了改善。图 2-24 示出了卡尔曼滤波器的特性。卡尔曼滤波器是时域上的滤波器，在频域的带宽非常窄且深，具有像针一样的特性，因此具有分辨率高的特征。

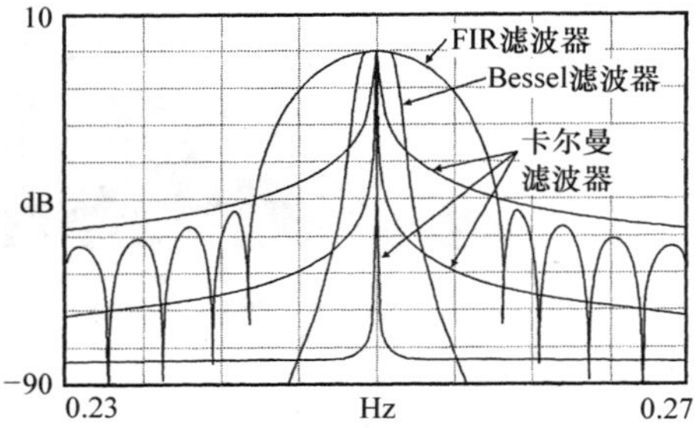

图 2-24　卡尔曼滤波器的频率特性

图 2-25 是固定窗间隔的跟踪分析实例。这种方法的分解能较好，但数据的毛刺较多，通常需要进行平均化的平滑处理以便看清楚。但进行平滑化处理会降低其噪声水平的真实性。

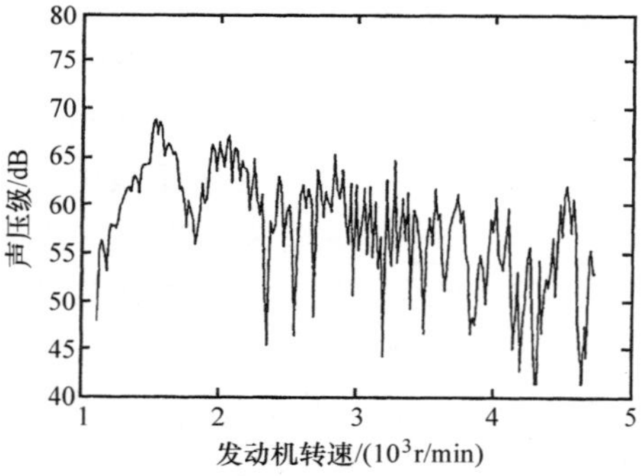

图 2-25　固定窗间隔的跟踪分析实例

图 2-26 为卡尔曼跟踪分析的测试实例。通过卡尔曼跟踪分析能够明显地显示出峰值和峰谷，从而能正确地评价噪声水平。

2）运用数字滤波器进行动力总成的声品质分析。测试装置中的 A/D 转换器能够将变换后的数字信号直接记录在计算机的硬盘上。对于一般的带通滤波器及补偿器不能处理特定阶次的成分，需要通过对数字化的数据进行滤波来处理。

例如，对于杂乱的噪声（喘息声）发

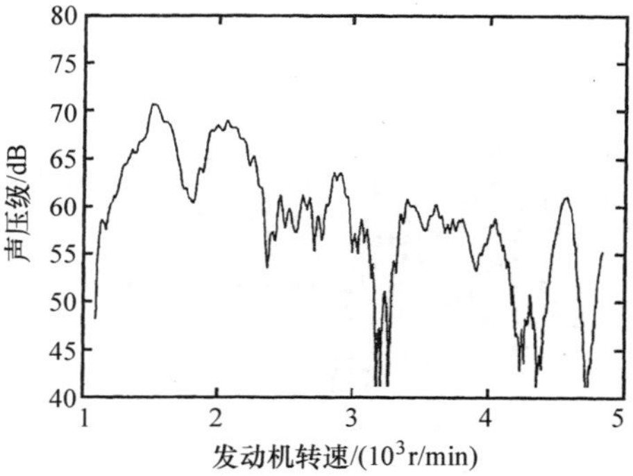

图 2-26　卡尔曼跟踪分析的测试实例

生的原因，有人认为是曲轴系统共振的阶次变换成分所造成的。也就是说，由于 3 个以上相邻的 $n/2$ 阶成分突出时，干涉拍打的发生较为显著，也产生了杂乱的噪声。因此，对于 $n/2$ 阶成分等噪声外的阶次成分进行滤波处理时，可以通过变化噪声大小来分析对声品质的贡献度。另外，通过比较滤波处理前后的噪声，可以较为容易地设定改善目标。

图 2-27 是 6 缸发动机辐射噪声的实例。5.5 阶次、6 阶次、6.5 阶次的成分较为突出，这些可以看成杂乱噪声的主要原因。图 2-28 示出了除去 5.5 阶次和 6.5 阶次成分的情况。因为除去了 6 阶次成分相邻的 $n/2$ 阶次成分，喘息声感得到了降低，这说明杂乱噪声是这些阶次造成的。

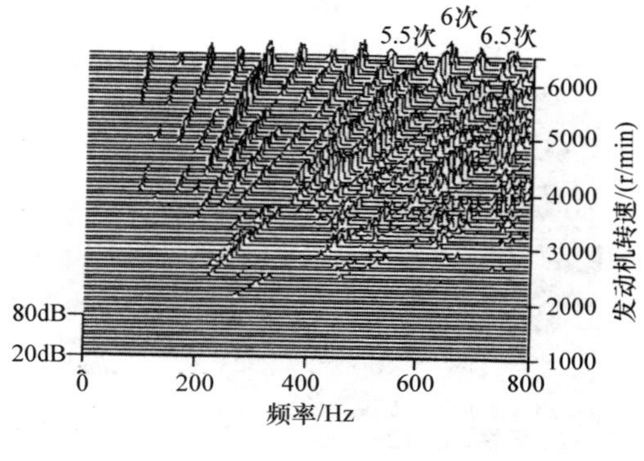

图 2-27　6 缸发动机辐射噪声的实例

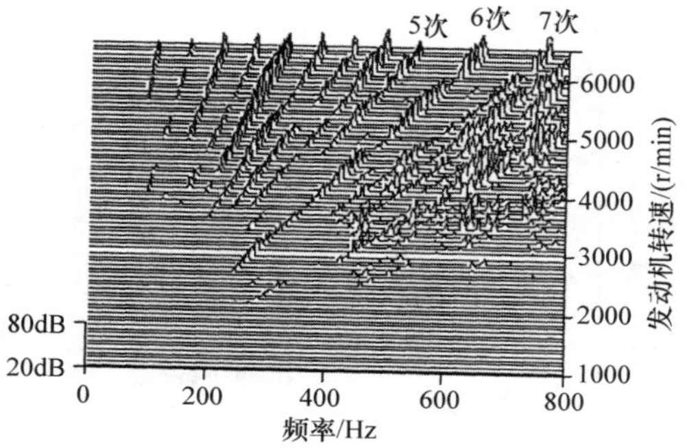

图 2-28 除去 5.5 阶次和 6.5 阶次成分的情况

2.5.2 驱动系统扭转振动噪声测试分析

由驱动系统扭转振动所引起的车辆的振动噪声包括发动机瞬时输入所造成的加速（减速）冲击、前后晃动，发动机的转矩变动造成的车轴的扭转振动及轰鸣声，齿轮的咬合及打齿所引起的齿轮噪声等，在从低频域到高频域这一宽频域中。这里主要讨论与扭转特性相关的轰鸣声、齿轮声（关于车辆振动噪声请参照 2.7.2 小节）。

（1）轰鸣声

图 2-29 是驱动系统扭转振动特性（4 气缸 RWD 车）的测试示意图。图 2-30 是发动机 2 阶次成分所引起的驱动系统扭转振动特性图。利用该图可分析出由于负荷变化所引起的发动机转矩变动造成的驱动系统扭转振动对轰鸣声的影响。

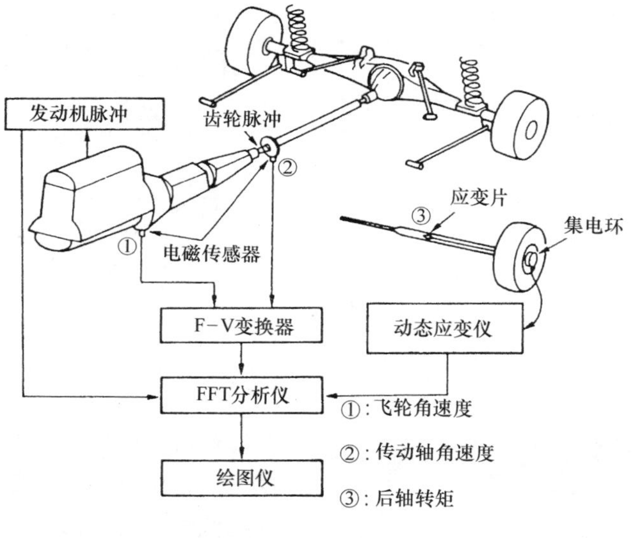

图 2-29 驱动系统扭转振动特性的测试实例

（2）啮合声

啮合声（齿轮声）由于是高频的纯音，比较容易进入人的耳朵，也较易成为噪声问题。啮合声的激励力评价法，是通过观察齿面接触处的大小、形状位置等来判断齿轮的啮合是否良好；也有通过在齿轮间附加上转矩，测量输入轴和输出轴之间的转速差来判断啮合误差的方法。驱动负荷会产生齿轮变形，齿轮的制造误差及驱动负荷也会造成齿轮箱等的变形。

引起啮合声的驱动系统的振动特性一般对照行驶条件，在转动方向对齿轮齿面进行加振。图 2-31 及图 2-32 分别是实验装置和测试结果。

另外，设齿轮啮合部所传递的驱动的变化为粘合力 F，驱动侧和被驱动侧齿轮啮合点的传递误差为 δ，导纳为 H，由定义式 $F=\delta/H$ 可知，F 越小，可降低齿轮噪声。

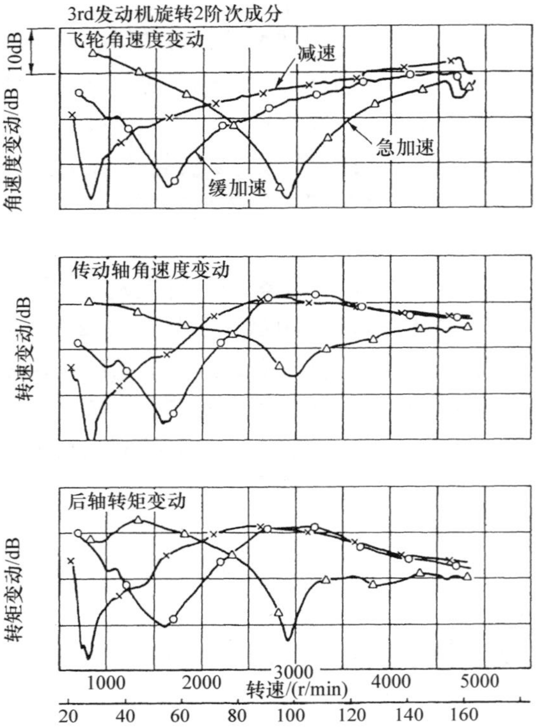

图 2-30　发动机 2 阶次成分所引起的驱动系统扭转振动特性图

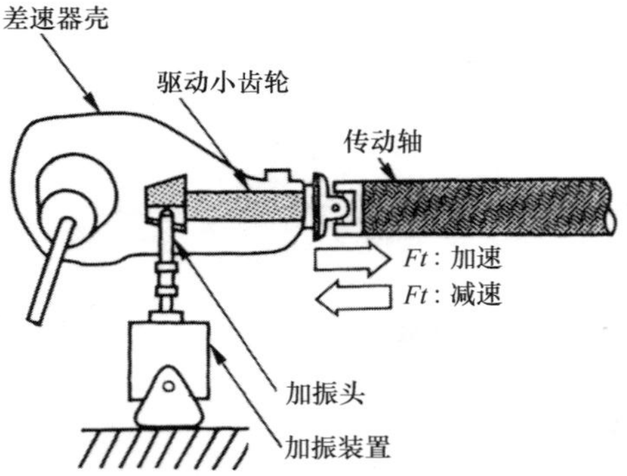

图 2-31　实验装置

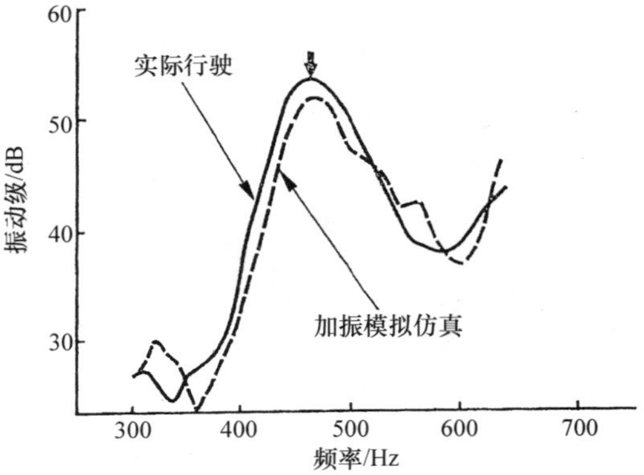

图 2-32　加振时差速器前段的上下振动

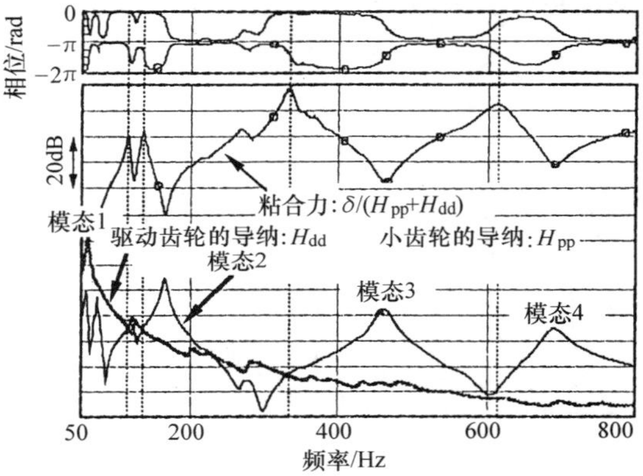

图 2-33　齿轮啮合点的导纳与粘合力之间的关系

也就是说可通过降低啮合的传递误差和齿轮啮合点的啮合方向的刚性（导纳 H 的倒数）来降低齿轮噪声。中型货车差速器的齿轮噪声中主动齿轮及从动齿轮的导纳与粘合力之间的关系如图 2-33 所示。

利用这些主要振动特性的实验值可优化并最终得到精度较高的 FE 模型，使用这些模型进行仿真，可以更好地理解其发生机理及降低噪声的方法。

另外，由于研究的频域较高，可以用激光全息法对传动系统的动力总成和悬架系统的振动特性进行测试。

（3）咔嗒声

咔嗒声是变速器或者差速器的打齿声。打齿会发生冲击振动，该振动会激励齿轮轴及齿轮箱体形成异响。振动源有发动机的转矩变动、传动轴的传递角所引起的转动的变化。根据所发生的工况可分为：车辆停止时发生的怠速咔嗒声；减速或下坡时的浮动的咔嗒声；发动机转矩变动下的加减速咔嗒声。

图 2-34 示出了怠速咔嗒声的现象实例。发动机的转矩变动通过离合器盘传递到驱动小齿轮和中间轴，具有齿隙的齿轮间会发生冲击振动，这就形成了咔嗒声。

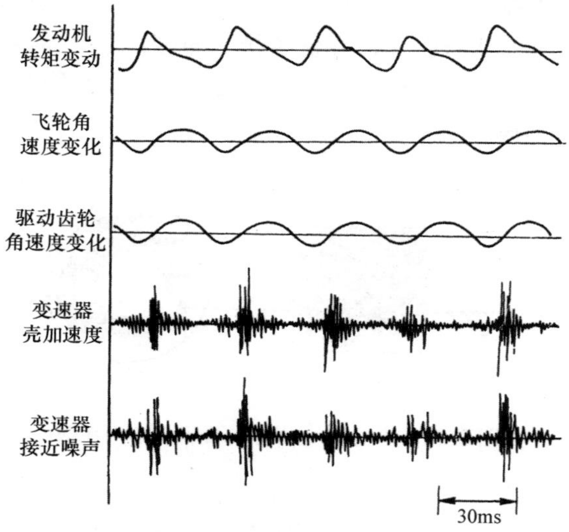

图 2-34　怠速咔嗒声的现象实例
（直 6，6.9L 发动机，A 型离合器）

由于咔嗒声是非稳定的断续声，可用包络谱分析对其进行有效定量的评价。

2.5.3　进排气系统噪声测试分析

由于发动机要间断地重复进气和排气，在进排气管内会产生如图 2-35 的压力波动。在进气行程形成的负压力波，在被调压槽和空气滤清器衰减（有一部分被反射）的同时，回到进气管的上游，在连接大气的开放端被反射后再次返回到气缸内。振动源的负压波，是由活塞的下行所引起的，与正弦曲线相近。另一方面，排气排出时发生的正压力波的大半，是排气门打开时气缸内高压燃烧的气体排出的脉冲状的波形（排放波）。因此，进气噪声是由低爆发次数（频率）为中心的振动成分所构成的，而排气噪声则更多地包含高阶次的频率成分，图 2-35 是不装消声器时的排气噪声。该脉冲状峰压的高正压力波，与振幅小的正弦曲线相近，因此高性能的消声器必不可少。

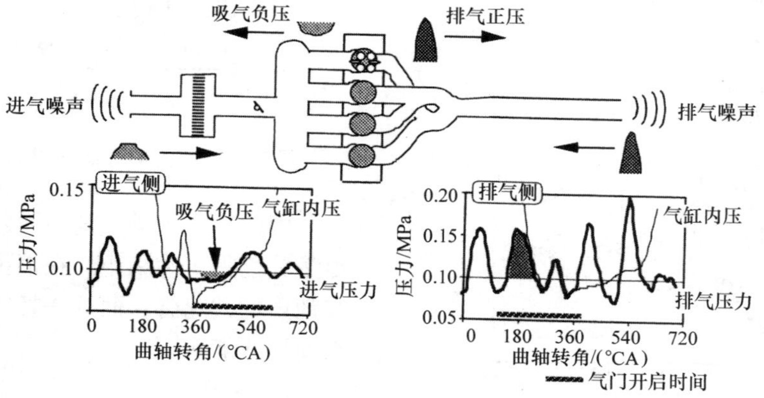

图 2-35　进排气噪声的发生原因（计算值）

（1）进气噪声

进气管内返回来的负压波，因为空气吸入口与大气相接，使得吸入口的大气产生波动，进而改变了气流的流动速度。该流动速度的变化，使得吸气的开放端到周围的大气产生微小的压力扰动，也就是出现了声压的传播。声压的传播是以同心球状向外扩散的，适合用球形音响辐射模型。

图 2-36 是运用热线流速计测量到的进气口流速的变化、声压的实测值，以及根据流速变化值使用球形音响辐射模型计算得到的声压值。

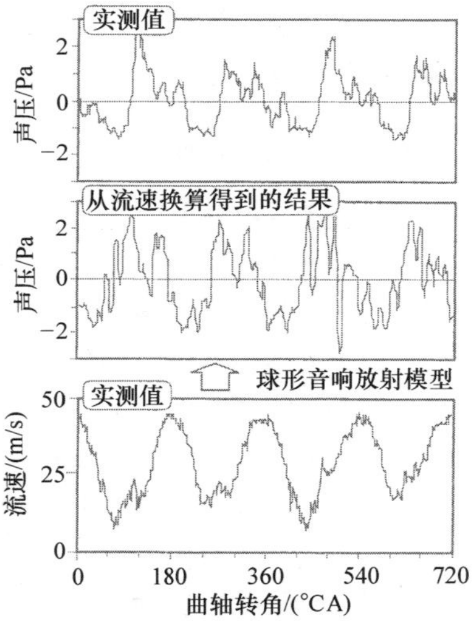

图 2-36　开放端的流速变化与声压的关系

随着燃料供给装置中的化油器变为喷油器，主动地让进气系统中产生脉动，利用这一动压将进气压到气缸内，进而使得发动机的输出更高。这一被强化的压力波在进气系统的固有频率附近，会产生过大的响应，因此需运用共鸣器进行消声。图 2-37 显示了应用共鸣器进行消声后的实测值以及用 1 次脉动计算得到的预测值。

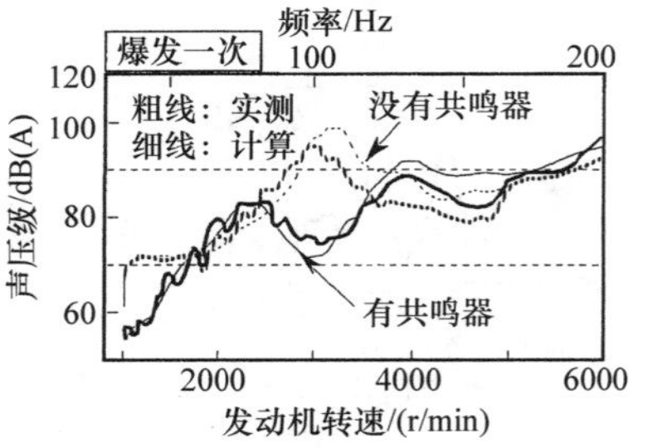

图 2-37　应用共鸣器对进排气噪声的衰减

（2）排气噪声

排气管内脉冲状的压力波的传播，在开放端及消声器内扩张时会产生漩涡，形成高频的气流声。另外，在消声器内残留有轴向及径向传播的驻波，这一频率成分无法进行消声处理。图 2-38 显示的是冲击试验管内用全息技术测得的发生急剧压力波变化时的可视化图像，从中可确认到压力波喷出时产生的漩涡和残留在消声器内的驻波。

图 2-39 显示的是 12L 的圆筒形容器装在排气系统上的消声效果。容器内的正压力波由于被扩张而降低了排气噪声，而容器内频率为 600Hz 及 1.2kHz 的驻波并不能被消声。

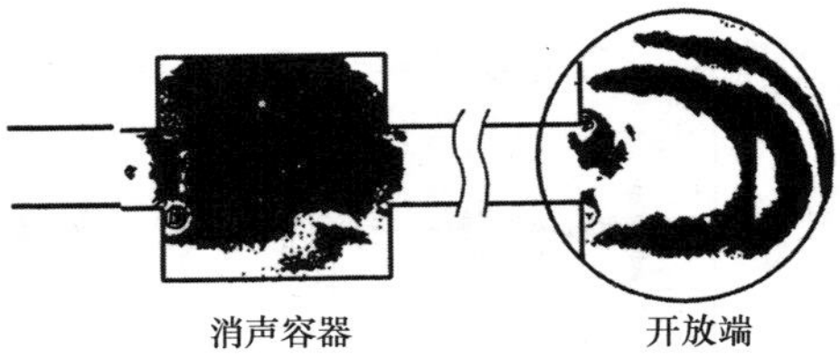

图 2-38　全息技术测得的可视化的声压波

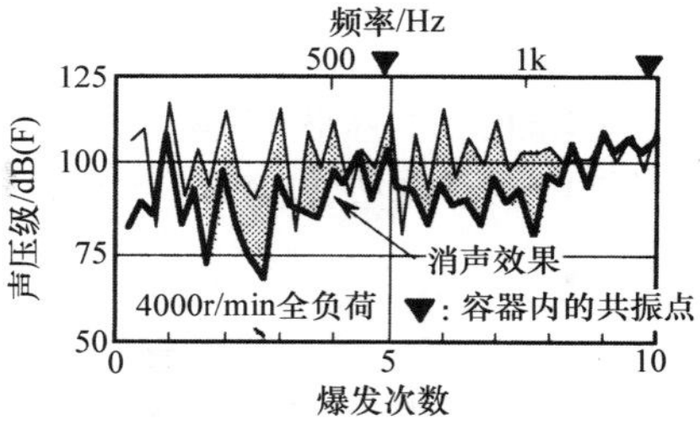

图 2-39　圆筒形容器（12L）的消声效果

因此，对于排气消声而言，应将扩张室尽量分割得更为细小，在消声器内配置有共鸣消声的共鸣管，而这一切需要在非常小的空间里才能实现。

图 2-40 示出了用声强法测得的从排气开放端出来的声压传播的样子。装有现产的 4 室消声器后能够较充分地消声，而此时声压的传播大致是球形；在没有装消声器的情况下，排出的是脉冲状的压力波，因而不能测得球形的传播。这里可以得出：当声压波随时间急剧变化时，用积分处理的声强测试方法并不适用这种情况。

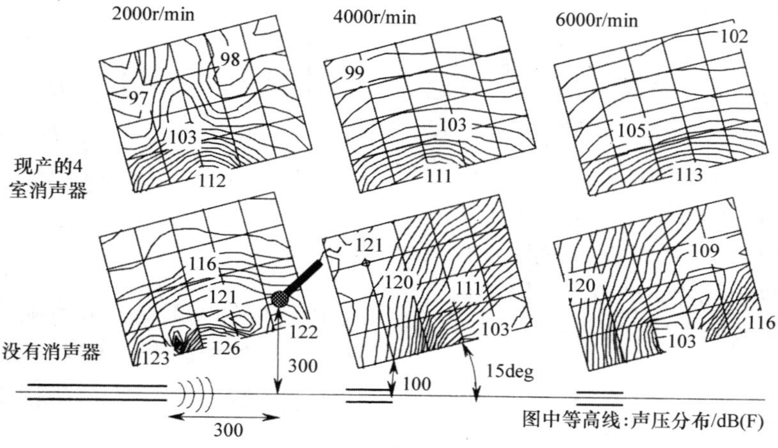

图 2-40 排气开放端出来的声压传播的样子

2.5.4 车身的振动噪声测试分析

（1）车身的弯曲、扭转基本振动

一般来说，车身的振动特性用频域内的响应函数来评价，而频域内的响应函数则由激振实验所得到的时域内的响应经 FFT 处理得到的惯量、传递函数等输入经过正规化处理得到的。车身激振实验的激振力可根据所关心的频域范围而选择油压激振机、电磁激振机及激振锤。激振点也由原来的 1 点激振外，出现了多点同时激振的方法，并且成为常规的方法。多点激振时的输入信号，除了原来相互无关的突发随机信号外，在有些情况下会用到控制输入点相位差的 MPSS 波（参照 2.5.1 小节）。对于响应点的振动加速度的测量，则通过同时测量多个自由度的响应来提高模态分析的精度。下面介绍多点输入时的车身激振实验方法及其结果。

多点激振法作为精度良好的传递函数测试方法，需要同时激振多个点并同时测量多个传递函数。相比单点激振法中频繁移动输入点，多点激振法由移动激振点带来边界条件的变化所造成的影响较小。另外，单点激振时，如果激振点刚好在该模态的节点上的话，将不能激起该模态；而多点激振则可避免这类问题。

下面示出了多点激振法的传递函数矩阵的演算法。图 2-41 中设激振点为 j，响应点为 i 的话，则响应矢量 X_i 如下式所示。

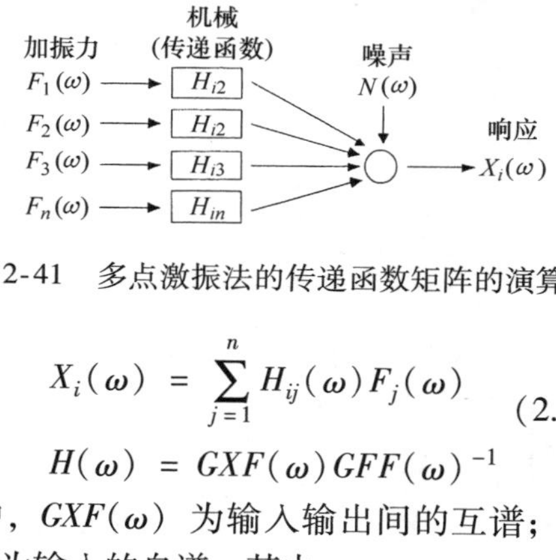

图 2-41 多点激振法的传递函数矩阵的演算法

$$X_i(\omega) = \sum_{j=1}^{n} H_{ij}(\omega) F_j(\omega) \tag{2.24}$$

$$H(\omega) = GXF(\omega) GFF(\omega)^{-1}$$

式中，$GXF(\omega)$ 为输入输出间的互谱；$GFF(\omega)$ 为输入的自谱。其中：

$$GXF(\omega) = X(\omega)F^*(\omega) + N(\omega)F^*(\omega) = X(\omega)F^*(\omega)$$

$$GFF(\omega) = F(\omega)F^*(\omega)$$

式中，* 表示共轭复数；N 为噪声信号。

输入的自谱 $GFF(\omega)$ 的行列式为 0 时，传递函数会变为特异，需要激振力之间不相关。通常为避免这类问题，采用不相关的随机信号作为激振信号。

但是，即使激振力不相关，在共振点附近或由于激振设置条件的不同，也有可能无法做到完全不相关。

这种情况下，激振力的逆矩阵会变成特异，传递函数的精度会降低。解决这一问题的方法可用 MPSS 激振法。MPSS 法可以在改变激振力间的相位差的同时重复正弦波的激振，从而得到激振的矩阵。下面示出了对图 2-42 所示的车身进行 4 点激振时的激振相位的组合、激振得到的谱矩阵，以及从谱矩阵求出传递函数的方法。

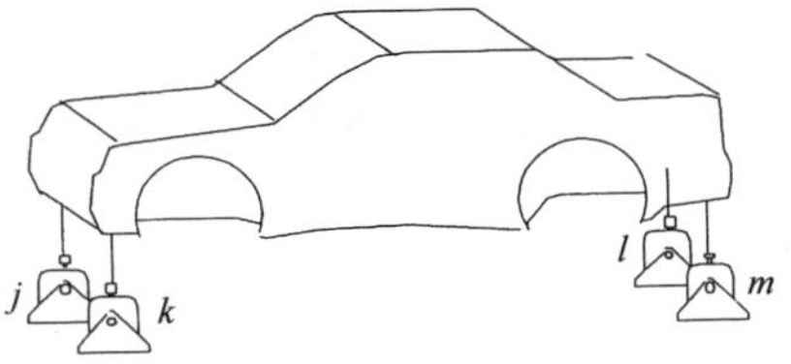

图 2-42　4 点激振（多点激振）

- 激振相位的组合：2^{n-1}（n：激振点数）

4 点激振的情况：8 种组合情形

组合 \ 激振点	j	k	l	m
1	+	+	+	+
2	+	+	+	−
3	+	+	−	+
4	+	−	+	+
5	+	+	−	−
6	+	−	+	−
7	+	−	−	+
8	+	−	−	−

- 由激振得到的矢量矩阵

$$\left.\begin{bmatrix} {}_1X_1 {}_2X_1 & \cdots & {}_8X_1 \\ {}_1X_2 {}_2X_2 & \cdots & {}_8X_2 \\ \cdot\quad\cdot & & \cdot \\ \cdot\quad\cdot & & \cdot \\ {}_1X_n {}_2X_n & \cdots & {}_8X_n \\ {}_1F_j {}_2F_j & \cdots & {}_8F_j \\ {}_1F_k {}_2F_k & \cdots & {}_8F_k \\ {}_1F^l_m {}_2F^l & \cdots & {}_8F^l \\ {}_1F\ \ {}_2F^m & \cdots & {}_8F^m \end{bmatrix}\right. \begin{matrix} \text{响应点} \\ \\ \text{输入点} \end{matrix}$$

${}_aX_b$：a 组合下 b 点的响应

${}_cF_d$：c 组合下 d 点的响应

由 4 点激振得到的谱矩阵，可得到传递函数矩阵以下的表示形式。

$$\begin{Bmatrix} {}_1X_1 & — & {}_8X_1 \\ | & & | \\ {}_1X_n & — & {}_8X_n \end{Bmatrix} = \begin{bmatrix} {}_jH_1 & — & {}_mH_1 \\ | & & | \\ {}_jH_n & — & {}_mH_n \end{bmatrix} = \begin{Bmatrix} {}_1F_j & — & {}_8F_j \\ | & & | \\ {}_1F_m & — & {}_8F_m \end{Bmatrix} \tag{2.25}$$

式中，${}_aX_b$为 a 工况下 b 点响应；${}_cF_d$为 c 工况下 d 点的加振力，${}_aH_f$为 e 激振时 f 点的响应传递函数。式的两边右侧乘以 $\{F^*\}^T$

$$\begin{Bmatrix} {}_1X_1 & — & {}_8X_1 \\ | & & | \\ {}_1X_n & — & {}_8X_n \end{Bmatrix} \cdot \begin{Bmatrix} {}_1F_j^* & — & {}_1F_m^* \\ | & & | \\ {}_8F_j^* & — & {}_8F_m^* \end{Bmatrix} = \begin{bmatrix} {}_jH_1 & — & {}_mH_1 \\ | & & | \\ {}_jH_n & — & {}_mH_n \end{bmatrix} \cdot \begin{Bmatrix} {}_1F_j & — & {}_8F_j \\ | & & | \\ {}_1F_m & — & {}_8F_m \end{Bmatrix} \cdot \begin{Bmatrix} {}_1F_j^* & — & {}_1F_m^* \\ | & & | \\ {}_8F_j^* & — & {}_8F_m^* \end{Bmatrix} \tag{2.26}$$

并且

$$\left[\begin{Bmatrix} {}_1X_1 & — & {}_8X_1 \\ | & & | \\ {}_1X_n & — & {}_8X_n \end{Bmatrix} \cdot \begin{Bmatrix} {}_1F_j^* & — & {}_1F_m^* \\ | & & | \\ {}_8F_j^* & — & {}_8F_m^* \end{Bmatrix}\right] \cdot \left[\begin{Bmatrix} {}_1F_j & — & {}_8F_j \\ | & & | \\ {}_1F_m & — & {}_8F_m \end{Bmatrix} \cdot \begin{Bmatrix} {}_1F_j^* & — & {}_1F_m^* \\ | & & | \\ {}_8F_j^* & — & {}_8F_m^* \end{Bmatrix}\right]^{-1} = \begin{bmatrix} {}_jH_1 & — & {}_mH_1 \\ | & & | \\ {}_jH_n & — & {}_mH_n \end{bmatrix} \tag{2.27}$$

式中上式左边第 2 个矩阵里，如果

$$F_{gh} = \sum_{j=1}^{8} {}_iF_g {}_iF_h$$

则

$$g \neq h \text{时}: F_{gh} = 0$$
$$g = h \text{时}: F_{gh} = \sum_{j=1}^{8} {}_{i}F_{g}^{2} \tag{2.28}$$

这样，这个矩阵是除对角项外全部为0的对角矩阵。也就是说，其逆矩阵不会成为特异矩阵，是可以计算的。即可以通过下式求得传递函数矩阵的各成分：

$$\left[\begin{Bmatrix} {}_1X_1 & — & {}_8X_1 \\ | & & | \\ {}_1X_n & — & {}_8X_n \end{Bmatrix} \cdot \begin{Bmatrix} {}_1F_j^* & — & {}_1F_m^* \\ | & & | \\ {}_8F_j^* & — & {}_8F_m^* \end{Bmatrix}\right] \cdot$$
$$\begin{bmatrix} \boldsymbol{F}_{jj} & 0 & 0 & 0 \\ 0 & \boldsymbol{F}_{kk} & 0 & 0 \\ 0 & 0 & \boldsymbol{F}_{ll} & 0 \\ 0 & 0 & 0 & \boldsymbol{F}_{mm} \end{bmatrix}^{-1} = \begin{bmatrix} {}_jH_1 & — & {}_mH_1 \\ | & & | \\ {}_jH_n & — & {}_mH_n \end{bmatrix} \tag{2.29}$$

多点阶跃正弦激振时的传递惯量如图2-43所示。激振点为右前侧梁前端的上下方向，响应点为地板中央横梁中央的上下方向。波形较平滑表明得到了良好的模态结果。

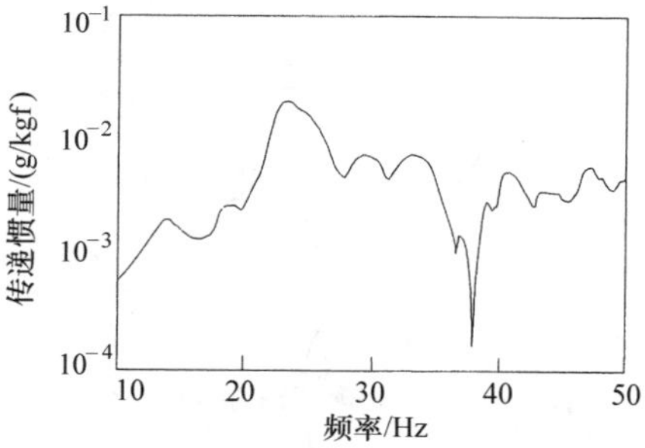

图2-43　多点阶跃正弦激振时的传递惯量

（2）板件的振动

构成车内空间的板件的振动会成为直接的车内噪声源，因此把握好板件振动与车内噪声之间的关系很重要。由于高频域响应与输入成非线性的关系，有必要根据输入的形态来评价板件的振动。此外，对其模态进行分析时，由于激振输入点的影响较大，可以用扬声器进行声响激振的方法对输入分散进行评价。

一般来说，板件的振动模态分析，大多通过测量板件各部的加速度，用传递函数来评价。随着测试系统处理速度的高速化及大型化，使得多点同时测量成为可能，在转鼓等台架实验台上同时测试多点的实际板件的振动方法也得到了实施。通过测量输入点与板件各部分的传递函数及实际板件的振动状态，并以此作为边界条件运用有限单元法和边界单元法来分析车内空间的声响传递特性，从而把握各板件的振动模态的贡献度。

在高频域的测试中，可能出现不能忽视加速度传感器质量的情况，这时需要运用激光全息等非接触方法来进行振动模态的测量。激光全息是面向微小振幅的测试，对于实际模态这样多个频率现象的复合状态的测量并不适用。因此，用较高频域的激振试验来把握单一频率下的振动模态。

板件发出的辐射声的声源探查用声强法等来评价。当需要考虑车内气柱共鸣的影响时，采用反应声强法。

（3）车内空间的声学特性

1）车内音响特性。车内由于形成了密闭空间，存在共鸣模态。共鸣频率和模态基本上取决于车身的形式和车辆的大小，难以改变；这很大程度是轰鸣声发生的原因之一，因此在把握车身板件振动的同时，把握音响模态也很重要。

车内的音响模态的测试，可用设置在车内的扬声器对室内空间进行音响激振测得。共鸣频率和模态一般由室内测得的各部分的声压特性和声压分布来求得。共鸣模态也可用反应声强法来进行测试，该方法可用于评价含有声音流动的情况。

2）吸遮声特性。中高频的噪声在空气中传播的贡献度较大，因此车身的吸遮声很重要。

遮声的测试可从车身的整体评价和构成

车身各部分的评价来进行。整体评价时一般可在车外的声源位置设置扬声器或把车辆放置在混响室内等，测量相对于模拟声源的遮声量。各部分的遮声量可用混响室－混响室法或混响室－消声室法，试验板件设置在两个室的界面上，测量其透过损失。通过对各部分的评价分析，通过线束孔等处理方法可以改善其细微的遮声特性，最终用整体评价法来评价车辆遮声特性的均衡性。

整体均衡性的评价方法可以在车内的各个板件上贴上足够的遮声材料，算出各部分的透过声的能量或能量密度，从而商讨选择遮声材料的方法，也可通过声强法来评价透过声。

车内的吸声能力用混响时间来评价。混响时间被定义为各频带上的声音衰减 60dB 所要的时间，可在车内设置扬声器输给它各频带的噪声信号进行测量。汽车车内与建筑物相比，体积小，混响时间短，一般可用脉冲法或相对随机的 2 次积分法等来测量混响时间。吸声能力由于是由吸声材料的特性和吸声材料的面积所决定的，故车内吸声板及车顶绒毡等的贡献大。另外，还要注意噪声的累积效果。

2.5.5 悬架系统的振动噪声测试

与悬架系统相关的典型的车内振动噪声包括由路面不平所引起的平顺性、路面噪声和乘坐品质等。

路面噪声涉及较宽的频率范围：从与乘坐舒适性相关的较低的频率到数百赫兹让耳朵难受的高频域；涉及轮胎、悬架以及具有车身骨架、车身板件、减振板、遮声材料等部件的车身等，解析模型大多比较复杂。目前通常是计算分析和实验分析并用，根据用途的不同试着使用不同的减振预测方法。例如：对于固体传播声的传递路径，先掌握轮胎、悬架以及车身这些部分构造传递特性，然后用传递函数合成法对各部分的振动特性进行合成。该方法对于与路面有接触的轮胎来说，涉及数学上难以处理的接触问题，用实验的方法对车辆行驶在凹凸不平路面时车轴位置的 3 分力进行同定。对于由高刚性的杆件及防振橡胶所构成的悬架来说，与其他涉及数百赫兹频域的两者相比，其固有振动模态的密度较低，可构建 FE 模型。另外，可根据与实验模态间的相关分析及感度分析的结果，对 FE 模型进行修正更新。对于车身这类难以在数百赫兹的高频域内建立 FEM 模型的构造来说，用激振实验来求出其传递函数。

（1）传递函数合成法

对于图 2-44 所示的刚性结合的构件，从 A、B 两个单体的传递函数可合成得到响应函数的表达式如下：

$$X_4 = (H_{34} \cdot H_{33}^{-1})(H_{22}^{-1} + H_{33}^{-1})^{-1}(H_{22}^{-1} \cdot H_{12}) \cdot F_1 \quad (2.30)$$

式中，X_4为点 4 的频率响应函数；H_{ij}为相对于j点单位输入时点i的传递函数。

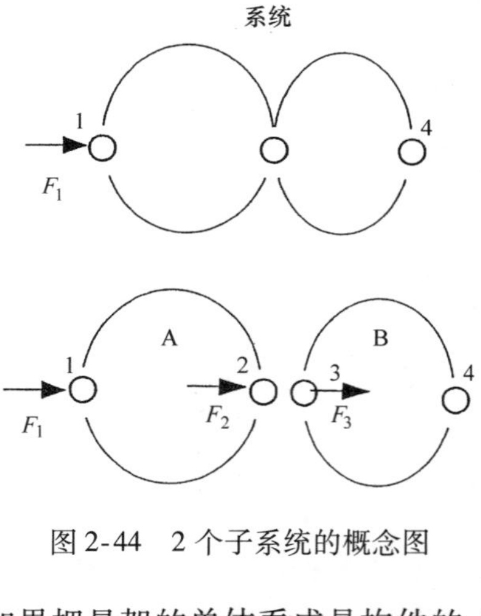

图 2-44　2 个子系统的概念图

如果把悬架的单体看成是构件的 A，车身单体（含车内空间）看成是构件的 B 而进行传递函数的合成，这时其中的各项具有下列的物理意义。即：

X_4：乘员耳朵位置的声压；

H_{34}：在车身单体上的悬架安装点的单

位输入时乘员耳朵位置的声压；

$H_{33}{}^{-1}$：在车身单体上的悬架安装点的惯量逆矩阵；

$(H_{22}{}^{-1}+H_{33}{}^{-1})^{-1}$：悬架－车身系统连接点的惯量逆矩阵；

$(H_{22}{}^{-1}+H_{12})$：将悬架在车身安装点固接在刚性面时，车轴单位输入力时该点的约束反力；

F_1：车轴的输入力。

这里，因为悬架与车身的接合点有多个，传递函数以行列式来表示。

用以上的方法可以将构件各单体的传递函数合成为悬架－车身系统的频率响应函数。

对于构件单体来说，不论是计算模态还是实验模态都可以，在对单体进行合成时都有效。通常来说，悬架由杆系和简单的板要素组成的情况较多，FE模型在相对较高的频域内也能有效；并且可以根据实验模态分析的结果对悬架的FE模型进行修正，以期得到与实物非常相近的FE模型。

另一方面，由于车身的有限元分析难以求得精度良好的500Hz以内的振动特性，将使用实验求得的传递函数。可以通过运用该悬架模型和车身的声响传递函数来预测车内的振动噪声。该方法也可较精确地预测悬架要素变化时的振动噪声。

(2) 车轴振动激励

路面噪声（车内音）的固体传播声的成分是轮胎在凹凸不平的路面上滚动时加载在它上面的激励力所形成的。在轮胎的接地部由于胎面橡胶发生了复杂的变形，虽然可以用直接方法测量该位置的传递力，但更多是通过测量车轴位置行驶时的振动加速度和除去轮胎时该驱动点的惯量，间接地求出等价的振动激励力。此时车轴的振动激励力用下式计算：

$$F_t = [H_{A/f}]^{-1}\{A_{hub}\} \qquad (2.31)$$

式中，$[H_{A/f}]$ 为车轴驱动点惯量3×3行列式；$\{A_{hub}\}$ 是实际行驶时弹簧下振动加速度行列式。

将凹凸不平路面输入下转鼓台架实测得到的左后车轴附近的振动加速度和激振实验得到的驱动点的惯量代入上式，可得到如图2-45所示的车轴激励力。

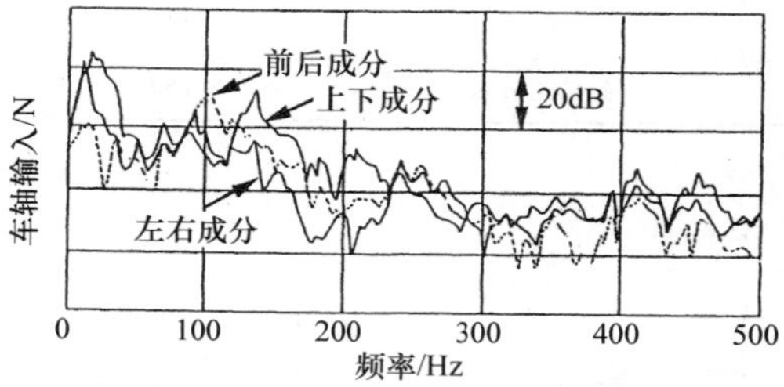

图2-45 凹凸不平路面行驶时的车轴激励力

这样同定的车轴激励力乘上车轴激励点的音响感度就可合成为车内音，可用于轮胎的路面噪声评价。但是，车轴激励点音响感度是用实体的悬架和实体的车身实测得到的，在需要反复大幅改变悬架构造的情况下，会大大增加实验的工作量。另外，过去的实验手段不可能将悬架和车身分开来处理，因此，将构造可能改变的悬架用其FE模型替换进行联合仿真的话，可减少工作量，是有效的手段。

(3) 悬架FE模型的修正

可以将建好的悬架FE模型，与固定在夹具上的悬架的加振实验结果进行比较，对FE模型进行修正。表2-6、图2-46示出了实验模态分析中抽出的固有频率和固有模态。

表2-6 悬架的实测固有频率

模态名称	固有频率/Hz
弹簧下部前后	25.76
弹簧下部上下	27.05
阻尼器前后	40.49
	41.90
阻尼器左右	55.82
弹簧下部横摆	62.58
	90.94

（续）

模态名称	固有频率/Hz
弹簧下部侧倾	109.91
	116.91
（弹簧下部俯仰）	127.12
	135.74
弹簧下部左右	147.15
（弹簧下部俯仰）	154.51

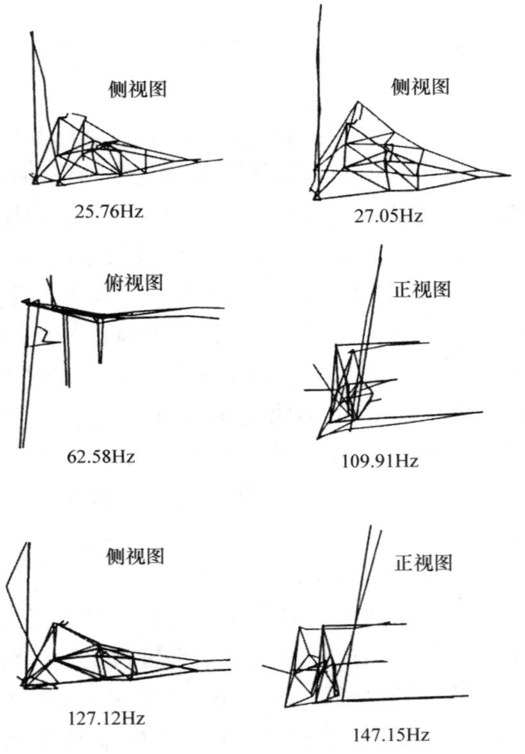

图 2-46　悬架的实验模态

图 2-47 示出了建立的 FE 模型的外观图。表 2-7 示出了模型修改前后的固有频率与实测值的比较。表 2-8 示出了模型修改前后的 MAC。

修改后的固有频率及 MAC 值都得到了改善。可以用修改后的 FE 模态算出悬架的传递率及悬架安装点的惯量。

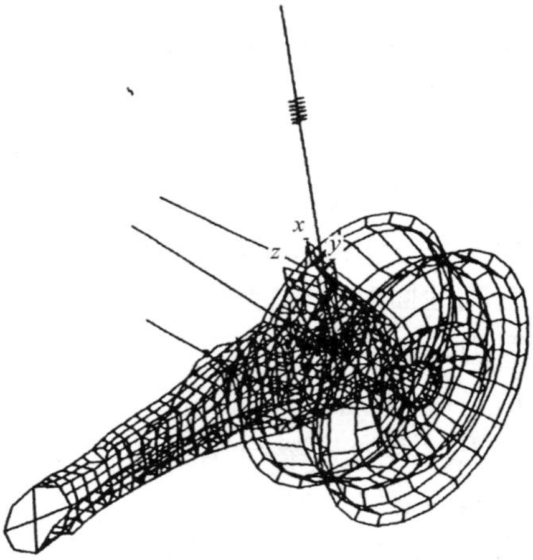

图 2-47　悬架的 FE 模型

表 2-7　悬架 FE 模型修正前后的结果（单位：Hz）

模态名称	修正前	修正后	实测值
弹簧下部前后	30.05	25.63	25.76
弹簧下部上下	33.53	26.88	27.05
弹簧下部横摆	74.59	69.26	62.58
弹簧下部俯仰	131.49	127.12	127.20
弹簧下部左右	161.81	147.15	148.92

表 2-8　更新后的 FE 模态及实验模态的 MAC

	Frequency	Iteration 0　实验模态分析				
		1	2	3	4	5
		25.7681	27.0684	62.5848	127.2014	147.1835
计算模态分析	30.0503Hz	0.9872415	0.0004300	0.4865585	0.1282850	0.0081424
	33.5299Hz	0.1006887	0.9337995	0.0009456	0.1565191	0.0325538
	74.5891Hz	0.5264024	0.1827615	0.9262954	0.0797157	0.0000163
	131.4888Hz	0.0000204	0.0837370	0.0252191	0.5677292	0.0647367
	161.8131Hz	0.0026034	0.0001663	0.0018036	0.2299671	0.8747594
	Frequency	Iteration 90　实验模态分析				
		1	2	3	4	5
		25.7681	27.0684	62.5848	127.2014	147.1835
计算模态分析	25.6324Hz	0.9883541	0.0238064	0.4495135	0.1727081	0.0019869
	26.8764Hz	0.0008075	0.9969047	0.0718359	0.0726299	0.0347809
	69.2569Hz	0.5285725	0.1603194	0.9425697	0.0946137	0.0002058
	127.1228Hz	0.0001818	0.0903078	0.0295610	0.5556148	0.0616623
	148.9223Hz	0.0037287	0.0005825	0.0012521	0.2518658	0.8859350

（4）车身传递函数测试

为了得到精度良好的单体的振动特性，要将悬架撤除，用空气弹簧来支撑车身。悬架在车身上的安装点的振动加速度以及声响感度可以用锤激振来测试。

（5）合成的实施

用以上方法得到的传递函数进行合成可以得到如图 2-48 所示的结果。

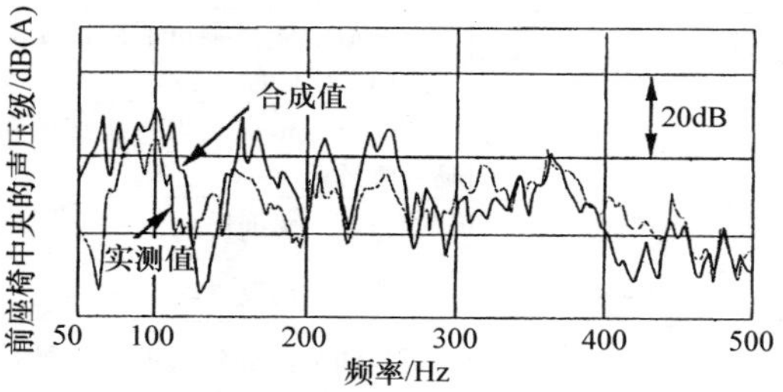

图 2-48　传递函数的合成结果

（6）结构变更的仿真

图2-49 示出了悬架衬套的刚度变化时的预测结果和使用实际衬套后的效果确认的结果。

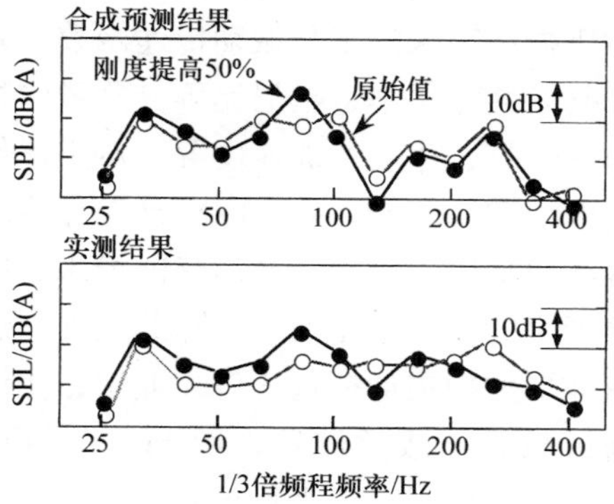

图 2-49　构造变化的模拟仿真

两者的变化趋势基本对应，说明可以用来预测悬架构造变化后的效果。

2.5.6　制动系统的振动噪声测试

制动器是利用制动盘或制动鼓与摩擦材料接触的摩擦力产生制动力的装置。制动系统的振动噪声现象，大致可分成以下两类。

一类是由局部的摩擦振动作为激振源使制动系统及车身的部件发生共振而产生的制动系统的尖叫、异响；第二类是由制动过程中摩擦力的变动，使得车身部件发生共振产生的制动抖动。

下面介绍各类情况下的评价实验以及现象分析实验。

（1）制动尖叫

1）评价实验。制动尖叫受制动的温度、减速度、受热状况等影响，应确认每种因素单独变化时是否出现尖叫。出现尖叫时，记录下频率、大小、发生的位置，通过发生概率或者市场的使用条件等加权处理得到尖叫指数、尖叫系数等指标来评价。

然而，要网罗所有的尖叫条件，实验周期将变长，另外难以统一气候、季节、车辆、实验人员等实验条件，使得大多数的结果各不相同。近年来，随着噪声测功器的应用，可以统一实验条件，缩短实验分析时间等，从而提高了效率。

2）现象分析实验。尖叫是重复性不好的偶发现象，摩擦现象及制动系统构造的振动组合在一起形成了复杂的问题。

尖叫的振动分析包括尖叫发生时的振动测试方法以及不加摩擦力用外部激励进行振动测试的方法。

前者情况下涉及的测试方法包括在制动器的部件上直接安装加速度传感器，直接测得尖叫频率及其振动水平的测试方法，以及用激光全息技术进行非接触性的测试方法。也有一些实例是将多个超小型的加速度传感器埋在摩擦材料的内部，与计算机组合形成一个测试系统，详细测试尖叫时摩擦材料工作面附近的举动。

此外，激光全息技术是测试系统的整体振动模态的有效手段，但需要让系统连续发出程度较大的尖叫。

相对该方法，用冲击锤或激振器进行外部激励的模态分析，可以不必让系统发出尖叫，而能测试系统的振动模态。

（2）制动抖动

1）评价实验。摩擦力的变化是抖动的原因，对盘式制动器来说是旋转一周的制动盘的厚度差所造成的，而对鼓式制动器来说是制动鼓的圆度误差所造成的；当然评价的时候还要考虑行驶的过程以及制动器温度带来的变化。

因此，可模拟实际的行驶状况，在实车或台架上设定好行驶模式进行评价。

另外，为了评价车身共振时的振动特性，也可通过轮胎激励的激振试验来测试车身感度。

2）现象分析实验。抖动的现象分析，需要测试制动器、悬架、转向系统、车身这些振动源、传递路径、发振体的振动，在这同时对于盘式制动器要测试制动盘的厚度差，对于鼓式制动器要测试装在车轮状态下制动鼓的圆度。

使用非接触式的间隙传感器可动态地测量行驶过程中及制动过程中的厚度差，并能以此分析与制动力矩变化的关系，对磨损部位进行分析等。

此外，高负荷制动的过热点会因为局部的热膨胀而产生厚度差，因此也要对制动过程中的制动盘的表面温度进行测量。

2.6 车辆的振动舒适性测试分析

2.6.1 乘坐舒适性测试分析

汽车的乘坐舒适性一般包括室内的噪声、振动、温度、空调等的环境舒适性，这里主要介绍由路面输入所引起的车内的振动噪声这一狭义的舒适性。

图2-50示出了路面不平的振动输入下车内响应的频率及其产生的原因，表2-9显示出人的乘坐感觉。从图表可以看出，乘坐舒适性的实验一般会根据所关心的频率分开进行。书中主要对路面输入下的舒适性实验方法及实验方法中，实验条件稳定、能对振动现象再现的良好的台架实验做主要的说明。

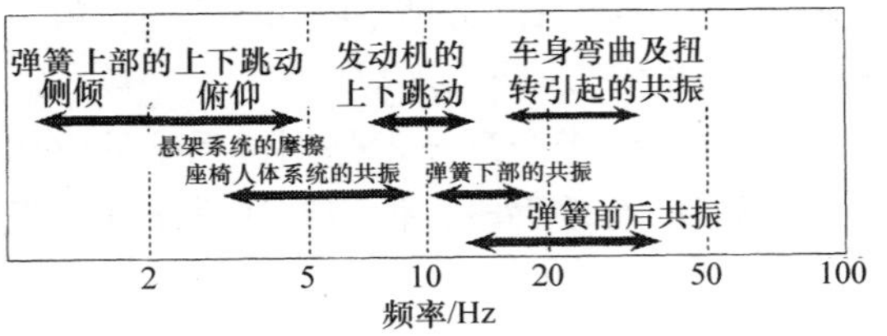

图2-50 路面不平的振动输入下车内响应的频率及其产生的原因

表2-9 振动频率与乘坐舒适性

振动频率/Hz	乘坐舒适性的感觉
1～2	车身缓慢上下振动而产生漂浮的眩晕
2～4	上下振动使得乘员的腹部受到压迫而产生的颠簸感
4～8	通过座椅传递到乘员腹部的粗糙刺激感
10～15	车轮跳动式的振动
10～30	车体的抖动及颤动
30～50	通过铺装路面接缝时产生的冲击振动

（1）激振试验和分析

1）1轴（上下）加振。图2-51示出了激振试验方法。将汽车固定在激振装置上，对轮胎接地面进行上下方向的激振，可测得相对于振动输入的车身振动传递函数，并由此来确认共振频率、阻尼比等。测量的物理量包括位移、速度、加速度等，对于评价低频20Hz以内的乘坐振动特性较为合适。加振方法包括模拟典型路面形状的输入、由白噪声产生的随机激振输入，除此之外，还有正弦波形的扫描加振输入等。通常，测试信号通过放大器或滤波器，用FFT分析对其进行处理，用记录仪进行记录。

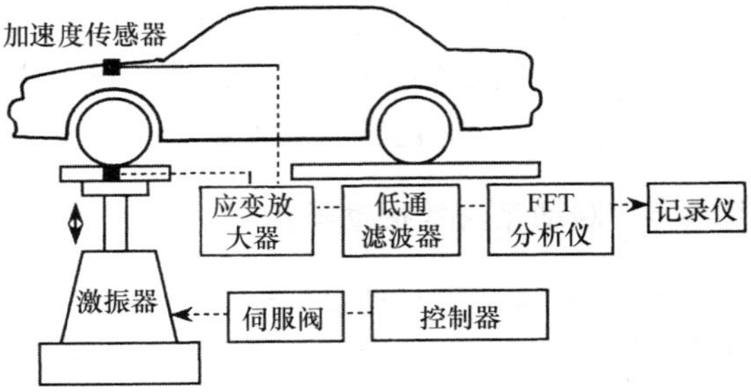

图2-51 激振试验方法

这种激振试验可以用来评价弹簧上部和悬架系统、弹簧上部和轮胎系统、动力总成与其防振系统、弹簧下部与轮胎系统等振动系统。图 2-52 示出的是随机激振下测得的振动传递率。此外，激振输入的大小会影响车身的振动，用激振力大小这一参数来分析评价振动特性时，可观察到悬架摩擦及非线性要素的影响（图 2-53）。

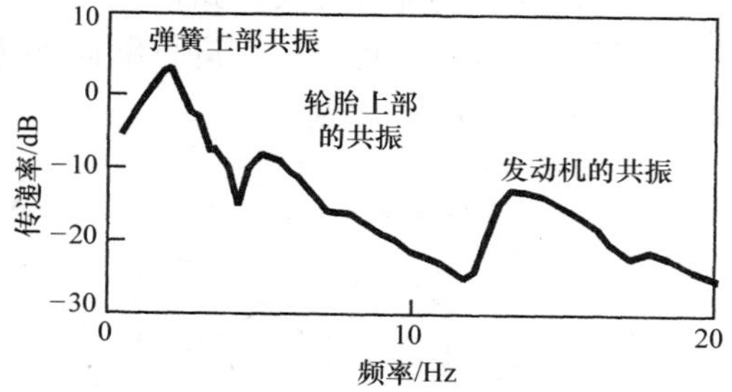

图 2-52　随机激振下测得的振动传递率

激振实验一般采用 2 轮激振或者 4 轮激振。4 轮激振实验时，可以评价路面的不平输入下车身的侧倾、俯仰、跳动等，有利于评价像托底这类前后悬架的振动特性耦合时才能评价的指标。

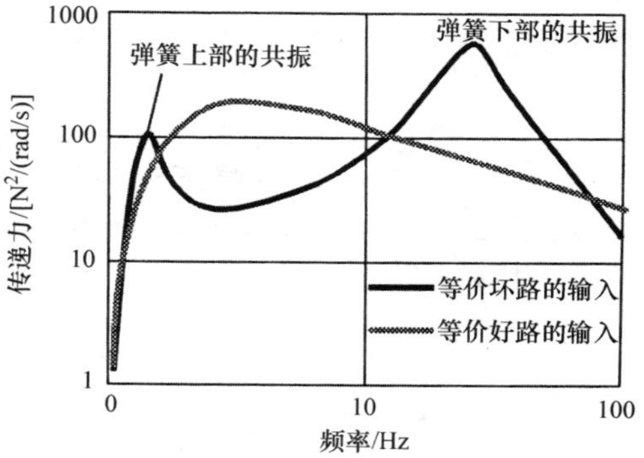

图 2-53　激振输入的影响

2）3 轴（上下，前后，左右）激振。图 2-54 是 3 轴激振装置的示意图。将汽车固定在激振台上，在 3 个平动方向对轮胎下面进行激振，可测得相对于激振输入的车辆振动特性，并可运用与 1）中 1 轴激振同样的方法进行数据处理和分析。

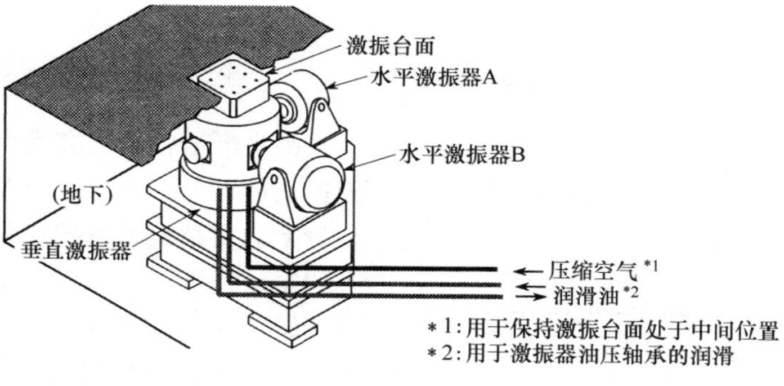

图 2-54　3 轴激振器

3 轴激振时，可激振的频域相对较高，因此可以把握乘坐舒适性、乘坐品质及路面噪声等方面的振动特性；可模拟实际路面上轮胎所受到的振动输入，结合振动特性来分析输入的影响等，这是 3 轴激振的优势。

（2）越过突起试验分析

车辆驶过路面各段的接合处或者台阶时对车身的输入，相当于一个脉冲的冲击输入传入到悬架的上下、前后方向，伴随着振动的发生，会出现室内的噪声。在图 2-55 的台架试验上，转鼓设置有突起，当车辆在上面试验时，可模拟越过路面接合处及台阶时的振动，从而评价乘坐舒适性。能够准备各种突起的形状固然很好，也可以利用典型的形状，改变其速度来进行评价。冲击输入下的乘坐舒适性与轮胎的包络特性、悬架的上下前后刚性以及车身刚度等关系密切，因此用车身的上下前后的振动及车内振动噪声作为其评价指标。图 2-56 示出了测试的结果。

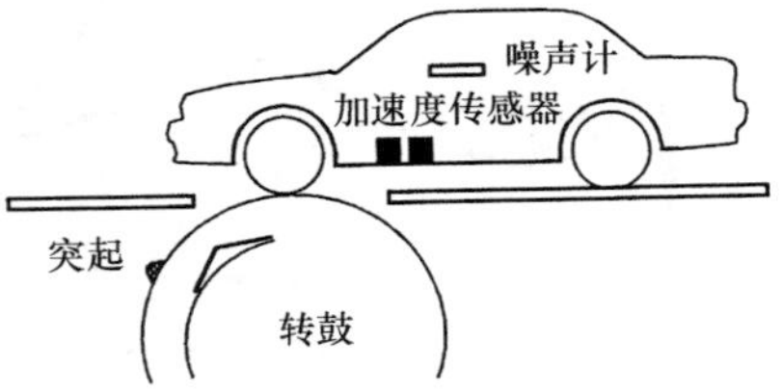

图 2-55　越过突起的实验

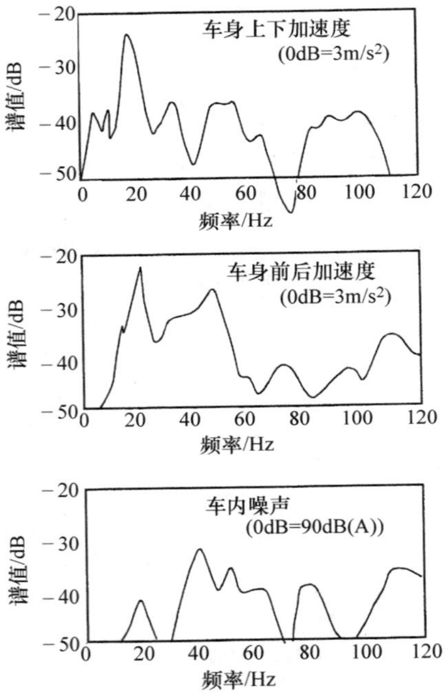

图 2-56　越过突起的测试实例

（3）乘坐舒适性分析的动向

在台架上进行各种路面的乘坐舒适性评价实验时，需要定义路面的输入。特定条件下行驶时，通过测量悬架的行程和加速度，从而在台架上进行再现的方法虽然可行，但缺乏通用性。为了能适用不同的汽车和不同的行驶速度，使得激振实验具有良好的通用性，可通过测量路面的形状，并以此作为激振输入。路面形状测试的方法有很多种，建议采用如图 2-57 所示的效率良好的路面形状测试方法。该方法中，在测试车辆的 3 个地方安装激光位移传感器，各自的输出及安装位置的几何关系用频域表示，从已知的系统传递函数和输出函数可求得路面的函数并以此变换为时间的函数，由该时间函数可得到与车身跳动、俯仰等无关的路面形状。测试车辆只要随着车流行驶就可进行路面形状测量，具有效率高的优点。

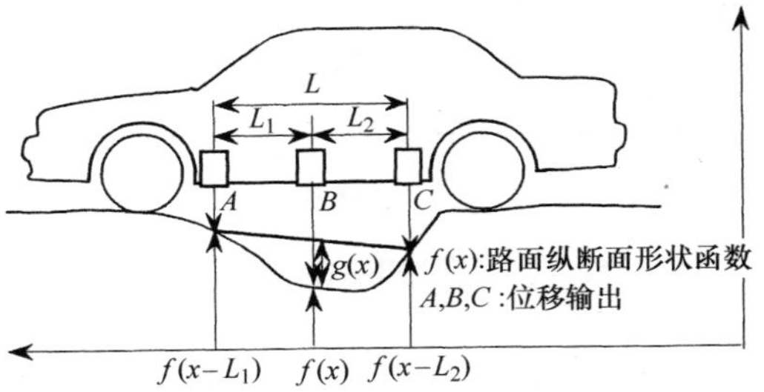

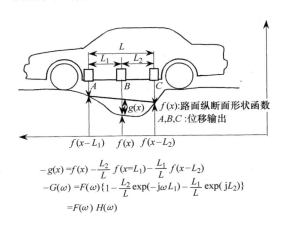

$$-g(x)=f(x)-\frac{L_2}{L}f(x-L_1)-\frac{L_1}{L}f(x-L_2)$$

$$-G(\omega)=F(\omega)\{1-\frac{L_2}{L}\exp(-j\omega L_1)-\frac{L_1}{L}\exp(jL_2)\}$$

$$=F(\omega)H(\omega)$$

图 2-57　路面形状测试方法

乘坐舒适性的研究动向包括：除了车身的振动特性外，对把座椅及乘员的特性加在车身上的复杂振动系统进行研究；或者考虑人的振动特性，并以人类实际的乘坐感觉来讨论研究乘坐舒适性。人对振动的反应有 ISO 振动曲线，但难以适用汽车微妙的舒适性分析。最近的研究，是用感觉评价手法，通过物理量对舒适感觉评价定量化来进行（参考 2.4.2 小节）。

另外，通过研究座椅的面压、乘坐姿势与疲劳的关系，车身动作与晕车等的关系来研究乘坐舒适性也是动向之一，特别是有关车辆举动与人体关系的分析方法，运用驾驶模拟器可在台架上较快地完成现实中难以完成的分析，这也是今后的发展方向。

汽车的基本性能是行驶、转向、制动，人们一直以来都在努力提高这些性能的指标，确保行驶过程的操纵稳定性。与此同时，这些基本性能在很多情况下与乘坐舒适性相矛盾，有时只能牺牲这些才能够达到舒适性。但是随着汽车性能的逐渐成熟，在保证基本性能的同时，要求提高乘员振动感觉的舒适性，让汽车更加快捷和舒适的呼声更为强烈。今后将以车对人更友好、更舒适为目标研究新的舒适性实验方法和评价方法。

2.6.2　车辆振动分析

（1）怠速振动

车辆停车时，发动机处于怠速状态产生的振动称为怠速振动，容易使得转向盘、地板、座椅产生振动问题。怠速振动是由发动机做功所产生的上下激振力、转矩变化形成的激振力以及发动机不良燃烧和转动部件的不平衡等所引起的。这里主要对容易成为怠速振动问题的发动机燃烧进行说明。

怠速振动主要测试分析怠速转速范围的功率谱以及提取出与发动机转速相关的频率成分进行跟踪分析。发动机的负荷条件不同，激振力会发生变化，因此需要测试空调、车灯等工作时的振动噪声，对于A/T车来说还需要考虑N位、D位的振动噪声。作为振动系统的发动机悬置系统，与悬架的刚体振动、车身低频的弯曲振动及转向盘、地板等振动都有关联。可以同频谱分析，对发动机各悬置对转向盘及地板的振动的贡献度进行分析。

（2）加减速时冲击颤动

加速、减速及速度变化过程中，过度的驱动力矩作用在发动机上时会产生极低频率（10Hz以内）的车身前后振动，该振动被称为颤动；以及较低频率（30Hz以内）的车身上下前后振动，称为冲击振动。两者加在一起称为加减速时冲击颤动。

过度的驱动力矩作用在发动机上时，最低次的振动是主要的，但驱动系统的扭转振动会被激发，通过轮胎、悬架产生车身前后方向的振动。与此同时，动力总成受到车身的反作用力，车身在发动机悬置传来的冲击激励作用下，产生上下、前后的振动。因此，与发动机过度输入相关联的是：传动系统中驱动扭转系统是颤动的主要原因，而冲击是受到动力总成车身系统振动等的影响。

测试时，通过改变加速踏板位置、档位、发动机的转速等条件改变加速（减速）进行评价。图2-58是加速时的驱动轴转矩、发动机的回转振动、悬架的前后振动、车身的上下振动、车身的前后振动的时间波形。该例中显示的是M/T车、档位处于2档、

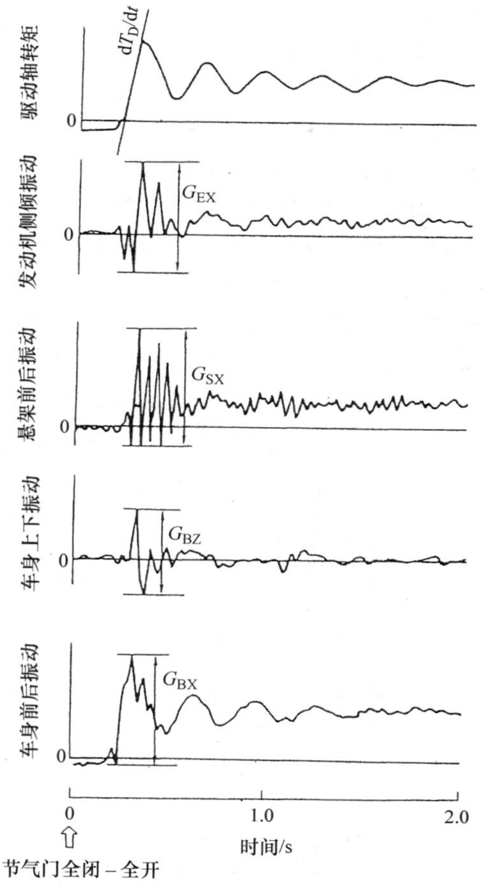

图2-58　加速冲击颤动发生时的时域波形

转速 2000r/min 时加速踏板由全闭到全开急加速时的结果。加速冲击可用车身上下、前后振动的 P－P 值来评价，也可用与驱动轴转矩的增大斜率或平均转矩的关系来评价。

颤动主要是由驱动扭转系统的低频振动所引起的车身的前后振动现象，用低频滤波处理后的衰减波形得到的阻尼比等来评价。通过对各振动波形进行频谱分析，就可得出动力传动系统、驱动扭转系统、悬架系统等部件对振动的影响。另外，A/T 车变速时产生的冲击称为变速冲击。通常的 A/T 车是随着节气门开度和车速的变化进行变速的，因此也对由车速、节气门开度变化产生的档位向上变化（换到高档）、档位向下变化（换到低档）时的情况进行评价。测试分析与冲击时相同。

（3）缠绕振动

后驱车中如果装有 3 缸或 4 缸发动机的话，它们的转矩变化会传递到传动轴、主动齿轮和传动齿轮，其反力使得差速器的转速产生变化，会激起悬架绕臂方向的振动，加上受到车身振动特性的影响，进而形成低速范围振动的轰鸣声。另外，传动轴等转动的不平衡，也会使差速器产生转速变化，形成中速范围的轰鸣声。在差速器的前端进行振动测试是对这一现象进行测试的代表性的做法，而改变驱动扭转系统使得转矩变化减小，降低悬架系统中绕臂的频率以避开常见车速是解决的对策。

（4）车身抖动

抖动是由于行驶中的轮胎不平衡而产生的激励输入使得车身和转向盘发生共振的现象。对于乘用车，车身 1 阶、2 阶弯曲振动的固有频率为 20～30Hz，当轮胎转动的频率与这一频率一致时，将容易发生抖动。

对于该抖动，通过测试转向盘等振动，对轮胎转动成分进行跟踪分析。另外，台架上实验分析在平带式的转鼓上进行。这时需要考虑各轮的相位差，因此对各轮的转速需要进行适当的控制。

2.7 车辆噪声测试

2.7.1 车内噪声

汽车的车内噪声根据发声机理的不同，会出现各种现象。大多数情况是根据各种不同现象选择不同的测量方法和分析方法。图 2-59 是各种车内噪声的声压水平和频率成分；表 2-10 是按照不同声压波形对其进行的分类。

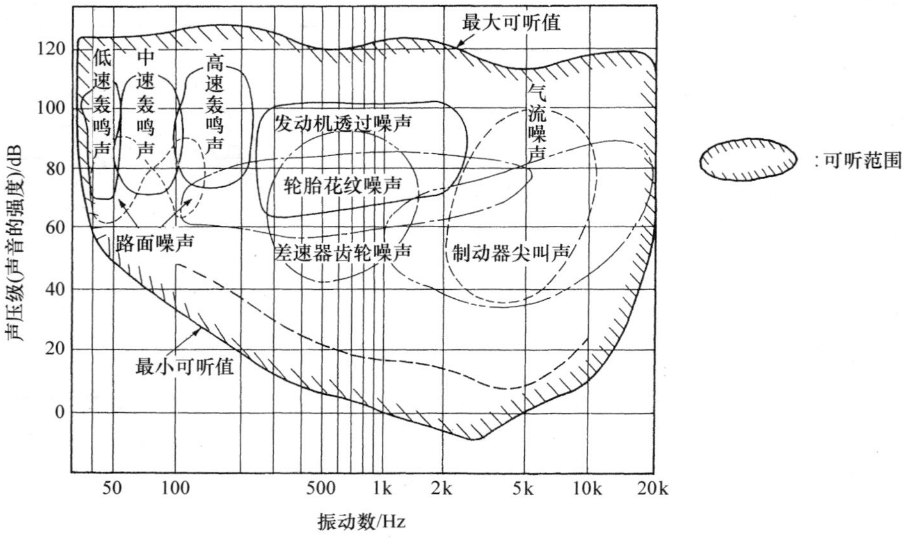

图 2-59　车内噪声的种类

表 2-10　声压波形与车内噪声的分类

项目	时间波形	频率特性	车内噪声的种类	
			产生的频率一定	频率随转速变化
正弦波噪声	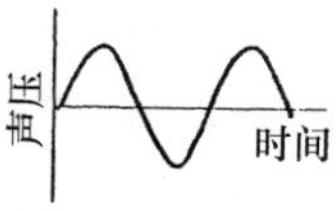	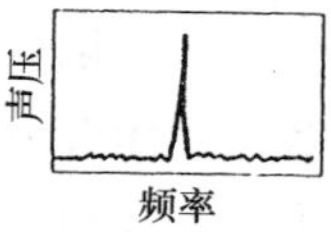	制动器尖叫声	轰鸣声 齿轮噪声 传动带噪声 涡轮增压声
周期性打击声		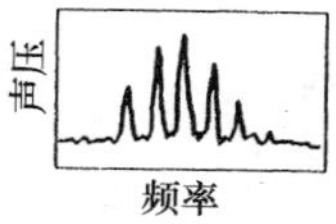	—	发动机透过噪声 发动机气门噪声 吸气噪声 排气噪声
随机噪声	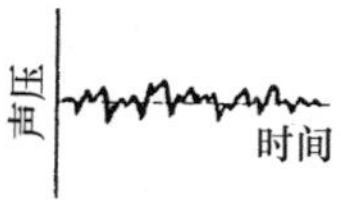	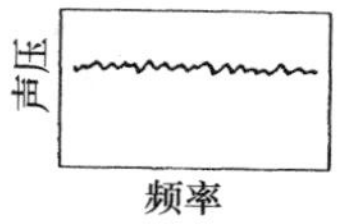	风气流噪声 路面噪声 排气气流噪声	—

表 2-11　目的、现象及测量仪器

目的	波形	发生现象	使用测试分析设备		分析数据
			测试仪器	分析仪器	
综合评价	正弦波 周期打击噪声 随机噪声	发生的频率一定 频率随转速变化	噪声计		整个频域的噪声水平
个别评价分析	正弦波	发生的频率一定	噪声计	频率分析仪	频率分析 1/3 倍频程分析
		频率随转速变化	噪声计	FFT 跟踪分析器	阶次跟踪分析
	周期打击噪声	频率随转速变化	噪声计	频率分析仪	阶次跟踪分析 1/3 倍频程分析
	随机噪声	发生的频率一定	噪声计	频率分析仪	频率分析 1/3 倍频程分析

对室内噪声进行测试时，应根据不同的目的选定合适的测试分析法。对室内噪声进行综合评价时，重要的是应测得室内全部的各种噪声对其进行评价；对特定的噪声进行分析评价时，重要的是测得可以评价这种噪声的物理量。

表2-11总结出了不同目的和现象下对各种车内噪声应使用什么样的测试仪器和分析方法。近年来，随着分析技术的进步，分析仪器的性能和分析能力大幅提升，大多数情况是一种分析仪器就能具备几乎所有的分析功能。

（1）行驶噪声

行驶噪声实验是作为室内噪声的综合评价方法而使用的。因此，测试时需要测量车内整个频域的噪声。

汽车的噪声涉及图2-59所示的20Hz～20kHz的范围，因此在选择测试仪器时应特别注意。特别是对行驶噪声进行录音时，录音装置的频率特性十分重要，应保证选定的录音装置具有充分的频率特性。

传声器的位置应根据ISO 5182或者JASO Z111等标准规定的位置进行设置。然而，有时需要考虑车内声场的影响进行位置的调整后，才能与标准的评价一致。结合声场特性及人类外耳特性的双耳录音方法测试系统作为噪声的测试方法，它的使用将与实际评价更加贴合。

行驶噪声实验通常用声级计显示的综合值（O. A.）进行简单评价。另外，这时的噪声加权网络用A加权网络。图2-60是测试实例。

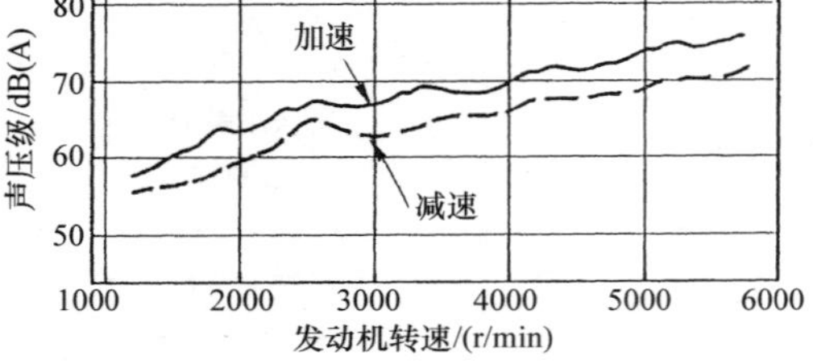

图2-60　行驶噪声测试实例

（2）轰鸣声

轰鸣声是20～300Hz的对耳朵形成压迫的声音。该声音是单纯的正弦波，发生的原因是转动构成部件的振动以及放射声。表2-12示出了发生的原因、转动信号的测试点以及主要的发生次数。分析方法主要采用跟踪分析法。因此在测试之前需要进行频率分析，明确发生的原因，从而决定转动信号和分析次数。图2-61为轰鸣声的测试实例。

表2-12　轰鸣声测量的转动信号

发生源	转动信号	主要的发生次数
发动机本体 吸气声 排气声	点火脉冲 或 喷射脉冲	4缸：2次，4次 6缸：3次
离合器及液力变矩器		1次
辅助机械的零件	用带轮比对上面信号修正	1次
齿轮传动机构	用输出轴传动比进行修正	1次
传动轴 差速器传动轴 车轴 轮胎	传动轴的脉冲 轮胎脉冲	1次，2次 1次，2次 1次，3次，6次 1次，2次，3次

注：配备手动变速器时，可以分析所有的发动机脉冲信号。

（3）发动机噪声评价

发动机的噪声是随机声和周期性的打击声的混合，车内发动机噪声中随机噪声难以与其他噪声分离，主要以发动机转动阶次成分分析来评价。通常发动机产生的转动阶次成分主要是燃烧的整数时成分，但也有很多情况是由1/2次成分产生的问题。图2-62示出的是发动机噪声实测案例。

因此，车内的发动机噪声测试，将对发动机的各阶次成分进行阶次跟踪分析测试。图2-63是测试实例。此外，发动机的转速、频率以及阶次跟踪分析的声压水平之间的关系，可用三维图来表示，该方法分析的声压分析实例见图2-64。

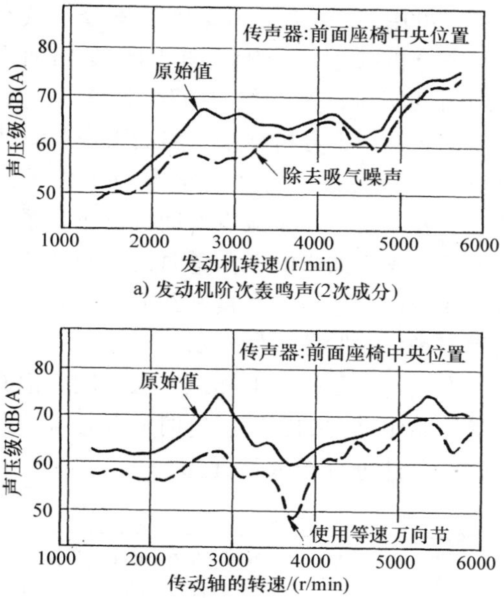

a) 发动机阶次轰鸣声(2次成分)

b) 传动轴阶次轰鸣声(2次成分)

图 2-61　轰鸣声的测试实例

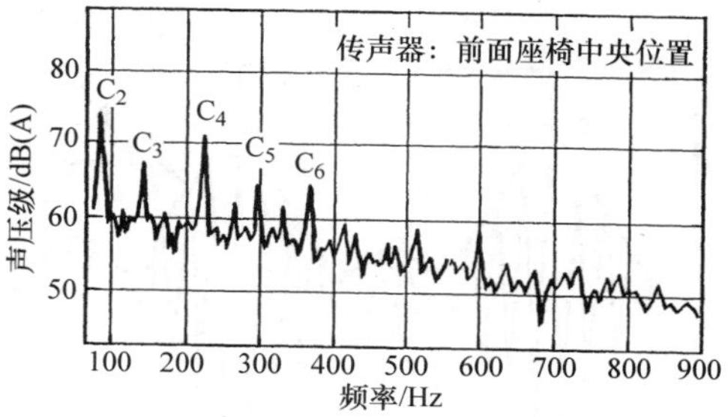

图 2-62　车内发动机噪声频率分析实例

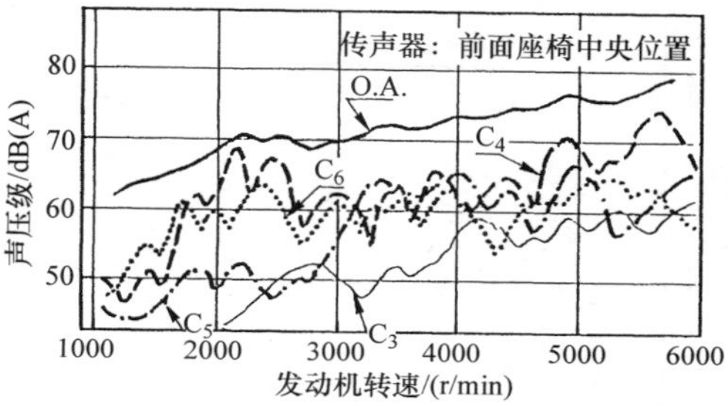

图 2-63　车内发动机噪声阶次分析实例

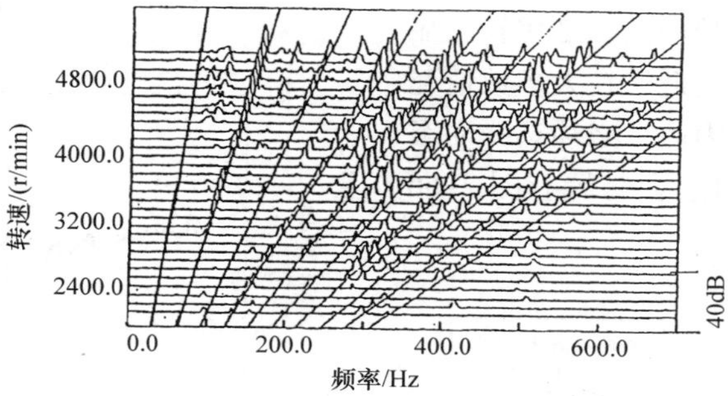

图 2-64　车内发动机噪声频率三维图

车内的发动机噪声多数情况涉及声品质的问题。这时需要对含有半次燃烧成分的发动机各阶次成分进行综合评价。对发动机的声品质评价各个公司都开发了不同的方法，但评价声压波形随时间的变化是主要方法。图 2-65 示出了其中的一例，得到了与发动机声品质感觉评价的相关性。

（4）齿轮噪声

齿轮噪声也是与正弦波相近的噪声。因此，用与发生源的齿轮啮合次数对应的阶次跟踪分析法进行测试分析。不过，齿轮噪声通常是 400Hz ~ 2kHz 的高频域，容易受车内声场特性的影响，传声器设置位置的选择必须与评价位置相吻合，使用前面所述的双

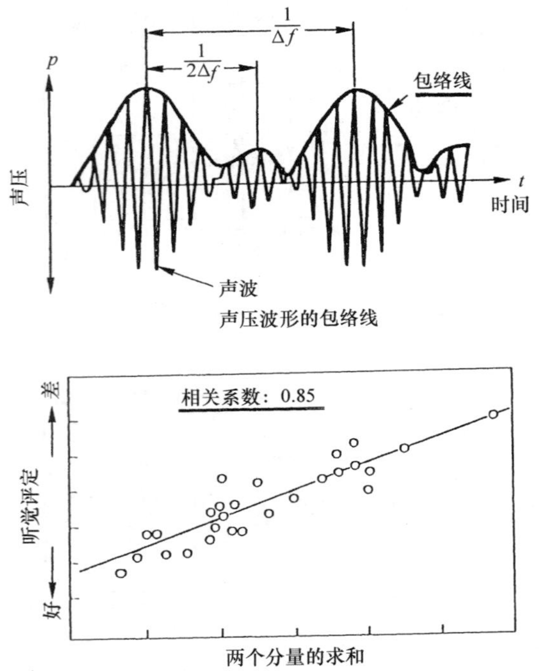

图 2-65　发动机声品质评价实例

耳录音测试系统也是方法之一。

另外，齿轮噪声的频率高，是比较明显的噪声，即使声压水平较低，在大多数情况下也会成为噪声问题。因此，必须选择动态范围较广的测试仪器和录音装置。图 2-66 是齿轮噪声的测试实例。

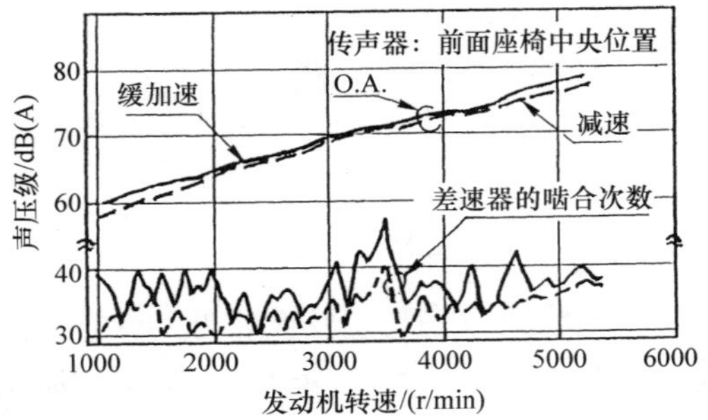

图 2-66　齿轮噪声的测试实例

（5）路面噪声、轮胎噪声

路面噪声是汽车在较差路面行驶时发生的噪声，实验时需要选择满足一定条件的路面。另外，其波形是如表 2-10 所示的随机噪声，可用 O. A. 值、1/3 倍频程分析及窄带频率分析来进行分析。图 2-67 是路面噪声的测试实例，其中图 2-67a 是 O. A. 值，图 2-67b 是频率分析结果。路面噪声与车速有较密切的关系，需在一定车速条件下测试。另外，为了尽量减少发动机及驱动系统以及其他噪声的影响，测量时需要脱开离合器，在滑行时进行。在良好路面行驶时的轮胎噪声是由轮胎花纹所发出的声音。噪声测试的方法与路面噪声的测试方法相同，但有时受轮胎驱动力的影响，这时需要结合负荷发生的条件进行测试分析。

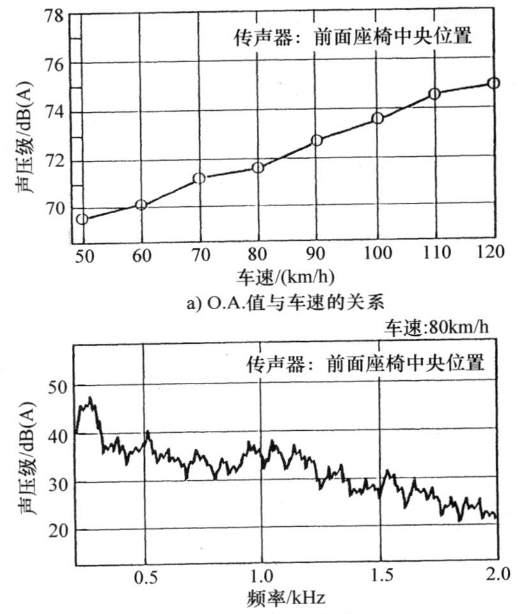

图 2-67　路面噪声测试实例

（6）怠速噪声

车辆停止时发动机处于怠速状态发出的整个噪声称为怠速噪声。因此，怠速噪声包含发动机声、轰鸣声、齿轮及传动带的啮合声、冷却扇及空调扇的声音等各类噪声，这些噪声的测试用表 2-10 和表 2-11 所示的方法实施。

（7）其他噪声

除上述噪声以外，车内还有其他异响和杂音。包括内部装饰材料的摩擦声、节拍噪声、悬架的异响、车身的异响等。它们发出声音的能量低且发生在一瞬间，噪声测试时需确定发生部位，测量声的峰值（如果用时间平均的话，发生的差值会消失，以至于不能评价），也就是说应根据各种情况选择与之相适应的方法进行测试分析。

2.7.2 车外噪声

（1）怠速时车外噪声

怠速时车外噪声由发动机噪声、冷却系统噪声、进排气噪声、驱动系统的噪声等各种噪声构成。这些噪声直接或由路面等反射后听到的声音称为怠速时车外噪声（图2-68），以与法规上所表示的加速行驶时的车外噪声相区别。

图2-68 车外的怠速噪声

对于乘用车来说，怠速时的车外噪声主要包括发动机噪声、冷却扇噪声和进气噪声。发动机噪声是气缸内部燃烧产生的冲击声、活塞等往复运动不平衡所引起的振动对发动机外壁激励所产生的噪声，以及气门系统、传动带的啮合、喷油器等工作时的机械噪声的复合声。

怠速时车外噪声的测试及其分析方法如图2-69所示。发动机上方的噪声和车身前方的噪声分别用两个电容式传声器连同发动机的转动脉冲信号同时在DAT（Digital Audio Tape）上录音，各种噪声用下列方法来处理。

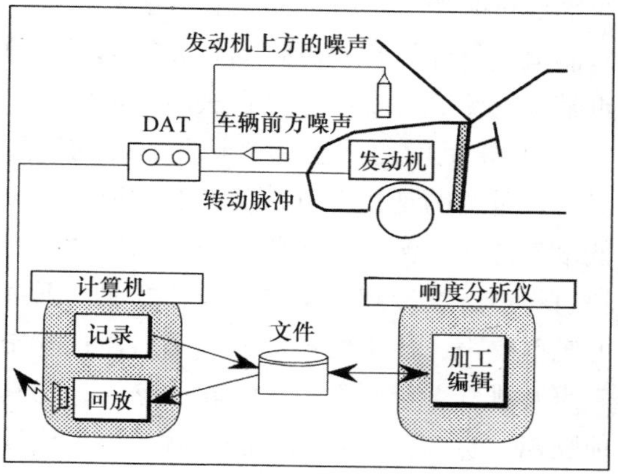

图2-69 怠速时车外噪声测试实例

首先，将测得并记录的噪声信号记录于计算机的数据文件中。通过该文件可用扬声器进行再生，从而对各个车辆进行评价。

另一方面，算出与声品质有密切关系的噪度，求出噪度大的频域。寻找噪度大的频域声源的同时，探寻该频域的具体降低量，并通过比较试听原音和加工音后，确定改良的目标值，然后进行声源的对比（图2-70）。

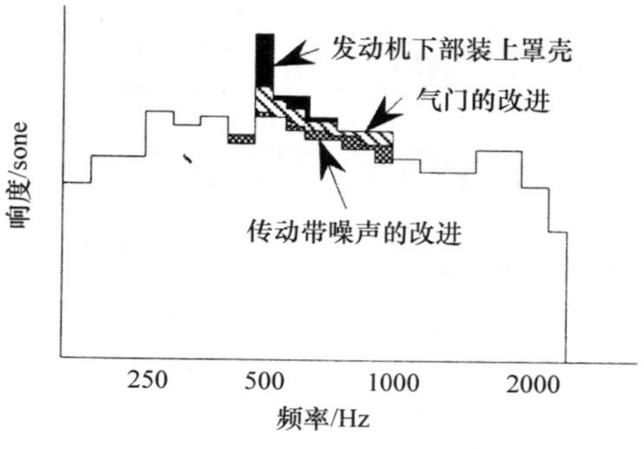

图2-70 通过响度分析进行改进噪声的实例

（2）车辆通过时的车外噪声

车辆通过时的车外噪声的测量，几乎都在半自由声场的实验场里按照各国法规所确定的实验方法进行，测得车辆发出的最大噪声值，并确认是否满足法规。本小节不介绍车辆通过时的车外噪声的实验方法及其法规限制值，仅介绍与噪声降低有关的噪声声源贡献度的测试法及声源探查法的实例。

1）贡献度测试法。要降低车外的通过噪声，重要的是找出贡献度大的声源，并减低该声源。声源粗略地可分为：①发动机的辐射噪声；②冷却风扇的噪声；③驱动系统的辐射噪声；④进气声和进气辐射声；⑤排气声及排气系统辐射声；⑥轮胎噪声；⑦其他噪声。贡献度的测试方法，就是通过比较各声源在被消声或用吸遮声材料进行遮蔽前后的噪声差，来求得各自的声源大小，并以此求出与整个声源的能量比。此外，轮胎噪声主要以滑行试验来求得，但近年来研究表明加速时转矩会增大噪声，有时也在轮胎上加上负荷来求得轮胎噪声。

贡献度随着车辆种类和行驶状况的不同变化较大。图 2-71 所示为加速行驶噪声贡献度的一个实例。

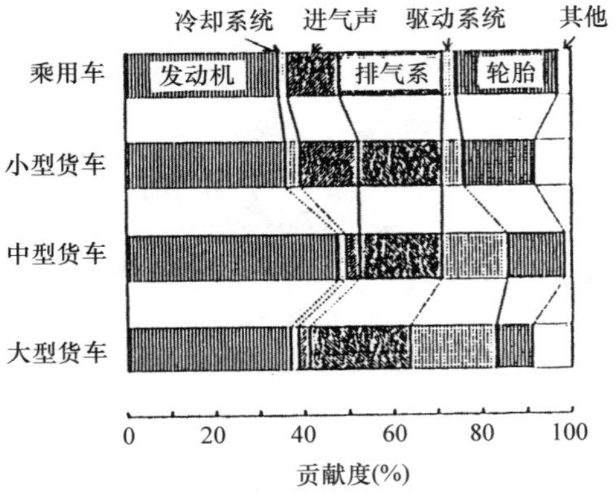

图 2-71　加速行驶噪声的贡献度

2）声源探查法。声源探查法不是通过对车外噪声的主要声源进行遮蔽求出贡献度，而是直接求出声源，它对于遮蔽方式难以实现的声源部位，是有效的方法。典型的两种方法如下所示。

① 第一种方法就是声强测试法。保持所求条件的稳定状态，用声强探头找出每个问题频率的声源。测试法已在 2.2.4 小节中阐述。用该方法应用于轮胎噪声的实例见图 2-72。

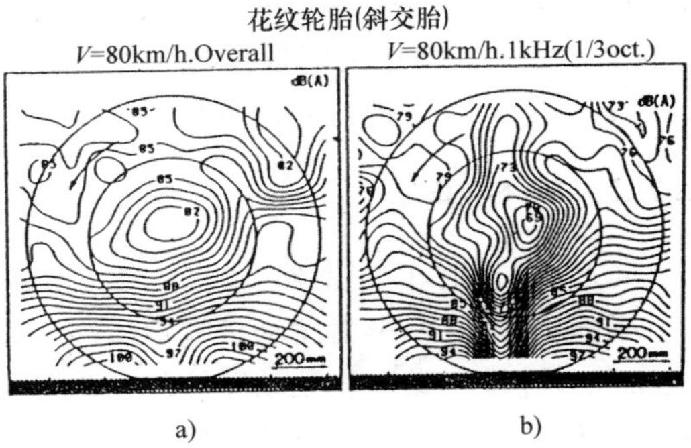

图 2-72　声强的利用实例

② 还有一种方法就是声响的全息照相测试方法。特别是开发出的能在移动状态下进行声源探查的方法，更为适合车外噪声的测量。同样图 2-73 示出了应用于轮胎噪声的实例。

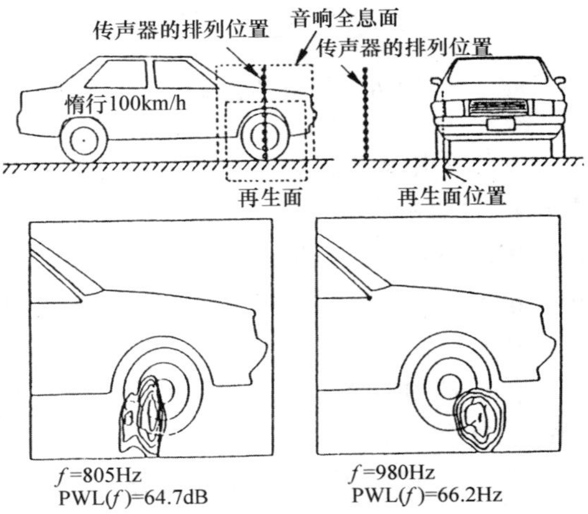

图 2-73　声响全息照相的实例

参考文献

1) 自動車技術会：自動車技術ハンドブック3　試験・評価編（1991）
2) D. W. Robinson, et al.：Threshold Hearing and Equal Loudness Relation for Pure Tones and Loudness Function, J. Acoust Soc. Vol. 29（1957）
3) 脇田：聴覚モデルに基づいた自動車の音色可視化，自動車技術，Vol.47, No.6（1993）
4) 永田ほか：ドアの高品質化に関する一考察，自動車技術，Vol.44, No.4（1990）
5) 明石ほか：レーザホログラフイの振動計測への応用，機械学会，Vol.83, No.738（1980）
6) Y. Oka, et al.：Transient Vibration Analysis during the Door Closing by Using the Laser Holography Method, The 6th IPC（1991）
7) 長松：モード解析，培風館（1985）
8) ISO 2631
9) ISO Recommendation R507-1970 Procedure for describing aircraft noise around airport
10) 武井ほか：人間動特性を考慮した車両乗り心地評価，自動車学術講演会前刷集，No.931（1993. 5）
11) 村田ほか：定常走行時車内音の音質評価について，自動車学術講演会前刷集，No.942（1994. 5）
12) H. Vold and R. William：Multi Phase Step Sine Method for Experimental Modal Analysis, Sound & Vibration（1987. 6）
13) J. Leuridan, G. Koop and H. Vold：High Resolution Oder Tracking Using Kalman Tracking Filters, SAE Traverse City（1995）
14) J. Leuridan and H. Vold：High Resolution Oder Tracking at Extreme Slew Rates, Using Kalman Tracking Filters, SAE Paper, No.931288（1993）
15) 佐々木ほか：加速時のエンジン異音低減に関する研究，三菱重工技報，Vol.18, No.1（1981. 1）
16) 青木ほか：加速時車内騒音の音色に及ぼすパワープラント振動の影響解析，日産技報（1986）
17) 宮城ほか：駆動系振動騒音の台上評価法，自動車技術，Vol. 41, No.13（1987）
18) 平坂ほか：デフギヤノイズのシミュレーション手法の開発，自動車技術，Vol.45, No.12（1991）
19) 星野ほか：ファイナルドライブギヤノイズ解析，自動車技術，Vol.47, No.6（1993）
20) 近藤ほか：トラックの駆動系ねじり振動に起因する諸現象について，自動車技術，Vol.39, No.12（1985）
21) 嶋田ほか：手動変速機歯打ち音改善への新アプローチ，自動車技術，Vol.48, No.6（1994）
22) 西脇ほか：日本機械学会論文集，Vol.45, No.398（1979）
23) 北田ほか：エンジン性能シミュレータの開発，三菱自動車テクニカルレビュー，Vol.7（1995）
24) 石田ほか：自動車技術会講演会，No.9432886（1994）
25) 鎌田ほか：ロードノイズ研究の動向，自動車技術，Vol.49, No.1（1995）
26) Y. Kamata, et al.：Experimental Analysis of Road Noise, FISTA '94, 945130（1994）
27) 市場ほか：ディスクブレーキ鳴きの実験的研究，日本機械学会講演会前刷集，No.920-78,（1992.9）
28) 御室ほか：レーザ変位計を用いた路面形状計測システム，自動車技術，Vol.43, No.11（1989）
29) 西山：人体を含む車両運動シミュレーションシステム，
30) 西山ほか：着座姿勢が人体各部の振動特性に及ぼす影響，日本機械学会第3回交通物流部門大会講演論文集（1994. 12）
31) K. Hiramatsu, et al.：The First Step on Motion System Realization in the JARI Driving Simulator, Proceedings of International Symposium on Advanced Vehicle Control（1944）
32) 岡部ほか：エンジン過渡出力特性とFF車の加減速ショック，三菱自動車テクニカルレビューNo.2（1992）
33) 柘植ほか：加速時車内音の音色に関する一考察，自動車技術，Vol.39, No.12（1995）
34) 野場：自動車騒音低減の技術と現状，日本機械学会東海支部・関西支部合同企画第27回座談会資料（1994）
35) 押野ほか：音響インテンシティ法によるタイヤ騒音の音源探査，日本音響学会講演論文集（1990. 2）
36) 田中ほか：最近の車両環境騒音解析改善，自動車技術会・振動騒音シンポジウム前刷集（1993）

第 3 章　操纵稳定性

提及汽车的操纵稳定性，给人的印象是研究在良好路面行驶时或在低附着系数路面上行驶时的车辆响应特性。本章中，这一研究范围将稍稍扩大，与操纵稳定性有关的车辆的质量特性、轮胎特性以及悬架特性以及转向系统的特性也将涉及。对于测试分析技术，主要介绍与测试分析有重大关系的事例，因此，即使是重要的实验方法，也有可能不涉及。

3.1　要素特性

3.1.1　车辆质量特性

车辆质量特性主要指车辆的整体质量或是簧载质量、每个车轮的载荷（水平面内的重心位置）、重心高度、转动惯量。这些要素是分析操纵稳定性各评价指标时所必需的基本参数。要精确地测量重心高度和转动惯量需要耗费较长时间和较多的精力。汽车公司对于自己设计的汽车，可以从设计信息中预测汽车所有的质量特性，但并不能保证预测的精度。

图 3-1 和式（3.1）是 ISO 推荐的常用测定重心高度的方法。

$$Z_{CG}=\frac{l(m'_f-m_f)}{(m_f+m_r)\tan\theta}+r \qquad (3.1)$$

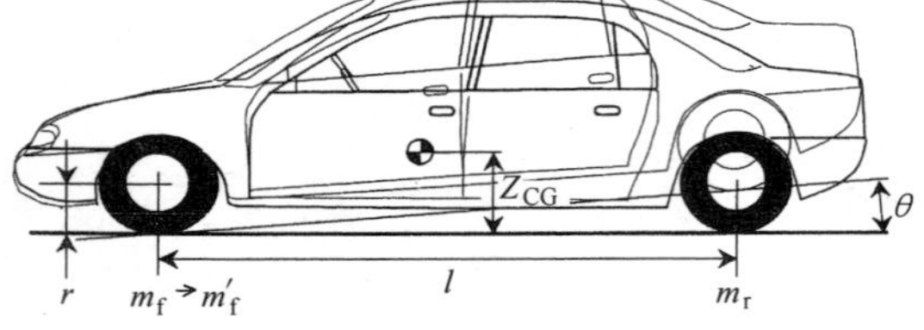

图 3-1　重心高度的测定方法

静平衡位置的车辆，除了车轴的转动外，可看成是一个刚体，将一个轴抬高时，轴荷将会转移，从该轴荷的转移量可以得到相对于地面基准的重心高度。为了提高测试精度，需要加大汽车的倾斜量，保证悬架系统不产生额外的变形。同时，需要考虑由于轴荷转移而产生的轮胎变形，以及燃油机油等其他汽车附件由于倾斜而产生的位置变化。

转动惯量的测量，一般采用任何一种激振法，通过测得的系统固有频率而求得。包括弹簧共振法、重力摆锤法及外部激振法。相关实验装置很早以前已被开发，并对相关现有车辆的测试结果进行了分析。图 3-2 是通过弹簧共振法测量绕 3 个轴的转动惯量的测试系统，该系统同样能测量重心高度。该系统转动惯量的测量误差能达到 ±50kgm^2 以内，重心高度的测量误差能达到 ±5mm 以内。

3.1.2　悬架、转向系统的特性

操纵稳定性所涉及的频率较低，而悬架转向系统的静特性所包含的频率范围较广，所以这里只涉及静特性。另外，阻尼力特性也很重要，但与其相关的动特性请参见第 2 章。

对于悬架的几何变化特性来说，将车轮中心的 6 个自由度定义为随上下方向的位移这一独立参数而变化的特性，称为定位变化特性。对于转向轮来说，随转向角这一参数而变化的几何特性也很重要。这些变化特性由于是通过汽车转向机构实现的，因此实验装置本身只要作为车身的一部分与地面固定，具有使得各个车轮上下运动的机构即

可。对于左右独立的悬架系统来说，由于有稳定器的作用，左右轮的上下运动会有一定的耦合，因此另一侧车轮的上下运动状态需要考虑。

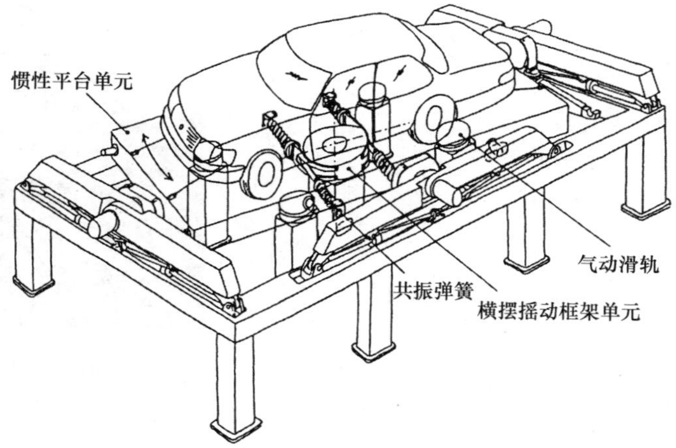

图 3-2 转动惯量的测试装置（侧倾转动惯量的测试状态）

实验装置可分为能使左右车轮独立产生位移的方式和倾斜台方式（图 3-3）。倾斜台方式能更加突出展现转向行驶时悬架的侧倾运动。

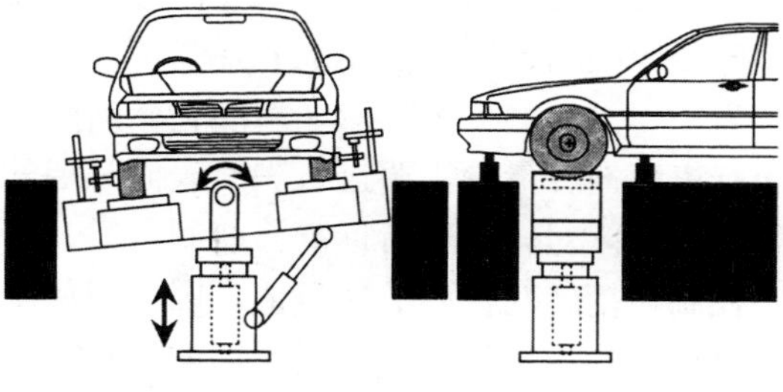

图 3-3 倾斜台式悬架特性试验装置

由悬架各方向的输入而得到的车轮中心的微小位移，可测得悬架的柔性或刚度。该装置还可施加轮胎接触面上下、前后、左右的力以及绕垂直方向转动的转矩。这一前后、左右的力事实上也就产生了绕左右轴、前后轴转动的转矩。如果改变轮胎的接触形式，直接在轮胎中心用固定夹具将其约束，就可在轮胎中心位置施加前后力和侧向力。

图 3-4 是最具代表性的测试项目前束变化的曲线。这里的变量虽然是悬架的行程，但考虑到与实际悬架的构造相对应，一般把行程设定为纵轴。

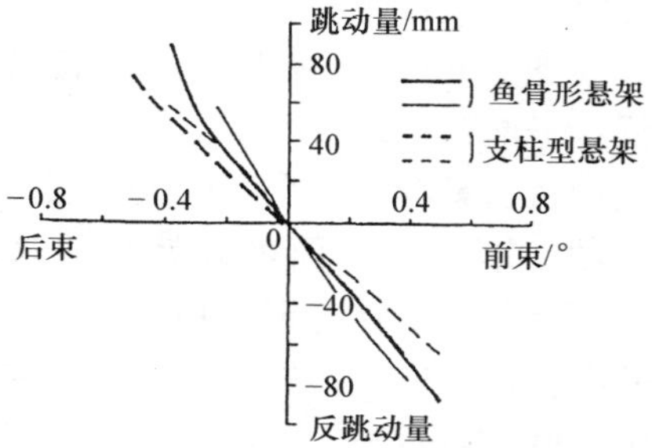

图 3-4 前悬架前束变化的测量结果

图 3-5 是测得的随转向盘转角变化的前轮的实际转角。通过实验结果可得转向系统的连杆机构的阿克曼几何特性以及系统总的传动比。也可根据转向力矩和接触面的回正力矩测得自我回正力矩传递函数和转向系统的效率。

以上的测量，可以在助力转向系统下的工作状态以及其他底盘控制系统工作状态下通过适时的动作来测量。

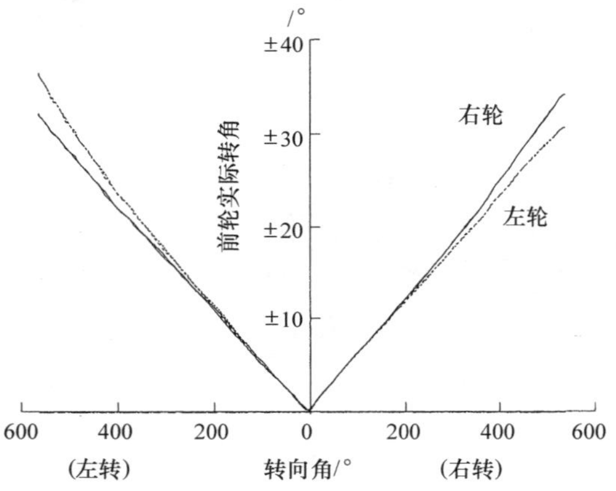

图 3-5　随转向角变化的实际转向角

3.1.3　轮胎特性

现代的轮胎实验装置已从过去的转鼓式变为与轮胎实际行驶的接触平面相同的平面带板式（图 3-6），这种形式的实验装置成为主流。平面带板式实验装置是由薄钢带焊接成绳带状，紧绷在两个转鼓上，通常用转鼓来驱动。钢带的表面可以就是原来的材质，也可能贴上了粘有细矿物粒子像砂布一样的胶布，这一做法能够保持防滑或使得性能稳定。摩擦系数与干燥的铺装路面大致相同。轮胎产生的 6 个分力可在主轴线上测到，这 6 个分力通常变换到相当于车轴的实验装置的基准轴上并表示出。要测量产生动态侧偏角所对应的侧偏力，需要消除车轮转动及转向所引起的回转力矩。另外，还可测量由驱动力或制动力产生的滑移率（驱动力或制动力特性，称为 μ 滑移曲线），以及相对于驱动力或制动力的侧偏力特性（称为摩擦圆的椭圆形曲线）。

内筒辊式实验装置可以在转鼓表面产生冰或者压雪，以研究测量冰雪路面的轮胎特性。此外，过去的一种实验方法是把测试轮胎装在专用的实验车上，在实际路上进行轮胎特性测量（图 3-7），但这种方法并不普遍。另一种测试方法是不使用专用的实验

图 3-6　平面带板式轮胎实验装置

车，对行驶着的 1 个车轮进行轮胎特性测量。在测功机测量轮胎的 6 个分力，并且 1 个车轮的 3 个激光位移计可同时测得轮胎的动态定位参数（图 3-8），通过处理这些实验数据可得轮胎特性。这些对于验证汽车运动性能的仿真结果非常有用。

实验用的轮胎不但要确认尺寸铭牌，还须确认销售商。销售商不同，材料化合物的组成有可能会变化，所以一定要注意。如无特殊的原因的，测试使用的轮胎应是生产 1 年之内、没有磨损的轮胎。新品轮胎的胎表面有离型剂，最少需要进行剥离表面一层的磨合行驶。对轮胎进行标准性能测试时，需要控制包括转动在内的气压值。因为即使冷态时设置与规定值一致，运行后的热状态的气压仍会变化。

图 3-7　实际路面上的轮胎性能实验

图 3-8　车轮的 6 分力及动态的定位测量

3.1.4　路面摩擦

对于物体表面摩擦特性的测量是有通用的测试方法的，但是为了把握轮胎与路面在不同状态下较为复杂的关系，实际上一般测量时让轮胎在路面进行滑移。也就是说，将一定基准的轮胎装在专用车辆或挂车上并让它滑移，测量这时的滑移率、制动力以及轴荷，可求得路面摩擦系数。一般是在 65km/h 的车速下，给予轮胎转动方向的滑移率。虽然路面摩擦系数包括轮胎没有转动时摩擦系数、滑移率为 100% 的滑动系数 μ，轮胎一定滑移率（14%）的摩擦系数（常滑移率摩擦系数 μ），但最主要的是由最大制动力及其对应的滑移率求得的最大摩擦系数。

3.2　行驶实验的种类

操纵稳定性的道路实验按输入类型可分为：

1）转向盘角输入（稳态，瞬态）；

2）转向力输入（放手）；

3）闭环行驶；

4）干扰输入（人工干扰，自然干扰）；

5）上面的组合及驱动制动的组合。

闭环行驶实验就是让驾驶人按照规定的路径行驶而进行的实验，所得的性能包含了车辆和人的特性。即使车辆的特性不同，通过驾驶人的修正作用，有可能得到相同的闭环特性；同样由于不同驾驶人的作用，有可能得到完全不同的结果，所以进行分析时需要慎重。

操纵稳定性的道路实验按测试评价项目可分为：

1）行驶轨迹；

2）车辆响应；

3）主观评价；

4）驾驶人的反应。

操纵稳定性的各种特性，基本上都是相互耦合的。主观评价即使对于受过训练的驾驶人来说也往往容易变成综合评价，难以进行有效分析。

按行驶场地可分为：

1）平坦宽广的场地；

2）规定的行驶路径；

3）特殊的路面；

4）室内实验装置上；

室内实验装置上的情况将在 3.8 节里介绍。

3.3　行驶实验测试

3.3.1　标准的实验条件

ISO 及 JASO 等标准里对行驶实验条件是这样规定的：实验道路应是干燥平坦的沥青路或混凝土铺装路面，坡度在 2.5% 以内，风速在 5m/s 以内。实验车辆及附属装置必须按厂家规定装备齐全，轮胎应是制造一年内的产品，胎面的花纹深度在 90% 以上，实验前要用直行进行预热。操纵稳定性的实验一般在较为不利的最大载荷状态下进行。虽然大多数情况是驾驶人一人在驾车运行，但主观评价时大部分会加上一名乘员，因此一般实验是一名乘员加上实验仪器来进行的。对 2 轮摩托车进行实验时当然会用车载式小型化的仪器，对汽车的实验也尽量使用小型轻量化的车载仪器。

小型轻量化的车载仪器的典型工作方式是利用远隔测量系统将测量结果传送到测控

中心，中心的系统及专门人员可实时对测试结果进行处理。

大多数情况是由传感器得到模拟信号，再通过模拟数字转换器记录下数字信号。对于操纵稳定性来说，车辆的响应在 5Hz 左右，因此，使用具有 8Hz 以上的转向幅度的传感器即可。处理模拟信号时使用一个 8Hz 截止频率，具有 4 次以上的巴特沃思低通滤波器。在进行数字化处理时，先通过抗频混滤波器，用一个足够高的采用频率读取数据，然后再通过数字滤波器，这样采集的信号较为准确。总而言之，无论什么情况，都不要让传感器之间产生相位差，不要加入不必要的滤波器。

3.3.2　行驶轨迹的测试

实际的行驶过程中需要汽车按照一定的路径运行（路线保持或路径追踪），因此汽车的行驶轨迹对于操纵稳定性来说非常重要。但是对于人 - 车组成的闭环系统来说，由于人的因素的重要影响，用行驶轨迹来评价操纵稳定性，往往容易归类于操纵稳定性实验的应用。但随着汽车行驶技术的不断发展，已经到了需要评价汽车本身的路径保持性能的程度。

行驶轨迹的测试包括路上测试和车上测试。路上测试适用于车辆通过固定场所的情况。路上测试包括使用激光或电波进行测试的方法，以及在车上贴上记号进行图像处理等。但在测量范围较广的情况下，可能会出现测量精度不高、仪器设置安装困难等问题。用车上向地上滴水进行轨迹测试，不仅需要额外的人手，水的干燥速度对测试有较大的影响。在各测点贴上胶布，在胶布上铺上薄薄的油性黏土，可以测得轮胎的压痕。由于最初开始就可以确定测点的个数，故可以有效提高测试精度。

车上测试是通过车载的测试仪器测得车辆的前后速度 v_X、侧向速度 v_Y、横摆角速度 $\dot{\phi}$，通过下面的公式可以求得车辆行驶轨迹［$X_E(t)$，$Y_E(t)$］。

$$\phi = \int \dot{\phi} \mathrm{d}t \tag{3.2}$$

$$X_E = \int (v_X \cos\phi - v_Y \sin\phi) \mathrm{d}t \tag{3.3}$$

$$Y_E = \int (v_X \sin\phi + v_Y \cos\phi) \mathrm{d}t \tag{3.4}$$

前后速度 v_X 的测量大多采用光学式速度计（空间滤频式）（图 3-9），但也可通过测量某一区间的时间来求得。侧向速度 v_Y 可用光学式速度计测得，也可由侧向加速度 a_y 和横摆角速度 $\dot{\phi}$ 通过下式求得：

$$v_Y = \int (a_y - v_X \dot{\phi}) \mathrm{d}t \tag{3.5}$$

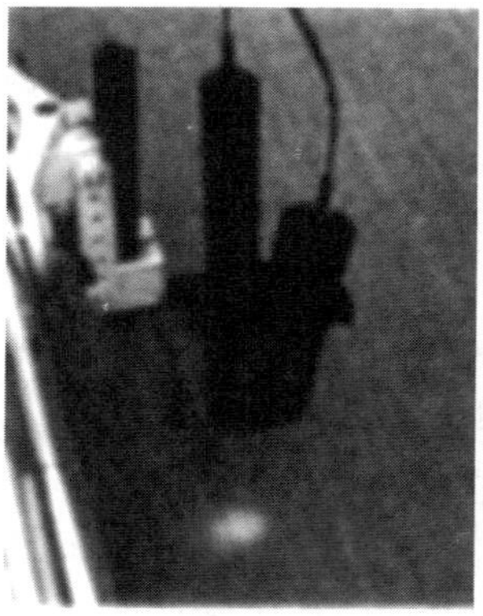

图 3-9　光学式速度计

光学式速度计就是借助于光栅滤光片对路面的细部进行成像，这样，即可在光电探测器的输出端获得与被测物体移动速度成比例的包含着频率成分的电信号，通过所获得的电信号频率值，即可知道被测物体的移动速度。如果路面没有积水，一般来说任何路面都能测出。由侧向速度与前后速度之比就可得到质心处的侧偏角 β。β 既可由两个光学速度计的输出在后处理时求得，也可由车载处理系统实时求得：

$$\beta = \arctan(v_Y / v_X) \tag{3.6}$$

加速度的测量需要从稳态工况开始，故都采用应变片式。角速度计采用价格不高的陀螺仪虽然就能达到较为实用的水平，但对于精度要求较高的测量车辆微小侧偏的情况，采用光纤陀螺更为有效。

3.3.3 车辆响应的测试

上节所述的车上测试的内容是本节内容的一部分。测得的速度、角速度以及加速度虽然可以算出车辆的轨迹，但由于对信号进行积分容易产生误差，故大多数是直接利用这些车辆的响应。

这里说明一下传感器在车体上的安装。通常，车辆的响应或轨迹是指车辆重心位置处变化的结果，因此光学式前后速度计应该安装在包含重心在内的 $x-z$ 平面内，光学式侧向速度计应该安装在包含重心在内的 $y-z$平面内。如果安装有困难，就要用横摆角速度乘以与基准面的距离来进行修正。另外，对于光学式速度计来说，如果与地面的距离超过了一定的范围也要进行修正。

对于角速度的测量来说，簧上部分可看成一个刚体，因此只要与测量的轴方向相对应，安装在车体的任意部位都可以。由于单独调整传感器的轴向位置较为困难，一般事先把传感器固定在基板上。

重心位置加速度的测量一般要把传感器安装在重心位置，但如果无法安装的话，加速度值可以由安装在通过重心位置直线上的两个同方向的传感器输出求得。另外，车身的侧倾、俯仰会引起测量轴的倾斜，导致重力加速度的倾斜角的正弦分量会被测量到侧向加速度及纵向加速度结果中。侧向加速度的定义是没有侧倾情况下用平台上的加速度计测得的量，而实际上大多是通过同时测量的侧倾角对侧向加速度进行修正。为了省去这些麻烦，市场上出售有综合了角速度计、加速度计以及处理装置的惯性航法系统的测试装置。

车身的姿态角（侧倾角、俯仰角）的测量一般通过安装在车身的角速度传感器的信号积分得到。也可以由装在车身 4 角的激光位移传感器或超声波位移传感器，通过测得与地面之间的上下位移而求得。

3.3.4 转向角、力的测试

对于所有的操纵稳定性实验，都有必要测量转向盘转角。转向盘转角的测量是由安装在转向盘或转向柱上的角位移传感器测得，转向力矩可由安装在传递路径上的高灵敏度的应变片测得，但更多的是通过专门制作的转向盘测量仪安装在车辆上取代转向盘来测量。

如果转向盘测量仪的重量、转动惯量与实际车辆相差太大的话，驾驶人进行的主观评价以及脱手行驶的方向稳定性将相差较大，因此最为理想的是对每个车辆都专门设计转向盘测量仪。转向盘的总圈数即使是乘用车也有 3 圈，所以转向盘角位移计的测量行程一定要满足要求。另一方面，直线行驶实验时角位移的变化只有几度的范围，因此需要精度更高的测量方法。另外，角速度达到 500°/s 以上，人类能够产生的转向力矩达到 100N · m 左右，应变测量中力矩大小范围与力矩的灵敏度存在相对的关系。因此，要得到性能优良的转向盘测量仪并不容易。

3.4 直行稳定性实验

直线行驶的稳定性这一术语在很多情况中使用。主要有下列 4 类：①没有外部干扰而由车辆内部引起的侧偏或振动特性；②路面干扰或横向风干扰等外部干扰引起的不稳定；③加减速时的转向盘的不稳定以及制动稳定性；④直线行驶附近的操纵响应。

3.4.1 偏向性实验

偏向性实验就是测量由于路面的不平、悬架系统定位参数的变化、轮胎的残留侧向力（侧偏角、外倾角即使都为零，由帘布层转向效应引起的侧向力）以及残留的回正力矩等微妙的原因所引起的行驶中的车辆横向偏移的量。行驶几十米的偏移量可能只有厘米级，并且数据重复性较差，因此偏移量的测量精度应足够高，测量数据应足够多。3.3.2 小节所涉及的车上测量用的光纤维陀螺较为适用。

3.4.2 路面激励稳定性实验

当轮胎通过车辙这样的路面上时，需要对车辆的受力情况进行很细微的解析。一般的路面激励是以随机输入作用于车辆上的，在人－车闭环的行驶系统中，以产生的横摆角速度及操纵修正的频度、时间平均及功率谱进行评价。

这里介绍一下与驾驶人主观评价非常相近的负转向功。设转向盘的半径为 r，转向盘角为 δ_H，转向力为 F，转向功为 W，那么转向功率 $\mathrm{d}W/\mathrm{d}t$ 则为

$$\frac{\mathrm{d}W}{\mathrm{d}t}=r\cdot\frac{\mathrm{d}\delta_H}{\mathrm{d}t}\cdot F \qquad (3.7)$$

在有路面激励的情况下，尽管驾驶人没有进行转向，但也会有转向力。并且转向角速度与转向力的正负关系发生了逆转（转向功率为负）。图 3-10 就是高速道路行驶时的实验数据。下段图是转向功率的变化曲线，曲线负的区域的面积的总和就是路面激励稳定性的指标。该指标越大路面激励的稳定性越差。

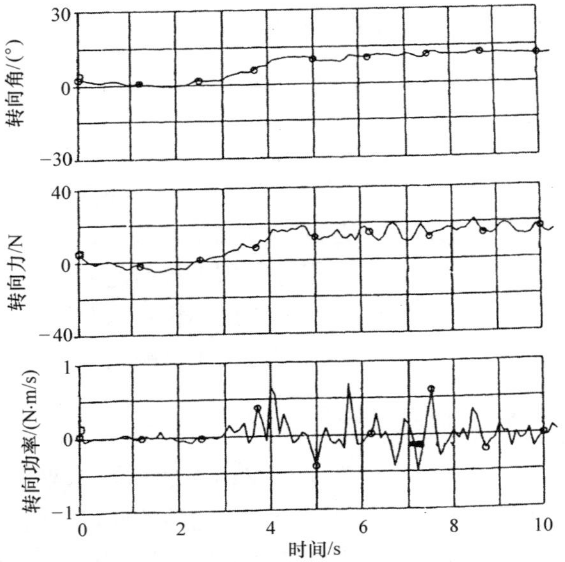

图 3-10 高速道路行驶时的转向功率

3.4.3 横向风稳定性实验（横向位移的测试）

进行横向风稳定性实验时，可以用自然风或用专门的装置产生横向风（图 3-11），对车辆进行开环或闭环的实验。用专门的装置产生横向风对车辆进行开环实验，早在 1976 年，JASO 就制定了相关的标准，用车辆响应的最大值以及车辆的横向移动量作为重要的评价项目。横向移动量的测试，就如 3.3 节所述，可以在地上测试，也可在车上测试。如果以车辆轨迹作为实验的目的且用地上测量的方法可以得到较为真实的结果的话，实际上最为需要得到的是由横向风引起的横向位移量。当车辆进入横向风区域时，与原来规定的基准线可能有一定的角度，并且有与横向风无关的横向位移的存在，最终得到的横向位移的数据有较大的离散性。如果仅仅要求得到由横向风所引起的位移量，需要知道没有横向风时车辆的行驶轨迹，这时并不一定要用地上测试。下面就按照 JASO 的标准，阐述假设没有横向风时的行驶轨迹为直线的情况下的实验方法。

图 3-11 横向风的送风装置

试验车辆在转向盘固定的情况下以一定的车速按照基准路线进入实验路段（图 3-12）。横向风区域前 40m 的纵向位移坐标

为 X_{-2}，前 20m 的坐标为 X_{-1}，横向风区域开始的坐标为 X_0，进入横向风区域 2s 后的坐标为 X_2，共计 4 点，从车辆的运动轨迹可以得到这 4 点横向位移 Y_{-2}，Y_{-1}，Y_0，Y_2。如果车辆以理想状态直线进入横向风区域的话，Y_{-2}、Y_{-1}、Y_0 应该全部为零，仅仅用 Y_2 就可以评价横向位移量。但事实上，即使是经过训练的驾驶人，能够使得 Y_{-2}、Y_{-1}、Y_0 不予考虑的情况非常少见。这里，假定没有横向风作用时的行驶轨迹为直线，将前 3 点的坐标作直线回归，进而求出由横向风引起的横向位移 ΔY_L。进入横向风区域的 3 点的回归直线方程可用下式中直线的斜率 N 和截距（固定项）M 求得。

$$N = \{3(X_{-2}\cdot Y_{-2} + X_{-1}\cdot Y_{-1} + X_0\cdot Y_0) - (X_{-2}+X_{-1}+X_0)(Y_{-2}+Y_{-1}+Y_0)\} / \{3(X_{-2}^2 + X_{-1}^2 + X_0^2) - (X_{-2}+X_{-1}+X_0)^2\} \tag{3.8}$$

$$M = \{(Y_{-2}+Y_{-1}+Y_0) - N\cdot(X_{-2}+X_{-1}+X_0)\}/3 \tag{3.9}$$

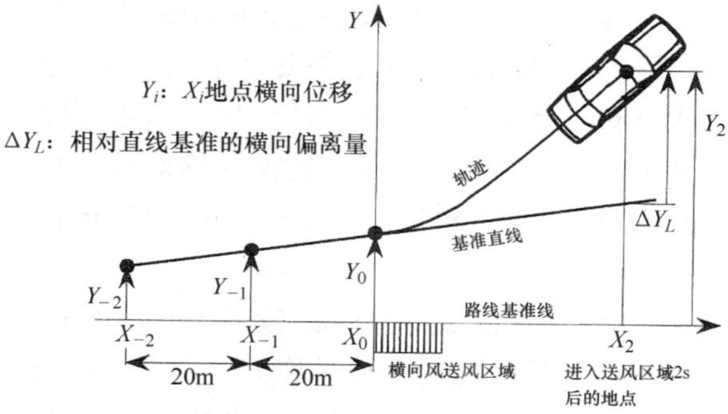

图 3-12　直线基准下的横向位移量

当自然风以及路面的激励可以忽略时，如果把转向盘固定，车辆的轨迹应该是圆弧。因此，可以把进入横向风区域前的轨迹假定为圆弧，根据相对于圆弧的量算得横向位移量，根据经验可知，这样的计算方法可以减小数据的离散性，而圆弧可由（X_{-2}，Y_{-2}）、（X_{-1},Y_{-1}）、（X_0,Y_0）三点确定。但用间隔相对较小的测量值来推算较大数值的半径，要求较高的地上测量精度。

相对于地上测量而言，测试效果良好的车上测试将能够对圆弧模型进行修正（图 3-13）。首先，把进入横向风区域的开始点设置为横向位移量计算的开始点，也就是说，把横向位移 Y 和横摆角 ϕ 的初始值设为 0；然后把 X_{-2} 到 X_0 区间的侧向速度 v 和横摆角速度 $\dot{\phi}$ 的平均值设为 0。通过这样的处理，即使车辆有一定的回转运动，也可消除该运动带来的影响，并且也没有必要将直线行驶过程中测量 v、$\dot{\phi}$ 的仪器调为零。

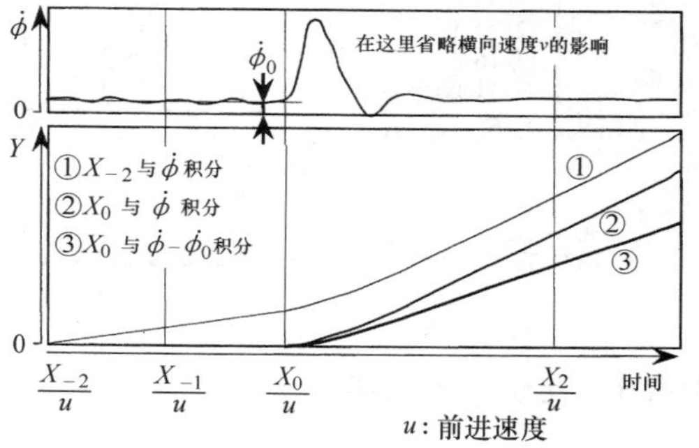

图 3-13　由车上测量计算横向位移的方法

3.4.4　横向稳定性实验（传递特性的测试）

对于横向风输入的车辆响应的传递特性也可以用来评价横向风的稳定性。通过车载的超声波风速计测得风速，利用以下公式定义的横向压力 P_{SW} 作为系统输入：

$$P_{SW} = \theta w^2 \tag{3.10}$$

式中，θ 为合成车速与车辆前后方向的夹角（rad）；w 为横向风速（m/s）。

图 3-14 为容易受到横向风影响的单厢车的测试结果——侧向加速度相对于横向压力的传递特性。由于受到横向送风装置作用的时间很短，为了利用短时间的数据得到精度良好的传递函数，采用了自动回归（AR，Auto－Regressive）法。

在自然风的情况下，可以进行同样的测量。超高速情况下相对于较低横向风的摇晃感，与车辆的侧倾角速度有很大的关联。

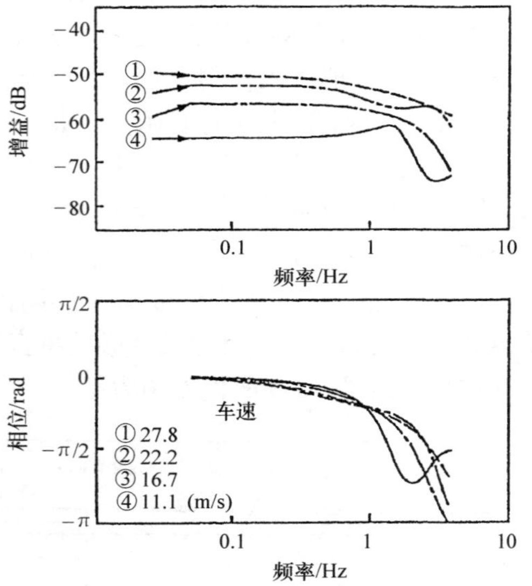

图 3-14　相对于横向风的侧向加速度传递特性

3.4.5　制动稳定性实验

由于制动过程中路面的摩擦系数的不等，左右制动力的不相等原因，在对车辆施加较大制动力时，各轮受到的制动力的不平衡会引起车辆的不稳定。

在摩擦系数较小的路面上制动时，容易引起车轮抱死。一旦车轮抱死，轮胎的最大横向附着力将会减小，车辆容易发生不稳定情况，也将发生转向失效的状况。近年来已经普及的 ABS（Anti – lock Brake System）在这样的情况是有效的。为了确认 ABS 的效果，需要在低摩擦系数路面及左右车轮的摩擦系数不同的模拟路面上进行制动实验，利用横摆角速度和横摆角加速度来进行评价。

为了进一步确认悬架系统和转向系统对制动稳定性的影响，会在制动过程中加上人为的激励。制动激励重复性较好的方法是脉冲下降法。预先在汽车的一个车轮的液压系统里安装上可随脉冲信号下降的系统，制动过程中，给系统发出一个脉冲信号，测量横摆角速度等信号（图 3-15）。

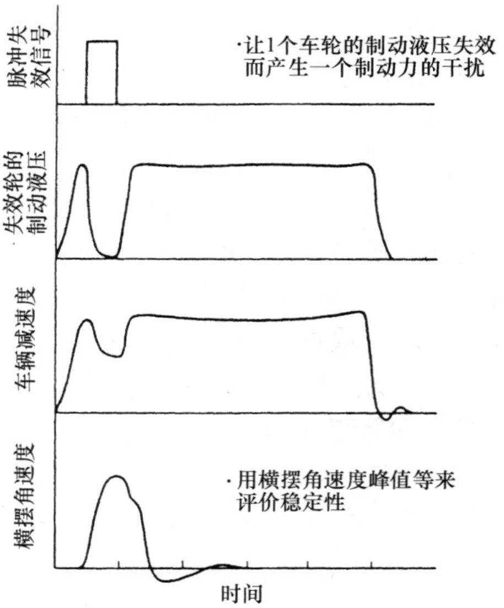

图 3-15　用脉冲下降法来评价制动稳定性的方法

3.4.6　直行操舵响应实验

驾驶人通过转向盘感受到的操纵感具有很强的主观性，有时是操纵力的微妙的变化，有时是车辆响应的特性。如果车速等行驶条件不同的话，所得到的操纵感也有较大的变化。因此这是一个较难进行解析的领域。

相对来说研究进展较大的是车速 100km/h 左右直线行驶时称为“On – center Handling”的操纵响应试验。多数情况在侧向加速度为 0.2g、输入周期为 5s 的正弦波转向盘激励进行实验。由测得的转向盘转角、转向力及侧向加速度可绘成各种不同的利萨茹曲线。从这些曲线中，可得到各种代表性的指标值。例如：转向盘回复度（转向力等于 0 的侧向加速度）、转向刚性（转向盘转角等于 0 时的转向力的斜率）。

3.5　圆周回转实验

3.5.1　稳态转向实验

汽车的不足转向特性和过度转向特性是操纵稳定性最重要的特性，对于不足（过度）转向特性以及圆周极限行驶能力的测试是操纵稳定性实验中最基本的内容。如果实验场所能够进行整个圆周转向实验的话，就沿着圆周以极小的加速度从低速加速到圆周行驶的极限。测得这个过程的转向盘转角 δ_H、重心侧偏角 β、侧倾角 ϕ 随离心加速度 a_c 的关系曲线。转向盘转角 δ_H 与超低速时的转向盘转角 δ_{H0} 的比值称为转向盘转角之比，该比值的斜率与不足（过度）转向特性的指标稳定性因素相对应（图 3-16）。如果实验场地不能进行整个圆周转向实验的话，应该准备一个具有三分之一扇形圆弧的路线，让车辆以各种车速开进这个圆弧，可以得到同样的结果。详细的实验方法可参照 JIS 标准。

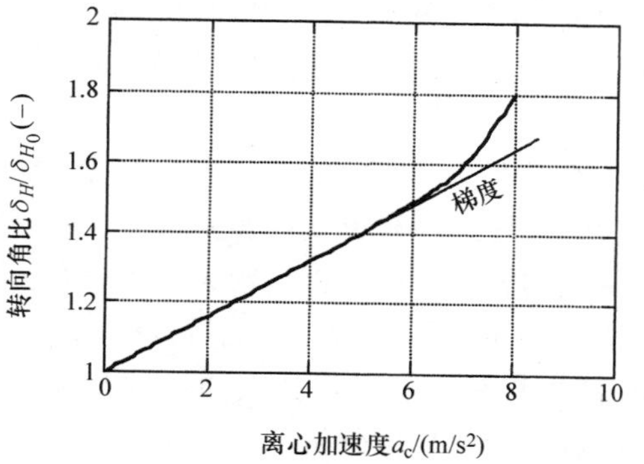

$$\delta_H/\delta_{H0}=1+KV^2=1+KRa_c \tag{3.11}$$

式中，K为稳定性因素，s^2/m^2。

图 3-16　转向角比与离心加速度的关系

ISO 标准中规定最小的圆周半径为 30m，但实际测量时希望是 50m、100m 或更大。日本国内很宽大的实验场所并不多，大多数用 30m 的圆周半径。如图 3-16 所示，最终结果的横坐标是离心加速度，与转向半径没有关系。

极限行驶附近的性能，包括能够实现转向平衡的最大离心加速度。也用接近极限行驶时的转向盘转角及重心侧偏角的增加工况，以及去掉转向力的响应来评价。另外，超过极限行驶状况时，要确认该状况下车辆的举动（漂移、打转等）以及转向的内轮是否有浮起。高性能的乘用车的极限侧向加速度可以达到 $8m/s^2$，在 30m 半径的圆周上的线速度达到 60km/h，而在 70m 半径的圆周上的线速度达到 100km/h，在半径越大的圆周进行实验，极限行驶实验的危险性越大。进行极限行驶实验时需要车辆严格按照规定的路径行驶，驾驶人的驾驶技术对实验结果有较大的影响，这是该实验的缺点。

3.5.2　基于圆周回转的实验

在车辆处于强力回转运动的状态时，轮胎的大部分附着都用于侧向力，因此，这时如果有任何形式的激励，都可能使车辆不稳定或达到极限行驶状态。与直线行驶相比，行驶条件更为恶劣，因此有各种破坏性的实验。

如果在紧急转向状态下突然加上动力，对后轮驱动的汽车来说，会引起尾流。如果在紧急转向状态下突然失去动力，对前轮驱动的汽车来说，容易发生称为 tuck－in 的折叠现象。

转向制动是包括评价 ABS 性能在内的重要的事故防止性能实验。在转向半径 50m 以下的圆周上实验时要求初始离心加速度设为 $5m/s^2$，在转向半径 100m 的圆周上实验时要求初始离心加速度设为 $4m/s^2$，在不同的制动减速度 a_x 下进行实验。实验时转向盘固定，由加速踏板换到制动踏板，以足够快的速度踩下制动踏板。这是一个较为复杂的过程，有各种各样的分析方法。例如可通过以下参数来进行评价：

1）实际的横摆角速度 $\dot{\phi}$ 与基准（保持转向半径不变进行减速制动的情况）的横

摆角速度 v_x/R_0 之差的时间函数。

2）转向制动过程中的最大横摆角速度 $\dot{\phi}_{\max}$ 与初始横摆角速度 $\dot{\phi}_0$ 之比 $\dot{\phi}_{\max}/\dot{\phi}_0$ 与减速度之间的关系。

3）制动 1s 后的侧向加速度 $a_{y,1}$ 与初期侧向加速度 $a_{y,0}$ 之比 $a_{y,1}/a_{y,0}$ 与减速度之间的关系。

评价基准包括 3a）$a_{y,1}$ 为零时的 a_x；3b）$a_{y,1}$ 为基准侧向加速度 v_x^2/R_0 时的 a_x（这两个参数较大为好，图 3-17）。

另外，为了确认车轮间轴荷的转移以及制动力的分配是否合适，ABS 没有作用情况下的各车轮的抱死情况，在以减速度为纵坐标、离心加速度为横坐标的平面上表示出相应的关系（图 3-18）。

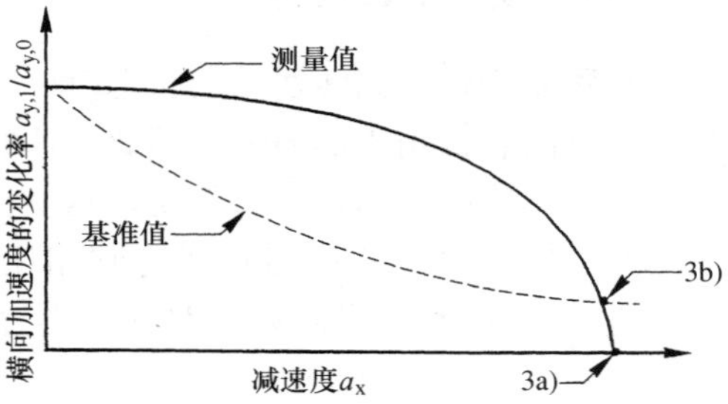

图 3-17　转向制动的评价项目

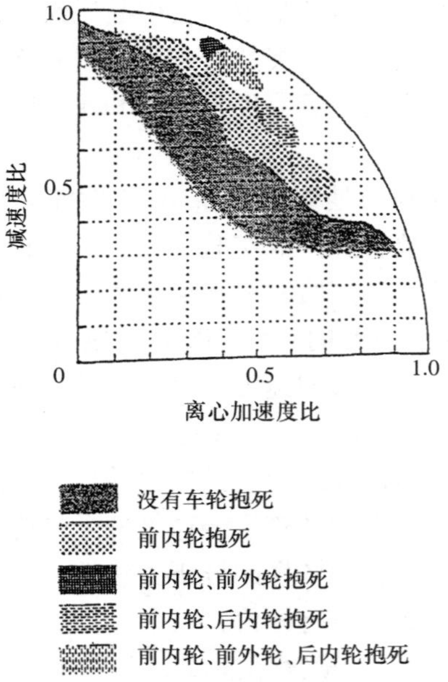

图 3-18　转向制动时车轮抱死的测量示例

对于其他的诸如动力转向系统来说，要评价操作系统或其他底盘控制系统故障时对操纵稳定性的影响。以横摆角速度及侧向加速度的变化大小，以及驾驶人是否能有效操控来评价。

3.6　过渡响应实验

进行过渡响应实验的车速在 80km/h 左右的高速区。转向盘的输入有单一的正弦波、随机激励、连续的正弦波、阶跃、脉冲等 5 种 ISO 标准规定的内容。以前日本一般以脉冲作为输入，以脉冲转向力输入作为过渡响应实验的输入，并按照 JASO 的规定来进行。但目前已与 ISO 的标准相一致，以 5 种输入进行实验。

3.6.1　单一正弦波输入

这一输入相当于日常行驶过程的变换车道模式。可以从时间波形直接得到车辆响应的最大值以及滞后时间。输入的功率谱上只有单个频率值，所以不进行频域内的分析。由于每次输入的微小的差别可能会带来问题，因此需要用相关的机械装置进行转向输入。

除了有开环实验外，还有按照规定路径进行的各种闭环车道变换实验，但这些闭环实验受驾驶人的特性影响较大，还没有公认的实验评价方法。今后基于驾驶人模型的 AR 法，将有可能对驾驶人的特性和车辆的特性进行分解后再分析。

3.6.2　随机输入

为了得到频率响应，需要驾驶人发出如图 3-19b 所示的转向波形。由于功率谱需要平直稳定，这对驾驶人的技术是个考验。

3.6.3　连续正弦波输入

与随机输入的目的相同，需要驾驶人发出如图 3-19c 所示的转向波形。与随机输入相比，连续正弦波输入对驾驶人来说可能更容易熟练掌握。二者都需要 40s 左右的长度。

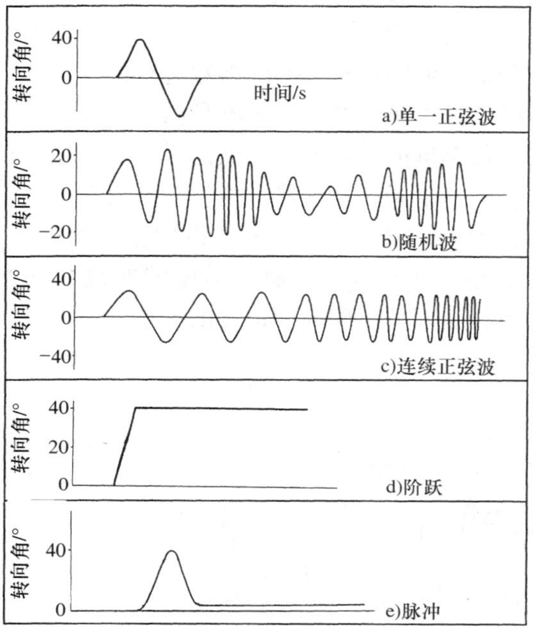

图 3-19　各种转向角的输入形式

3.6.4　阶跃输入

阶跃输入需要驾驶人以 200 ~ 500°/s 的角速度转动转向盘。这一输入最终使得车辆变成圆周运动状态，所以需要较为宽广的场地。阶跃输入下虽然可以对测试数据进行频谱分析，但更多的是在时域上确定反应时间以及超调量等。其他的评价参数包括横摆角速度的反应时间与重心侧偏角稳定值的乘积 TB 值。

3.6.5　脉冲输入

该输入是日本最为普遍的过渡响应实验。脉冲输入（实际上与半个周期的正弦波相似）会形成“く”字形的响应，所以在比较窄的实验场所就能进行，10s 的实验时间就能满足要求。数据处理以频谱分析为主。以前，这种输入的实验虽然日本之外很少做，但与其他输入的实验相比，该输入实验的频谱分析上不成问题，而且对实验场所要求不高，实验时间上也有优势，也较适合仿真分析。基于这些考虑，脉冲输入今后有可能在日本之外得到普及。

为了使得输入的转向盘转角的脉冲不超过目标值，每次的脉冲宽度和大小能与目标值一致，对实验的驾驶人要进行训练。输入的脉冲形状和幅值应至少保证其功率谱在 2Hz 以内是平直的，尽可能是三角波形，脉冲的宽度为 0. 3 ~ 0. 4s。

3.6.6　频域评价法

该方法用横摆加速度响应传递函数中的共振频率和共振时的衰减率（图 3-20）来评价，虽然很久以前就被使用，但并不能用于实际车辆间的性能比较。其原因是共振频率被认为是弹簧质量单自由度系统进行处理的结果，而实际车辆的传递函数更接近车辆的 2 自由度线性系统，与单自由度系统具有不同的传递特性。

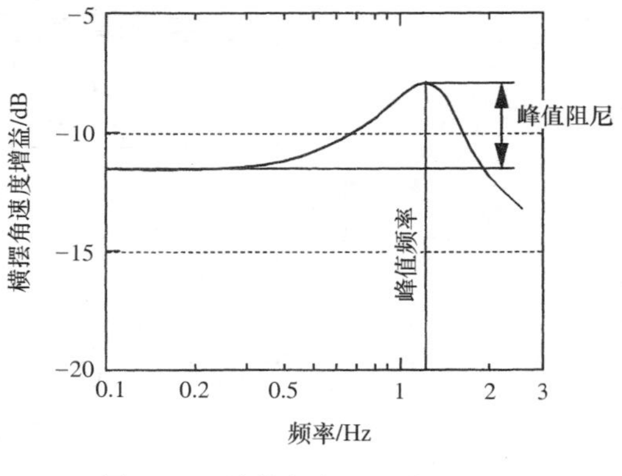

图 3-20　峰值频率及峰值衰减值

基于实测的频率传递函数，用 2 自由度线性模型对传递函数进行同定，进而得到其特性参数的 4 参数法已有人提出，与过去的评价法相比，由于实用性较高，故在各方面得到了普遍使用。下面就介绍从实测的传递函数开始到求出 4 参数，并且将 4 参数直观地表示在较为容易理解的菱形图上的步骤。

转向盘转角输入下的2自由度线性模型的横摆角速度 $\dot{\phi}$ 及侧向加速度 a_y 的传递函数为

$$\frac{\dot{\phi}}{\delta_H} = \frac{a_1(1 + T_f s)}{1 + 2\zeta s/\omega_n + s^2/\omega_n^2} \quad (3.12)$$

式中，ω_n 为固有圆频率；ζ 为阻尼比；a_1 为横摆角速度的稳态增益；T_f 为前横摆角速度的超前常数。

图3-21中加有记号的折线为实测的横摆角速度的传递函数，而平滑的曲线是用式(3.12)在0.2~1.9Hz的范围内进行同定的曲线。由这些同定曲线可以得到横摆角速度的稳态增益 a_1、固有圆频率 ω_n、阻尼比 ζ，以及侧向加速度在1Hz时的相位差 ψ，这几个参数被称为转向过渡响应的4参数。这里所用的技术与先假定车辆模型，再由实测的过渡响应对模型的参数进行同定是相同的，但4参数的目的并不是同定本身，而是评价车辆的过渡响应。同定时并不拘泥于车辆的质量和转动惯量。由于参数与车速关联程度大，故实验时车速的设定精度要求高。另外，也不能忽视输入强度的非线性的影响，需要关注侧向加速度的大小。

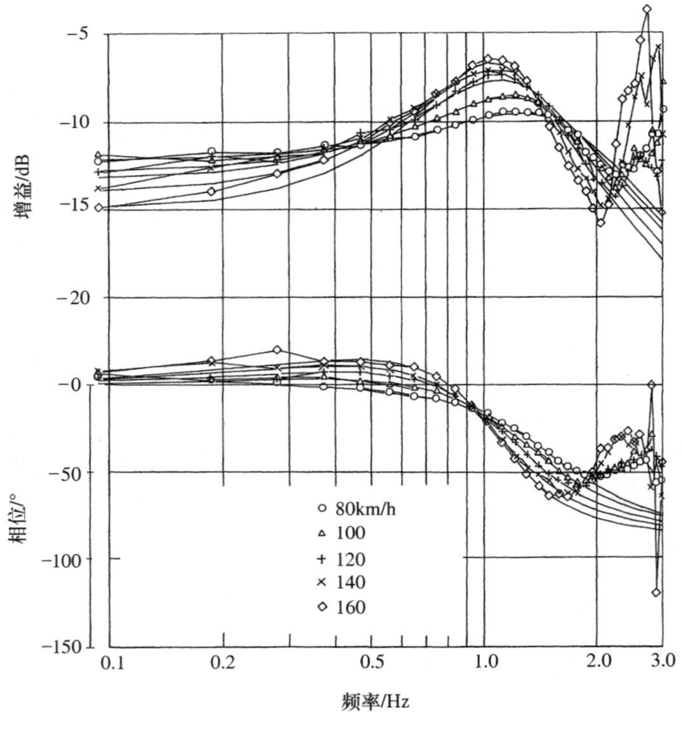

图3-21　横摆角速度传递函数的拟合曲线

图3-22是得到的4参数表示成菱形的示例。该菱形向右上方扩大的话意味着车辆的不足转向增强，向左下方扩大的话意味着车辆的不足转向减弱。菱形全体较大的话意味着车辆运动性能的潜在性高。也就是说，菱形的4边形状越对等，形状越大，表明具有越良好的操纵响应性能。

图3-23为采用主动悬架系统提高性能的实测数据。图3-24是采用低空气阻力装置后的效果。两个图上都能够较明显地看出

它们的不同。

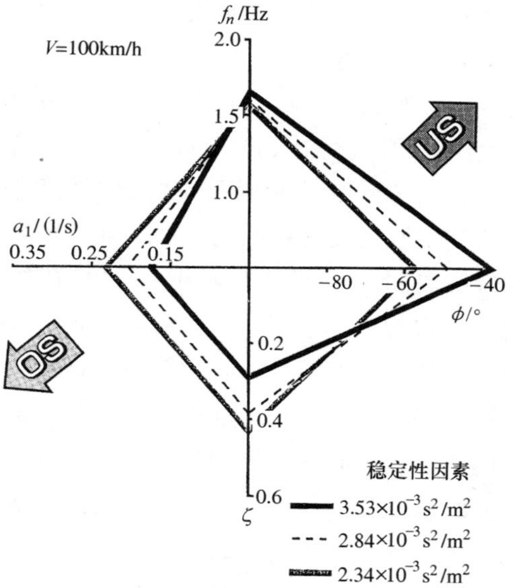

图 3-22 过渡响应 4 参数表示成菱形（后侧倾转向产生的差异）

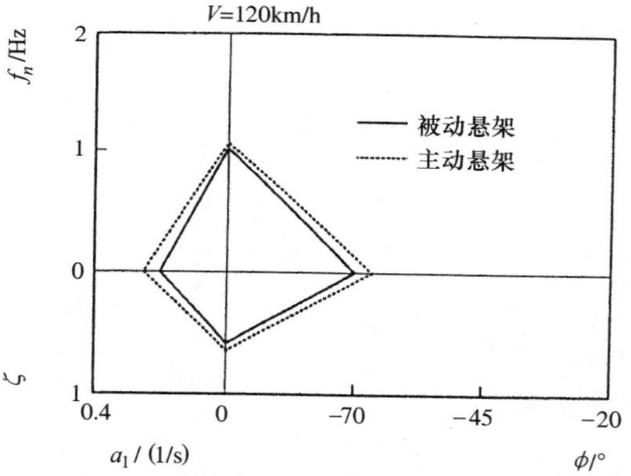

图 3-23 主动悬架改善性能

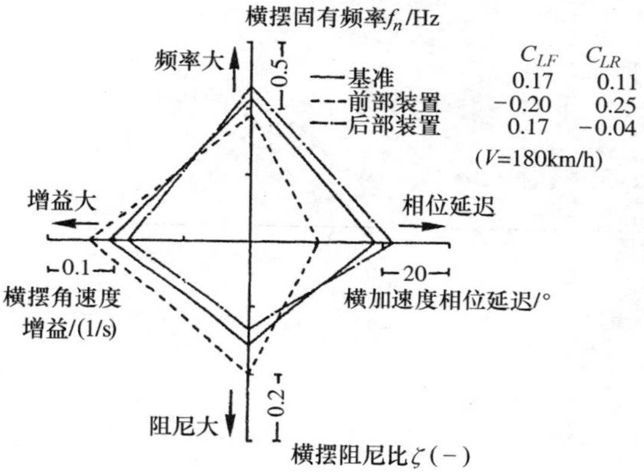

图 3-24 采用低空气阻力装置后的效果

3.7 其他行驶实验

3.7.1 挂车牵引时的稳定性实验

在欧洲，即使是乘用车也有很多机会牵引挂车行驶。相对于一定大小、重量的半挂车而言，需要确定能够稳定行驶的最高车速。与不牵引时相比，牵引行驶状态下处于很不稳定的状态，即使用计算模型也可得到较高的预测精度。由于实际行驶实验时，极限车速下的摇摆非常危险，因此一般在极限车速的90%进行实验。图 3-25 示出了从牵引点的相对角度的振动求得阻尼比的方法。最初的第 1 个峰为脉冲转向盘转角的受迫振动，从第 2 个峰开始是可以实验的自由振动的数据。评价指标是极限车速，也就是阻尼比为零时的车速，可由极限车速之前的数据通过直线外伸法求得。

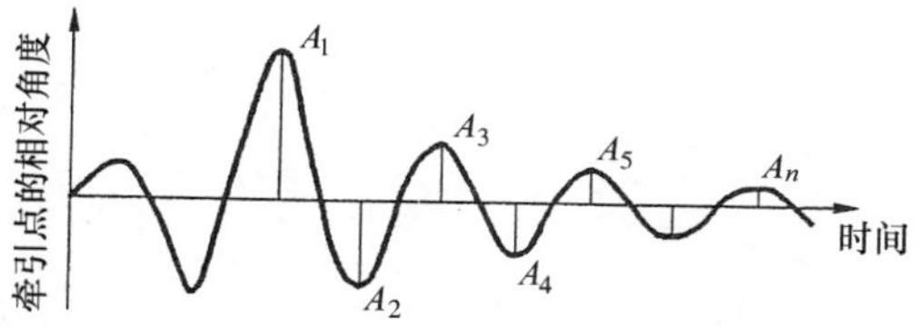

$$r=\frac{1}{n-2}\left[\frac{A_1+A_2}{A_2+A_3}+\frac{A_2+A_3}{A_3+A_4}+\frac{A_3+A_4}{A_4+A_5}+\cdots+\frac{A_{n-2}+A_{n-1}}{A_{n-1}+A_n}\right] \quad (3.13)$$

图 3-25 阻尼比的计算

3.7.2 松手稳定性实验

这是一种开环实验，转向盘的转向力输入（转向力为零）的稳定性实验。激励和上节一样为脉冲转向盘转角，利用横摆角速度或侧向加速度响应的第 2 峰开始的自由振动数据求得阻尼比。因为与转向盘的转动惯量等的关系较大，故需要装上空气气囊等部件，与真实的车辆参数要一致。

3.7.3 主观评价和生理反应评价

操纵稳定性使用车辆的物理量来评价时，这些物理量究竟意味着什么，最终取决于驾驶人的感觉。当然大家都知道物理量与感觉一一对应是非常困难的。但通过多参数的分析结果来看，就像车道变换过程中的侧向加速度的最大值对驾驶人感觉有较大的贡献一样，与单个参数对应的情况也不在少数。这里同样适用刺激量的对数值与感觉量成比例这一韦伯－费西纳（Weber－Fechner）法则。变换感觉评价量的尺度，可以使得感觉与物理量成相近的线性关系。

另外，也可以在闭环试验中对驾驶人的反应进行评价。已有实例通过测量心跳次数等的变化来评价驾驶人的紧张感，这部分涉及人类特性的领域，这里不详细叙述。

3.8 室内行驶实验

3.8.1 用于运动性能的平带式实验装置

驱动制动用实验装置一般采用滚筒式的底盘测功器。而用于运动性能测试的较为著名的实验装置包括：东京大学生产技术研究所（在人车系统的研究中留下了很多业绩）的4轮滚筒式实验机；具有车辆约束装置和滚筒组成出独特构造的 Odier 的底盘测功器；在人车系统领域以及4WS（4轮转向）的研究中取得良好业绩的芝浦工业大学的滚筒式实验机。大多数是将前后轮装在滚筒上，车辆的前后方向用钢丝绳或者铰接固定，其他5个方向自由不受约束。这类实验装置的问题在于，对运动性能贡献较大的轮胎的接触状态和接地压力的分布与实际路面行驶时状态相差较大，只能进行直线行驶附近的实验而不能进行回转实验等。

用于运动性能的平带式底盘测功器，由于具有下面所示的构造特点，可以解决以上的问题（图3-26）。

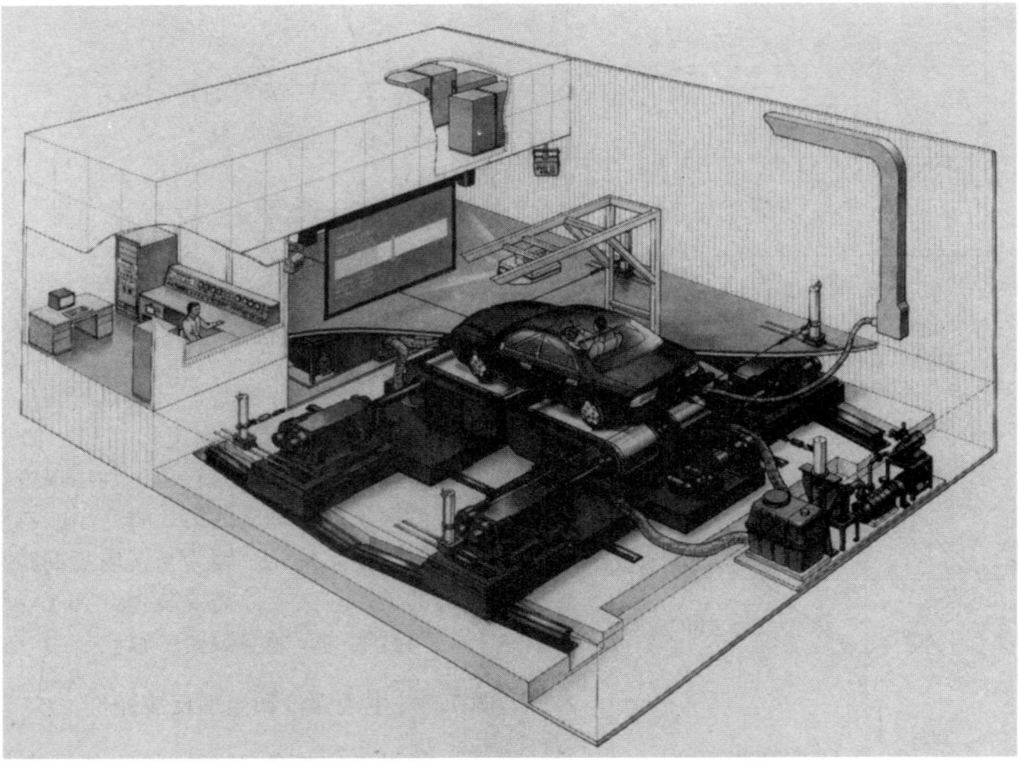

图3-26 平带式底盘测功器

1）与平带式轮胎实验装置具有同样构造的平带式单元分别安装在 4 个车轮的位置，钢带的较宽的平面，能够很好地再现轮胎与地面的接触状态。

2）为了能给轮胎任意的侧偏角，让平带式单元能够绕垂直轴旋转。

3）车辆平面内的自由度（前后、左右及横摆）用左右 4 根前后两根钢丝绳固定，固定力通过绳端的力传感器测量。

这种实验装置进行的车辆实验与飞机的风洞实验相当。最具代表性的利用方法是任意半径下直到极限条件的转向实验。室内化试验的好处在于：

1）数据的离散性小，再现性好。

2）不受驾驶人技术的影响。

3）测量方便。

4）即使到极限实验也能保证安全。

5）车辆的偏航力矩能够迅速测量得到。

3.8.2　室内圆回转实验

（1）水平面内的平衡

图 3-27 的左边示出了汽车质量 m，车速 V 在半径 R 的实际圆周路面上进行稳态转向时，水平面内的平衡状态。驾驶人操纵着转向盘踩着加速踏板沿着预定的回转路径按照规定的速度行驶。设离心力为 F，前后轮的侧偏力分别为 F_f、F_r 的话，则：

$$\frac{mV^2}{R} = F = F_f + F \tag{3.14}$$

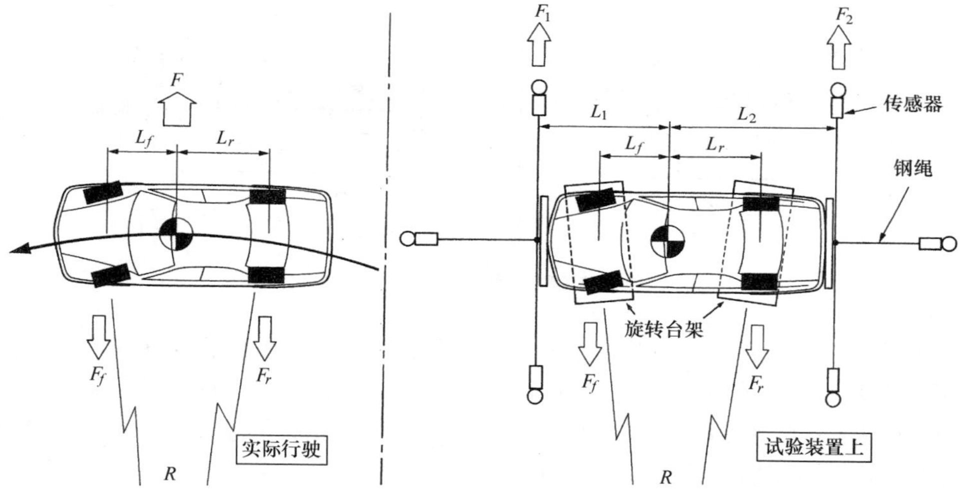

图 3-27　水平的平衡

$$0 = F_f L_f - F_r L \tag{3.15}$$

式中，L 为轴距；L_f 为重心到前轴的距离；L_r 为重心到后轴的距离。

图 3-27 的右边示出汽车在平带式实验装置上的平衡状态，实验装置上的车辆由钢丝绳限制着水平面内的运动，钢丝绳上的拉力 F_1、F_2 可用力传感器测得，其平衡条件如下：

$$F_f + F_r = F_1 + F_2 \tag{3.16}$$

$$F_f L_f - F_r L_r = F_1 L_1 - F_2 L_2 \tag{3.17}$$

设前后旋转台架的旋转角分别为 γ_1、γ_2，则转向半径 R 由下式决定。用图形来解释的话，就是4 个单元的平带面都是半径 R 圆盘的一部分：

$$R = \frac{L}{\tan(\gamma_1 - \gamma_2)} \tag{3.18}$$

车辆重心点的侧偏角 β 由旋转台架相对于车辆的绝对值决定：

$$\beta = \frac{L_r\gamma_1 + L_f\gamma_2}{L} \tag{3.19}$$

实验装置上的驾驶人对转向盘的操纵要使得由实时测量的钢丝绳拉力值计算而来的侧偏力矩为零，加速踏板要按照速度指令进行操作。这里的速度指令值是钢丝绳上的拉力 $F_1 + F_2$、车辆质量 m、转向半径 R 按照式（3.14）和式（3.16）来决定的。即使是到极限行驶状态，也不需要驾驶人有多高的技术技巧。只要侧偏力矩能等于零，实验就可以一直进行下去。

（2）侧倾方向的平衡

图 3-28 比较了车辆在实际行驶状态和在实验装置上时的侧倾方向的平衡。车辆重心高度位置前后两点的钢丝绳在水平方向产生的约束力，相当于实际行驶过程中作用于重心的离心力，能够得到与实际行驶相同的侧倾运动。为了降低因为悬架特性、钢丝绳的下垂而产生的车辆重心的上下移动进而产生的侧倾，钢丝绳应尽可能拉长、张紧。在实验装置上进行侧倾角的测量，通过安装在车体上的位移传感器，测量相对于地面的位移进而得到侧倾角的测量精度较高。

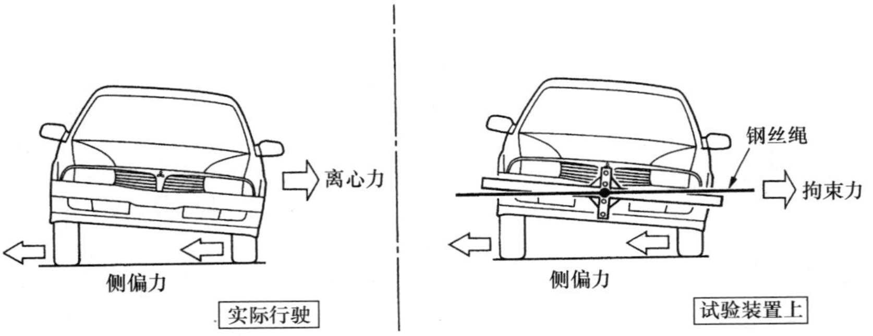

图 3-28　侧倾方向的平衡

（3）稳态转向实验的实行方法

实际路面实验是以车速作为变化参数，从超低速一直测到极限速度的稳态转向特性。在实验装置上进行该实验，是以后台架的旋转角 γ_2 作为变化参数，在超低速情况下从0°一直测到极限转角。如图 3.16 所示，如果纵轴为转向盘转角比或侧倾角，横轴为侧向加速度的话，其二者的结果是相同的。

（4）横向力矩的测试

对于转向状态的加减速、制动，或是 4WS 以及其他底盘控制实验而言，测量转向力矩的变化，有时比测量实际行驶过程中的车辆举动更有益。图 3-29 是转向半径 30m 的稳态转向状态，节气门全开加速 3s 后的转向力矩系数 C_N（转向力矩除以车辆重量与转向盘乘积后的无量纲系数）相对于钢丝绳上合力计算出的侧向加速度系数 A_y（侧向加速度与重力加速度的无量纲系数）的变化关系，图上分别为 3 种驱动类型的比较图。C_N 和 A_y 的关系用前后轮侧偏角作为参数表示的力矩法，用该装置可以测得。

3.8.3　其他应用

除了以上应用以外，过渡响应及路面不平的实验，可以通过对平带单元进行控制，来扩大实验的适用范围。另外，对于简单的直线行驶来说，完全没有路面激励情况下产生的偏向性实验和振动领域的实验也可以适用。

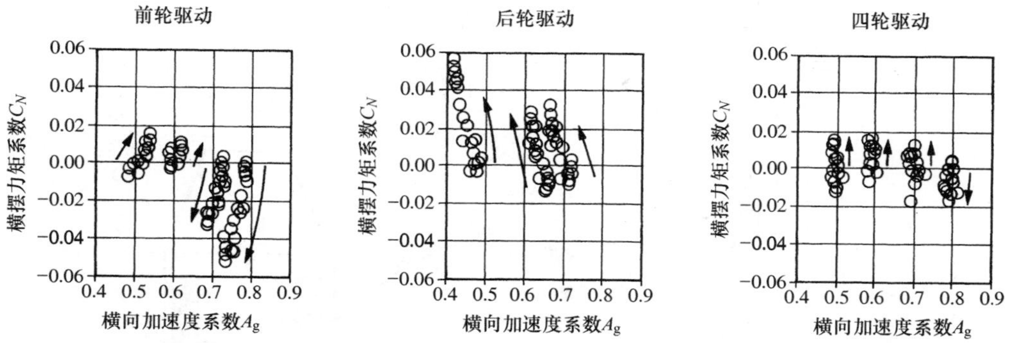

图 3-29 节气门全开加速时驱动力矩

3.9 侧翻实验

汽车侧翻包括平坦路面上猛打转向盘而导致的侧翻，以及非平坦路面上由于某种障碍而导致的侧翻。汽车侧翻与许多条件因素有关，因此可以通过实验法等多种方式来研究。

3.9.1 静态侧翻稳定性指标

对于同样的侧向加速度来说，重心越高的车辆越为不利。下列的静态侧翻及稳定性指标虽然很原始，但仍然具有参考价值。

(1) TTR（倾斜表比率）

实验时，车辆在侧翻之前与倾斜台保持垂直（图 3-30）。静态最大稳定倾斜角在道路安全运行法规中有规定，相关的实验方法在“新型汽车的实验方法”中有。另外，也有的报告中使用与下列的 SSF 及 SPR 相等的值。

(2) SSF（静态稳定系数）

SSF 为轮距的一半 $0.5T$ 除以重心高 h 的值。它是车辆全体都作为刚体情况下的稳定界限。

(3) SPR（侧拉率）

使得车辆侧翻所需的加在重心点上的横向力与车辆重量之比（图 3-31）。

以上 3 个指标的相关度高，并且实际测例表明：从微观上看有 SSF > TTR > SPR 的倾向。从测量的角度来看，重心高度的测量

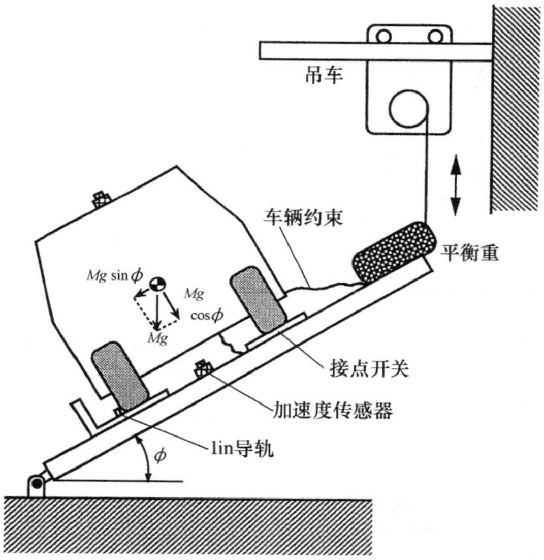

图 3-30 倾斜台面比率测量方法

并不容易，相比较而言，TTR 较容易测得。

3.9.2 转向盘侧翻实验

实际行驶中，通过操纵转向盘来确认是否引起侧翻（或者是侧翻前的内轮离地）。行驶的路径包括：双移线、蛇行、转向盘阶跃操纵的 J 回路实验以及一旦反向转动而产生的鱼钩形状路径等，一般用极限车速来表征。

实验中，为了保证即使侧翻也不产生危险，在车辆的宽度方向装有车外支架。但需要注意车外支架本身会改变车辆的侧翻特性，整个实验难于再现。

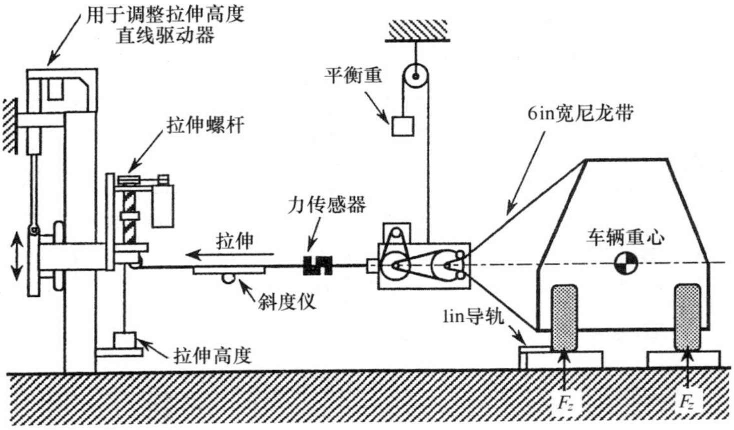

图 3-31　侧拉率（SPR）的测试方法

3.9.3　侧翻稳定性指标

以引起侧翻的侧向滑动动能大小为基础，提出了 CSV（Critical Sliding Velocity）、RPM（Rollover Prevention Metric）等评价指标。这些指标中都含有重心高度和侧倾转动惯量等因素。

参 考 文 献

1) 自動車技術会：自動車技術ハンドブック 3，試験・評価編，自動車技術会，p. 111-136（1991）
2) 平松金雄：ISO における操縦安定性試験方法の動向，自動車研究，Vol. 17, No. 4, p. 8-19（1995）
3) Determination of centre of gravity, ISO 10392（1992）
4) W. R. Garrott, et al.：Vehicle Inertial Parameters —Measured Values and Approximations, SAE Paper, No. 881767（1988）
5) G. J. Heydinger, et al.：The Design of a Vehicle Inertia Measurement Facility, SAE Paper, No. 950309（1995）
6) 馬場文彦ほか：ばね共振法車両慣性モーメント計測装置，自動車技術，Vol. 49, No. 3, 9532885, p. 38-44（1995）
7) 自動車技術会：自動車技術ハンドブック 1，基礎・理論編，自動車技術会，p. 177-245（1990）
8) W. J. Langer, et al.：Development of a Flat Surface Tire Testing Machine, SAE Paper, No. 800245（1980）
9) エム・ティ・エス・ジャパン㈱の販売技術資料（1987）
10) K. Shimizu, et al.：Indoor Test of Ice and Snow Tires on Iced Drum —Development of Tester and Characteristics of Coated Ice for Test, SAE Paper, No. 890004（1989）
11) 広木栄三ほか：室内試験機によるタイヤの圧雪路上性能評価，自動車技術会学術講演会前刷集，No. 935, 9306048, p. 117-120（1993）
12) 日本自動車研究所の設備案内資料（1995）
13) 牧田光弘ほか：実路でのタイヤコーナリング特性について，自動車技術会学術講演会前刷集，No. 921, 921123, p. 61-64（1992）
14) 諸泉晴彦ほか：フルビークルモデルによる操舵性能予測，自動車技術会学術講演会前刷集，No. 934, 9305599, p. 121-124（1993）
15) 中本正義ほか：音声メモ入りテレメータシステム，自動車技術，Vol. 44, No. 11, p. 55-58（1990）
16) 熊倉博之ほか：テレメータによる運動性能試験・計測システム，自動車技術，Vol. 48, No. 3, 9431319, p. 46-51（1994）
17) 近森　順ほか：走行軌跡の測定方法について，自動車技術，Vol. 38, No. 3, p. 350-356（1984）
18) 城戸滋之ほか：車両走行軌跡測定装置，トヨタテクニカルレビュー，Vol. 41, No. 2, p. 153-160（1991）
19) CORREVIT SYSTEMS 製品カタログ，DATRON-MES-STECHNIK GmbH, Germany（1990）
20) 梶原　博ほか：光ファイバジャイロの自動車への応用，OPTRONICS, No. 3, p. 61-68（1994）
21) 長谷川晃ほか：新型操舵角・操舵力計の開発，自動車技術会学術講演会前刷集，No. 912, 912289, p. 209-212（1991）
22) 籾山富士男ほか：大型車の直進安定性の理論的・実験的考察，自動車技術会学術講演会前刷集，No. 954, 9539040, p. 113-116（1995）
23) 山崎俊一ほか：ホイールアライメントとタイヤ特性が車両横流れ現象に及ぼす影響，自動車技術会論文集，Vol. 26, No. 3, p. 109-114（1995）
24) 田中忠夫ほか：乗用車の路面外乱安定性の評価法について，自動車技術，Vol. 45, No. 3, p. 19-25（1991）
25) 乗用車の横風安定性試験方法，JASO Z108-89（1989）
26) 平松金雄ほか：横風受風時の横ずれ量の測定，自動車技術会学術講演会前刷集，No. 912, 912156, p. 149-152（1991）
27) 御室哲志ほか：横風受風時の車両横ずれ量計測法について，自動車技術会論文集，Vol. 25, No. 2, p. 119-123（1994）
28) 相馬　仁ほか：AR 法による車両横風動特性の同定，自動車技術会学術講演会前刷集，No. 911, 911058, p. 235-238（1991）
29) 前田和宏ほか：高速走行時の車両安定性に与える空気力学特性の解析，自動車技術会論文集，Vol. 26, No. 3, p. 86-

90 (1995)
30) 馬越龍二ほか：制動外乱入力法による車両の制動安定性の解析，三菱重工技報，Vol. 20, No. 2, p. 67-72 (1983)
31) 森田隆夫ほか：サスペンション特性と制動安定性について，自動車技術，Vol. 42, No. 3, p. 325-329 (1988)
32) K. D. Norman：Objective Evaluation of On-Center Handling Performance, SAE Paper, No. 840069 (1984)
33) 佐藤博文ほか：操舵感に関わる操舵応答特性の考察，自動車技術，Vol. 44, No. 3, p. 52-58 (1990)
34) D. G. Farrer：An Objective Measurement Technique for the Quantification of On-Centre Handling Quality, SAE Paper, No. 930827 (1993)
35) 自動車の定常円旋回試験方法，JIS D 1070
36) Steady state circular test procedure, ISO 4138 (1982)
37) Power-off reactions of a vehicle in a turn — Open-loop test method, ISO 9816 (1993)
38) 田中忠夫ほか：駆動方式，サスペンション，ステアリング特性が限界性能に及ぼす影響，自動車技術，Vol. 42, No. 3, p. 311-315 (1988)
39) Braking in a turn — Open loop procedure, ISO 7975 (1985)
40) 乗用車の旋回制動試験方法，JASO Z113-92 (1992)
41) 山口博嗣ほか：旋回制動時の車両安定性向上について，自動車技術，Vol. 45, No. 3, 55-60 (1991)
42) 関根太郎ほか：旋回制動時の車両挙動の解析，自動車技術会論文集，Vol. 24, No. 4, p. 76-81 (1993)
43) Steering Equipment, ECE, No. 79 (1988)
44) Lateral transient response test methods, ISO 7401 (1988)
45) 乗用車の操舵過渡応答試験方法，JASO Z110-91 (1991)
46) 相馬　仁ほか：AR 法による車両動特性の解析，自動車研究，Vol. 16, No. 7, p. 6-9 (1994)
47) G. J. Heydinger, et al.：Pulse Testing Techniques Applied to Vehicle Handling Dynamics, SAE Paper, No. 930828 (1993)
48) S. Vedamuthu, et al.：An Investigation of the Pulse Steer Method for Determining Automobile Handling Qualities, SAE Paper, No. 930829 (1993)
49) T. Mimuro, et al.：Four Parameter Evaluation Method of Lateral Transient Response, SAE Paper, No. 901734 (1990)
50) G. Keuper, et al.：Influence of Active Suspensions on the Handling Behaviour of Vehicles, SAE Paper, No. 945061 (1994)
51) X. Xia, et al.：The Effects of Tire Cornering Stiffness on Vehicle Linear Handling Performance, SAE Paper, No. 950313 (1995)
52) 中川邦夫ほか：空力制御技術による操安性の向上，自動車技術，Vol. 45, No. 3, p. 85-91 (1991)
53) Passenger car/trailer combinations—lateral stability test, ISO 9815 (1992)
54) 平松金雄：運転フィーリングの数値化，自動車技術，Vol. 45, No. 3, p. 12-18 (1991)
55) O. Hirao, et al.：Improvement of Safety of Automobile as Man-Machine System at High-Speed Running, 12th FISITA, Barcelona (1968)
56) J. Odier：Conception et etude d'unenouvelle machine d'essai automobile simulant la tenue sur route, 12th FISITA Barcelona (1968)
57) S. Sano, et al.：Effect of Vehicle Response Characteristics and Driver's Skill Level on Task Performance and Subjective Rating, 8th ESV (1980)
58) 吉田　寛ほか：運動性能用フラットベルトシャシダイナモメータ，自動車技術，Vol. 45, No. 4, p. 108-113 (1991)
59) 御室哲志ほか：フラットベルトシャシダイナモメータを用いた室内旋回試験，自動車技術会論文集，Vol. 23, No. 3, p. 87-91 (1992)
60) W. F. Milliken, et al.：The Static Directional Stability and Control of the Automobile, SAE Paper, No. 760712 (1976)
61) E. Perri：The Design of a Roadway Handling Test Rig, 23rd FISITA, 905098, p. 751-761 (1990)
62) W. Langer, et al.：Development and Use of Laboratory Flat Surface Roadway Technology, SAE Paper, No. 930834 (1993)
63) 佐藤健治ほか：クローズドループ操安性試験方法の研究，日本自動車研究所平成 6 年度自工会受託研究報告 (1995)
64) 新型自動車の試験方法について (TRIAS)，運輸省自動車交通局通達 (1971)
65) J. Hinch, et al.：NHTSA's Rollover Rulemaking Program — Results of Testing and Analysis, SAE Paper, No. 920581 (1992)
66) C. B. Winkler, et al.：Repeatability of the Tilt-Table Test Method, SAE Paper, No. 930832 (1993)

第 4 章 碰撞安全性

4.1 乘员伤害值测试技术和分析软件

4.1.1 车载测试系统概要

碰撞时乘员所受到的冲击，由安装在碰撞假人内的各种传感器测量得到。过去一般需要用较长的信号线连接传感器和放大器来测量乘员的伤害值，但随着测量通道数的增多，测量用信号线的直径也在增大，这就增加了牵引实验车时的牵引阻力；在进行侧面碰撞实验及侧倾试验时容易产生信号线断线或疲劳问题。因此，采用长信号线的测量方法逐渐被取消，取而代之的则是利用车载测试系统来进行测试。

图 4-1 是最近乘员伤害测试用的车载测试系统的方框图，表 4-1 示出了主要装置的参数。主要装置由内装在假人里的传感器、车载测量装置、远程控制器、数据处理用计算机等构成。车载测量装置作为一体化的单元，由模拟信号调节器（对传感器的电信号进行放大）、前置采样滤波器、AD 转换器以及数据存取单元组成。

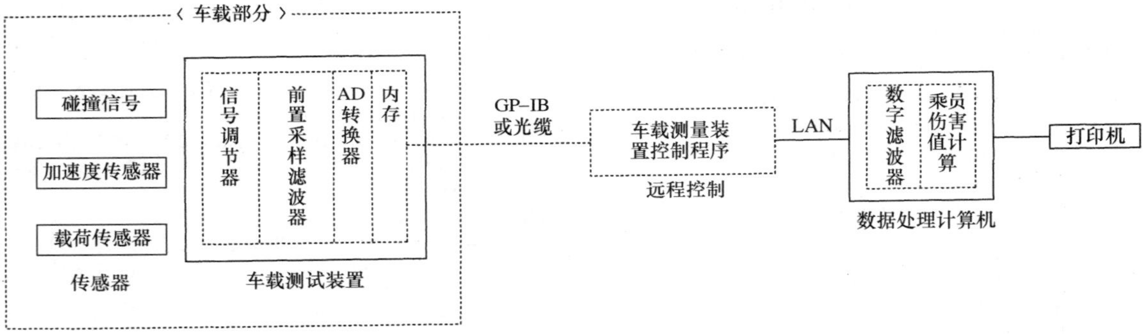

图 4-1 车载测试系统框图

表 4-1 车载测试系统主要参数

装置	车载测量装置		远程控制	数据处理计算机	
规格参数	AD 转换器		车载测量装置	处理能力	20Mips
	采样频率	10kHz	控制器		32bit
	分辨率	12bit	专用软件	数字滤波器	4 极巴特沃斯滤波器
	通道	32ch 独立			根据截止频率对应不同种类通道的区域
	内存容量	64kW/ch			
	耐冲击性	100G－10ms			

实验时，将内部装有传感器的假人、车载实验装置、车载电池固定在实验车上。车载实验装置通常具备耐 100G 冲击的性能。实验前后，用 GP－IB 电缆或光缆将实验装置与计算机连接后，可进行校正值的设定、实验条件的设定以及数据的记录等。为了快速处理实验数据，一般将数据传送到一台小型计算机上进行伤害值计算。

4.1.2 测试通道的精度

图 4-2 示出了在组成乘员伤害值测试系统时，各测量设备需要考虑的基本精度。这里需要注意的是，整个测试通道的精度也需要考虑。

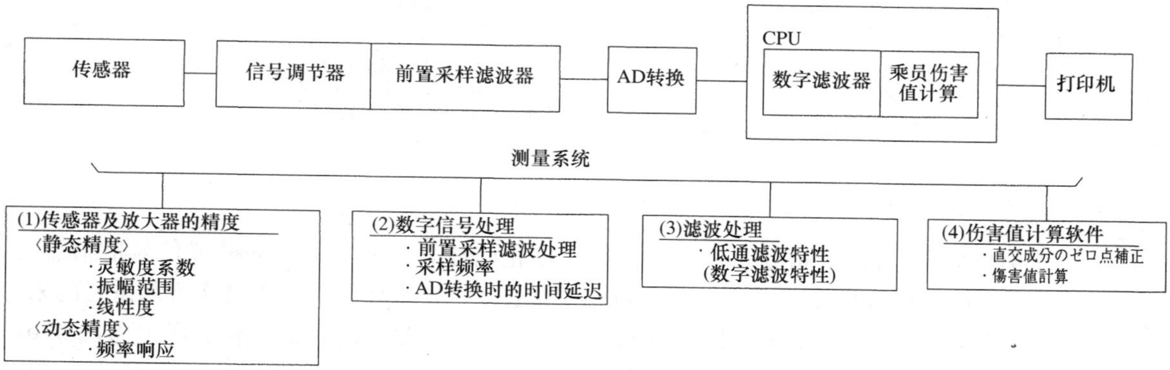

图 4-2 基本的测试系统构成和精度

（1）传感器和放大器的精度

1）静态精度。通常的应变片型的传感器的输出只有几毫伏，需要有信号放大器将它放大到几伏。这个过程中重要的是传感器的具有直线比例关系的增加的输出特性。这些精度用灵敏度系数和线性度来表示。

① 灵敏度系数的求法。传感器的灵敏度系数，可以利用校正装置给传感器发出校正值时测得的测量通道的输出电压之间的关系求得。这些测得的对应关系的拟合直线（基准直线）的斜率就是灵敏度系数。

图 4-3 示出了加速度传感器的灵敏度系数的求法。让加速度校正装置发出一个基准加速度值，测量这时加速度传感器的应变输出。乘员伤害测试时可以用图 4-3 的两种代表性的方法来求灵敏度系数。

② 线性度的求法。图 4-4 示出了线性度的求法。相对于灵敏度系数的说明中拟合求得的基准直线，可求得测量得到的测试值的偏差值，其中的最大值除以测量振幅范围（测定校正的最大值）即为线性度。

③ 振幅范围的选定。传感器的振幅范围的选定应考虑到测量时的信号不超出测量范围。

例如：前面碰撞用的假人里的传感器的振幅范围一般如下，头部加速度传感器的范围为 1960 ~ 4900m/s^2，胸部加速度传感器的范围为 980 ~ 1960m/s^2，大腿部力传感器的范围为 19.6kN。

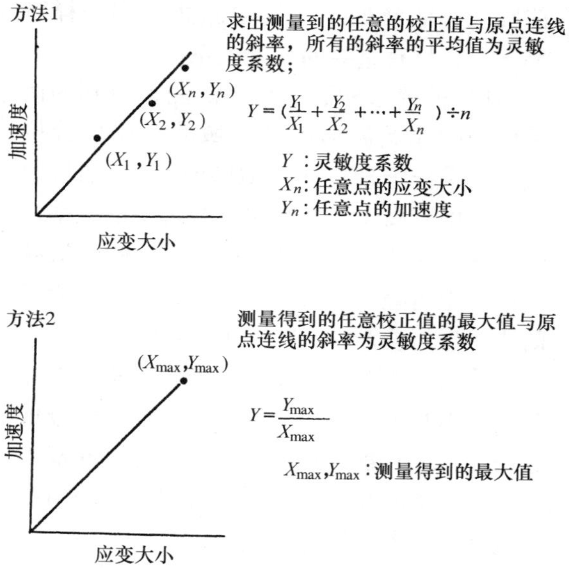

图 4-3 加速度传感器的灵敏度系数的求法

2）动态精度。动态精度需要考虑的是传感器（主要是加速度传感器）及放大器的频率响应特性。乘员伤害测试时由于要求测得高频域的信号，因此所选定的传感器及放大器频率响应特性至少应保证后面所述的各通道的通频带内没有阻尼和增幅，保持一个平坦的特性。

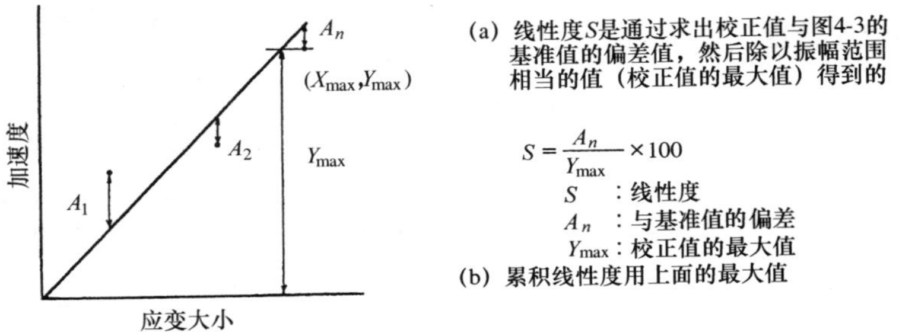
A_n
(X_{max},Y_{max})
A_2
Y_{max}
A_1
加速度
应变大小
(a) 线性度S是通过求出校正值与图4-3的基准值的偏差值，然后除以振幅范围相当的值（校正值的最大值）得到的
$S=\frac{A_n}{Y_{max}}\times 100$
S ：线性度
A_n ：与基准值的偏差
Y_{max}：校正值的最大值
(b) 累积线性度用上面的最大值

图 4-4 线性度的求法

（2）AD 转换处理时的精度

使用计算机进行数据处理时，需要实施将模拟信号转换为数字信号的 AD 转换处理。AD 转换处理时必须考虑的重要一点是前置采样滤波处理（抗混滤波）和采样频率。二者具有重要的相互关系。

1）前置采样滤波处理。测量得到的碰撞信号的原始波形由宽频域的频率成分构成。由采样定理可知：AD 转换时，如果模拟信号中有高于采样频率二分之一的频率信号，这样在 AD 转换时会在相反一侧的低频率域产生折叠。前置采样滤波处理就是为了防止产生折叠而在 AD 转换前实施。

乘员伤害测试时使用的前置采样滤波器是具有 1000Hz 以上频率特性的模拟信号低通滤波器，目前一般使用 4 ~ 6 次的贝塞尔滤波器或贝塞尔型模拟改良滤波器。图 4-5 为这类滤波器的特性曲线。

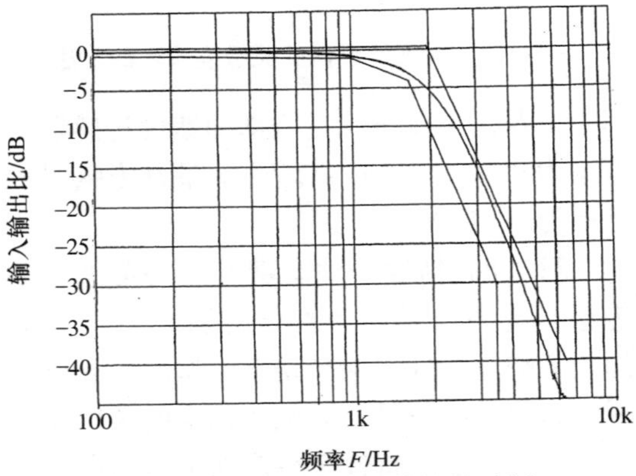

图 4-5 前置采样滤波特性的示例

2）采样频率。应用 AD 转换器进行数字化处理时，为了不失去模拟信号的信息，有必要选定采样频率。乘员伤害测试时的采样频率在 SAE J211 等标准中规定为图 4-6 中 F_H 的 8 倍以上，或者用 8000 样本/s 以上的速度进行处理。

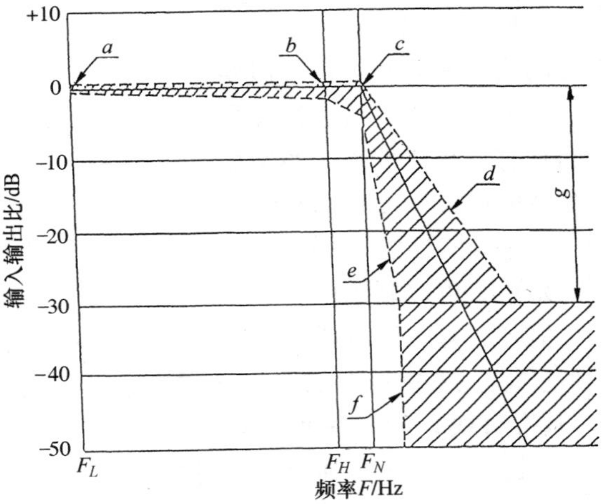

频率段	F_L /Hz	F_H /Hz	F_N /Hz
1 000	<0.1	1 000	1 650
600	<0.1	600	1 000
180	<0.1	180	300
60	<0.1	60	100

点a：±0.5dB，点b：+0.5~−1dB，点c：+0.5~−4dB，斜率d：−9dB，斜率e：−24dB，斜率f：∞，斜率g：−30dB.

图 4-6 频率特性

目前，多数使用的是分辨率为 12bit，采样频率为 10kHz 的 AD 转换器。

（3）滤波处理

为了比较不同实验单位的乘员伤害值，

需要去除测试信号中含有的不必要的频率成分，然后在相同的频率特性下进行测试分析。SAE J211 及 ISO 6487 中，推荐使用图 4-6 所示的通道级的频率特性曲线来进行测试。频率特性曲线的纵轴为输入输出比，横轴为频率。

输入输出比以下式计算而得：

$$Y = 20\log_{10}(O/I) \tag{4.1}$$

式中，Y 为输出输入比；O 为通道的输出信号；I 为校正器的基准信号（SIN 信号）。上述的频率特性曲线用通道级来表示。各个通道级用番号来称呼，相当于图 4-6 中表里的频率 F_H。

另外，这样的滤波处理需要在计算乘员伤害值及合成加速度等的处理前进行。

1）滤波处理的种类。低通滤波的种类如果没有特别的指定，只要满足图 4-6 所示的滤波特性的滤波器即可。但是在最近的乘员伤害值的测试中，一般在最初的硬件中加上了模拟信号滤波器，再根据相应的通道级来使用数字滤波器。

2）最近滤波特性的动向。在最近的 SAE 及 ISO 的草案中需要注意的是研讨了图 4-7 所示的通道级 1000 和 600 的频率范围的变更。另外，虽然对于数字滤波后面的软件部分会详细论述，但为了提高信号的重复性，推荐使用巴特沃兹（Butter-Worth）型 4 极没有相位滞后的无限脉冲响应数字滤波器（IIR - infinite Impulse Response 数字滤波器）。

（4）测试系统校准

测试通道精度及分析软件的检定需要考虑整个测试系统。测试通道系统的检定通常对每个测试装置进行检定，然后把每个单体的精度进行累积来考虑。

然而，将测试通道系统分成若干个子系统来检定时，累积误差有时会较大地偏离其真正的精度。因此，进行测试通道的检定时，重要的是怎样分离成最合适的子系统。

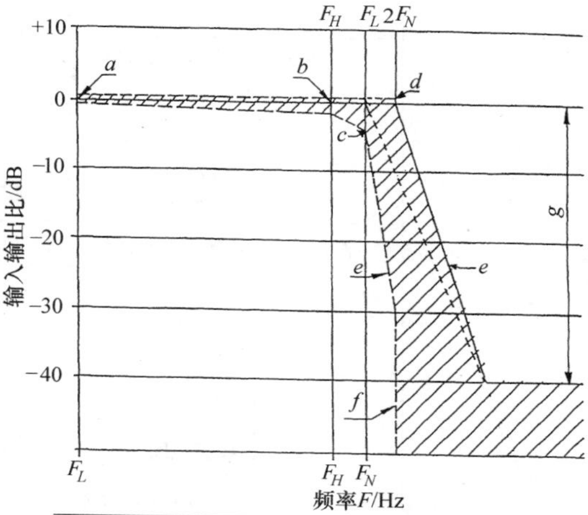

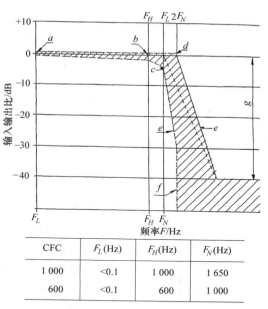

CFC	F_L(Hz)	F_H(Hz)	F_N(Hz)
1 000	<0.1	1 000	1 650
600	<0.1	600	1 000

[Logarithmic scale]a:±0.5dB,b:+0.5:−1dB,
c:+0.5:−4dB,d:+0.5dB,e:−24dB/octave,
f:∞,g:−40dB.

图 4-7　频率特性的变更方案

另外，对数字滤波器及伤害值计算进行验证时，即使计算算法正确，计算机计算位数的问题和程序设计中意想不到的失误也可能导致计算结果不正确。

为了解决这类问题，利用统一的校正信号且能让任何人都能简单地进行检定显得十分重要。美国的 NHTSA 的冉大网（Randa Radwan）等制作了用于乘员伤害值测试系统检定用的校正信号发生器，有效地提高了各实验单位的测量精度。

最近在日本也开发了同样的校正系统，对测量装置的精度进行了有效的管理。图 4-8 示出了应用实例。将测试通道分成两个子系统，在子系统 1 中求出传感器的精度，在子系统 2 中用校正信号发生装置求出传感器后面系统的精度。并且推荐使用图 4-8 所示的计算方法来求整个系统的精度。

校正信号发生装置可以将记录在波形记忆装置里的校正信号通过 DA 转换器准确无误地转换成模拟信号输出出来。通过比较校

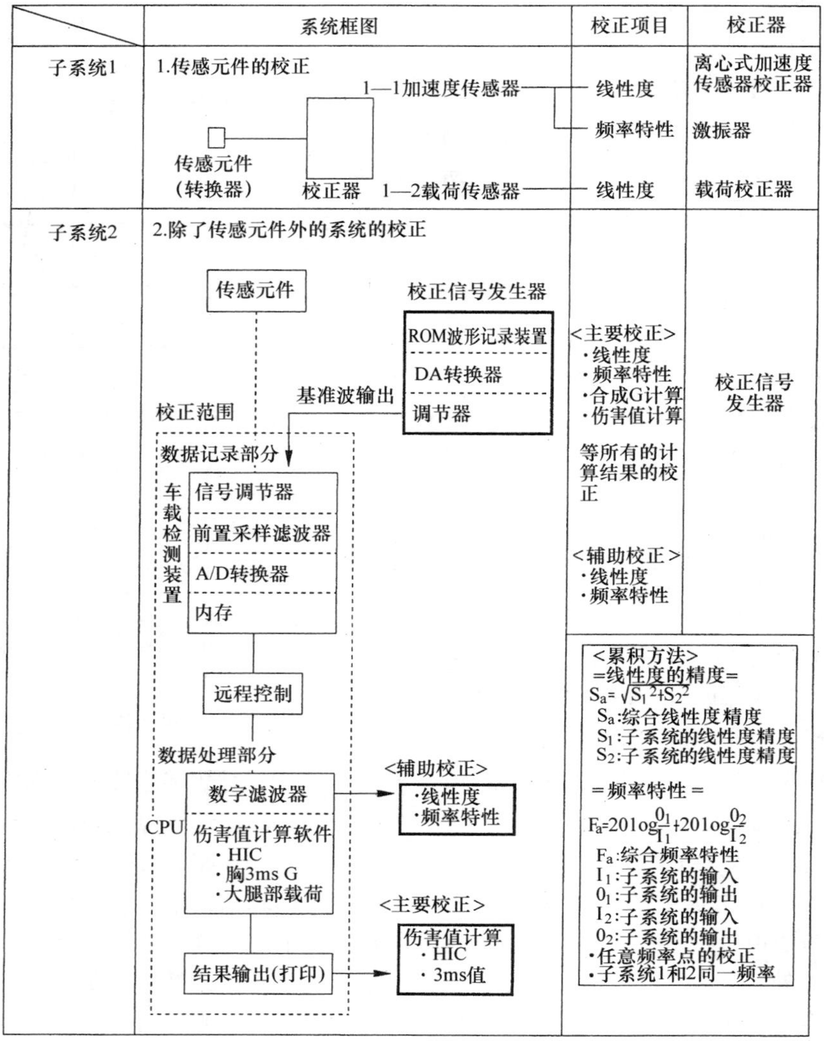

图 4-8　使用校正信号发生装置的校正方法

正信号经过子系统 2 后的输出值，可对计算精度进行验证（主要校正）。另外，通过与专用的分析软件相连，可求出线性度，频率响应特性（辅助校正）。

4.1.3　乘员伤害值测试分析软件

乘员伤害值测试中使用的软件可基于车体前部等地方的碰撞信号，在时域信号数据上求出碰撞时刻点，利用碰撞前 50ms 及碰撞后的 200ms 以上的数据进行计算分析。数据处理的主要内容包括数字滤波、合成加速度、HIC 等伤害值的计算。下面主要介绍这些计算算法的概要。

（1）数字滤波处理

巴特沃兹型数字滤波器。巴特沃兹型 4 极无相位滞后的数字滤波器（ButterWorth 4 pole Phaseless Type Digital Filter）在乘员伤害值测试中用的最为广泛的是无限脉冲响应滤波器（IIR 滤波器：Infinite Impulse Response Filter）。这种巴特沃兹型滤波器的计算算法如图 4-9 所示。

这种滤波器处理后的输出信号可基于

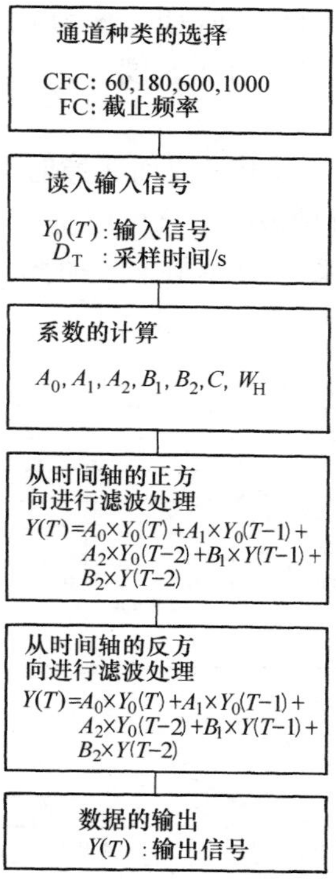

图 4-9　巴特沃兹型滤波器的计算算法

式（4.2）求出。式（4.2）是 2 极的滤波器，仅仅用它来处理的话会发生相位滞后，因此在采样信号的时域内，除了用 2 极滤波器从前到后加上一次滤波外，又从后到前加了一次滤波，以消除相位的滞后。这样的滤波处理称为 4 极无相位滞后滤波器。

通过这样的滤波处理，可得到对应于图 4-6 所示的各通道级的频率响应特性。但是由于 4 极滤波器上截止频率对应的衰减为 -6dB，因此在进行滤波处理时需要调整截止频率来对应各通道频带宽。

$$Y(T)=A_0\times Y_0(T)+A_1\times Y_0(T-1)+A_2\times Y_0(T-2)+B_1\times Y(T-1)+B_2\times Y(T-2) \tag{4.2}$$

式中，$Y_0(T)$ 为输入信号；$Y(T)$ 为输出信号；A_0、A_1、A_2、B_1、B_2 是与频率特性相关的参数，由下式求得：

$$A_0=C^2/(1.0+\sqrt{2}\times C+C^2) \tag{4.3}$$

$$A_1=2.0\times A_0 \tag{4.4}$$

$$A_2=A_0 \tag{4.5}$$

$$B_1=-2.0\times(C^2-1.0)/(1.0+\sqrt{2}\times C+C^2) \tag{4.6}$$

$$B_2=(-1.0+\sqrt{2}\times C-C^2)/(1.0+\sqrt{2}\times C+C^2) \tag{4.7}$$

$$W_H=2.0\times\pi\times F_c \tag{4.8}$$

$$C=\sin(W_H\times D_T/2.0)/\cos(W_H\times D_T/2.0) \tag{4.9}$$

式中，F_c 为各通道级所对应的截止频率；D_T 为信号数据采样时间。

FIR 滤波器。FIR（Finite Impulse Response Filter）数字滤波器是 FMVSS214 标准中侧面碰撞时的乘员伤害值计算时指定的有限脉冲响应滤波器。

FMVSS214 中制定的 FIR100 滤波器具有以下的频率特性。

通带频率(Passband Frequency)：100Hz

截止频率（Cutoff Frequency)：136Hz

阻带频率(Stopband Frequency)：189Hz

阻带域增益（Stopband Gain)：-50dB

另外，用 FIR100 滤波器处理前应进行如图 4-10 所指定的前处理。最初由前面所说明的通道级 180 的 IIR 滤波器进行处理后，再用 1600Hz 的采样率再次采样，然后进行 FIR 滤波处理。

图 4-11 示出了 FIR 滤波器的计算算法，其基本算式如下：

$$Y(T)=\sum_{k=1}^{N_F}(H(K)\times(Y_0(T-K)+Y_0(T+K))) \tag{4.10}$$

式中，$Y_0(T)$ 为输入信号；$Y(T)$ 为输出信号；N_F，对于 FIR100，$N_F=25$，$N_F=(N_{NF}+1)/2$（N_{NF} 为滤波器阶数，49）；$H(K)$ 为滤波器系数（参照图 4-11）。

（2）合成加速度、HIC 等的计算

合成加速度的计算可以用测量得到的 x、y、z 方向的加速度数据通过下式来求得。

$$T_G=\sqrt{x^2+y^2+z^2} \tag{4.11}$$

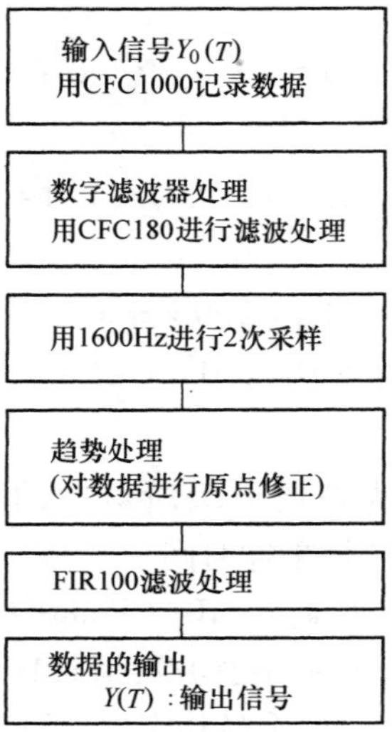

图 4-10　FIR100 滤波前处理

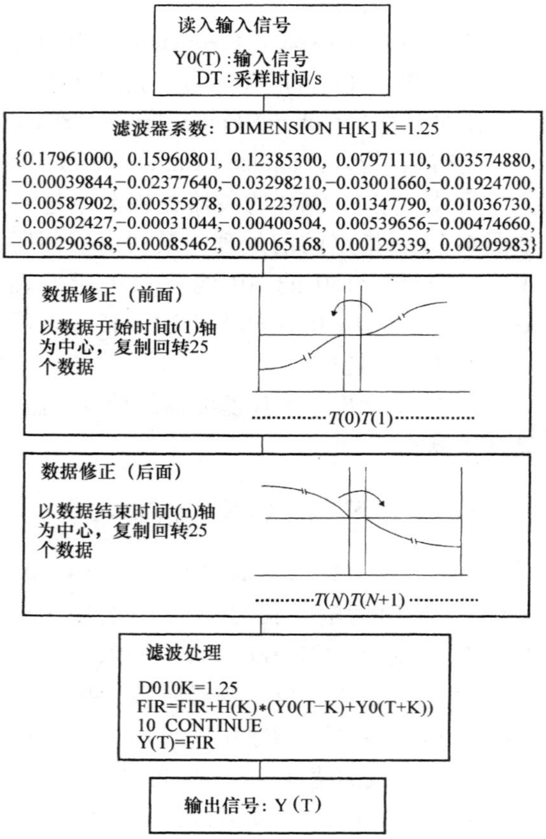

图 4-11　FIR 滤波的计算逻辑图

式中，T_G 为合成加速度；x 为 x 方向的加速度；y 为 y 方向的加速度；z 为 z 方向的加速度。

图 4-12 示出了前面碰撞时测量得到的头部加速度的波形。合成加速度可以利用测得的所有采样数据在同一时刻进行计算求得。

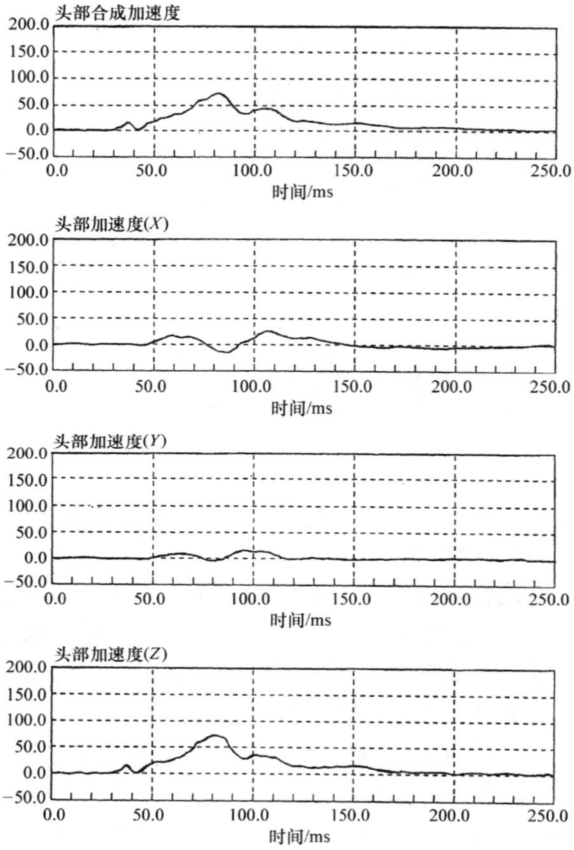

图 4-12　头部加速度波形实例

作为头部伤害值的指标 HIC（Head Injury Criteria）就是用上述计算得到的头部合成加速度，通过下式来求得。

$$\left[\frac{1}{t_2 - t_1}\int_{t_1}^{t_2}\frac{a_r}{9.8}\mathrm{d}t\right]^{2.5}\cdot(t_2 - t_1) \tag{4.12}$$

式中，t_1、t_2 为碰撞中的任意时间（s），$(t_2 - t_1) < 36\mathrm{ms}$；$a_r$ 为头部的合成加速度。

（3）TTI、VC 的计算

TTI（Thoracic Trauma Index）是美国安全标准 FMVSS214 中定义的侧面碰撞时的胸部伤害指数。TTI 可用式（4.13）求得。而且，在计算 TTI 前需要对数据进行前面介绍的 FIR100 滤波处理。

$$TTI = \{A(Max.Rib) + B(Low.Spine)\}/2 \tag{4.13}$$

式中，TTI 为胸部伤害指数；A（Max. Rib）为上部肋骨横向加速度（Upper Rib）的最大值和下部肋骨加速度（Lower Rib）的最大值中的较大值；B（Low Spine）为下部脊椎的横向加速度（图 4-13）。

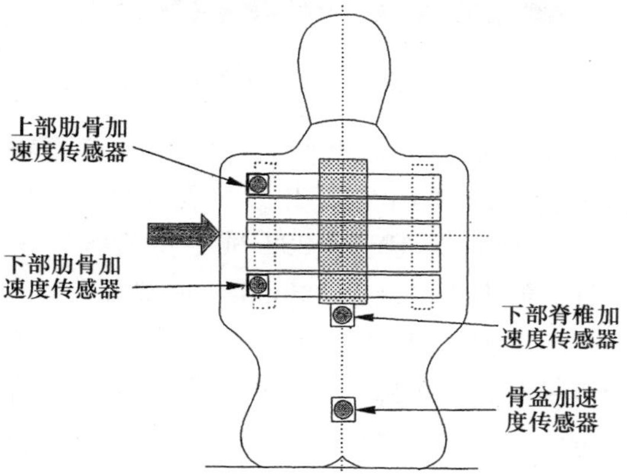

图 4-13 SID 假人的加速度位置

VC（Viacous Criterion）是通过测量得到的胸部位移计算出的指标，一般用下式计算。

$$VC = k \times V(t) \times C(t) \tag{4.14}$$

$$V(t) = D(t)/dt \tag{4.15}$$

$$C(t) = D(t)/D_0 \tag{4.16}$$

式中，k 为假人系数；D_0 为假人胸部厚度；$D(t)$ 为测量得到的胸部位移数据；$V(t)$ 为胸部位移速度；$C(t)$ 为胸部位移压缩比。VC 现在还处于研究阶段，其中较有代表性的计算算法可参考图 4-14。

VC 是以测量的最小时间间隔来计算的。

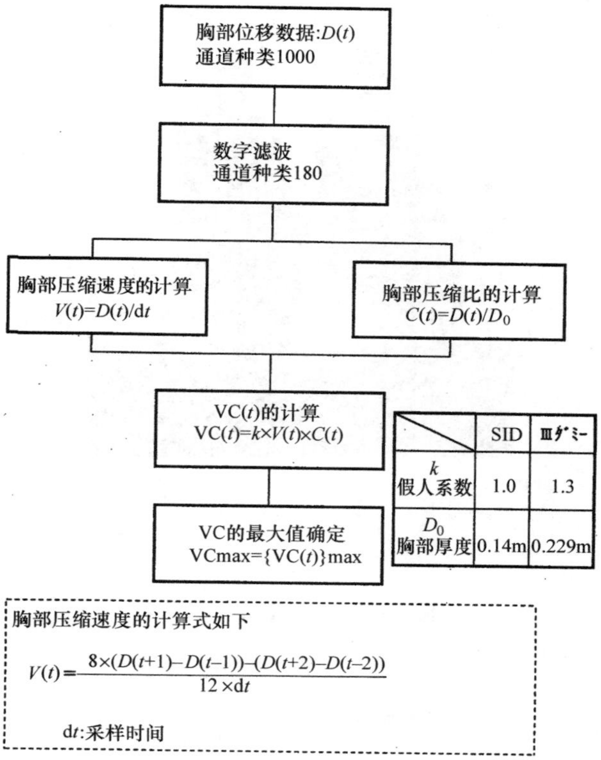

图 4-14 VC 的计算方法

4.2 碰撞用假人

4.2.1 假人的种类

（1）正面碰撞假人

现在，在正面碰撞中广泛使用的是混合Ⅱ型假人和Ⅲ型假人。

1）混合Ⅱ型假人。图 4-15 是 50 百分位的混合Ⅱ型假人的外观图。这种假人是美国通用汽车公司、联邦交通安全局（National Highway Traffic Association）使用 ARL 公司、Sierra 公司的假人部件开发的假人。在这之后，作为汽车碰撞试验用假人在 1973 年被联邦汽车安全基准（Federal Motor Vehicle Safety Standard No. 208）正式采用为试验用假人，直到现在成为 Part 572 Subpart B 型假人。

图 4-16 示出的是混合Ⅱ型假人可测量

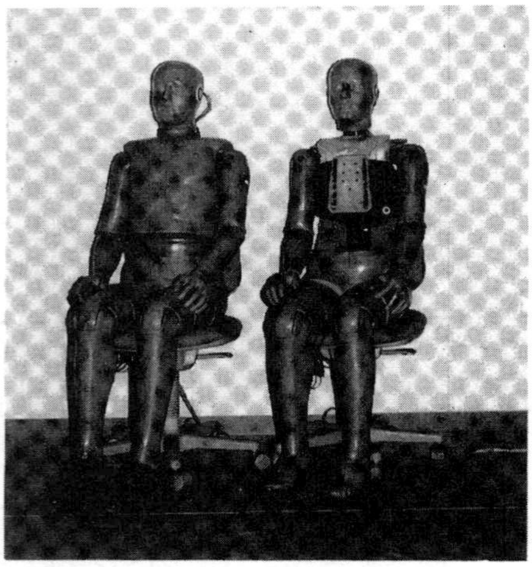

图 4-15 混合Ⅱ型假人的外观图

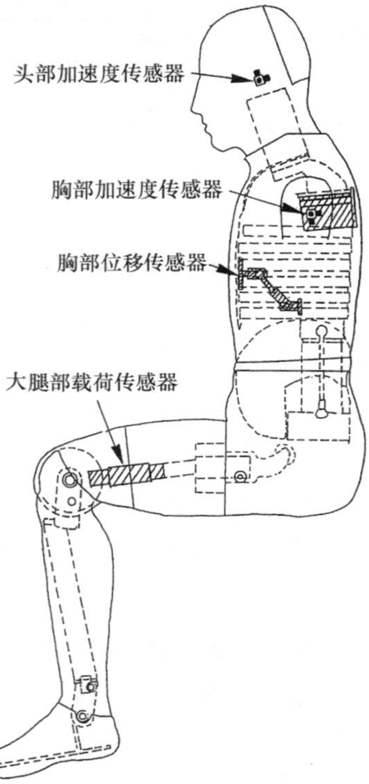

图 4-16 混合Ⅱ型假人

的传感器。在头部的头骨中内藏有 3 个加速度传感器，这些传感器可测量头部的伤害值。在胸部的脊椎中通过专门的悬置安装有 3 个加速度传感器来测量胸部的加速度。另外，作为胸部的检定试验，还安装有用于测量胸骨位移的胸部位移传感器。左右的大腿内装有载荷传感器用于测量大腿部的载荷。

2）混合Ⅲ型假人。图 4-17 是 50 百分位的混合Ⅲ型假人的外观图。

图 4-17 混合Ⅲ型假人的外观图

Ⅲ型假人与Ⅱ型假人一样用于正面碰撞试验，由通用公司开发。在 1986 年被 NHTSA 认可为 FMVSS208 试验用假人，这种Ⅲ型假人为 Part 572 Subpart E 型假人。

图 4-18 示出的是混合Ⅲ型假人可测量的传感器。在头部的头骨中内藏有 3 个加速度传感器。通过专门开发用于Ⅲ型假人的头部传感器，可测量加在头部的力和力矩。这类头部传感器主要用于头部的检定试验，但最近也用于头部伤害的研究。

在胸部，与Ⅱ型假人一样装有胸部加速度和胸部位移传感器。另外，大腿内装有载荷传感器用于测量大腿部的载荷。

（2）侧面碰撞假人

侧面碰撞假人是为再现侧面碰撞时人体的响应特性而开发的侧面碰撞专用假人。侧面假人最有代表性的产品包括 SID 型假人和 EUROSID－1 型假人等。

1）SID 型假人。图 4-19 为 50 百分位 SID 型假人的外观图。SID 型假人是密歇根大学的高速安全研究所根据美国 NHTSA 的协定开发出来的，这以后成为联邦安全基准

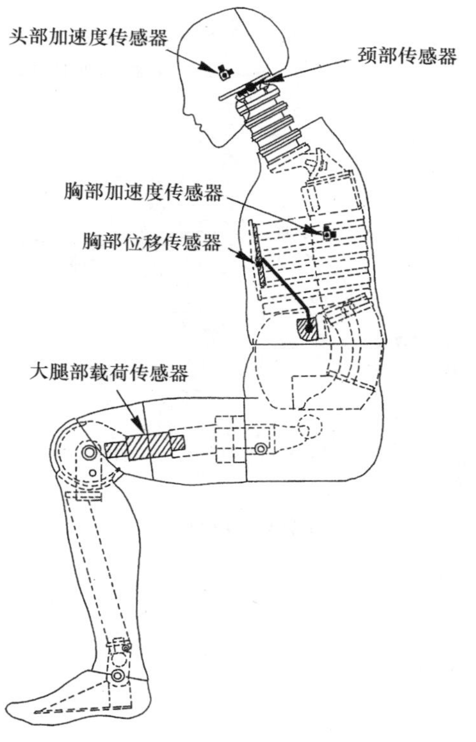

图 4-18　混合Ⅲ型假人

（FMVSS214）的侧面碰撞试验用假人，作为 Part 572 Subpart F 型假人来使用。

图 4-19　SID 型假人的外观图

图 4-20 示出了 SID 型假人具有的典型的传感器。SID 型假人基于混合Ⅱ型假人的构造，为适合横向的响应测量，对上部躯体进行了设计。

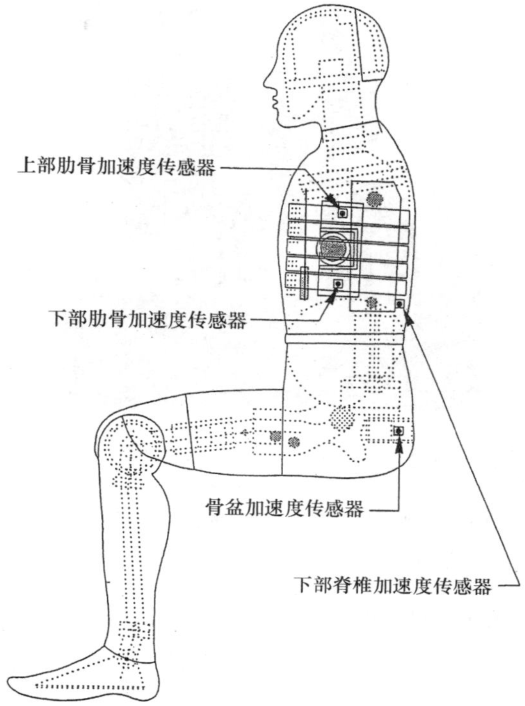

图 4-20　SID 型假人

在肋骨的上侧和下侧以及下部脊椎（T12 Lower Spine）分别安装了横向的加速度传感器以测量加在上部躯体的横向加速度。另外，为了测量加在腰部的冲击，在骨盆（Pelvic）处也安装了横向加速度传感器。

2）EUROSID－1 型假人。图 4-21 为 50 百分位 EUROSID－1 型假人的外观图。这种假人是 TNO、TRL、APR 等在 EEVC（European Experimental Vehicles Committee）的指导下开发的侧面碰撞假人。

图 4-22 示出了这种假人具有的传感器。头部部分的传感器与混合Ⅲ型假人相同。胸部是专门开发的传感器，在 3 根独立的肋骨上分别安装了位移传感器用于测量胸部位移（Thorax Rib Deflection）。在腹部有 3 个载荷计用于测量腹部的载荷（Abdomen Load）。另外，在下半躯体有专用的耻骨载

图 4-21 EUROSID－1 型假人的外观图

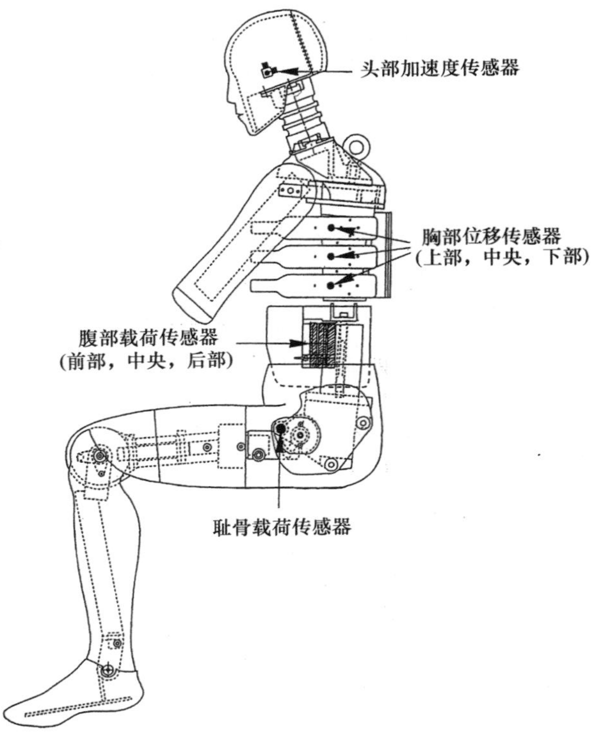

图 4-22 EUROSID－1 型假人

荷计用于测量横向的耻骨载荷（Pubic Symphysis Load）。

4.2.2 假人校准实验的测试技术

为保证碰撞假人测量数据的重复性，需要对每个假人进行校准实验，使用前要确认假人是否适合它的限定值。假人的校正实验会根据假人的不同进行相异的检定内容。因此，下面主要介绍假人校正实验的测量技术。

（1）头部落下实验

头部实验装置如图 4-23 所示。这个实验就是将假人头部设置在图示的规定高度上，利用分离装置让假人突然落下，测量头

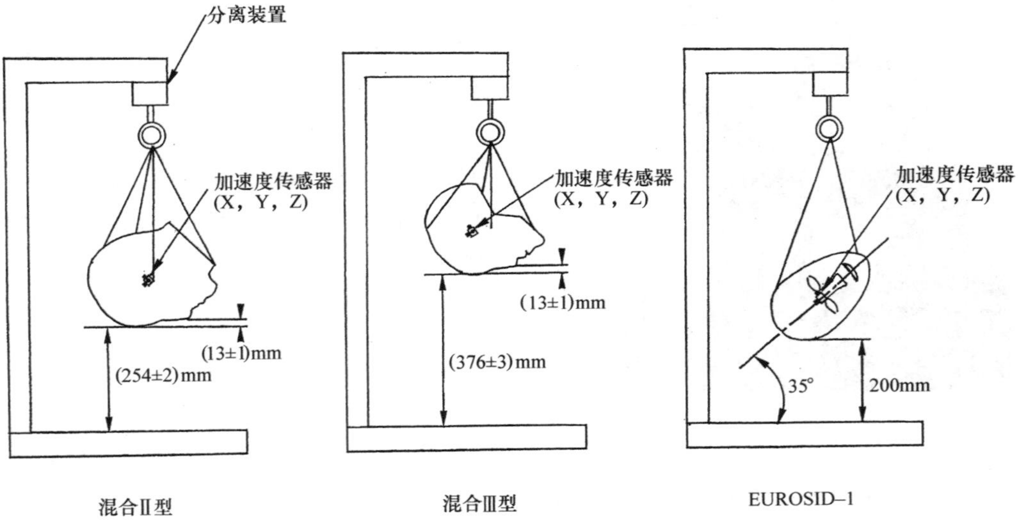

图 4-23 头部落下实验

部的加速度。不同类型假人的实验条件和判断基准都不同，但实验装置系统都一样。

图4-24示出了头部特性实验中使用的测试通道框图。将测得的假人头部的X、Y、Z方向的加速度经过AD转换、滤波处理后，由计算机计算出合成加速度等其他特性值。

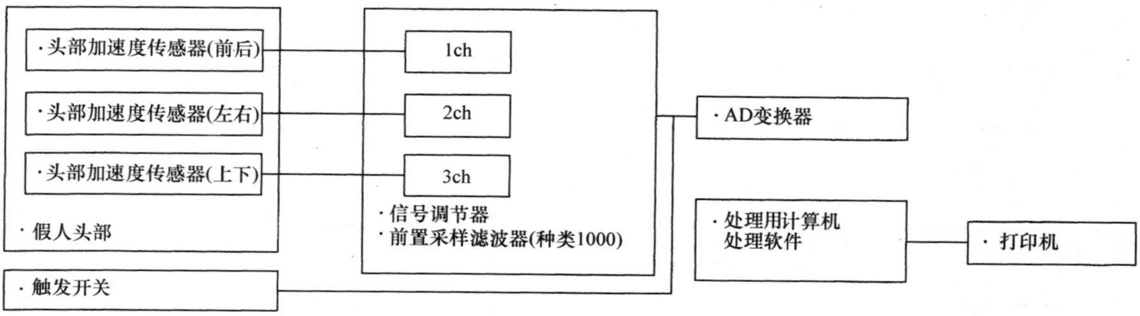

全假人	
计算项目	通道种类
头部加速度 前后、 左右、 上下	1000 1000 1000

图4-24　头部特性实验框图

（2）臂式钟摆实验

图4-25示出的是臂式钟摆实验装置。这个装置主要用于头部特性实验。检定时将使用假人的部件安装在钟摆的前端，按照规定的G特性用铝蜂窝等使得钟摆减速来检验假人的特性。

图4-26示出了使用钟摆式实验装置进行检定时的测试框图。用安装在钟摆臂后面的加速度传感器测量钟摆的加速度。钟摆的冲击点采用对冲击特性没有影响的既薄又细的传感器来判别。两个光电传感器用来测量钟摆的速度和用于触发AD转换器的信号。

另外，由于不同的假人有不同的测试项目，故在图4-26的一览表中记录了测试项目和通道级。下面详细介绍从这些测试项目计算得到的各种特性值。

1）混合Ⅱ型假人。从混合Ⅱ型假人的头部特性实验可求得头部合成加速度、头部转动角、头部重心移动量的特性值。如图4-27所示，用于头部转动角及头部重心移动

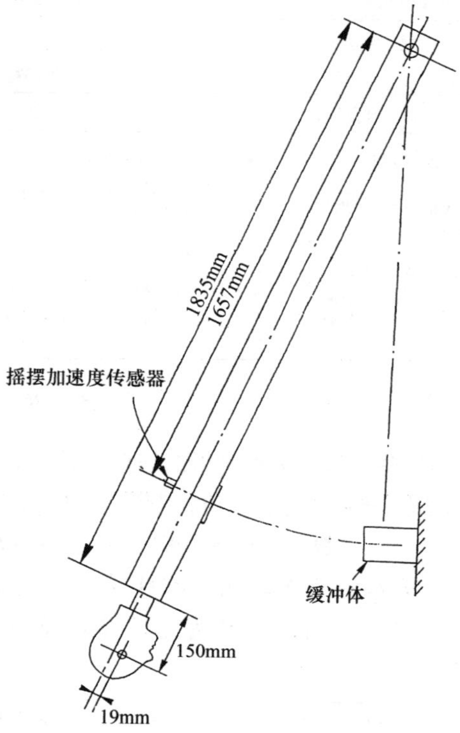

图4-25　臂式钟摆实验装置

量测试的装置是专门设计的，由钟摆一侧的角位移传感器 A、假人头部一侧的角位移传感器 B 以及测量钟摆和假人头部相对位移的直线位移传感器 C 组成。

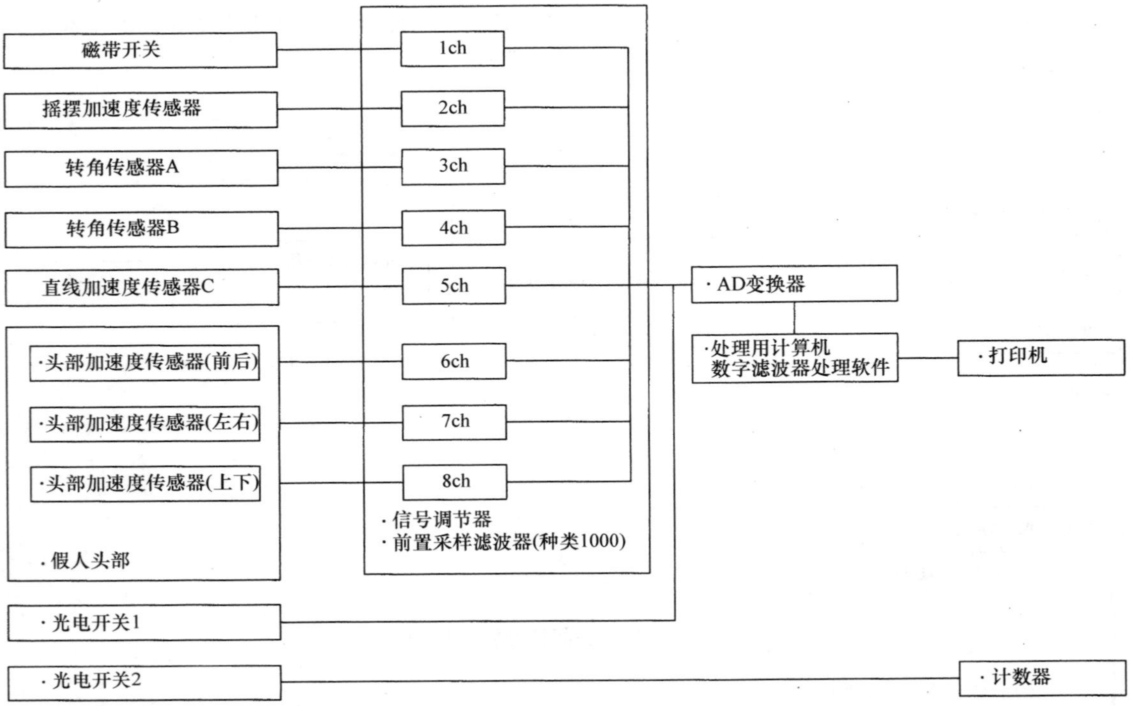

头部特性试验(以II型假人为例)

混合Ⅱ型			混合Ⅲ型		EUROSID-1		
测试项目		通道种类	测试项目	通道种类	测试项目	通道种类	
						头部	头部
摇摆加速度	胸部	60	摇摆加速度	60	摇摆加速度	60	
转角	A	60					
	B	60	转角 A	60	转角 A	60 (180)	
直线位移	C	60	B	60	B	60 (180)	
头部加速度	前后、	1000	头部剪切载荷 FX	60 (1000)	C	60 (180)	
	左右、	1000	头部转矩 MY	60 (1000)			
	上下	1000					

图 4-26　臂式钟摆实验框图

由这些位移传感器测得的波形，通过下面的计算式可算出头部转动角和头部重心移动量：

$$\Theta = \mathrm{d}\Theta A + \mathrm{d}\Theta B \qquad (4.17)$$

式中，Θ 为头部转动角；$\mathrm{d}\Theta A$ 为角位移传感器 A 的转动角；$\mathrm{d}\Theta B$ 为角位移传感器 B 的转动角。

$$D = \sqrt{L^2 + (L + \mathrm{d}L)^2 - 2L(L + \mathrm{d}L) \times \cos\mathrm{d}\Theta A} \qquad (4.18)$$

式中，D 为头部重心移动量；L 为 A、B 传感器间的初始距离；$\mathrm{d}L$ 为直线位移传感器 C 的变化量；$\mathrm{d}\Theta A$ 为角位移传感器 A 的角度变形量。

2）混合Ⅲ型假人。从混合Ⅲ型假人的头部特性实验可求得头部转动角以及头部力矩等的特性值。

如图 4-28 所示，通过钟摆一侧的角位移传感器 A 和安装在假人头部后头髁（Occipital Condyles）的角位移传感器 B，可测

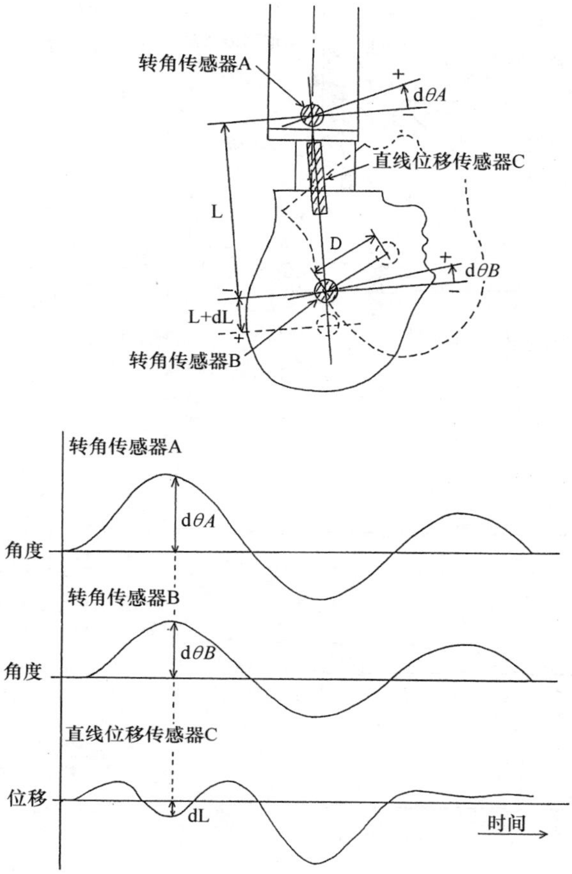

图 4-27　臂式钟摆试验（混合Ⅱ型假人）

得各自的角位移，通过计算混合Ⅱ型假人的头部转角同样的计算方法可求得混合Ⅲ型假人的头部转角。

对于头部的力矩，可通过颈部传感器测得的力和力矩（F_x，M_y）运用下面公式换算求得加在头部绕后头髁的力矩 M。

此外，颈部传感器有 3 轴式和 6 轴式两种，对应的计算公式也不同。

【3 轴式】

$$M = M_y + 0.008763F_x \tag{4.19}$$

【6 轴式】

$$M = M_y + 0.01778F_x \tag{4.20}$$

式中，M 为绕后头髁的力矩，N · m；M_y 为绕 y 轴的力矩，N · m；F_x 为剪切力。

3）EUROSID－1 型假人。EUROSID－1 型假人的头部特性实验，由安装在如图4-29 所示的专用头部模型的各种角位移传感器测得的角位移，可求得头部模型的转角、头部模型的重心移动量等特性值。

同样，在钟摆一侧安装有两个角位移传感器 A 和 B。另外，在头部模型的重心部分安装有角位移传感器 C。

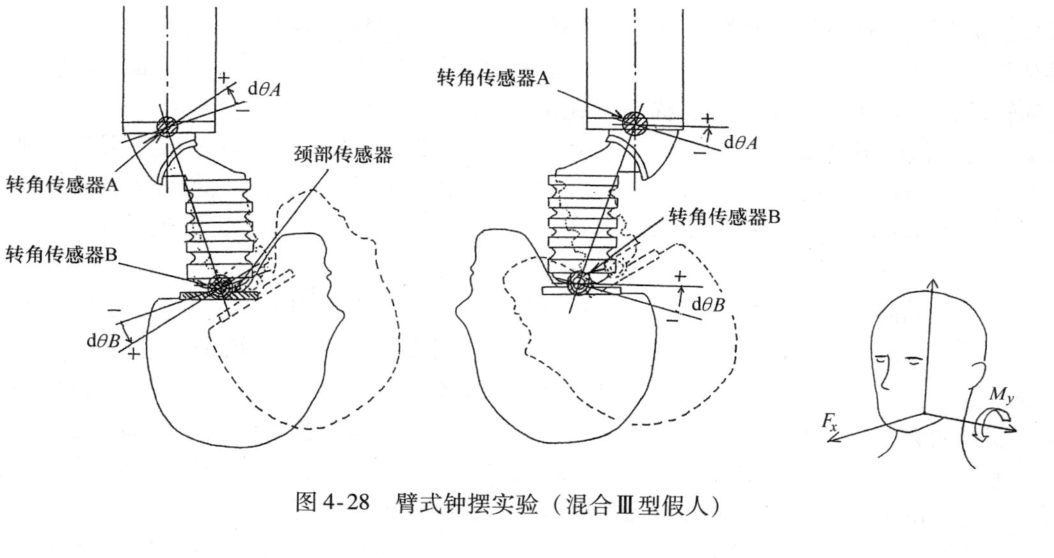

图 4-28　臂式钟摆实验（混合Ⅲ型假人）

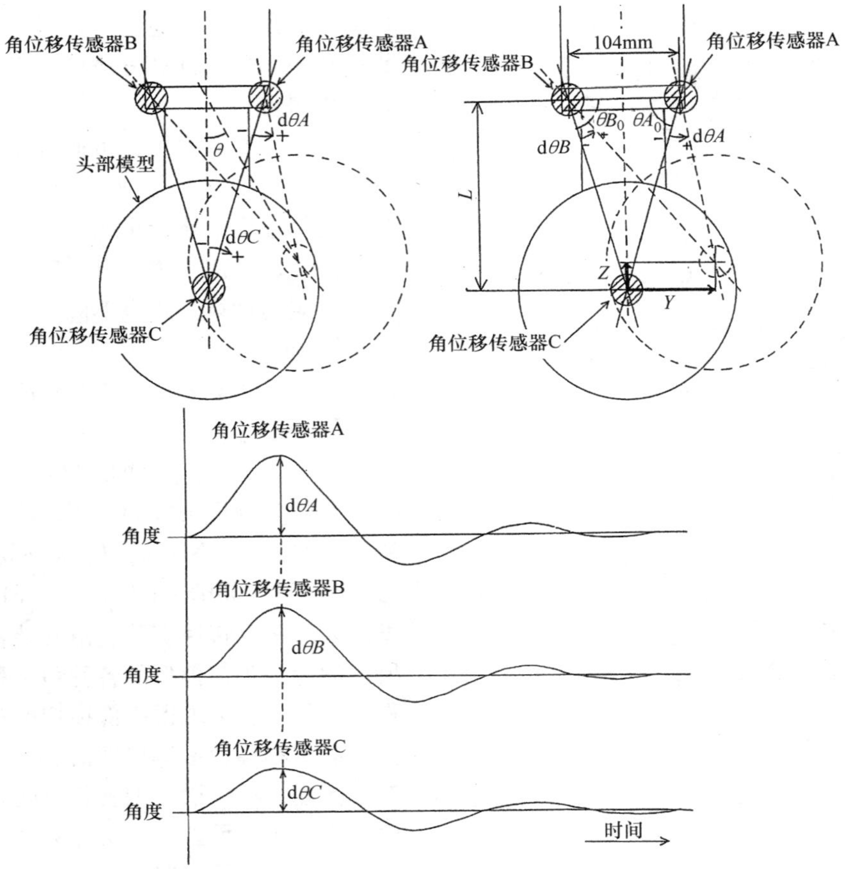

图 4-29　臂式钟摆试验（EUROSID－1 型假人）

头部模型的转动角 θ 可由下式求得：

$$\theta = \mathrm{d}\theta A + \mathrm{d}\theta C \qquad (4.21)$$

式中，θ 为头部模型的转动角；$\mathrm{d}\theta A$ 为角位移传感器 A 的转动角；$\mathrm{d}\theta C$ 为角位移传感器 C 的转动角。人体头部模型重心移动量在 y 及 z 方向的值由下式求得：

$$y = 52 \times \frac{\tan(\theta A_0 + \mathrm{d}\theta_A) - \tan(\theta B_0 - \mathrm{d}\theta_B)}{\tan(\theta A_0 + \mathrm{d}\theta_A) + \tan(\theta B_0 - \mathrm{d}\theta_B)} \qquad (4.22)$$

$$z = L - 104 \times \frac{\tan(\theta A_0 + \mathrm{d}\theta_A) \times \tan(\theta B_0 - \mathrm{d}\theta_B)}{\tan(\theta A_0 + \mathrm{d}\theta_A) + \tan(\theta B_0 - \mathrm{d}\theta_B)} \qquad (4.23)$$

（3）钟摆冲击实验

钟摆冲击实验装置如图 4-30 ~ 图 4-33 所示。可广泛地用于正面碰撞假人的胸部、脚部特性实验，侧面碰撞假人的肩部、胸部、腹部、骨盆部的特性实验。在这些实验装置中，通常将冲击子用绳吊起，通过自然落下的方法给假人加上冲击。冲击子会根据图 4-30 ~ 图 4-33 所示的实验目的的不同而选择不同的物件。

图 4-34 示出了钟摆碰撞实验的典型测试框图和测试项目。碰撞假人的不同测试项目也有差异，下面就不同碰撞假人进行介绍。

1）正面碰撞假人。混合Ⅱ型假人和混合Ⅲ型假人规定了胸部、脚部特性实验。在胸部特性实验中，可用钟摆的加速度乘以冲击子的重量得到加在假人胸部的冲击力，并且如图 4-35 所示，可根据胸部冲击力和胸部位移的关系求得胸部的迟滞损失。

在脚部特性实验中，对于混合Ⅱ型假

人，可由大腿部的载荷计求得冲击载荷值；而对于混合Ⅲ型假人则可由钟摆的加速度乘以冲击子的重量求得冲击载荷值。

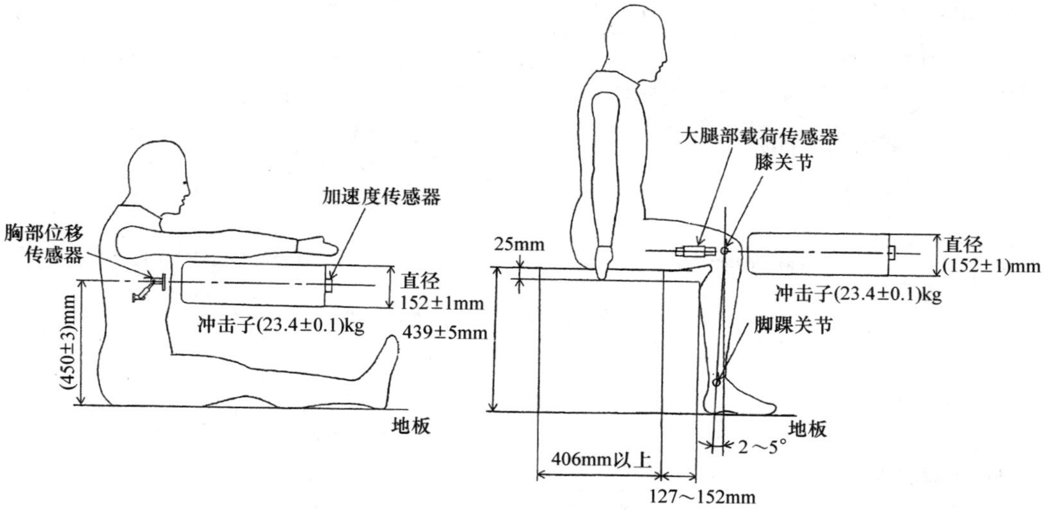

a) 胸部特性实验　　b) 脚部特性实验

图 4-30　钟摆冲击实验（混合Ⅱ型假人）

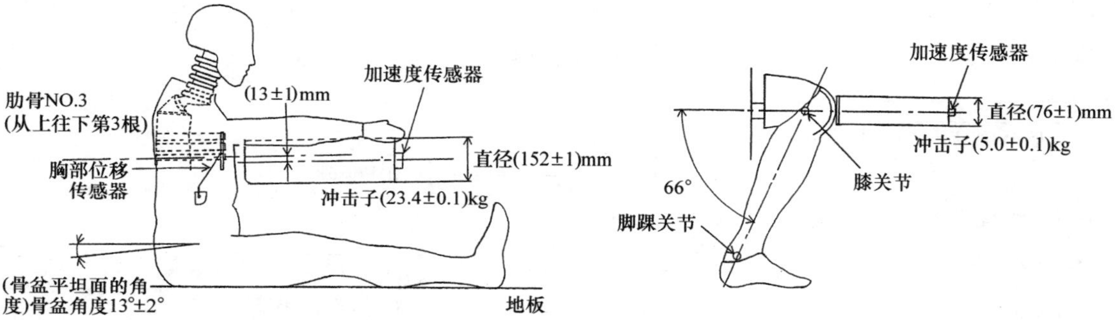

a) 胸部特性实验　　b) 脚部特性实验

图 4-31　钟摆冲击实验（混合Ⅲ型假人）

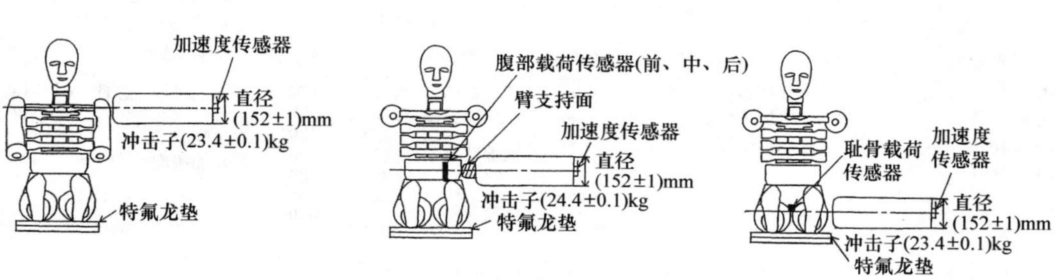

a) 肩部特性实验　　b) 腹部特性实验　　c) 骨盆部位特性实验

图 4-32　钟摆冲击实验（EUROSID－1 型假人）

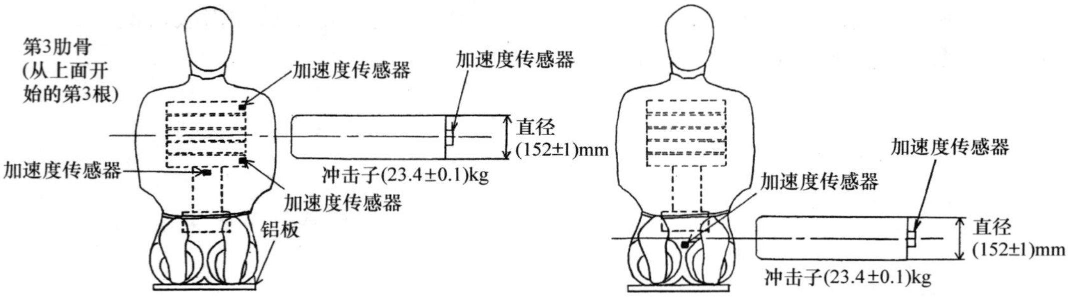

a) 胸部特性实验　　　　b) 骨盆部位特性实验

图 4-33　钟摆冲击实验（SID 型假人）

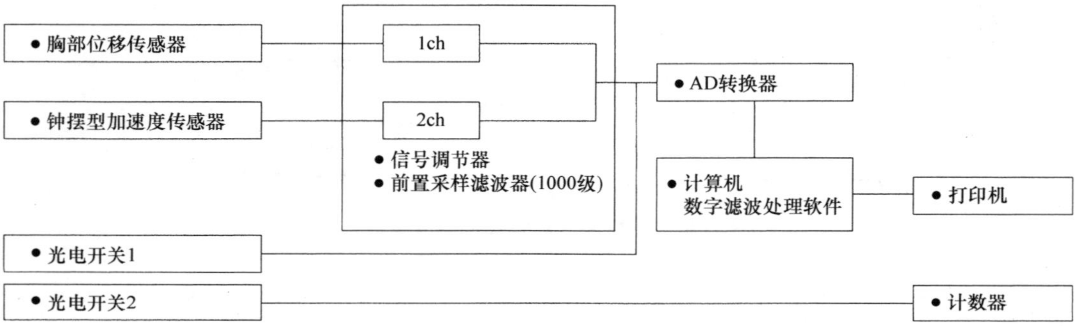

胸部特性实验

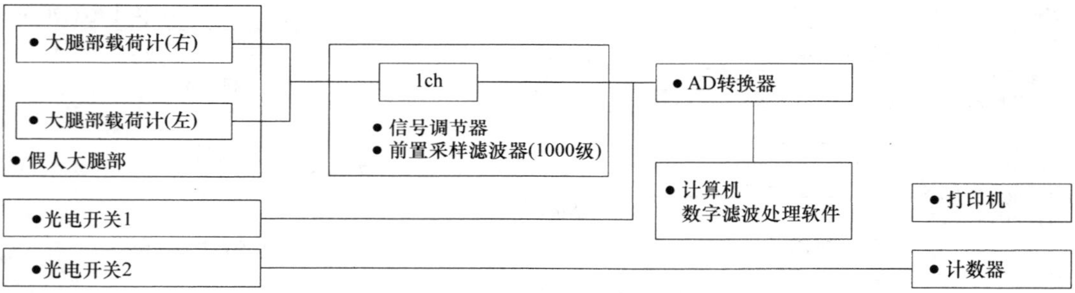

脚部特性实验(以II型假人为例)

混合II型		混合III型		EUROSID－1		DOT－SID	
检测项目	通道级	检测项目	通道级	检测项目	通道级	检测项目	通道级
钟摆型加速度传感器　胸部	180	钟摆型加速度传感器　胸部	180 600	钟摆型加速度传感器　肩部 腹部 骨盆部位	180 180 180	胸部加速度　上部 下部	CFC 180+ FIR 180
胸部位移	180	胸部位移　膝部	180	腹部载荷　前部 中央 后部	600 600 600	脊椎加速度	
大腿部载荷	180			骨盆荷重	600	骨盆加速度	

图 4-34　钟摆碰撞实验的框图

2）侧面碰撞假人。对于图 4-32 所示的 EUROSID－1 型假人的肩部、腹部、骨盆部的特性实验，可根据钟摆的加速度乘以冲击子的重量求得冲击载荷值。另外，腹部和骨

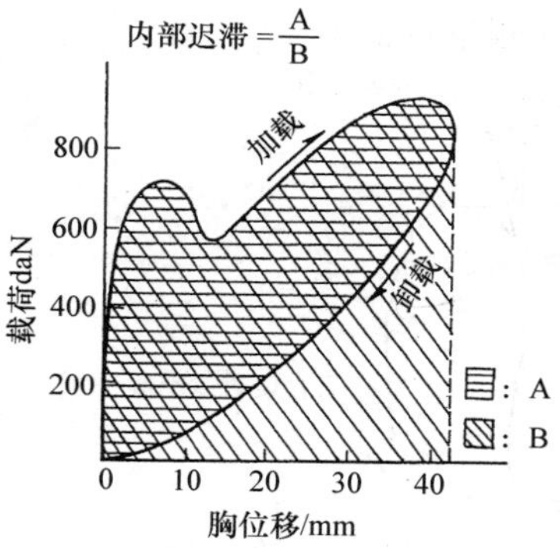

图 4-35　胸部的迟滞特性

盆部的碰撞实验可通过内藏在假人里的载荷计测得腹部的合计载荷及耻骨载荷，并可检查与规定特性值的相适性。

对于图 4-33 所示的 SID 假人，可在胸部特性中，测得肋骨加速度和脊椎加速度。另外，骨盆部的特性实验可求得骨盆加速度的最大值等特性值。

（4）其他实验

1）落下式碰撞实验。图 4-36 示出了 EUROSID－1 型假人的肋骨特性实验装置。如图所示，将肋骨单体安装在实验装置上，让冲击子在规定的高度落下，在这个实验中可通过胸部的位移传感器测得肋骨的位移。图 4-37 为测试的框图。在测量冲击子的速度时，由于不容易测得速度的时间间隔，必须注意测试精度。另外，可通过计算冲击子的落下高度值来求得速度，这个可以作为速度测试的替代实验。

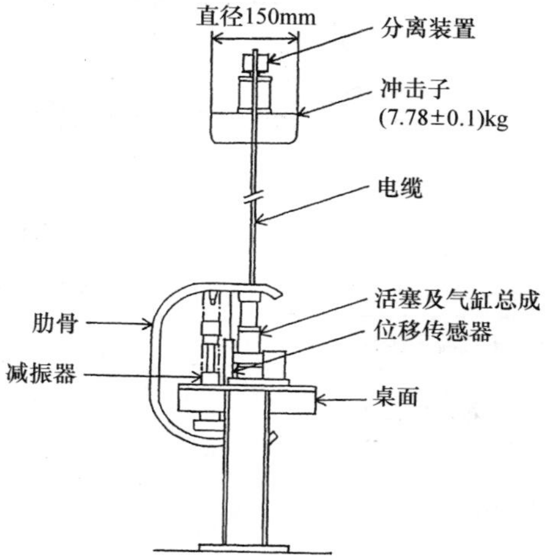

EUROSID－1 肋骨特性实验

图 4-36　落下式碰撞实验

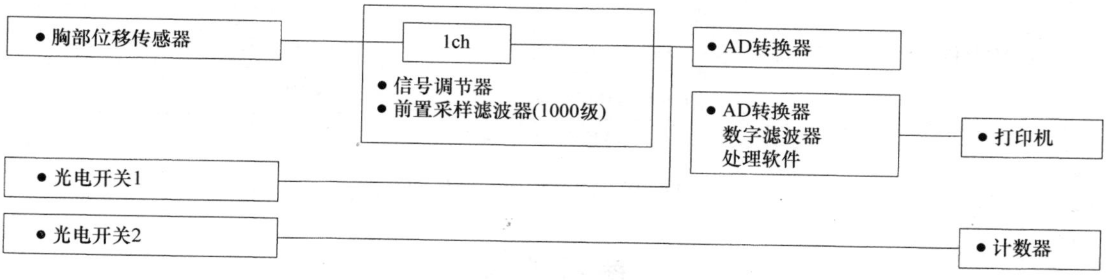

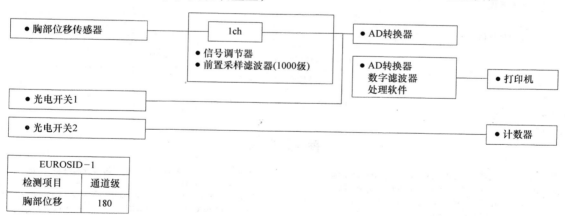

EUROSID－1	
检测项目	通道级
胸部位移	180

图 4-37　落下式碰撞实验框图

2）静态负荷实验。图 4-38 为混合Ⅱ型假人的腹部和腰部特性实验中使用的静态负荷实验的概要。图 4-39 为测试框图。

腹部特性实验中，由安装在负荷油缸上的载荷计和位移计测得载荷和位移的特性，该特性记录在 XY 记录仪上，用来检定是否在规定范围的腹部特性内。

腰椎特性实验中，在后背的基准面附近安装有角位移传感器，可测得基准面的角度。后背上的负荷可由推拉力计测得。最近开发了自动测量基准面负荷的装置，这样可由载荷计测量负荷值。

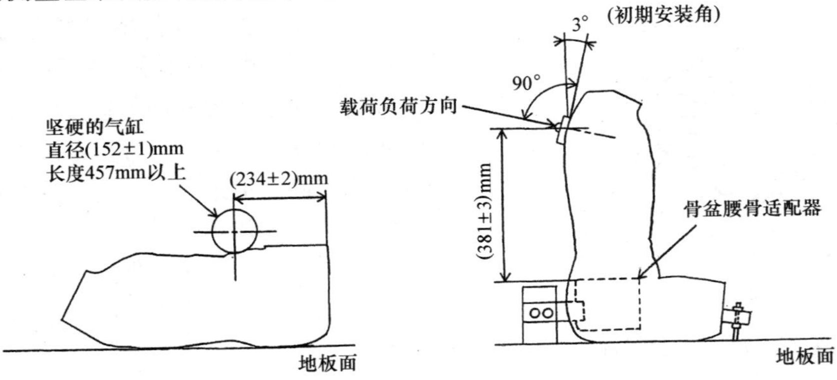

a) 腹部特性实验　　b) 腰椎特性实验

图 4-38　静态负荷实验

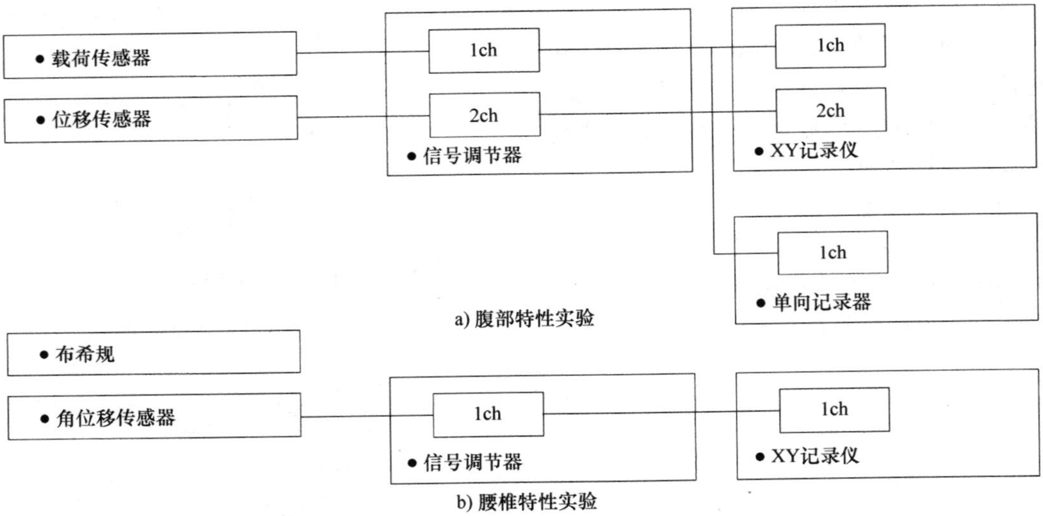

图 4-39　静态负荷实验框图

参 考 文 献

1) SAE J 211-JUN 80 Instrumentation for Impact Tests
2) SAE J 211-JUN 88 Instrumentation for Impact Tests
3) ISO 6487-1987 Road Vehicles Measurement Techniques in Impact Tests-instrumentation
4) ISO/TC 22/SC 12/WG 3 N 260, ISO 6487 Draft for Revision
5) JIS D 1050 自動車の衝撃試験における計測 (1986)
6) U.S.Department of Transportation NHTSA Laboratory Indicant Test Program
7) R.Radowan and J.Nickles：U.S.Department of Transportation NHTSA Perfomance Evaluation of Crash Test Data Acquisition Systems
8) 藤田春男：前面衝突時の乗員傷害値の計測技術, Vol.48, No.3, 19-24 (1994)
9) U.S.Department of Transportation NHTSA Laboratory Test Procedure for FMVSS 214 "Side Impact Protection passenger Cer"
10) 日本自動車研究所：欧州側面衝突用ダミー, EUROSID-1の取扱いについて, JARI Survey Note, No 20
11) TNO Crash-Safety Research Centre ： EUROSID-1 Assembly and Certification Procedures (1994. 1)
12) First Technology Safety Systems Japan：Technical Materials for Anthropomorphic Test Devices

第5章　空气动力学特性

5.1　概要

由于汽车在空气中运动，向空气施加了力，作为反作用，自身又受到力。这个反作用的力量就是空气动力学中定义的6个分力（抗力，又叫空气阻力；升力；横向力；偏摇力矩；纵摇力矩；旋转力矩）。又由于被定义的这6个分力与速度的2次方成比例增加，对高速驾驶时的油耗、动力性能或运动性能影响很大。还有，伴随着汽车运动，在车身周围的空气产生的漩涡和湍流等，引起各种各样的空气动力学方面的问题。这些问题里具有代表性的有，由无数漩涡组成的湍流流动的非定常性而引起的噪声，以及卷起的地面的灰尘等形成的污秽附着等。

也就是说，本章的“空气动力学特性”的定义是：研究汽车的运动引起的车身周围的空气的流动以及这种流动与车身之间发生的流体力学的现象。

因此，本章叙述的测试技术主要限于和车身外部流动有关的内容，而驾驶舱内空调以及发动机舱的流场和温度场的有关内容不在本章范围内提及。但是，本章叙述的流动的速度、压力等基本的物理量的测试分析方法，也是适用于车内空调以及发动机舱的。

另外，在这里，尽量避免记述流体力学的一般的测试方法，重点叙述有关汽车空气动力学开发中的测试分析方法及其有关应用等。特别是对于空气动力学噪声有关的测试分析进行了详细的叙述，因为，气动噪声的有关测试分析在汽车空气动力学中的重要性在逐年增加。另外，对认为是最新测试分析技术之一而受到关注的流动可视化方法的最近的动向进行了详细的叙述。

最后，有关汽车空气动力学的详细内容，可参考本系列丛书的第10卷《汽车的设计和空气动力学技术》，以及参考文献1）等文献。

5.2　风洞设备

以前，车身周围的流动引起的各种各样的空气动力学问题，曾试图通过行驶实验或利用飞机风洞进行解决。但是，以20世纪70年代的第一次石油危机为契机，汽车公司建造汽车风洞蔚然成风。现在，汽车厂家大多数都拥有独自的风洞，汽车的空气动力学特性的研究开发大部分是通过风洞实验来实施的。

因此，本章主要内容为汽车风洞以及风洞附带设备等的概况说明。

5.2.1　风洞

汽车用风洞，分为实车或实物大小的模型实验的实车风洞和缩尺模型用的模型风洞两大类。

（1）实车风洞

实车风洞，如文字所表示的一样，是将实车设置在风洞测量部位，利用在车身周围形成的和实际行驶状态基本相一致的流场，来解决汽车空气动力学诸问题的设备。主要是用实物大小的模型，试制车辆或完成车辆来进行实验。目的是，确认空气动力学特性及改善细节形状，开发扰流板等空气动力学装置，测量空气动力学噪声和污染物附着等，解决这些缩尺模型等非常难以处理的问题。

风洞的形式是各种各样的，主要区别为回流式和非回流式（或吹风式）。还有，车辆设置测量部分可分成密闭型、半开放型、开槽型等形式，还有，考虑空气动力学噪声的测试分析特点，也有采用以消声室把半开放的测量部分包围起来的形式（关于低噪声风洞，请参考 5.5 节的内容）的风洞。图 5-1 所示是汽车风洞的一个例子。这个风洞设有封闭型的测量部，主要采用回流式，而当使用烟气作为示踪剂进行可视化实验的情况下，可切换角落部分的偏流板，变更为排气式风洞。

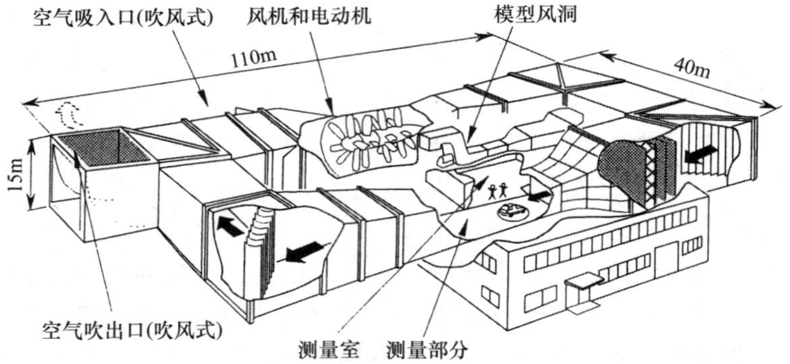

图 5-1　风洞实验室

为了在风洞内模拟实际驾驶状态，希望有足够大的测量部截面，测量部截面小了，供试车或者模型车的闭塞影响就无法忽视。作为消除供试车和模型车的闭塞影响的修正法，根据不同的测定部形式提出了各种各样的方案。到目前为止，也很难说这些方法得到了大家的公认。因此，无论采用何种修正方法，为了通过风洞实验获得有意义的结果，测量部分的截面面积必须是供试车前面投影面积的至少 10 倍以上，或者要求保证供试车的闭塞率（供试车的前面投影面积与测量部分截面之比）保持在 10% 以下。

（2）模型风洞

模型风洞主要用在汽车开发的初期阶段，在外观设计初创过程中，用来改善车体形状空气动力学性能。模型风洞的形式和实车风洞一样，形式很多。供试模型一般是实车的 1/4 到 1/ 5 左右的缩尺模型，和实车风洞一样，测试部截面大小要大到可以忽视周围的封闭影响，或者要能够充分修正其影响。

供试模型多以木制和 FRP 制，为了对形状能精细加工，外观设计初创模型也有陶土制的。

5.2.2　附属设备

汽车行驶中，地面相对于汽车在移动，通常进行风洞实验的时候，相当于地面的风洞地板是静止的。因此，风洞里放置汽车的地板和轮胎附近的流动，受风洞地板附近发达的边界层的影响，和实际驾驶的情况不一致。为了避免这种影响，再现实际行车时地面附近的流动，大多采用汽车风洞地板的吸收边界层的边界层控制装置，或者采用可动地面装置，以消除这种差别。

另外，表 5-1 所示为汽车风洞的代表性附属设备。空气力测量用天平是汽车风洞不可缺少的装置之一。

（1）边界层控制装置

这种装置是为了减小从风洞缩流部分开始变得发达的层流边界层的厚度的，图 5-2 所示的几种方法是：在汽车的正前方吸收边界层，使边界层变得充分薄，接近实际行驶状况进行模拟的基本吸收法；在设置测量汽车的地板的整个范围吸收边界层的分布吸收法；还有，向边界层内注入高速空气流，增加边界层内的运动量形成近似的均匀流动的正切注入法等。特别是基本吸收法，由于比较容易组装到风洞里，在模型风洞和实车风洞中都使用得相当多。

表 5-1　风洞的主要参数和附属装置

	实车风洞	模型风洞
形式	回流，吹风式	吸入式
最大风速/（km/h）	216	216
测试部分尺寸/m	6（宽）×4（高）×112（长）	1.4（宽）×0.9（高）×2.5（长）
收缩率	5	5
电机功率/kW	2 350	100
风机直径/m	8	2
附属装置	6 分力天平 地面速度边界层控制装置 消声装置 转盘 联机数据处理装置 空气温度调节装置（实车风洞） 车轮转动装置（实车风洞） 可变角板（实车风洞）	

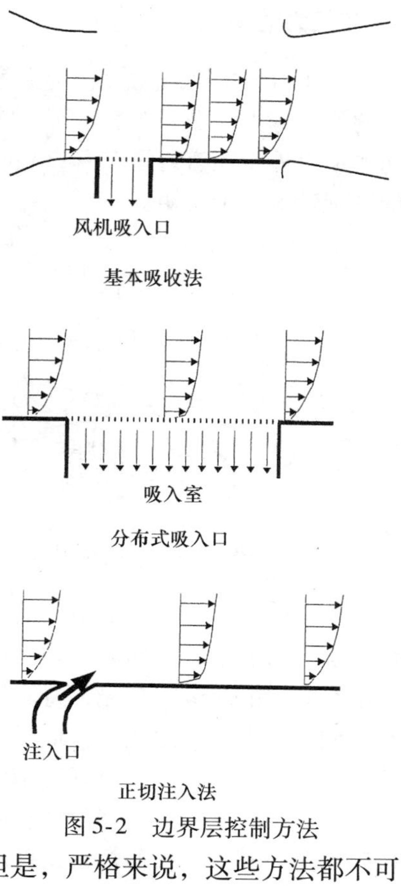

图 5-2　边界层控制方法

但是，严格来说，这些方法都不可能将边界层问题完全消除掉，无法再现实际驾驶状态。但是，利用上述边界层的控制，普通乘用车的场合，悬挂等车身底盘结构物并不暴露在受到边界层的影响的流速较慢的流场中，所以可以认为，车身周围的流动大致模拟了实际驾驶的状态。

（2）可动地面装置

可动地面装置的概念如图 5-3 所示。这里表示，地面以与主流风速相同的速度移动，忠实地模拟了实际行驶状况。但是，由于要使地面移动，和后述的固定地面的情况不同，要用轮胎以外的部分支撑车身来进行 6 个分力的测量。因此，常采用绳索、钉子、支柱等与车体后方以及车顶固定，实施空气力测量。

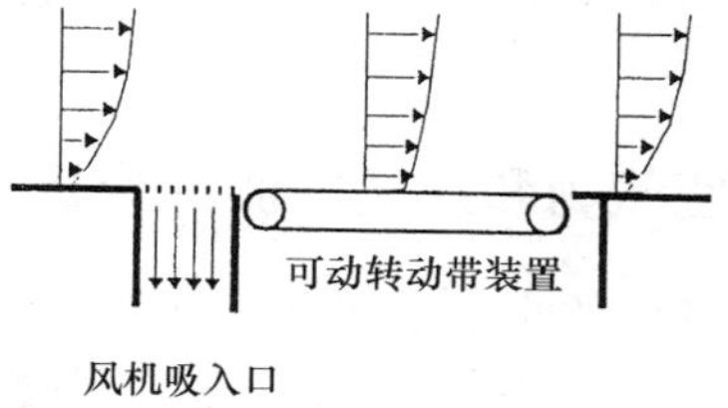

图 5-3　可动转动带装置

但是，装置本身复杂，组装到风洞里需要大规模施工，所以，配置这种设备的实车风洞很少。在日本，有几个模型风洞配置了这种装置，大型风洞仅仅配置在新建的铁路车辆用风洞里。

(3) 天平

本小节描述用来测量空气动力学6分力的天平，通常，如图5-4所示，天平设置在风洞测量部地面上。施加在汽车上的空气力信号由天平上安装的传感器接受，传感器是一种可按照汽车轴距、轮胎的接地部位进行调节的装置。实车风洞往往直接将轮胎放置在天平上面，所以天平和风洞地面常常在同一个平面内。相反，模型风洞往往采用以支柱固定轮胎的支柱式天平。

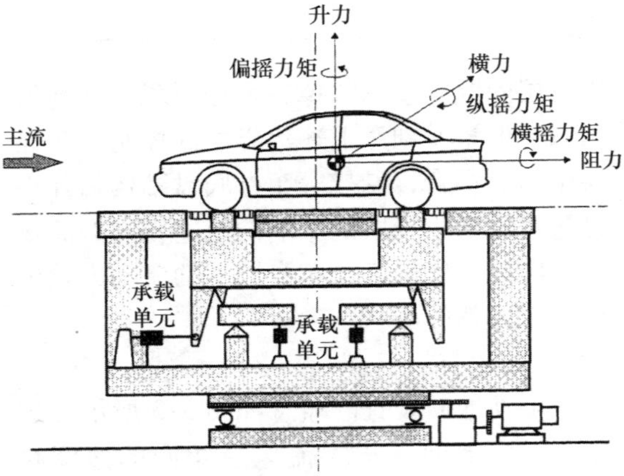

图5-4 风洞天平（截面图）

天平系统的整体结构被称为转盘，是可以旋转的，车辆和风洞气流的夹角（偏摇角）是可以调节的。遇到稳定的侧风或偏向风时，为了测量其空气动力学特性，调节转盘设定好车速和风速间的夹角，测量就很容易了。

5.3 空气力和流场的测试分析

行驶中的汽车受到空气力的作用，最高速度和燃油消耗，以及运动性能等受到很大的影响，因此，降低燃油消耗等指标，是提高汽车性能的重要课题。特别是这几年来，根据地球环境保护和节约资源的观点，要求降低油耗，使降低汽车空气阻力成为开发新型车辆时的主要课题之一。因此加载在汽车车身上的空气力的测量，成为空气动力学实验的必要项目。

但是，空气力是车身表面压力积分的结果，是车身周围的流场的宏观的信息而已，因此，无法深入理解车身各部位发生的流动的局部性的现象。为了理解车身改变形状后伴随的空气力的变化，以及后述的污渍附着或者噪声发生的空气动力学物理本质等，需要对关注部位附近的压力分布和速度分布等进行测试分析。

根据以上所述，本节内容主要论述空气动力学的测量方法，即压力和速度等流体流动的基本物理量的测量方法。

5.3.1 空气力的测试

施加在车身上的空气力，被定义为空气动力学的6个分力，图5-5表示了，除了三个方向的力以外，还有通过车身重心的并绕各自的轴旋转的3个力矩。

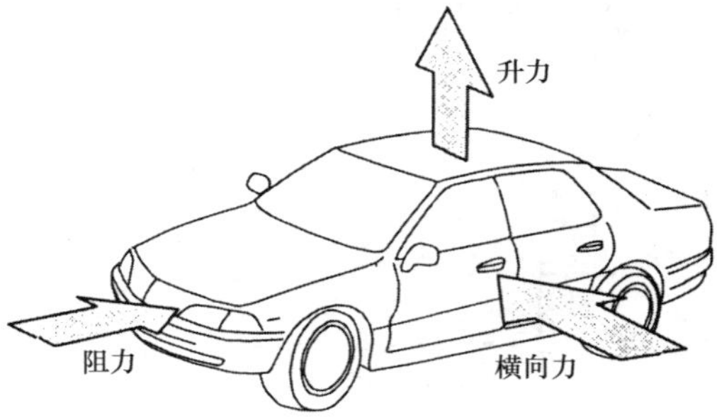

图5-5 空气在汽车上的作用力

空气动力学6分力，一般使用前述的天平测量。实车风洞中，按照以下顺序进行空气动力学6分力的测量。首先，将测量车辆安装在风洞测量部位的地板上，地板下面设置了天平传感器等。适当安放好轮胎后，预先按照汽车轴距、轮胎接地部位调整测量装置的传感器等。其次，按照规定条件配置乘员人数、燃料量，调节轮胎气压等，最后，调整好车身位置。做好这些准备后，将风洞风速调整为实验风速，进行 6 分力的测量。最近，风洞自动化的提高，使测得的空气力可以得到实时处理，6 分力系数等会自动计算出来。另外，6 分力系数定义时必要的汽车前面的投影面积，可以从和风洞实验完全相同的条件的汽车的照片中计算出来，也可以在风洞测量状态下，用激光直接测量风洞里设置的汽车后求出。

被测量的 6 分力，根据使用的风洞的式样和气流特性等，输出有差异，欧美通过各种实验，调查了欧美各种风洞输出间的相互关系。

5.3.2 流动的测试分析

这里，简单介绍流动的基本量，流速、压力等的测试分析方法。另外，有关详细说明，请参考文献 17）、18）等专著。

（1）皮托管（空速静压管）

也叫皮托静压管，是应用于速度、压力测量的最基本的测量装置，也是流动场的标准测量装置。测量时要使用测量探头并通过压力计管道等，会发生频率响应延迟，测量的速度和压力被限制为某个时间内的平均值。

一般的单孔皮托管，主要是用来测量比较简单的流场和监视风洞的基准风速。还有，基于小管径单孔皮托管，将全压测量孔改变为矩形，和可测量微小压力的压力计组合，用来测量边界层内的速度分布。这种也叫作边界层皮托管。但是在这种情况下，直接在管上设置静压孔比较困难，所以，需要测量所在截面的静压，计算出速度来。和通常的皮托管一样，不可用于剥离区域的逆流的测量。

一般来说，汽车周围的流场是含有逆流的 3 维流场，用通常的单孔皮托管想达到较高精度的测量还是有些困难的。在三维流场测量中，为了改善这种单孔皮托管的缺点，如图 5-6 所示，使用设有 5 孔、13 孔或者 14 孔等复数的压力测量孔的皮托管[19,20]。

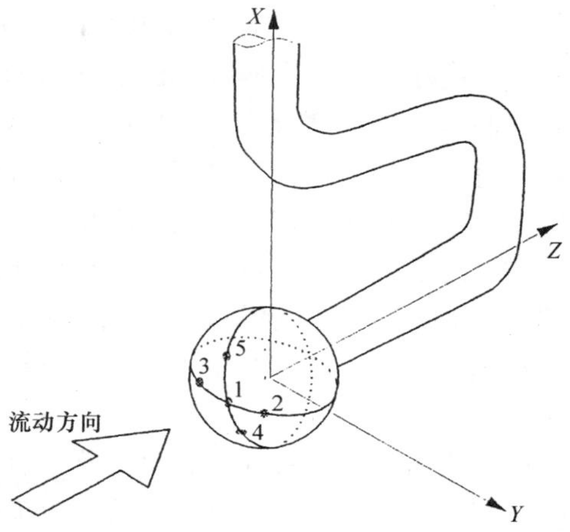

图 5-6　5 孔皮托管

配置测量孔会遇到在某些领域感度变低的问题，但是，可以测量逆流区域，还可以利用得到的后流的结果求出涡度以及局部阻力（micro drag）等。图 5-7 是局部阻力的测量结果的一个例子，所示为根据从 14 孔皮托管测得的车体尾流的压力分布，计算出局部阻力分布。根据这样的测量结果，可以特定影响车身整体空气阻力的较大的部位，对探索降低空气阻力有极大的帮助。

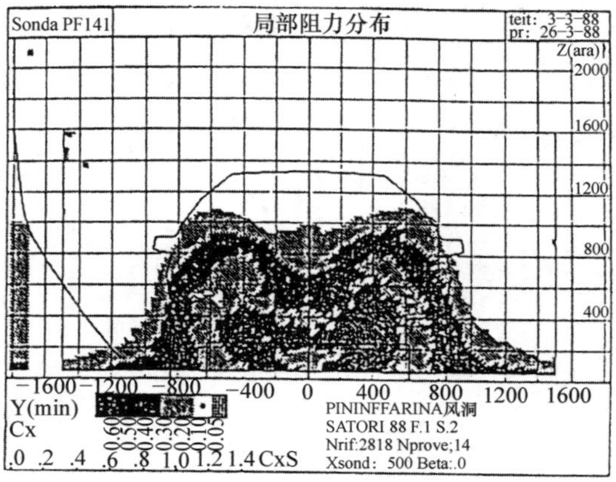

图 5-7　局部阻力测量分析实例

（2）热线风速计

定温型热线风速计的原理是，加热的细金属丝由于周围气流的影响而散热，为了补充这部分热量，增加通过细金属丝的电流，根据电流的大小计算出流速。直径 5μm 左右的钨丝和白金丝各构成桥接电路的一侧，施加一定电压加热细金属线。流过热线的气流，强制地夺走一部分热量，用电流对这部分热量进行补偿，再根据电流的变化计算出速度。由于事先必须校正速度和输出电流或者是和电压的关系，手续很烦琐，但由于感应部的体积小，可以测量流速的高频率成分，在速度变动等湍流测量中，是不可缺少的计量器。

图 5-8 所示的各种探头，是配置了复数热线可测量 x、y、z 方向的速度的 3 个成分的探头，以及为了探测空气动力学噪声的声源配置了可测量涡度变化的热线探头等。只是，由于热线风速计的测量原理的限制，在逆流区域或 3 维性较强的流场中，大多数情况下精度都不会很好。

（3）激光流速计

前述的皮托管和热线风速计的流场的测量中，需要在流场中插入测定用探头，所以，流场会受到探头的影响。比如，测量前沿剥离中的剥离泡时，一点点的扰乱，就会使前沿剥离变为全面剥离。另外，在风扇等旋转体的附近和某些构造物内部等，还有使用探头受到物理空间限制的情况。这时，探头不能插入流场，需要进行所谓非接触测量，激光流速计就是这种装置中最具有代表性的装置。

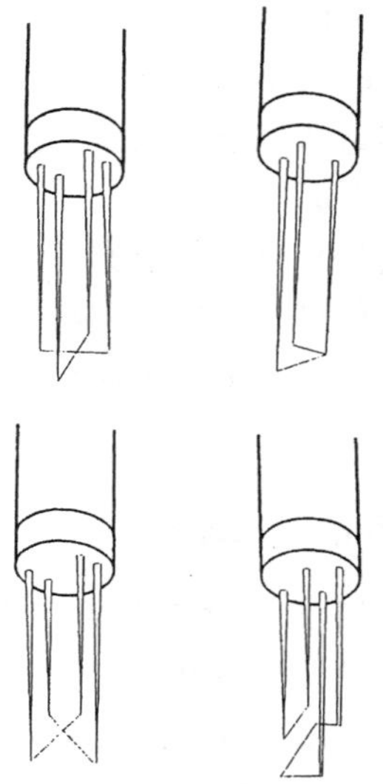

图 5-8　热线风速计探头的例子

激光流速计的概要如图 5-9 所示。测量原理是，两道激光交叉形成的微小的检查体积内，通过对跟踪颗粒散射光的多普勒频率的调制，可以计算出这一点的气体流速。

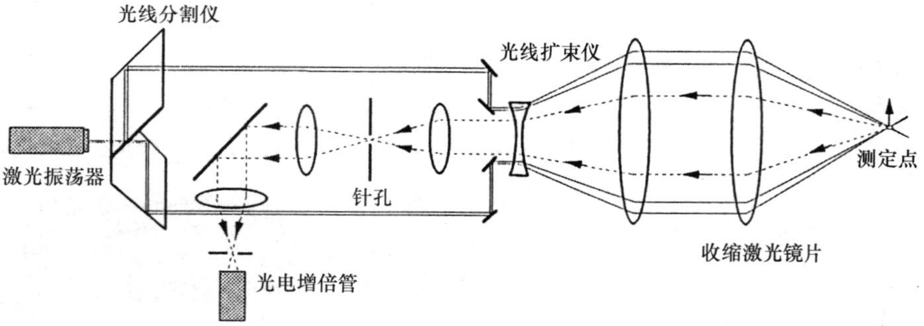

图 5-9　激光流速计的原理

到目前为止，激光器的发光部分和振荡器部分结合在一起，使用时光学系统的调整非常不方便，最近，由于使用了玻璃纤维导管，可以将发光部分和振荡器本体分开了，而发光部分又成为分离的探针的一部分。因此，探针在实验装置中的设置，和横贯测量装置进行组合构成的测量点的移动等操作变得容易多了。

测量的时候，为了得到散射光，要将示踪颗粒注入流场。示踪颗粒大多是用超声波细微化处理过的水滴或炭烟的颗粒。

(4) 压力的测试分析

压力和速度一样是流动的基本的物理量之一，是为了查明流动不可缺少的。单孔皮托管的测量，和压力计连接，足以对应很多问题了。测量模型等实验体的表面压力分布时，需要在短时间内测量多数点的压力。又如上面所述，最近，在包含有逆流的流动中，使用多孔皮托管进行测量的情况也很多，在这些测量中，多点高速压力检测传感器或测量系统都是不可缺少的。

因此最近，把和压力测量孔连接的压力导管改为机械式的，采用由一个压力传感器依次将各点压力测量值的电气信号取出来的方式，而压力测量孔各自和半导体式压力传感器连接，以电子形式对各测量点扫描，读出压力测量值。这些方法以相当高的速度检测出各点的压力值，在遭遇侧风和超车时的瞬态空气力的测试分析中也得到了应用。

5.4 空气动力学实用性能的测试分析

在这里叙述的空气动力学实用性能包括前节叙述的汽车的动力学的特性相关问题，以及下一节描述的空气动力学噪声以外的空气动力学特性。诸如，尘埃的卷起等形成的车身的污渍附着，高速行驶时刮水器的浮起，被称为发动机室通风性能的发动机室的冷却空气吸入性能，以及车门玻璃和车身面板的吸出变形等。本节叙述和这些空气动力学实用性能有关的实验及测量的方法。但是，在这里不涉及以下内容。那就是，由于车身周围的压力分布而产生的车身面板等的变形的问题，因为这是与空气动力学的分析（流动场）以及单体各部位的应力（固体场）的分析有关的，也就是必须考虑两个场的耦合的问题。

另外，本节涉及的空气动力学实用性相关的各种各样的现象以及改善方法等的详细论述，请参考本系列第 10 卷“汽车的设计和空气动力学技术”的第 5 章“空气动力学应用技术”。

5.4.1 污垢附着实验

汽车行驶时在车身周围形成巨大的漩涡。因此，汽车的周围会漂浮细微的尘埃和水滴，或者说，地面上堆积的灰尘等被这些漩涡吸收、卷起，伴随车身的运动一边飞舞一边附着到车身上。这些颗粒是由空气中浮游的灰尘，以及轮胎卷起的和挡泥板内壁相撞后微粒化的泥和水，或者由排放的废气等组成。

防止车体污垢附着，不用说有确保车身美观的意义，另外，后部玻璃的污垢会恶化驾驶人后方可视性，并且污渍附着还会造成制动信号灯的亮度下降等，从确保安全行驶的观点来看这些也都是很重要的课题。造成污垢原因的灰尘和水分的颗粒的运动大部分是受到车身周围的气体流动支配的，因此，防止这些颗粒附着在车身上，从外观设计的一开始，实施车身周围流场的分析，同时诊断车身周围的车辆污垢附着容易度，就需要根据对车身形状的改善来进行。但是现在，模型实验和 CFD（Computational Fluid Dynamics）等预测方法没有得到充分确立，用实车进行实验分析还是主要手段。因此，在这里，先就行驶实验和风洞实验的污垢附着的基本测试分析方法进行说明，最后，再对用 CFD 方法进行污垢附着的分析方法进行简单的说明。

(1) 行驶实验的污垢附着的测试分析

驾驶汽车进行污垢附着状况调查的污垢附着实验中，有根据实际情况使灰尘和泥土等附着车身，以及用水颗粒等代替形成污垢原因的颗粒进行实验的两种方法，前者汽车行驶在越野路等所谓的未铺装路上，让自然中的灰尘和泥土附着在车身上进行实验，而后者使用粉尘隧道（Dust Tunnel）进行实验。粉尘隧道是在建筑物内的直线道路上设置了可以分布一定厚度的细微灰尘的装置，汽车在隧道内行驶，用来调查卷起的尘埃侵入车厢内的状况等。

汽车在未铺装路上行驶，进行污垢附着状况调查实验时，很难保持路面和气象的稳定状态，或者说很难保持汽车周围的稳定环境条件，因此，虽然实验比较容易实施，却有不能重复实现的问题，另外，就现实路面行驶这一点来说，真实反映了实际情况。在未铺装路面上行驶一定时间后，通过目视和根据照片，对车身的污垢附着情况进行观察，比较污垢模式，以判断车身形状和改善效果的好坏。

另一方面，使用粉尘隧道的方法优点是，汽车周围的环境和气象条件，或者说地面上的尘土的分布条件等，容易保持稳定，和实际路面行车试验相比，再现性比较好。

进行这些实车行驶实验时，为了缩短实验时间，车身表面涂覆一层薄薄的透明的润滑油，在提高灰尘附着效果等方面下了一些功夫。另外，为了容易判定污垢附着，常使用以下方法，诸如：在车身表面预先涂覆一层荧光涂料，然后照射紫外线（黑色光），从荧光分布的强弱推断污垢附着量的多少，对污垢附着模式进行分析，或者在车体表面预先喷涂黑色，在其上涂覆染色渗透探伤剂原液使之成为白色，这个状态下，在淋湿的路面行驶时，飞溅的水沫附着了的部分会变为黑色，以此判断为污垢附着区域等。

（2）洒水污垢附着的测试分析

因为污垢需要长时间在车身表面积累，所以在实际路面行驶的污垢附着实验中，到能够判断污垢附着之前的实验时间较长。对此，在车身周围以一定的密度用人工产生模拟污垢的颗粒，根据其附着程度判断污垢附着的方法，既提高了实验的效率，也具有较好的再现性。在这里污垢模拟粒子是作为弱酸性的水从喷嘴喷射，以下叙述用石蕊试纸判定这些水滴附着状况的方法。

首先将盛好弱酸性水的水箱装载在汽车上，洒水喷嘴置于车身后部。另外将裁成适当大小的石蕊试纸，贴在准备调查污垢附着的部位。在实验车辆上做好这些准备后，一边从喷嘴喷射水雾，一边按照规定的速度行驶。图5-10所示是装置了洒水喷嘴等污垢实验装置的实验车辆的概要图。在这个状态下行驶，喷嘴喷洒散布的水滴，被车身的尾部气流漩涡卷起，和实际的污垢一样在车身上附着。车身上粘贴的石蕊试纸遇到水滴就会变色，留下水滴附着的模式。通过图像处理方法计算出附着的部分（颜色改变部分）和未附着的部分（颜色未改变部分）的面积比例，进行污垢附着量和污垢附着模式的评估。污垢附着的评估，使用上述的洒水装置，在风洞里就可以实施。但是，一般的风洞的场合，由于地面是静止的，因此，必须注意地面边界层的存在和轮胎没有转动的情况是和实际驾驶的情况不一致的。特别是边界层的存在，使汽车的地面附近的流速变小，雾状的水滴比实际驾驶的情况在地面附

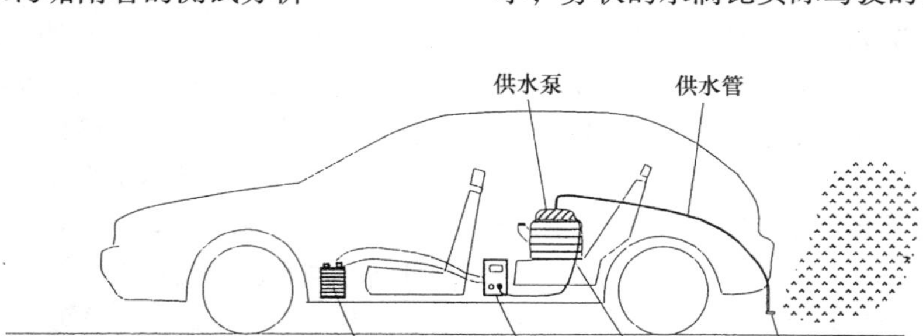

图5-10　污水试验喷水装置

近滞留的时间更长一些，车身的污垢附着量比例比实际行驶的情况下更大等，都必须引起注意。为了提高在风洞内模拟实际驾驶时的污垢附着状态的精度，需要使用前节叙述的可动地面装置、风洞喷嘴出口部的边界层吸入装置等边界层控制设备，以消除边界层的影响。但是，在没有安装边界层控制装置的风洞中，将车身抬高，使地面附近的流速和实际驾驶状态近似的简便方法等也常被使用。

另外，在装备有可自由移动的支撑装置或驱动滚轮等的风洞地板的场合，可以把轮胎安放在滚轮上，使之旋转，考虑轮胎旋转时的影响。

（3）利用 CFD 对污垢附着的预测

CFD 分析计算的车身周围的流动场信息在各种各样的研究中得到利用，在这里，叙述一下把流场速度信息应用于研究车身污垢附着时的模拟方法。

为了得到车体的污垢附着的精密分析结果，将形成污垢原因的灰尘等颗粒的运动方程式和流动运动方程式联立求解，必须判断每个颗粒和车身表面冲突的状况。但是，实际的灰尘、水滴，每个颗粒的大小、形状和质量是各种各样的，设定这样的计算模型是比较困难的。还有，为了提高分析精度，需要计算大量颗粒的运动轨迹，计算量变得相当庞大。于是，把污垢简化为一种浓度考虑，把扩散方程带入计算的车身周围的速度数据中，根据其扩散的程度，推算污垢附着的方法，使得以上问题的计算量大幅度减少，是一种比较实用的方法。图 5-11 所示为预测结果的一个例子，不管掀背车型或是单厢车型，污垢附着模式都和实验结果大体上一致。

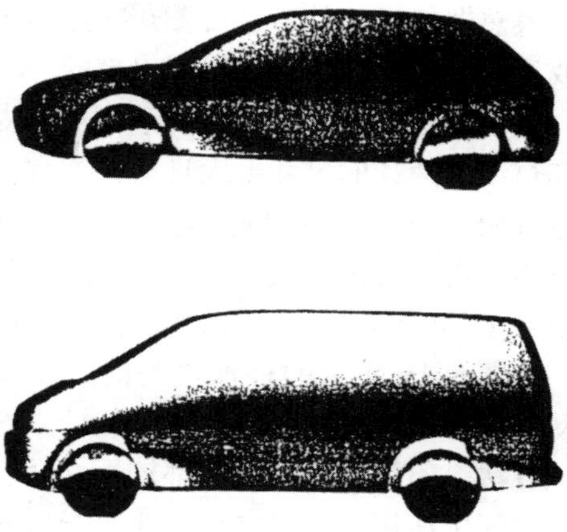

图 5-11　污垢附着预测结果

5.4.2　通风性能实验

通风性能是空气是否容易流入发动机室并均匀分布的指标，也即发动机冷却空气的流入性能指标。为了使水冷式发动机在适当温度环境下工作，需要对发动机散热器供给冷却空气，使发动机的热量散发出去。另外，发动机室内放置的辅机等的适当的热环境也必须保持，它们的附近也需要供应适当的冷却风。这样，处理发动机散热的通风性能，对于以发动机为动力行驶的汽车来说，是最重要的功能之一。

最近几年，发动机室里空气的流入和发动机室内的流场的预测中，积极利用了 CFD 方法，在开发的初始阶段，应用实例也很多。但是，即使根据 CFD 预测了通风性能，到了试制车阶段实车的验证，或者说，实车的确认以及改良实验还是必不可少的。一般来说，通风性能的实验，往往是基于风洞和可以控制温度环境和空气流动的高温室（环境实验室）等大型设备进行的。通风性能是由车体前部的形状等决定的以下部分支配的，这些部分包括：冷却空气流入部、排出部的压力，冷却风扇性能及格栅，热交换器，发动机室等的通风阻力等。这里，对作为通风性能指标的冷却空气和作为它的主要参数的通风阻力的测量方法，以及基于 CFD 的通风性能的预测方法等进行概述。

（1）冷却空气的测试分析

在很多场合下，发动机室里流入的流体

通过换热器的风速是通过设置在换热器的前面或后面设置的小型传感器测出来的。

关于测量用的传感器，由于一般的皮托管和热线风速计的尺寸太大且操作不宜，是不适合用于热交换器附近的测量的。因此，通过换热器的流体的风速的测量中广泛使用的是基于热电偶原理测量风速的热电式风速计，和图 5-12 所示的根据检测的螺旋桨的转动圈数求出风速的螺旋桨式风速计。这些测试方法，不管哪种其尺寸都较小，适合在狭窄空间中使用，而且操作又比热线风速计容易掌握。

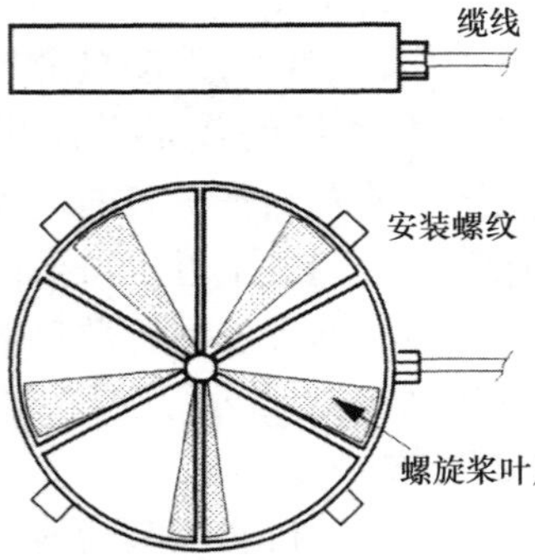

图 5-12　螺旋桨式风速计

测量时，可以在热交换器上直接固定复数个传感器，或者，在和热交换器大小相当的格子上布置传感器，或者，如图 5-13 所示，将复数传感器固定布置成一列，利用横贯装置，以一定时间间隔移动，全面测量热交换器的风速分布等。

不管以上哪种传感器，因为其尺寸小，可忽视其在流路中造成的压损。但是，因为

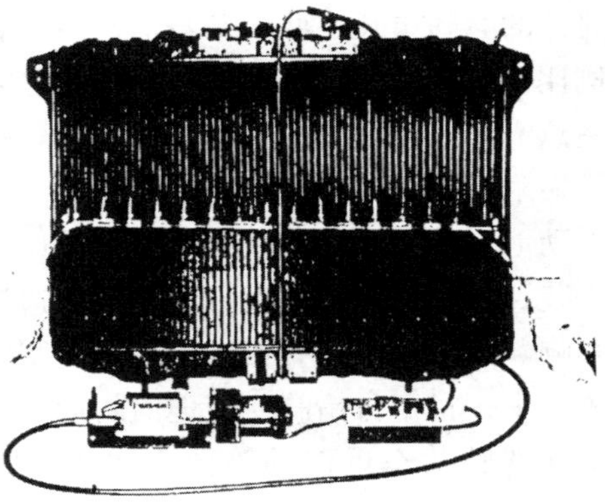

图 5-13　测量通过散热器空气风速的系统的例子

一般通过热交换器的空气，受到前方保险杠和格栅等的影响，形成了不均匀的风向、风速分布，因此，传感器的方向性对测量精度有很大的影响。

（2）通风阻力的测试分析

通风阻力受以下因素支配。这些因素是，冷却空气入口的大小和格栅形状，热交换器的种类和厚度，放置在发动机室里的发动机的大小及其周围的辅助机器的配置，汽车下盖的有无等。若通风路径可看作一个流管的话，根据压力和通风量的关系就可以求出总的空气阻力来。

图 5-14 显示的压力舱，由鼓风机和压力舱的内腔（压力室）组成，是可以用来根据压力舱内的静压和风量的关系计算出空气阻力的装置。还有，假定加在汽车前面的压力舱内的压力近似于行驶时气压，就可以简易地模拟行驶时的发动机室内流动。进入发动机室里的冷却空气，由于阻力的影响并从地板下漏出一部分，对于 6 分力特性有很

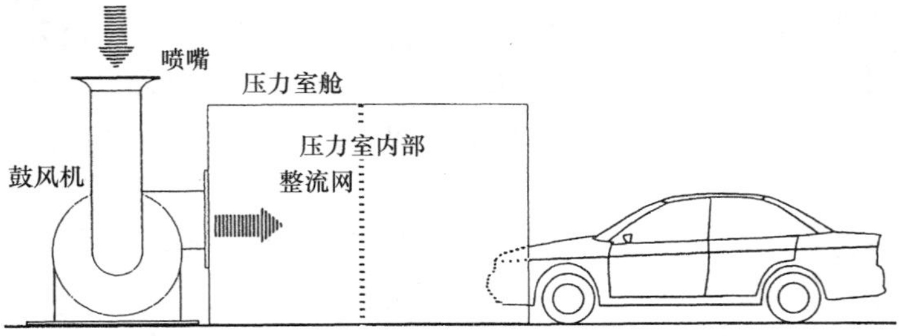

图 5-14　冷却风测试分析舱

大的影响。以上这一点是众所周知的。根据模型实验预测实车 6 分力特性时，为了尽可能得到好的预测精度，模型发动机室的空气阻力必须调整得和实车相等。用模型发动机室内流动模拟实车的确很难，但如果将发动机室全体的空气阻力设定得和实车阻力相等，那么伴随着空气阻力和冷却空气从地板下的流出，就可以对所形成的地板下的流动的干涉进行模拟。为此，使用和测试实车一样的装备，并用网格较细的铁丝网或者纱布等对模型发动机室的空气阻力进行调整。

（3）根据 CFD 进行通风性能的预测

最近几年，应用 CFD 预测换热器的通风性能的研究非常活跃，通过热交换器的风量是由发动机舱、发动机的形状，或者热交换等的实施了数值化的计算模型等决定的，而且发动机舱内部的流场，由于考虑了换热器配置的冷却风扇引起的旋转流动的边界条件，因此，预测可以达到实用水平精度的要求。

内部流动的计算方法基本上和外部流动一样，但是由于形状复杂，计算网格数变得非常庞大，计算 CPU 时间也比外部流动增加很多。因此，数值模型化时必须下些功夫，尽可能减少网格数等，尝试在实用时间内求得结果。

另外，与通风性能相关的 CFD 方面的细节，请参考上述本系列丛书第 10 卷“汽车的设计和空气动力学技术”第 5 章和第 4 章。

5.4.3　刮水器浮起的测试分析

前刮水器设置在前方车窗上，因此，受到车速的直接影响。在高速行驶时刮水器片上作用的空气力变大，作用在刮水器片上的垂直于窗玻璃表面的力量（升力），使刮水器整体浮起来，和玻璃面分开。于是，玻璃上残留下擦痕，严重影响驾驶人的视野。这样的刮水器的高速浮起特性是由刮水器系统本身的特性和前车窗表面附近的流体的流动决定。以前，刮水器高速浮起问题，曾经是下雨天的确保安全性的重要课题，最近，由于充分搞清楚了现象的本质，设计阶段就可以在一定程度上进行性能预测，特性实验也基本确立，问题变得少多了。因此，在这里，对在风洞里的实车实验，刮水器的单体实验，以及根据 CFD 的浮起预测顺次做简单介绍。

（1）实车实验

在风洞内进行刮水器浮起实验时，需要模拟降雨状态的专用洒水装置。也有具备洒水装置的风洞，图 5-15 所示则为行车实验也能使用的车载洒水装置。实验时，事先需要调整喷嘴的方向和开度，使水滴能够均匀分布到汽车前窗上。随后逐渐增加风速（车速），一边洒水一边使刮水器运动，刮水器动作范围内的玻璃表面的擦痕的比例，用素描或照片记录下来。图 5-16 是在不同车速情况下的擦痕的状态的图示，浮起擦痕的判断是由乘坐在车内的观察者进行的。

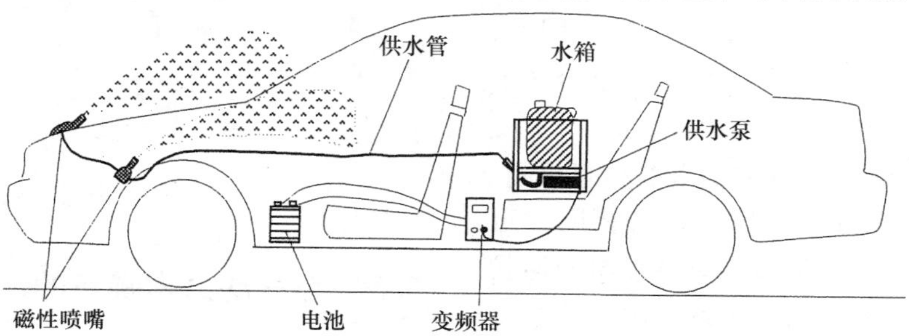

图 5-15　刮水器浮起试验喷水装置

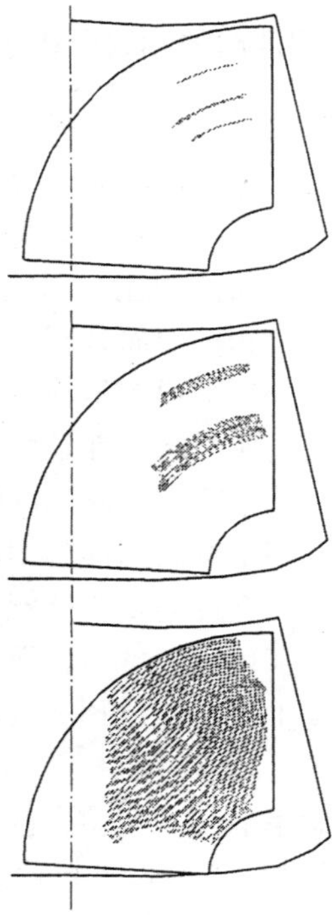

图 5-16　刮水器浮起时刷痕形状的变化

实际驾驶的情况下，也可使用同样的装置和方法进行刮水器浮起的特性测量。另外在风洞实验的场合，需要考虑自然风的风向及其变动等的影响，因此，需要改变偏摇角，或进行某种修正进而仔细判断刮水器浮起时的车速。

（2）刮水器单体实验

可利用风洞设备中的一部分的天平进行如图 5-17 所示的刮水器单体实验。根据直接测量作用在刮水器上的力，可以求出升力较小的圆弧形状和合适的刮片压下力等。但是，前窗玻璃上的流动场是 3 维的，因为，必须留意，上述的实验得到的是 2 维流场中的刮水器浮起风速等，需要修正。

（3）基于 CFD 计算的刮水器浮起预测

基于 CFD 进行刮水器浮起分析时，至少要把刮水器的 3 维形状和车身前窗的形状数值模型化，车身周围的流场，采用和车身外流场计算的同一方法，但是还需要计算出刮水器片和刮水器臂上加载的空气力。但是

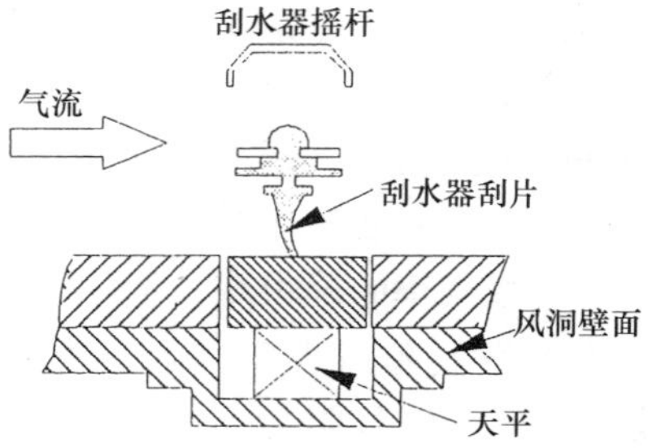

图 5-17　刮水器上空气力的测量方法

从计算机的容量、计算网格的分辨率和形状模型制作需要的时间等方面考虑，上述方法在实用上是有问题的。

在这里，以上方法为了预测 C_D 等正被广泛使用。以下，对利用车身周围的流场的计算结果的 2 维计算方法做一些说明。

首先，找出刮水器和前窗的气流的相对速度最大的截面，从车身周围流场计算结果中，提取出上述截面的气流速度。用这个速度作为代表速度，对作用在刮水器截面形状上的空气力进行 2 维积分求出合力。图5-18 是为了防止浮起安装了翅片的刮水器的 2 维计算结果，表示的是对刮水器施加的压力的分布。根据这个压力分布沿着刮水器表面积分可以计算出浮起力。根据得到的刮水器的浮起力和下沉力的大小，就可以判断刮水器是否会浮起。

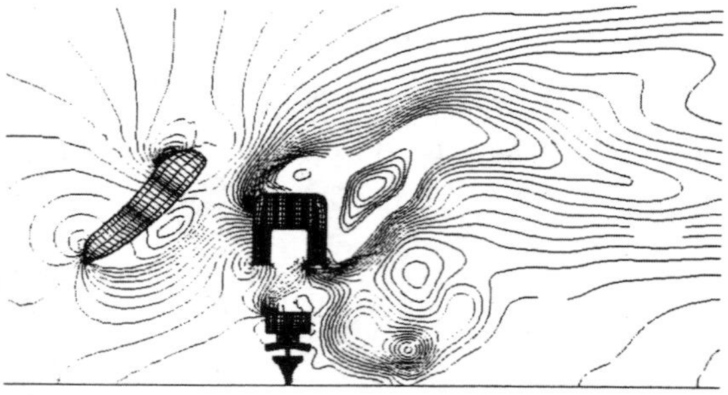

图 5-18　刮水器周围压力分布

5.5　空气动力学噪声的测试分析

空气动力学噪声是车身周围的流动引起的流体力学的噪声的总称。图 5-19 表示，

以量产轿车为对象，按照100km/h速度行驶的时候，车厢内总噪声和空气动力学噪声的历年推移。空气动力学噪声主要由于车身缝隙的改善和隔声性能的提高等的原因，逐年下降了。但是，最近几年，发动机噪声和路面噪声得到惊人的减小，空气动力学噪声成为行车噪声的主要成分，变得明显了。空气动力学噪声的降低，特别是要求高速行驶时确保静音成为主要课题之一。

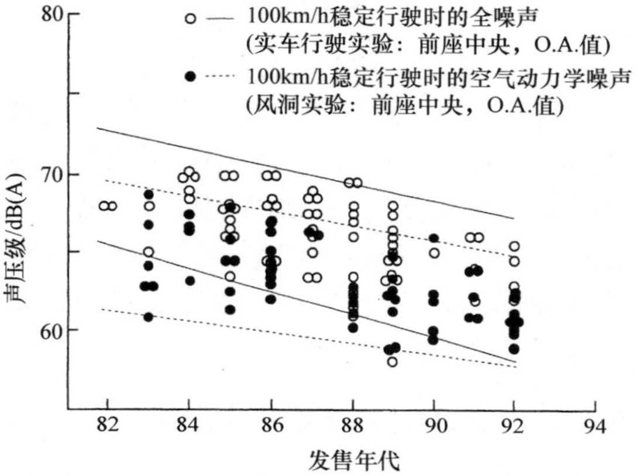

图 5-19　车厢内噪声随年代的推移

空气动力学噪声主要是车身周围的瞬态流动引起的，并且，车身外部声源发生的噪声，会通过种种路径传递到室内。因此，空气动力学噪声的声源，也即汽车车身周围的流动的非稳态性，必须根据汽车车身不同形状，还必须根据传递到车厢内去的窗户上的玻璃材料，各部分壁面的材料，门周围的密封材料等传递路径，进行控制。但是，声源以及声音传递路径等相当复杂，到现在为止，可以说空气动力学噪声的发生和传播等机理还没有充分搞清楚。

因此，空气动力学噪声的测试分析认为，不仅要测量和汽车乘员的听觉直接相关的车厢内的声场，为了探索噪声源，还必须测量车身外侧的声场，即从内部声源辐射到车身外面的放射声，以及测量车身周围的流动的物理量，比如压力的变动、速度的变动等。

5.5.1　空气动力学噪声的种类和发生机理

汽车空气动力学噪声的分类有几种，从发生机理来看，空气动力学噪声大致可分为排气噪声和风噪声，并且风噪声还分为狭带域杂声和广带域杂声。

排气噪声又叫作风漏声，主要是指通过车厢缝隙从内外流进流出的空气产生的流体噪声。车身的缝隙有不依存车速变化的静态的缝隙和依存于车速高低而变化的动态的缝隙。动态缝隙具有代表性的例子是车门的周围，作为排气发生噪声的部位而产生问题的例子很多。行驶中的车门玻璃被施加了负压，门的窗框向外侧变形。结果，在有些场合下，车门周围产生了间隙，隔声性能也会降低，通过缝隙进出的空气引起的噪声和由于隔声性能低下而伴随的风噪声增加了，即产生了排气噪声。伴随隔声性能下降而增加的空气动力学噪声，从发生机理来看，应该作为后述的风噪声处理。但是，排气噪声的测量和评估中，常使用容易透过声音的胶带等作为间隙的密封材料，根据其间隙的有无进行测量评估的场合较多，因此，这样测量得到的排气噪声，常常包含了伴随隔声性能降低而增加的噪声部分。再加上分离这些噪声很困难，一般是把这些合起来作为排气噪声处理。

另一方面，风噪声是由车身周围的气流形成的湍流和压力等的瞬态变化引起的，主要是流体自身发出的声音，从噪声的频谱来看，可分为窄带域声和广带域声。

窄带域风噪声具有纯音性的频谱，常常使听觉评价大幅恶化，被处理为杂声的情况很多。图5-20是汽车中常见的窄带域噪声的例子的说明。图中表示了振颤，它是由空气动力学引起的零件的自励振动现象，这里为了方便，包含了窄带域声。

边声和腔声，都是伴随空气动力学自励振荡现象产生的噪声，车顶罩、门、窗等的

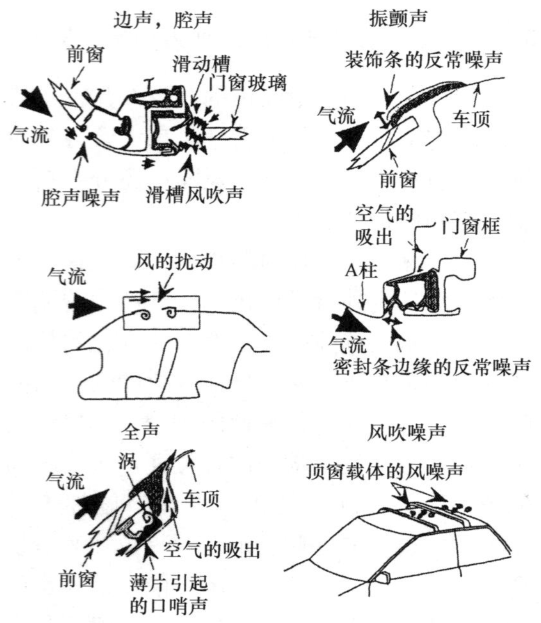

图 5-20　风噪声（窄带域噪声）的例子

开口部周围的凹下部分，容易产生自励振荡现象。凹下部分的上游端部产生的剥离漩涡和下游端部产生冲突，这种涡流的冲撞造成的压力扰动中，由开口部的长度和流速等决定的特定的频率成分，又向上部反馈，再次产生同样频率的剥离漩涡。这就是所谓的空气动力学自励振荡现象。因此，这个频率的漩涡变动引起的纯音性的噪声，成为腔声。汽车顶窗打开时等产生的非常刺耳的低频率噪声，又叫风扰动声，这是因为，开口部发生的腔声锁定了由车厢内容积等决定的赫姆霍兹的共鸣现象。

还有，风吹声是由卡曼漩涡引起的噪声，汽车天窗载体及球形天线等周围发生的情况很多。

广带域风噪声是由气流的湍流和压力变动引起的流体的声音，其中流体压力的变动直接引起车身部件振动发声，包含了振动的声音。因为广带域风噪声是流动和物体的干涉而引起的，所以会在车身各部位发生，其噪声的大小依存于车身的形状，在汽车内部能够听到的风噪声的大小如图 5-21 所示，和车速的 5.6 次方成比例。

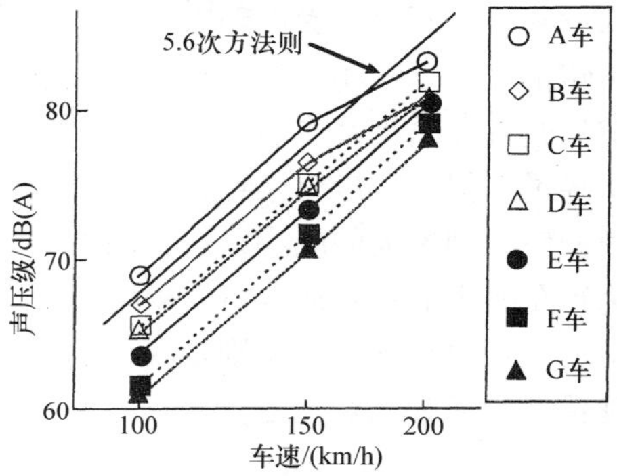

图 5-21　风噪声的车速特性

在这里，概述了空气动力学噪声的种类和噪声的发生机理，有关空气动力学机理和降低噪声的方法的详细内容，还请参考本系列丛书的第 10 卷《汽车的设计和空气动力学技术》的第 6 章空气动力学噪声，或者参考文献的 37）、39）、40） 等。

5.5.2　测试目的和测试法的分类

空气动力学噪声的测试，按照其目的可按以下进行分类，一种是乘员听得见的噪声，或者说是关于车厢内声场的测试分析，另一种是以理解向车厢内传递噪声的声源以及噪声的发生机理为目的的测试分析。

前者是专门在车厢内进行的声压测量，一般在乘员耳朵附近设置传声器和人工虚拟头部进行声压测量，从对应于乘员听觉角度来看，在这种情况下得到的测量值是评估空气动力学噪声的既容易检测又具有代表性的物理量，因此在进行各种车辆之间的比较和把握各种各样改进方案的效果等方面得到了广泛的应用。

另一方面，后者是车厢内的声源探测，比如用传声器进行接近声音测量、音响测量等，还包含车辆外侧的声压和声强测量，以及车身表面压力变动等流体各物理量的测量等。但是，有必要注意到，通过这些测量得到的各个量都是帮助理解声源或发生机理的，不是用来直接评估车厢内的噪声的。

以上，根据空气动力学噪声的有关测量方法的目的进行了分类。从测量的物理量或测量方法的观点来看，则可以分为：测量车厢内外声场的声学方面的测量以及车身周围的流场有关的流体力学方面的测量。其中的车厢外的声场测量，则又可分为风洞气流中的测量（内流测试）以及在风洞外部进行的风洞气流的测量（外流测试）。

以下主要叙述与汽车有关的空气动力学噪声测量技术，声学方面的测量和流体力学方面的测量有关详细内容，请参考第2章振动噪声及舒适性，以及本章其他小节，或者参考文献17)，18）等专著。

5.5.3　风洞实验

（1）风洞实验和行驶实验

到目前为止，有关车身周围流动的各种各样的空气动力学问题，几乎仅谋求通过风洞实验进行解决，最近，CFD的应用研究非常活跃，缩短了新车型开发时间。但是，目前CFD在解决与空气动力学噪声有关的实际问题中，还仅仅局限在一小部分应用中，通常，还是用风洞实验或者行驶实验，测量前述的各种参数。

图5-22是根据行驶实验和风洞实验得到的车厢内空气动力学噪声测量结果的一个例子，与空气动力学噪声有关的风洞实验和行驶实验相比，由于没有自然风等的外部干扰的影响，测量的再现性比较出色，而且没有发动机、驱动系统或者是轮胎等的噪声的影响，比较容易得到纯空气动力学噪声，而且也容易把握偏向风的影响，还有可以从车辆外侧进行噪声测量等的优点。但是，另一方面，没有实际驾驶中的发动机噪声、轮胎噪声等的屏蔽效果，空气动力学噪声在行驶噪声中所占比例有容易被过大评估的缺点。另外，从风洞实验中的听觉评估和行驶实验中的结果的不一致来看，要考虑到以下的可能性，那就是整流过的风洞气流的噪声源和自然风中行驶状态中的噪声源的影响不一样。

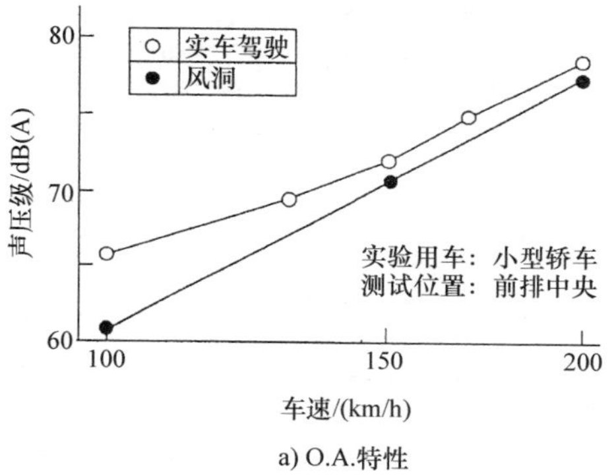

a) O.A.特性

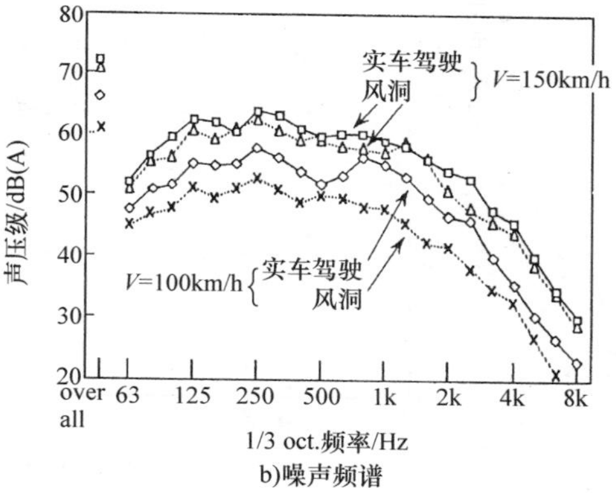

b)噪声频谱

图5-22　行驶实验和风洞实验的车厢内噪声的比较

风洞实验、行驶实验都有上述各自的缺点，为了把握行车实验时的空气动力学噪声的贡献度，听觉评估或听觉确认改进效果等成为主要的目的，分析产生空气动力学噪声的主要原因和考虑减降策略时，在很多场合，测量产生空气动力学噪声的汽车周围的流场的同时，实施风洞实验。

以前的行驶实验中，一般都实施后述的传声器的声压水平的测量和听觉评估，最近，在自然风中的空气动力学噪声的变动的有关实验中，研究人员尝试着将感觉评估和车身形状的相关关系对应起来，或者，提议将空气动力学噪声在行驶噪声里占有的贡献度加在感觉影响度里进行分析。

（2）风洞背景噪声的减降

风洞中的空气动力学噪声的声学测试中，有一个准确评估风机及风洞气流本身引起的背景噪声（也被称为风洞固有噪声）影响的问题，也就是说，为了实现高精度的测量，减降或除去风洞背景噪声是不可回避的课题。根据这个观点，20 世纪 80 年代后期，对既建汽车风洞实施了低噪声化，降噪措施为：风机的改进、收集器的优化、消声器的增设、风洞内部吸声材料和风洞外侧隔声材料的贴附等，此外，还相继建设了测量部半无声化的低噪声风洞。

图 5-23 是 1994 年公布的在欧美具有代表性的汽车风洞中实施的噪声测量的一个例子，所示结果是在各风洞气流内设置话筒测得的背景噪声的比较。这一连串的实验展示了形式不同的风洞的比较，采用了不同降噪处理方法的风洞中的背景噪声的比较，还有，同一车辆的空气动力学噪声的比较，测试方法采用了风洞气流内测量（内流测试）、气流外侧的测量（外流测试）和车厢内的测量。由于风洞的差异，主要由于风洞降噪程度的不同，可以看到，内流测试和外流测试的结果有明显的差距，车厢内噪声的测量结果的差异则比较小。

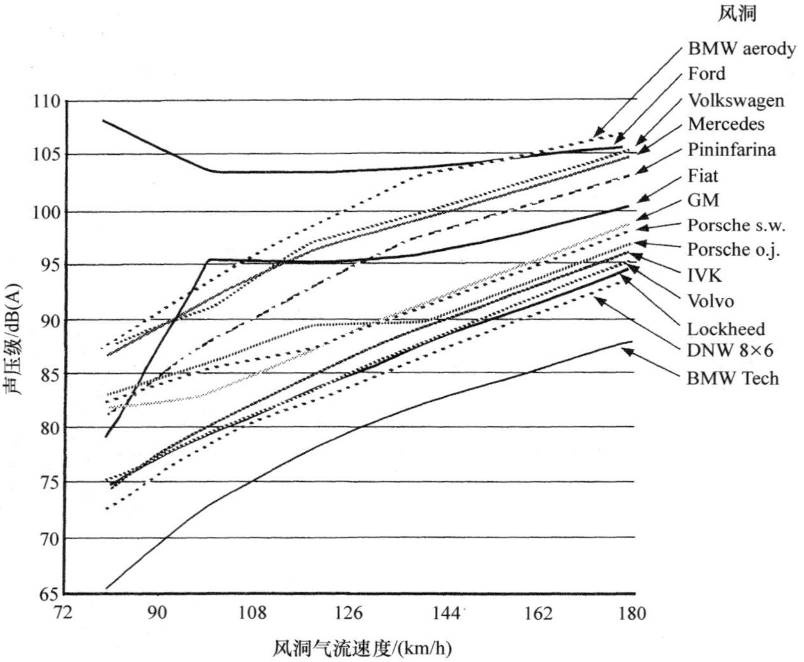

图 5-23　欧美风洞背景噪声（流内测试分析）

另外，图 5-24 比较了同一车辆在日本风洞和欧洲风洞测量的车厢内噪声的结果。在这个例子中没有比较背景噪声，虽然肯定有由于风洞形式的差异、降噪方法等的差异引起的背景噪声的影响，但是，车厢内噪声测量结果仍旧比较一致。

从这些结果来看，在风洞实验的空气动力学噪声测量中，必须降低风洞背景噪声，特别是远距离测量车辆的辐射声时，车辆有、无引起的声压级的差别，也就是所谓的 S/N 比，需要控制在 10dB 以上。可是，车辆内噪声测量中，声源也会比较靠近测量位置，这时如果背景噪声控制在一定程度以下的话，不会像车外噪声测量时那样对测试值引起决定性的影响。

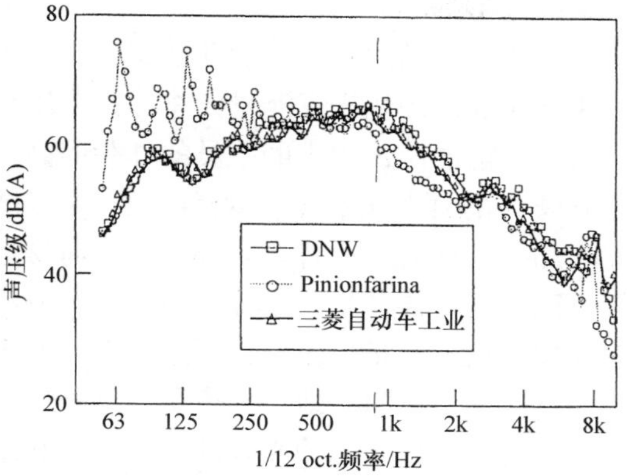

图 5-24 欧美和日本风洞的车厢内声音测试分析结果比较

以前，日本公开的以汽车风洞为对象的这种实验结果只有上述一例而已，目前，日本的具有代表性的汽车风洞的背景噪声的对比实验正在实施，可以期待新的结果不久就会出来。

以上叙述了风洞的低噪声化吉中降低背景噪声的有关内容，另外，除去测量音响数据中的背景噪声的数值方法也在研究中。

根据这个方法，在具有开放型测定部的风洞中，先将车辆放置在气流中测量车厢内噪声，然后把车辆放置在风洞气流外用同样方法测量车厢内噪声，将两者数据进行减法处理，即用代数方法除去了背景噪声的影响。还有，适合于密闭型测定部风洞的方法是，首先，测量在气流中的车厢内噪声（由于包含背景噪声，在这里定义为全体噪声）和测量气流中只放置传声器时的背景噪声。其次，在无风状态的风洞内将已经测得的背景噪声用扩音装置再现，测量只有背景噪声时车内声音（背景噪声形成的车内声音成分），或求出作为频率的函数的传播损失。最后，从测量得到的全体噪声中，扣除背景噪声。或者，在背景噪声里加入传播损失成分，从全体噪声中扣除，就可以认为消除了背景噪声的影响了。

但是，使用这些方法的时候，全体噪声和背景噪声的比，必须保证 S/N 在 2dB 以上，才能够保证测试值的可信度。

因此，为了提高风洞噪声测量数据的精度，如前述那样，通过硬件的改进，降低风洞的噪声才是解决问题的根本。但是，既设风洞的低噪声化，受到费用和结构等条件的限制，往往得不到十分满意的结果，在这种情况下，可认为上述的方法是解决问题的有效方案。但是，内流测试得到的背景噪声中，很难除去传声器自身发出的噪声，还有，使用上述的方法，不得不考虑，是无法对汽车外部噪声进行评估的。

（3）缩尺模型风洞实验

利用缩尺模型进行风洞实验时，虽然很难模拟好车身形状的细节，但是，改变车身形状容易，各种测量的操作简单，所以，在新车开发的初期外观设计和基础研究中，都得到了广泛应用。但是到现在为止，应用于汽车空气动力学噪声的缩尺模型的风洞实验结果，公布的例子非常少。

图 5-25 说明了模型风洞实验的空气动力学噪声测量结果的一个例子。试验对一厢型汽车和轿车的 1/10 缩尺模型发出的放射噪声，实施了外流测试。测量结果中，除了轮胎尾流的卡门涡街发出的 800Hz 附近的尖哨声领域以外，车身形状的差异对发出的声音的影响是非常明显的。

缩尺模型风洞实验的空气动力学噪声的

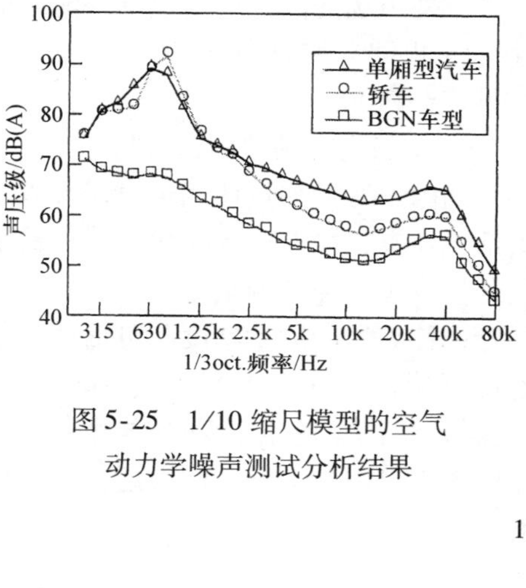

图 5-25 1/10 缩尺模型的空气动力学噪声测试分析结果

测量中，区分各种声源是一个难题，但是，和其他的空气动力学特性实验一样，实验具有容易控制调整的优点，所以可以作为基础研发初期阶段的讨论空气动力学噪声的有效手段之一。

另外，为了通过缩尺模型实验结果预测实物的噪声特性，需要在某些方面的相似法则。如图 5-26 所示，汽车形状类似时，可以认为，发生声音的强度和声源的面积，以及声音的频率依存于湍流漩涡的大小，所以大致上看，可以认为，辐射声音的声压和代表长度的 2 次方成比例，频率和代表速度与代表长度的倒数的积成正比。

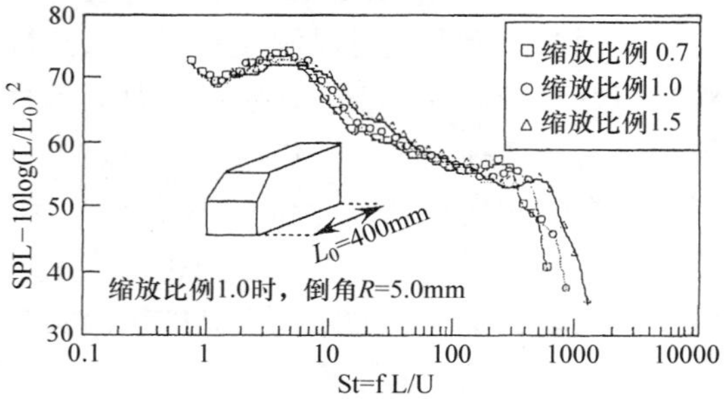

图 5-26　空气动力学噪声和尺寸的关系（汽车形状相似时）

5.5.4　测试方法

如上所述，空气动力学噪声的有关测试方法包括：作为声学的测试方法有车厢内声场的测试和车厢外声场的测试；另外，作为流体力学的测试方法有车身周围的流场的测试，车身外声场的测试包括风洞气流中的测试（内流测试）和从外侧对风洞气流的测试（外流测试）。

（1）车厢内声场的测试分析

车厢内声音的测量使用传声器及人工虚拟头部，还有，探查声源时使用传声器实施近接测量或声音强度测量等方法。

考虑传声器的测量精度和可信性，使用电容传声器，尺寸有 1/8in、1/4in、1/2in、1in 之类，从汽车的空气动力学噪声的测量对象的频率范围和动态范围考虑，一般使用最多的是 1/2in 的。

作为空气动力学噪声的评估指标，为了使用在车厢内的代表点测量的车厢内声压级数值，在前面座位中央的乘员的耳朵的高度或驾驶人的耳朵的位置等处设置声音传感器，测量车厢内的声音。另外，需要简易地探查声源的时候，用一个传声器和门柱或门窗玻璃接近，测量声压，根据这些声压的大小的不同，可以间接地找到声源。这种情况下，考虑到其他声源的声音的屏蔽效果和距离衰减等，传声器的设置位置距离玻璃面等以数十毫米最适宜。

使用人工虚拟头部，是试图测量得到和人类在双耳收听到的相同的声音参数。在模仿人的头部制作的人工头部的耳朵部位设置传声器，而且，为了模拟人类的鼓膜得到的声压信号，要求调节好可以接收的频率范围、频率响应、方向模式和噪声等级等。

声音强度法是将声音的传播进行可视化的方法，此方法使用复数的传声器。声音强度是由声压和颗粒速度的共轭复数的向量的积来表示的，可以用靠近设置好的 2 个传声器测量得到的声压和相位差计算出来。声音强度法应用于发动机噪声的声源探查方面，而车厢内测量空气动力学噪声的时候，由于声源分布在车身表面全体上，又因为车厢内声场属于人工模拟残响声场等原因，那是很难测量的，而且，应用的例子也少。图 5-27 是用声音强度法测量得到的空气动力学噪声的结果的一个例子，是从地板传播到车厢内的空气动力学噪声的声音强度的矢量分布。它明白地表示了声源分布在地板的前部的事实。

这样，特定了声源的位置、大小等参数，就可以根据声音强度进行声音的可视化，上述方法，就成为帮助我们找到实施噪声减降措施的有力工具。今后，为了克服上述课题中的困难，期待空气动力学噪声处理技术能够得到进一步的应用。

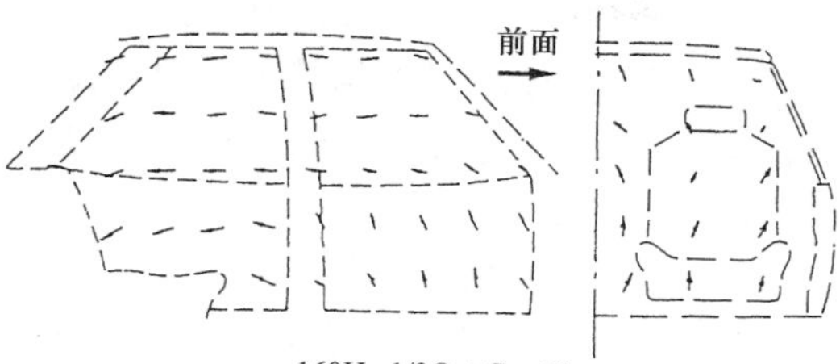

图 5-27 声音强度法的空气动力学噪声测试分析例子

（2）车厢外部声场的测试分析

风洞里汽车车厢外部的噪声测量是分为把传声器等设置在风洞气流中进行内流测试，和把传声器等设置在风洞气流外的外流测试的。后者只能在拥有开放型测试部的风洞中实施。

通常在使用传声器的内流计量中，为了抑制传声器自我激励噪声的发生，在传声器前端安装鼻锥体。鼻锥体是圆锥形的盖子，防止传声器周围的流体剥离发生，也防止膜片直接暴露在气流压力变动下。为了声波能顺利传达到膜片，在水平部分设置了网状物体。因此，使用鼻锥体之际，在流体流动的方向上设置鼻锥体很重要。但是，湍流的压力变动是在流动的垂直方向发生的，使用鼻锥体也无法完全防止自我激励噪声的发生。特别在数千赫兹以上的高频率领域，得到的数据必须仔细推敲。

作为最近的内流测试法之一，有近距离测量声场的声音全息测量法，可实施空气动力学噪声的测量。这是在声源附近的平面上测量声压的交叉频谱，得到交叉频谱的矩阵后，应用近距离声音全息测量法，计算出声源附近的声场的声压、声强的分布等。

图 5-28 是测量系统的概略图。实车风洞内安放了供试车，在供试车的内外设置了数个基准传声器，车厢两侧设置了可以移动的小型防风阵列传声器，用以测量声压。一边将防风阵列传声器在整个测量面移动，一边在所有的测量点上，测量基准传声器和阵列传声器间的交叉频谱，从而得到交叉频谱矩阵，应用近距离声场全息测量法，把车身表面的声压分布、声强分布等计算出来。

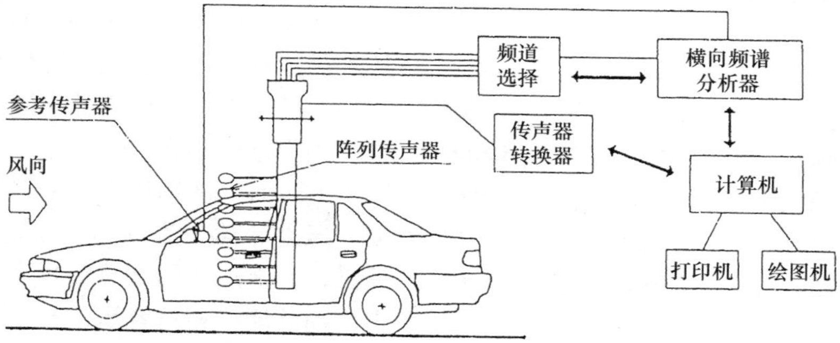

图 5-28 近距离测量声场的声音全息测量法的空气动力学噪声的测量系统

使用这个方法的场合，车身发生空气动力学噪声、传声器的自我激励噪声和风洞的背景噪声三者之间没有任何关系，根据测量交叉光谱时的平均化，可以除去空气动力学噪声以外的成分。但是，标准传声器和矩阵传声器各自测量的风洞背景噪声是具有相关性的，为了使这种影响减小到能够被忽视的水平，必须在背景噪声非常低的风洞内进行测量，或者，需要考虑将基准传声器设置得靠声源近一点。

以前，通过测量交叉频谱实施的近距离声场全息测量法，在发动机噪声源检查和远距声场的声压预测等中使用。目前，气流中空气动力学噪声测量中很少使用以上方法，但是，有关的公开的报告里，有关注汽车后视镜和前轮轮胎周围的车身侧面的声压分布和声强分布的测量结果。观察一下这些结果，考虑前述的消除风洞背景噪声，可以认为这个方法是通过内流测试来探寻空气动力学噪声声源的最好的方法之一。

传声器等测量探头，置于风洞气流的外侧进行外流测试时，因为测量位置和车身表面声源有一定距离，距离衰减变大，如上所述，测量值受到风洞背景噪声的很大的影响。因此，外流测量必须以使用低噪声风洞作为前提。另外，在这种场合，虽然内流测试中传声器等装置基本上不会发生自我激励的问题，但是，因为车身表面的声波是由风洞喷流的剪切层决定其大小与传播方向的，所以，分析在以上测量位置测得的声压和声源方向的结果时，必须考虑这些影响。

测量方法一般不外乎是固定或移动一个或是几个传声器，进行声压和声压分布或声强的测量，但是，最近也有尝试使用超指向性收音装置进行测量的。

图 5-29 所示为超指向性收音装置的基本概念图。超指向性收音装置是由旋转椭圆体的一部分构成的反射板和一个传声器组成的，传声器设置在反射板的焦点上，另一面的焦点配置在测量点上，使指向特性得到保证。根据在低噪声风洞中实施的两种车辆的车外声场测量结果来看，使用超指向性收音装置，可以定量掌握车身周围的车外空气动力学噪声的分布，并可测定形成问题的声源位置。

收音装置也应用在铁路车辆的行驶实验中，而汽车风洞实验中的应用仅有上述例子而已。虽然空间分辨率稍微有点不足，但是，作为比较简便的声源探查方法，还是值得期待的。

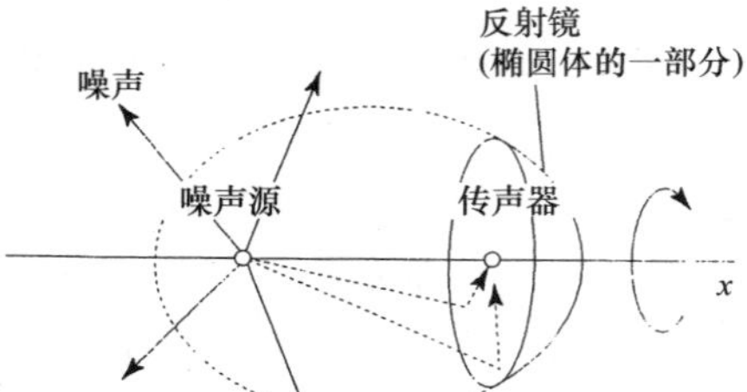

图 5-29　超指向性收音装置的基本概念图

(3) 流场的测试分析

空气动力学噪声，特别是风噪声是由于车身周围的瞬态流动引起的，为了理解噪声发生的机理，必须充分掌握瞬态流场的特性。测量的对象是速度、压力等的时间平均值与速度的变动、压力的变动、涡度的变动等湍流场的特性参数等。特别在考虑声源的情况下，比起这些变动诸量的时间平均值，诸如 r. m. s 均方根值等，瞬间值、时间微分值或彼此的相关关系等具有更重要的意义。

因为可以认为声音是漩涡的不稳定运动造成的，所以，为了直接评估车身周围的声源，需要测量车身周围的涡度变动值。5. 3. 3 小节简单介绍了热线风速计的涡度测量方法，到目前为止，公开的资料中，作者还没有看到过车身周围的这样复杂的 3 维流场的涡度变动测量的例子。

汽车周围发生的风噪声的大部分是由流体和固体的干涉引起的，即作用在物体上的非稳态的流体的力引起的，因此，根据记述空气动力学噪声源的莱特希和卡尔（Lighthi11 – Curle）的理论来看，可以认为车体表面的压力变动是流场的最重要的影响因素。而且，和上述的涡度测量相比，物体表面压力变动的测量相对容易，所以测量的例子也很多。

压力变动的测量方法有在车身表面埋入压力传感单元尽量不影响车身表面附近边界层流动的同高安装法，以及从压力孔用细管连接压力传感单元的探针传声器法。前者是把电容器传声器的膜片平滑地埋进车体等表面，考虑压力变动的空间相关，还需要选择比对象声音波长直径更小的传声器。比如，1/4 的传声器用来测量车速 100km/h 的压力变动时，测量频率的上限大约是 4. 5kHz。

后者是把压力波动通过细管引导到压力传感单元的，频率响应可能有些问题。最近的产品，对于小管的共鸣和相位延迟等的影响，导入了电气修正，可以期待得到线性的频率响应，还有，探针传声器法的频率范围大约在1kHz以下。

无论如何，如果考虑声源的话，必须测量作为研究对象的位置的全体的压力变动信息，因此，必须同时测量广范围的所有测量点的压力变动。

5.6 可视化测试分析

物体周围的流动及由此引起的现象和固体的运动及变形等不同，通常是难以直接观察到的。如果能够使用某种方法直接观察到流体的流动，通过直接感觉来把握现象，就可以在问题的解决中起到很大的作用。因此，对流体进行可视化并进行观察的方法在实验分析上也起到了重要的作用。

汽车周围的流体的大部分是空气，另外，也有一部水或它们的混合物，所以，这里需要有效地利用空气和水的可视化方法。

另外，最近计算流体力学（CFD）的发展，对于用实验方法实施可视化有困难的部分和现象，可以采用数值计算方法进行解析，将其结果可视化，帮助研究者理解这些现象。

在这里，对实施实验或者数值的可视化时需要的设备和方法进行说明。

另外，在这里叙述的实验性的可视化方法，重点讨论的是和汽车有关研究中使用得较多的方法，更一般的方法及设备的有关详细内容，有手册可以参考。所以，想要更专业深入地了解可视化技术时，推荐学习参考这些资料。

5.6.1 可视化设备

6分力测量实验中，通常在风洞贴上细线，或者使用烟雾发生器等实施可视化，这是很早以前开始使用的方法，通常以测试6分力为目的的风洞，由于并不要求风洞喷嘴的缩流比取得很大，因此，气流中的湍流的强度和流动的均匀性往往不能满足可视化的要求。因此，考虑到气流的性质和实验的效率，希望最好有可视化的专用设备。在这里，主要对烟雾风洞和水槽风洞的特征进行说明。

（1）烟雾风洞

烟雾风洞有二维和三维的。图5-30所示的风洞具有特殊的结构，其中，二维和三维的风路和一个送风机连接，可以同时运转。和6分力测量用风洞的最大区别是，在实验截面及其上游，为了得到适用于可视化的优质的气流，设置了大缩流比的喷嘴，使得气流的湍流程度相对较小。还有，为了避免风机送出的气流的旋转和湍流等的影响，风机常常设置在实验截面的下流一侧，选用吸收式的。在实验截面的侧面和上下面设置观察口，而且，为了从下流进行观测，大多数风洞在流路下流的弯曲连接部的其中一部分装置透明树脂板，构成观测窗口。

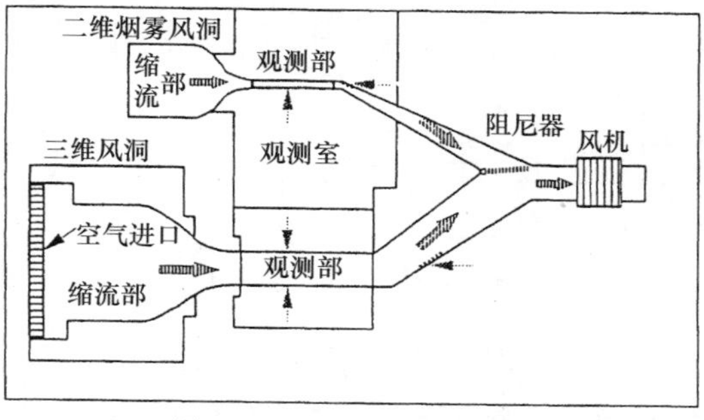

图5-30 烟雾风洞的概要

风洞的风速大多数可达15m/s左右，由于高速气流中会发生烟雾扩散等问题，实验常在较低的风速中进行。

流场可以作为二维考虑时，可以使用需要观察部分的截面的二维形状的模型。

三维的场合，只观察外部流的话，可以使用在通常的风洞实验中使用的模型，但是，考虑发动机舱和车厢内流动等内部流的可视化时，需要使用透明树脂构成的模型，另外，测试部位不能有照明光线的阴影，所以要仔细考虑模型结构和照明方法。

（2）水槽

水槽实验中，不可能进行和空气同等流速的可视化，但考虑到水的运动黏度系数比空气小一位数，所以在比较低的流速下，也可以进行接近空气流的雷诺数的可视化观测。还有，和空气流不一样，在水流中，可以根据测量目的，自由选用染料、颗粒、粉末等各种各样的示踪颗粒实施可视化观察。水槽的形式有使水在其中循环的回流式，在静止的水里移动模型的曳航式，通过上流水箱的重力使流体流出的放流式等。观测则多数从侧面和上面进行，但是，为了使设置的观察镜等不妨碍流路中流体的流动，也可在供试车的后方进行观测。

图 5-31 所示为立式回流水槽。如何控制可视化的流速，也是根据具体采用的可视化方法而定，一般来说，控制在 1m/s 以下的为多。

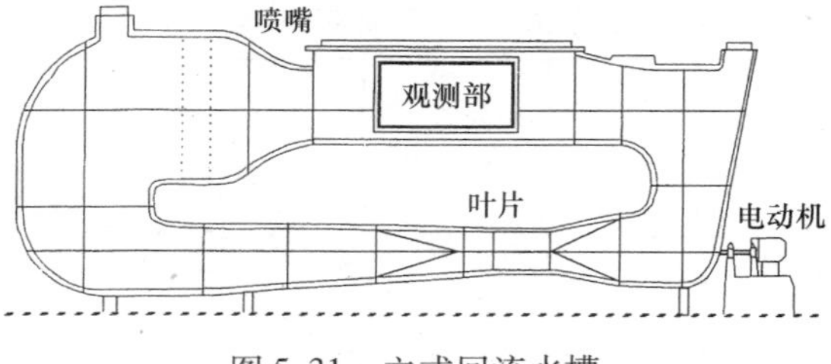

图 5-31　立式回流水槽

还有，回流式中水流循环使用，所以，长时间使用后染料和示踪颗粒会污染水分，不容易得到鲜明的可视化图像。所以，适当换水，利用颗粒进行实验时采取途中对颗粒进行回收等方法来延长设备维护期限。

供试模型往往用树脂等制作，和烟雾风洞中的模型一样，需要考虑解决照明反射等问题来构建模型。

5.6.2　空气流的可视化

因为汽车周围是空气，所以空气流动的可视化方法非常重要。空气中可使用的可视化方法仍受到一些限制，在这里，对到目前为止汽车周围的流动测量中使用的可视化方法进行说明。

（1）烟线法

用烟雾发生器和喷嘴，实施实车或模型周围的可视化的方法频率较高。灯油以及纯度较高的石蜡液体，通过加热形成蒸气作为示踪烟气使用。图 5-32 是 1/5 大小的模型周围的流动可视化的例子，说明了二维烟雾风洞中可视化的结果。这一结果是从斜前方观察得到的。烟雾沿着汽车模型前半部的表面流动，适当地表示了这个部分的可视化结果。不过，车身后部等流动发生剥离、逆流，在这个部分发生扩散，所以无法把流动鲜明地表示出来。弥补的方法是，用金属钨或白金等大电阻金属丝，在其上涂布石蜡液或油液，追加高电压脉冲，使涂料一瞬间蒸发，利用这些蒸气进行可视化的方法也叫烟熏金属线法。

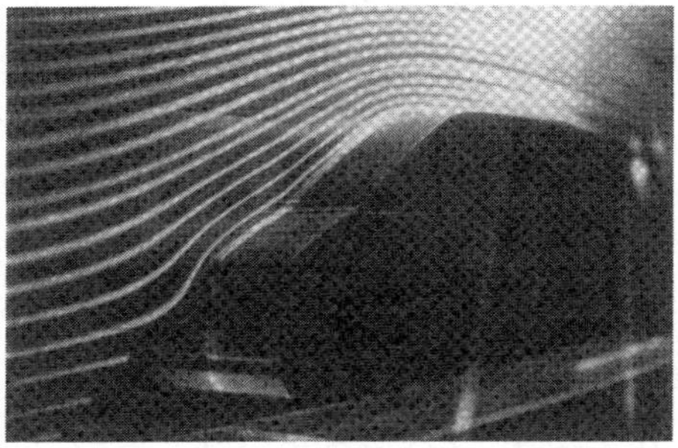

图 5-32　烟线法的可视化（二维）

使用这种方法，金属线可在任何地方设置，可以适用于逆流流域等局部可视化部位。另外，施加高电压，因发热金属线膨胀，导致形成不了直线状分布的烟雾，为此，可在线两端用弹簧等预先赋予张力解决。图 5-33 是 1/5 尺寸模型的前部的流动可视化的一个例子。分歧点的位置等非常明了。

另外，通常的烟熏金属线法中，用高电

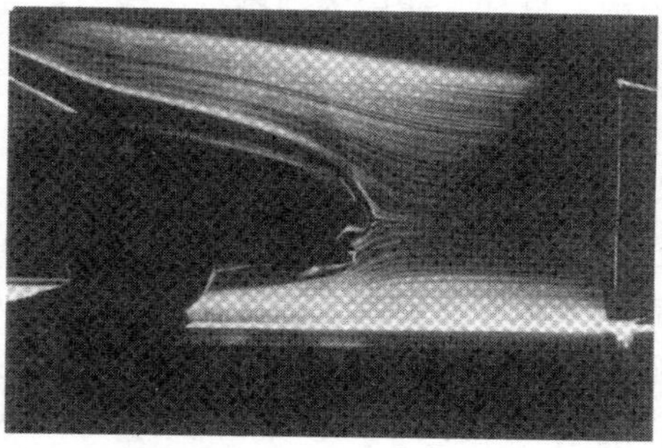

图 5-33 烟熏金属丝的可视化

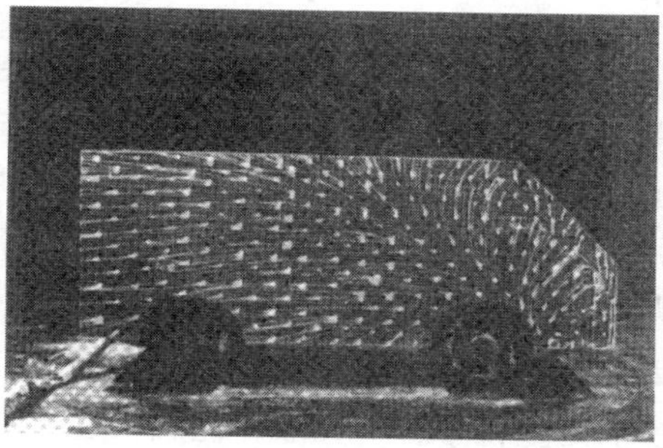

图 5-34 油液法的可视化

压脉冲发生烟雾时，放电时间短，摄影时，要求相机快门的速度和烟雾发生的时机等合拍，所以需要仔细考虑使用电气方法使之同步。为了改进，可用较低电压连续施加电压，使金属线部分在较长时间内连续发出烟雾。这个方法可延长想进行直接观察的位置的可视化时间，对于把握现象非常有效。并且，在涂布油里混合铝粉，使混合油在金属线上的滞留时间变长，烟雾长时间不断产生的方法也在开发之中。

（2）油液法

这是预先在物体表面涂覆石蜡和氧化钛的液态混合物，观察高速气流中混合物蒸气的流动模样的方法。根据表面的流动，找出逆流和滞止点等有问题的地方，求出合乎空气动力学要求的形状来。图 5-34 是 1/5 模型表面的流速的分布。油液在表面薄薄地、没有遗漏地均匀地涂布一层的方法，还有像照片那样在适当间隔的点的位置涂布的方法。后者工作量小，能够轻松完成，可在短时间内得到表面流动可视化结果，所以开发初期阶段，大多和 6 分力实验并行推进。

（3）丝线法

丝线法是指气流线方法，那就是在物体表面以适当的间隔，贴附短短的毛或线，根据它们飘动的方向和大小等读取流体在物体表面附近的流动的样子。流动安定的地方几乎是静止的，不稳定的地方发生飘动，另外，逆流的地方朝相反方向飘动。图 5-35 是 1/5 供试模型的例子。这里需要注意的是，为了容易实施可视化往往会使用较粗的毛线，这使毛线等的流动追随性变差，引起不能正确显示流动场的问题。

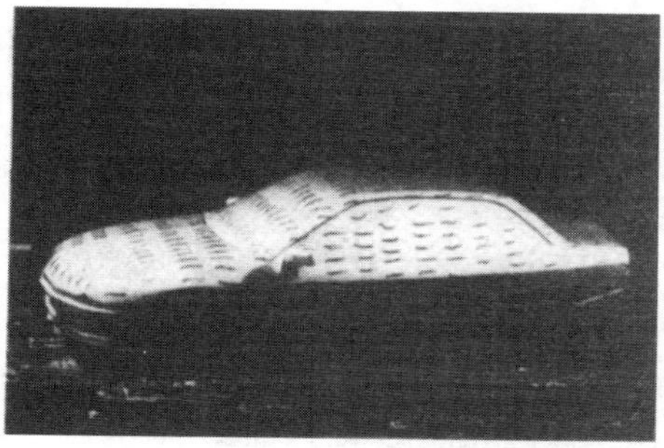

图 5-35 丝线法的可视化

此外，还有对荧光涂料涂过的丝线采用紫外线照射进行可视化的方法。这个方法，照明不需要特别注意，容易操作，而且，还具有用很细的丝线也可以实施可视化的优点。

另外，观察发动机舱气流流入方向以及支柱周围流动的简易方法是，在细棒的端部连接一根长长的气流线进行可视化的方法。

（4）粉末附着法

烟线法的场合，试图对逆流区域进行可视化时，往往因为扩散而失败。在逆流区域配置多个烟丝，可以把握逆流的空间构造和大小，但是，配置烟线时，要考虑电极的位置等不扰乱流场等问题。还有，如果烟线的配置位置不合适，则无法取得流场的详细结构。

在这样的场合，粉末的效果较好。由于细微粉末在上游通过喷嘴和加压空气一起喷射出来实施可视化，逆流领域的漩涡能清楚可见。流速较快时，诸如碳酸镁那样的比重较大的粉末也追随流体流动，一般来说，中间封入气体的微气球一样的粉末更合适。这些粉末比重较小容易飞散，注意不要让它们被人体吸入。还有，粉末注入流场后，在风机的出口和流速小的地方需要进行回收。图5-36是在1/5汽车模型后流中使用微气球的可视化的例子。试验清楚地捕捉到后窗和行李箱上面的涡流结构，补充了烟雾可视化的不足。

图5-36　粉末附着法的可视化

5.6.3　水流的可视化

水和空气不一样，可以选择各种各样的示踪颗粒，可以在各种部位的可视化中应用。还有，水比空气的动黏度系数大，使用同一尺寸的模型，即使是低流速，也能实施空气高速流动的雷诺数范围的可视化。因此，可以采用不容易产生扩散问题的示踪颗粒，具有适合目视观察和摄像记录的优点。

（1）染料

调整染料和溶剂的比例进行混合，混合物的比重就可能和水接近，因此，可以减少由于浮力产生的流线的浮起和沉降的问题，和烟线法一样，虽然在逆流区域会产生扩散问题，但是，在逆流区的轨迹仍可以清楚地捕捉到。另外，使用不同颜色，就容易掌握各部分对下流的影响。实验中可以采用诸如亚甲基蓝类的试剂类作为示踪颗粒。

向流场注入示踪颗粒的方法说明如下，和压力测量时设置的压力孔一样，事先在物体表面设置好孔位，从那里注入，也可以使用喷嘴注入，喷嘴是和注射针一样细的管子，通过整形作为注入喷嘴使用。如果示踪颗粒不用和周围的流动接近的速度喷出的话，扩散就会变得很大，所以喷出的速度需要细微的调整。因此，要调节放入染料的容器的设置位置的高度，观察注入量以及喷出状态，需要一边观察一边调节来实施可视化。注入量和喷出速度的调节等，可以使用医院静脉点滴的调节阀。

（2）颗粒

水流中流速比较小的时候，示踪颗粒的浮力的影响是不能忽视的。还有，片状的示踪颗粒受到流体速度梯度的影响会发生转动，对于光线的反射也会出现不均匀，无法得到清楚的可视化图像。因此，比重和水相同且比较难以受到流体速度梯度影响的球形的示踪颗粒最理想。尼龙12的颗粒可以说基本符合这些要求，由于比重和水接近，所以流动的追随性等良好，也没有扩散的问题，在逆流区域以及发动机舱和车厢内等界面形状复杂的场所也适合可视化要求。图5-37是1/3尺寸的车厢内的流动的图示，捕捉到后面座位的乘员位置和脚部的循环流。此外，宏观的流动的光线反射的不均匀性，通过相机长时间曝光等处理，球形以外的示踪颗粒也能得到很好的利用。

（3）氢气气泡

利用氢气气泡是水流特有的方法，实验中用较细的钨等金属线作为阴极，加入高电压脉冲，通过电离分解生成氢气泡作为示踪颗粒使用。这个方法可以得到比较均匀细小的泡沫，还不会发生水质污染的问题。和颗粒示踪方法一样，适合应用于局部性流动和

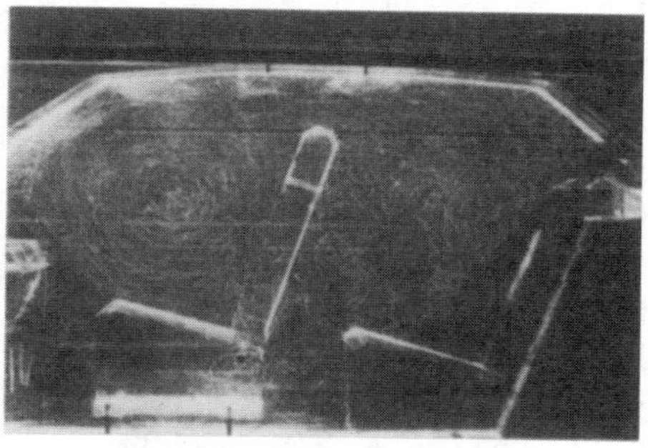

图 5-37　颗粒的可视化

逆流区域的详细观察，但是，气泡太细小，如何提高照明效果是一个课题，另外，不适用于车身外部流场那样整体大面积的可视化。这种装置在市场有销售。图 5-38 是 1/5 尺寸的掀背型汽车后部流动的可视化的例子，后窗部的逆流和地面附近的卷起流动都非常清楚。

图 5-38　氢气气泡的可视化

5.6.4　数值的可视化

近几年，由于流体数值计算方法的发展和计算机的高速化及计算能力的增加，使得我们在实用的时间范围内可以完成大规模的三维计算。另外，庞大的计算结果也可以用专用的后处理软件和图形工作站（GWS）来处理，并在极其短暂的时间内完成图像化处理工作。另外，实验是利用传感器在空间一点一点地进行测量的，不可能把握整个流场的所有点的瞬间的流动信息，但是计算是可以做到的，而且计算还容易把握空间各点的流体物理量的相关性。并且，每个时间步长的计算结果，利用专用的视频编辑系统进行编辑，可以得到动态图像，实验可视化处理起来比较困难的物理现象和物理量，利用数值计算也变得容易，还从中得出一些新的见解。因此，和实验中使用的物理风洞相对应，利用软件（计算方法）和计算机进行的实验被称之为“数值风洞”，对计算结果进行图像化过程可认为是数值可视化过程。

计算方法和模型化等请参考本系列丛书第 10 卷，在其中第 4 章有详细记述。在这里仅对通过 CFD 得到的一些结果及其应用进行说明。

（1）流线法

图 5-39 所示是车身中心截面的流线分布图。车身前部的驻点位置和车身后部剥离区域的大小等都清晰可见。这具有可视化实验中的烟线法一样的表现能力，明白易懂。根据流线在空间的展开和弯曲，可以判断车身形状是否符合空气动力学方面的要求。但是，这仅仅只是粗略的看法，还不能说是十分细致的形状修改方针。

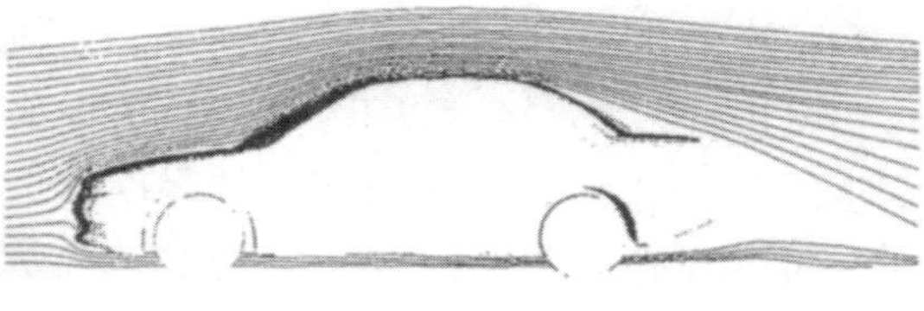

图 5-39　流线轨迹（中心截面）

（2）速度矢量法

速度矢量直接显示了车身周围的流场信息，箭头说明了每个点的流速的大小和方向。根据矢量图，易于理解气流对车身的影响等，而且根据速度矢量分布，还可以考虑在改善汽车空气动力学特性时，用来验证各种设备（后扰流器、气流稳定器等）的尺寸和配置是否适当等问题。并且，在较短时间间隔间进行结果比较，利于把握流场的瞬间变化。

（3）压力分布

图 5-40 是车身表面的压力分布图。在这里，车身表面的压力大小是根据颜色的浓淡来表示的。这些结果一目了然，诸如妨碍流动使压力变大的位置，发生剥离使压力变低的位置等都很清楚。通过这些信息，还可得到为了降低汽车阻力指针，指出哪里的形状应该如何修正。除此之外，还可以利用等值线表示，正确选择冷却风孔和室内通风孔位置，以及对排放孔位置进行优化等。

图 5-40　表面压力分布

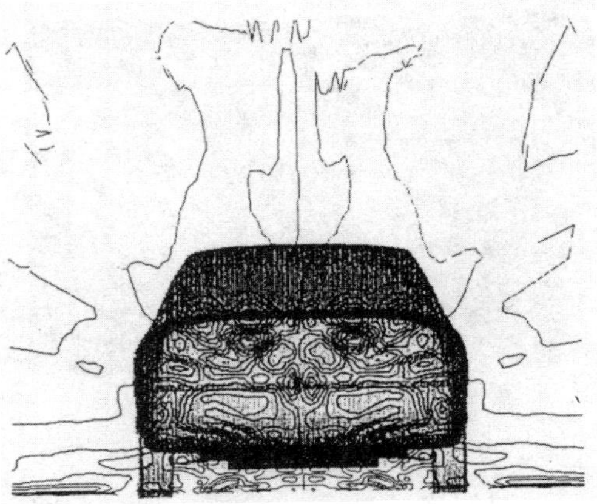

图 5-41　车身尾部的涡度分布

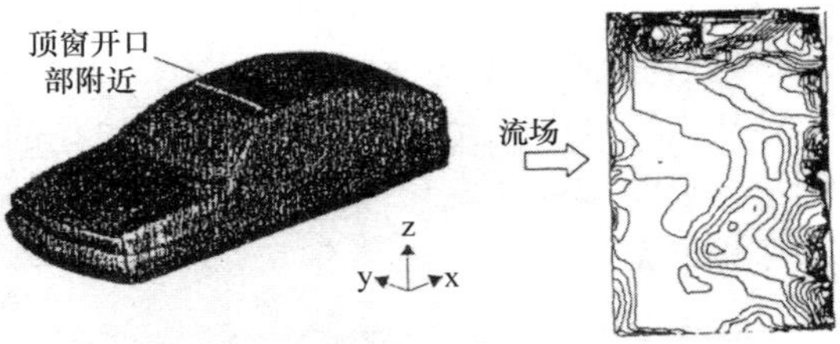

图 5-42　顶窗开口部的涡度分布

（4）涡度分布

涡度是空气动力学噪声分析中最重要的物理量之一，而通过实验测量涡度却非常困难，可以说获取涡度三维瞬间分布依靠目前的测量技术几乎是不可能的。计算中，对速度矢量进行 2 次处理可以得到 3 坐标方向的涡度成分。图 5-41 是车身尾部的涡度的例子，可以看到，流体在车身后流部构成复杂的流动，聚集了涡流的样子。还有，图 5-42 是敞篷车顶开口附近的涡度的分布图，从这个结果可知，开口部的涡度的聚集是形成空气动力学噪声（共振声）的主要因素。另外，对比实验得到的车厢内噪声和计算得到的侧窗周围的漩涡的空间分布，可以分析和理解噪声发生的机理。

（5）其他应用

如上所述，通过车身周围的流动和涡度分布或车身表面的压力分布等，可以推测阻力较大的位置，以及理解其他的有关现象，为此，必须要有流体力学有关的洞察力。空气动力学专家以外的有关工作者，利用这些分析方法时，更需要容易理解的表示和说明。以下举例是说明，处理车身表面压力分布时，首先进一步将车身分为几个部位，计算出每个部分的阻力，根据这些可以确定阻力起作用的部位，然后就可以有效地制定这部分降低阻力的方案。按照上述思路，构建一个处理系统，会对汽车的开发研究非常有用。

5.6.5　可视化图像处理

到目前为止，实验得到的可视化图像主要用来通过视觉来理解流场特性。然而，最近的图像处理技术的提高和小型计算机（EWS）的处理能力的增长，对于庞大的信息的可视化定量处理，在实用时间范围内就成为可能了。图 5-43 是三维流场的预测方法的概要。这里，图像处理测试法的优点列举如下：

1）非接触型测量，不会扰乱原始流场。

2）可得到测量领域整体的同一时刻的流场信息。

其中具有代表性的测试方法有：

1）跟踪每个可视化颗粒的运动，计算出各点速度矢量。

2）根据可视化颗粒的空间分布的模式的相关性，求出速度矢量。

这里基于上述1）的时刻相关法，对图像处理顺序和结果进行简单叙述。

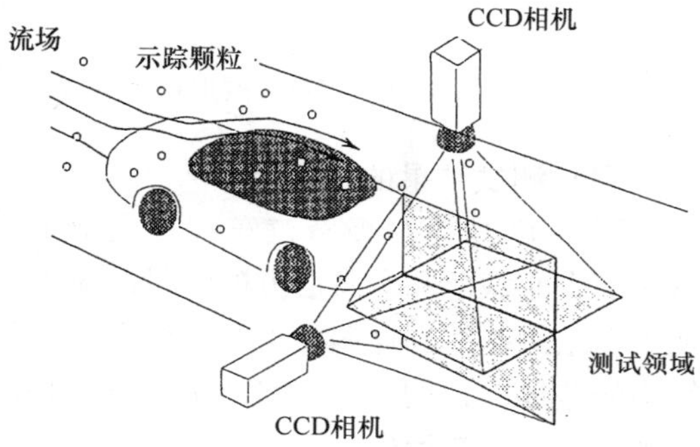

图5-43　图像处理测试分析方法

（1）图像处理过程

为了通过图像处理得到流场的精度较好的定量的数据，首先需要清晰的可视化图像。可视化处理后的流场图像，用CCD相机进行数字化处理读取。读入图像时如果能够进行高速处理，那就可通过分析得到实时结果，但是现实中分析处理还需要较长时间，因此，记录在磁带或光盘等的数据，按照时间序列，依次进行自动处理。图5-44是测量系统的框架结构图。从CCD相机输出的信息记录到VTR里，图像处理后，最后在EWS进行2次处理，以上是处理的整个过程。为了保证高精度处理，进一步对图像数据进行色调变换、2值化、窄化、平滑化等处理，以便改善图像质量；其次进行图像分析，理解其物理意义，提取和流场有关的信息。在这些过程中，可认为每张图像都有自己的个别的正确阈值存在，作为系统则只采取某种程度的平均值进行构成。图5-45是处理流程图。

（2）时刻相关法的图像处理和测试

用图像处理方法处理流场时，选用了可视化的颗粒。基本上把颗粒的短时间内的动作看作时间系列的图像数据进行处理，对各个颗粒的动作跟踪，计算出流场的速度矢量。如果速度矢量的精度好，和数值风洞的结果一样，其他的物理量的计算就比较容易实施。一般是按照时刻相关法，追踪可视化颗粒的短时间内的轨迹，用对应颗粒的轨迹计算速度矢量。图5-46是第8个时刻之前

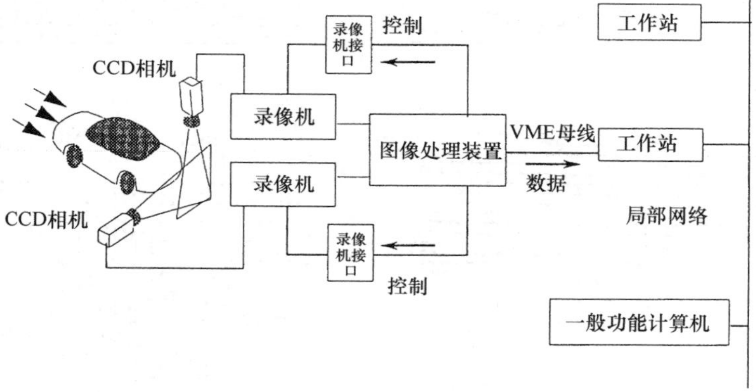

图5-44　可视化图像处理系统结构

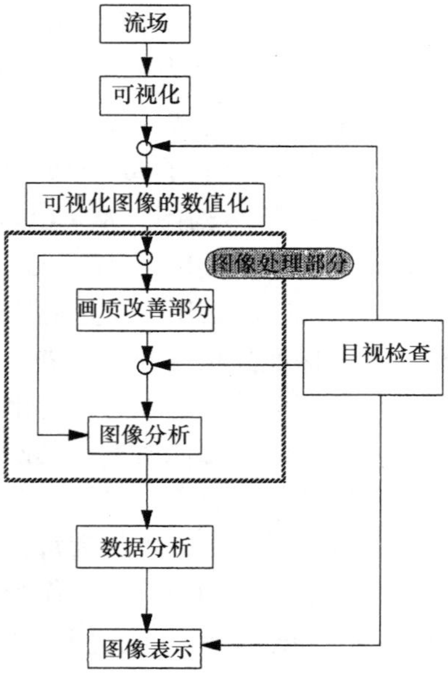

图 5-45 图像处理的顺序

的对应的颗粒的路径的求出过程。在最初的勘探领域里，选择一个颗粒，估计出这个颗粒在下一个时刻移动的前方位置。重复估计8个时刻得到的数据，基于判定条件，求出适当的颗粒路径。详细请参考文献 73)，以上方法可以适用于所有颗粒，从各自的轨迹里可以求出各自的速度矢量。

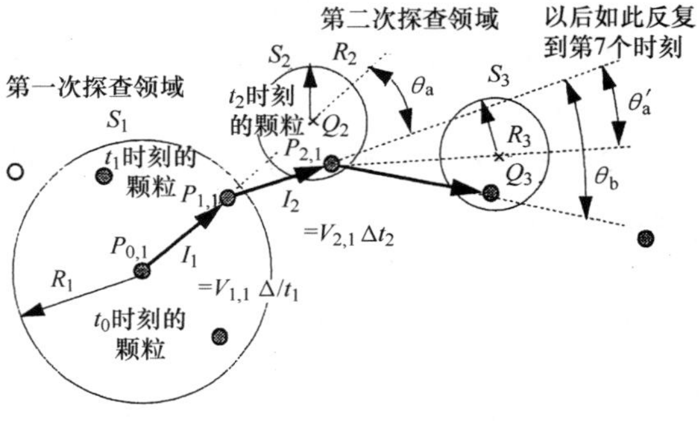

图 5-46 8 时刻示踪颗粒的追踪方法

(3) 测试结果的例子

图 5-47 所示是掀背汽车和长坡型车顶汽车的中心截面和车身后方的测量的流动的例子。结果捕捉到这两个类型的汽车后流的结构的差异，说明了理解流体的空间构造，可视化方法是有用的。

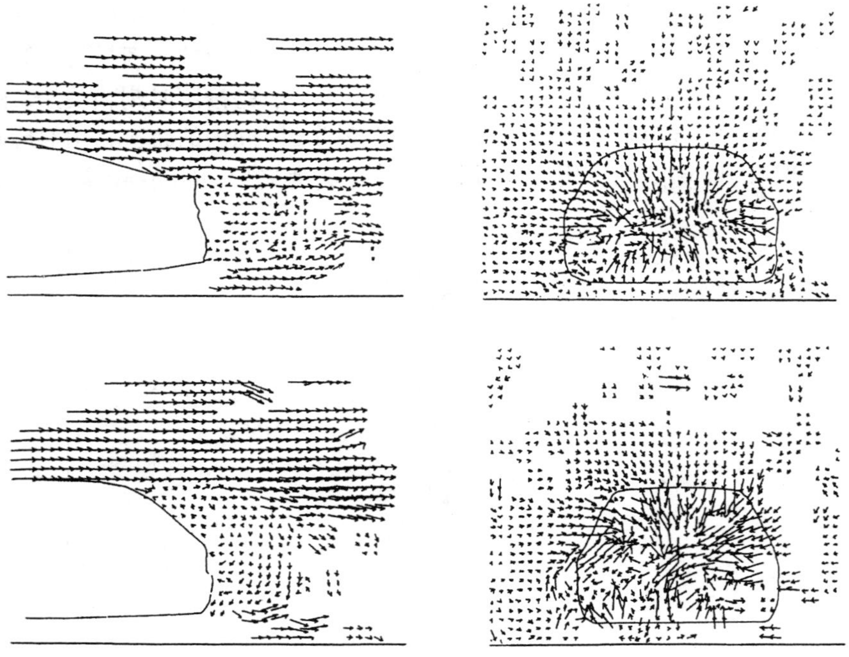

图 5-47 车身后面的速度矢量分布

参考文献

1) W. H. Hucho (ed.)：Aerodynamics of Road Vehicles, Butterworths (1987)

2) 柴田，迫田，中川：自動車の空力的諸特性の研究，三菱重工技報，Vol. 19, No. 4 (1982)

3) E. C. Maskell：A Theory of the Blockage effects on bluff bodies and stalled wings in a closed wind tunnel, R. A. E. Report, No. Aero 2685 (1963)

4) 橋口，三谷，眞野，柴井，大黒，岸田：新設模型風洞，マツダ技報，No. 9, p. 170-179 (1991)

5) 小林，前田，石場，原，鈴木：空力シミュレーションの実験的アプローチ－模型用風洞の開発－，自動車技術，Vol. 48, No. 4, p. 48-53 (1994)

6) 可視化情報学会編：日本の低速風洞，可視化情報学会誌，Vol. 14, Suppl. No. 3, p. 48-53 (1994)

7) 柴田：三菱自工の風洞，自動車研究，Vol. 5, No. 2, p. 49-56 (1983. 2)

8) 高木：自動車の風洞実験におけるグラウンドシミュレーション，自動車技術会学術講演会前刷集，No. 931, 9301629 (1993)

9) 山口，中津留，高木，新保：ムービングベルト付風洞を用いた自動車模型の床下流れの研究，自動車技術会論文集，Vol. 24, No. 2, 9303690 (1993)

10) 今泉：多重吸込み・吹出し方式の地面板法について，自動車技術会学術講演会前刷集，No. 952, 9534766 (1995)

11) 白石，宮木，三浦：F3000 1/4 モデルの空力特性調査，自動車技術会学術講演会前刷集，No. 931, 9301638 (1993)

12) 山崎，本島，古起：レーシングカーの車体下面の圧力に対するムービングベルトの効果，自動車技術会学術講演会前刷集，No. 931, 9301647 (1993)

13) 風洞建設推進部，鉄道総研が建設を進めている大型低騒音風洞の概要：RRR, 7 (1994)

14) A. Cogotti, R. Buchheim, A. Garrone, and A. Kuhn：Comparison Tests Between Some Full-Scale European Automotive Wind Tunnels-Pininfarina Reference Car, SAE Paper, No. 800139 (1980)

15) R. Buchheim, R. Unger, G. W. Carr, A. Cogotti, A. Garrone, A. Kuhn and L. U. Nilsson：Comparison Tests Between Major European Automotive Wind Tunnels, SAE Paper, No. 800140 (1980)

16) R. Buchheim, R. Unger, P. Jousserandot, E. Merker, F. K. Schenkel, Y. Nishimura and D. J. Wilsden：Comparison Tests Between Major European and North American Automotive Wind Tunnels, SAE Paper, No. 830301 (1983)

17) 谷，小橋，佐藤：流体力学実験法，岩波書店，(1977)

18) 日本機械学会編：技術資料　流体計測法

19) 山口，高木：新開発の13孔ピトー管による逆流の計測，自動車技術，Vol. 50, No. 3, p. 86-91 (1996)

20) A. Cogotti：Prospects for Aerodynamic Research in the Pininfarina Wind Tunnel, XXIII FISITA Congress (1990)

21) 飯田，藤田，高野，蒔田：多線式熱線流速計を用いた乱流計測システムの開発，機械学会関西支部，第250回講演会 No. 914-4, p. 128-130 (1991)

22) 佐藤，高木：2チャンネルレーザドップラ流速計による自動車模型まわりの流れの計測，日産技報 No. 31, p. 66-75 (1992.6)

23) A. Cogotti and H. Berneburg：Engine Compartment Airflow Investigations Using a Laser-Doppler-Velocimeter, SAE Paper, No. 910308 (1991)

24) 片岡，中野，大野：三次元レーザ流速計を用いた車室内流れ場等の計測，自動車技術，Vol. 49, No. 3, p. 45-50 (1995)

25) 山本，柳本，福田，知名，中川：追い越され時の空気入力と車両挙動，自動車技術会学術講演会前刷集，No. 956, 9540147 (1995)

26) 三宅，藤本，渡部，竹山：バン型トラックの後流可視化，自動車技術会学術講演会前刷集，No. 933, 9303104 (1993)

27) 星：自動車の熱管理入門，山海堂 (1979)

28) 浮田，蟹江，知名：車体形状を考慮したエンジンルーム温度場予測，機械学会熱工学講演会講演論文集，No. 940-55, p. 261-263 (1994.11)

29) 八木沢，岩切，星野，松原，高木：エンジンルーム内熱流れ解析手法の開発，日産技報，No. 22, p. 56-62 (1986.12)

30) 妹尾，知名，二之湯，亀山：機関冷却システムの基本設計手法，自動車技術，Vol. 40, No. 4, p. 478-483 (1986)

31) 藤掛，片桐，鈴木：ラジエータ用風速・風温分布計，自動車技術会論文集，No. 21, p. 125-132 (1980)

32) 小熊，高田，林，小松原：ラジエータ冷却風量測定法，自動車技術会学術講演会前刷集，No. 952, 9534757 (1995.5)

33) 濃沢，日浅，吉本：空気抵抗に及ぼすエンジン冷却風の影響，自動車技術会論文集，No. 40, p. 76-84 (1989)

34) 片岡，浮田，知名：床下，エンジンルームを含む車体空力特性の数値解析，自動車技術会論文集，Vol. 25, No. 2, 9432282 (1994.4)

35) 柴田，迫田，郡，永井，冨谷：浮き上がりにくい自動車用フロントウインドワイパの開発，三菱重工技報，Vol. 16, No. 2, p. 60-66 (1979)

36) 賽諸，菅，角田：自動車用ワイパの流体力学的特性，自動車技術会学術講演会前刷集，No. 842, 842039 (1984)

37) 中川：空力騒音の発生カメニズムとその低減手法，自動車技術会 1995年春季大会「空力・騒音ジョイントフォーラム」講演前刷集，95366011 (1995)

38) 小池，片岡，中川，大野：ウインドスロップの解析，自動車技術会論文集，Vol. 24, No. 2, 9303708 (1993)

39) A. R. George：Automobile Aerodynamic Noise, SAE Paper, No. 900315 (1990)

40) A. R. George and J. R. Callister：Aerodynamic Noise of Ground Vehicles, SAE Paper, No. 911027 (1991)

41) 福島，小野，塩澤，佐藤，姫野：自動車の空力騒音数値解析システムの開発，自動車技術会学術講演会前刷集，No. 953, 9535521 (1995)

42) 花岡，青木，朱：計算流体力学手法による車周りの風音解析，自動車技術会学術講演会前刷集，No. 953, 9535530 (1995)

43) 尾川：空力騒音は流れの数値計算 (CFD) を使ってどこまで予測できるか，自動車技術会 1995年春季大会「空力・騒音ジョイントフォーラム」講演前刷集，9536610 (1995)

44) 炭谷，篠原：自動車周りの空力騒音に関する研究－第1報，自動車技術会学術講演会前刷集，No. 941, 9432859 (1994)

45) 織田，後藤，炭谷，北原，卜部：変動感を伴う空力騒音へのニューラルネットワークの適用，自動車技術会学術講演会前刷集，No. 953, 9535512 (1995)

46) 星野，寺澤，小沢，加藤：車室内音のバランス評価，自動車技術会学術講演会前刷集，No. 953, 9535954 (1995)

47) N. Ogata, N. Iida and Y. Fujii : Nissan's Low-Noise Full-Scale Wind Tunnel, SAE Paper, No. 870250 (1987)
48) 西川：新設低騒音，多目的風洞について，自動車技術，Vol. 46, No. 1 (1992)
49) J. Wiedmann, et al. : Audi Aero-Acoustic Wind Tunnel, SAE Paper, No. 930300 (1993)
50) A. Cogotti : Aeroacoustic Testing Improvements at Pininfarina, SAE Paper, No. 940417 (1994)
51) R. Kunstner, J. Potthoff and U. Essers : The Aero-acoustic Wind Tunnel of Stuttgart University, SAE Paper, No. 950625 (1995)
52) E. Mercker and K. Pengel : On the Induced Noise of Test Section in Different Wind Tunnels and in the Cabin of a Passenger Car, SAE Paper, No. 940415 (1994)
53) 永吉，小池，中川：乗用車の空力騒音と車体形状，自動車技術会学術講演会前刷集，No. 953, 9535549 (1995)
54) A. Lorea, et al. : Wind-Tunnel Method for Evaluating the Aerodynamic Noise of Cars, SAE Paper, No. 860215 (1986)
55) 吉松，郡：音響インテンシティ法による空力騒音音源探査，自動車技術会学術講演会前刷集，No. 851, 851015 (1985)
56) 小峰，土屋，山下，中村：近距離音場音響ホログラフィを用いた空力騒音測定手法，自動車技術会学術講演会前刷集，No. 921, 921010(1992)
57) 人見，飯田，前田，手塚：車外空力騒音の解析，自動車技術会学術講演会前刷集，No. 901, 901066 (1990)
58) W. R. Stapleford and G. W. Car : Aerodynamic Noise in Road Vehicles, Part 1 : The Relationship between Aerodynamic Noise in Saloon Cars, MIRA Report, No. 1971/2 (1971)
59) 金丸，各務，定方：車両形状と風切り音の一考察，自動車技術，Vol. 42, No. 12 (1988)
60) 尾川，神本，黒田：空力騒音予測手法に関する実験的研究（剝離渦による空力騒音の特性と発生メカニズム），自動車技術会学術講演会前刷集，No. 931, 9301674(1993)
61) 迫田，中川，亀山：自動車の開発における流れの可視化，流れの可視化，Vol. 6, No. 21, p. 41-48 (1986.4)
62) 奥出：流れの観察，内燃機関，Vol. 27, No. 341, p. 60-68 (1988.3)
63) 流れの可視化学会編：流れの可視化ハンドブック，朝倉書店(1986)
64) Wen-Jei Yang (ed.) : Handbook of Flow Visualization, Hemisphere (1989)
65) 上山，大村，大橋，森田：煙風洞の高性能化の研究，三菱重工技報，Vol. 16, No. 3, p. 1-7 (1979.5)
66) K. Yanagimoto, K. Nakagawa, H. China, T. Kimura, M. Yamamoto, T. Sumi and H. Iwamoto : The Aerodynamic Development of a Small Specialty Car, SAE Paper, No. 940325 (1994)
67) 深町，大屋，中村：流れの可視化におけるスモークワイヤー法の一改良，九州大学応用力学研究所所報，No. 65, 別刷(1987)
68) N. Hukamachi, Y. Ohya and Y. Nakamura : An improvement of the smoke-wire method of flow visualization, Fluid Dynamics Research, Vol. 179, p. 23-29, North-Holland (1991)
69) 河口，橋口，春名，岡本：数値風洞を用いた空力解析，マツダ技報，No. 10, p. 182-191 (1992)
70) 中川，福田，柳本，知名：後流制御による空力性能の向上，自動車技術会論文集，Vol. 27, No. 2, 9634620 (1996)
71) 知名，浮田，蟹江：サンルーフ車開口部の流体振動現象の可視化，可視化情報，Vol. 14, Suppl. No. 2, p. 101-104 (1994)
72) 小林敏雄代表：Particle-Imaging Velocimetryの実用化に関する調査研究，（研究課題番号03352018），平成3年度化学研究費補助金（総合研究（B））研究成果報告書，(1992.3)
73) 小林敏雄：ディジタル画像処理による流れ場解析システムの開発，東京大学生産技術研究所(1988)
74) 奥野，福田，三和田，小林：シャボン玉を用いた気流の3次元計測技術の開発，自動車技術会学会講演会前刷集，No. 924, 924080 (1992)
75) 佐藤，佐田，笠木，高村：画像処理を用いた三次元乱流気流計測技術の開発，自動車技術会学術講演会前刷集，No. 933, 9303087 (1993)
76) 佐藤，常見：レーザを用いた流れの可視化画像解析システム，自動車技術会学術講演会前刷集，No. 943, 9433920 (1994)
77) 長谷川，宮本，小林：自動車用空調機内外の流れの可視化画像計測，自動車技術会学術講演会前刷集，No. 945, 9437179 (1994)
78) 吉田，知名，林，蟹江：三次元可視化画像処理手法の車周り流れ場への適用，三菱自動車テクニカルレビュー No. 6, p. 56-65 (1994)
79) 望月，外野：4時刻法による車体後流等の気流の計測，自動車技術，Vol. 48, No. 3 (1994)

第 6 章　人机工程学特性

汽车的魅力不仅在于它具有输出功率大、制动力强、燃料费低等优良的性能；而且具有较好的乘坐舒适性、设计精美等特点，二者共同作用，给人以优良的感觉。例如：对消费者来说，汽车发动机输出功率很重要，舒适的驾驶也很重要，二者密切相关，共同成就了汽车的魅力。

汽车是高度集中了众多高科技的工业产品。为了保持消费者对汽车产品的持续消费热情以及让汽车产品更具有强烈的感官刺激，就必须不断引入先进的高科技技术来保证汽车的吸引力，然而并不意味着把高科技胡乱融入就可以达到这一目的。如果在感觉及感性上没有好的评价，人们是不会接受新产品的。因此，人类的感觉和感性测量对于外观坚硬的汽车产品来说是重要的评价标准，也是重要的软性产品。例如，让我们看看包含了大量人机工程学特性的汽车的设定特性和综合控制技术之间的关系，综合控制指的是对表 6-1 所示的发动机、动力总成、悬架系统、转向系统、制动系统等进行有机的协调综合控制，综合控制的目的是让驾驶更容易、更安全、更舒适等，以达到提升车辆整体性能的系统性技术。从表 6-1 的设定特性的具体控制目标来看，感性表现较多，从中可以看出评价这个系统需要大量人机工程学特性的测量分析技术来支持。所以，本章将引入具体事例概述针对人体的测量技术；人的感受、感性评价的测量技术；以及更为广泛意义下的人机工程学特性测量和分析技术。

人机工程学特性的测量分析技术的对象与种类如表 6-2 所示，大致分为 5 类：

1）人体形态特征测量技术。

2）人体动态特征测量技术。

3）生理测量技术。

4）感觉测量技术。

5）感性评价技术。

6.1　人类形态特性测试分析

人体形态测量比一般工业测量难度更大的原因在于：

1）人体表面形状易变动。

2）非静止。

3）过渡性强。

4）自由曲面。

5）存在不可接触部位。

处理以上这样的三维自由曲面在技术上较难以实现。过去采用的方法通常是测量可以代表此形状的某些部分的长度。

然而，随着光电子学、图像处理技术等技术的进步，人体形态测量技术也得以发展，并取得明显的进步。人体形态测量技术的目标是：

1）非接触式测量。

2）3D 测量。

3）瞬时测量。

4）自动测量。

相关的技术开发都以此为目标进行。

图 6-1 所示的是对以上的人体形态测量技术进行的分类。

测试值的数据库和模型化

对以上方法测量出来的人体形态特征的数值进行部分数据库化和模型化。例如，法国的 ERGODATA 公司把 450 万人的身体建立成测量值数据库，日本的 HQL（人类生活工学研究中心）将近 34000 人的 178 项人体项目测量值和 3D 身体形状的数据建立成

表 6-1　新技术的特征设定与人机工程学特性

	选择模式/判断状况		特征设定	具体控制目标	关联系统									
					四驱电子操纵转矩	电控差速器	液压悬架系统	前后轮主动转向	助力转向	电子节气门	自动变速器	发动机	制动	座椅
基本操作	运动		愉快驾驶	灵活行驶	○	○	○	○	○	○	○	○	○	○
基本操作	自动		根据实际情况选择运动或舒适		○	○	○	○	○	○	○	○	○	○
基本操作	舒适		顺从驾驶	舒畅行驶	○	○	○	○	○	○	○	○	○	○
根据实际情况调整操作	堵车		防止无用的加减速	降低加速踏板的敏感度						○	○	○		
根据实际情况调整操作	高速行驶	通常	稳定驾驶	提高直行稳定性	○	○	○	○	○					
根据实际情况调整操作	高速行驶	横风	不受外界影响	提高抗干扰能力	○	○	○		○					
根据实际情况调整操作	高速行驶	横风	操作方便	提高操纵响应				○						
根据实际情况调整操作	山路		反应迅速	提高响应				○						
根据实际情况调整操作	山路		漂移	提高转向性	○	○	○	○			○	○		
根据实际情况调整操作	恶劣路况		跑完全程	合理分配动力	○	○								
根据实际情况调整操作	恶劣路况		跑完全程	提高底盘			○							
根据实际情况调整操作	恶劣路况		平坦度与舒适度成正比	平衡速度与重量			○							○
根据实际情况调整操作	开始降雨或积雪		根据路况自我调整	提高稳定性	○	○	○	○	○	○			○	
根据实际情况调整操作	雨天或雪天		轮胎不抱死、不打滑	合理分配制动力与驱动力	○	○							○	
根据实际情况调整操作	雨天或雪天		轮胎不抱死、不打滑	去除额外的制动力和驱动力						○			○	
根据实际情况调整操作	雨天或雪天		车辆不打转、不漂移	保持转向稳定	○	○	○							
根据实际情况调整操作	紧急避让		提高转向性能	防止失控	○	○	○	○						
根据实际情况调整操作	紧急避让		提高制动性能	最小停车距离									○	

表 6-2　人机工程学特性测量的种类

汽车特征	关注点	课题	测量技术
移动性	功能性	减轻负重、提高舒适性、提高便利性	人体形态特征测量技术、人体动态特征测量技术、生理测量技术、感觉测量技术、感性评价技术
社会性	安全性		
喜好	愉快、爱好	感性需求	

数据库。这样的数据逐渐被模型化，可以用作汽车车内尺寸测量的基准点。在标准 JIS D4607 中用于测定居住空间的三维人体模型就是按照日本成年男子的身高和体重等的 50% 百分位相当值来制定的。但是，汽车作为世界各国都使用的国际商品，仅以日本人的参数为依据的规格，与实际情况不符。很有必要使用以 SAE J826 为基础的图 6-2 和图 6-3 所示的 SAE 3DM。

- 接触式
  - 2点间的测量
    - 一般测量仪
    - 卷尺类
    - 游标卡尺类
  - 平面测量
    - 交互式量规法
    - 正切色带法
  - 3维测量　接触探针式3维测量仪
- 非接触式
  - 点测量
    - 光学方式
      - 激光的运用
      - LED的运用
    - 超声波方式
  - 面测量
    - 轮廓测量方式　剪影轮廓法
    - 断面测量方法
      - 光切割法
      - 激光切割法
      - 激光扫描法
      - 包络线法
  - 等高线测量
    - 莫阿地形测量法
    - 全息方法
  - 3维测量
    - 立体照相法
    - 图案投影法
    - 非接触式3维测量仪

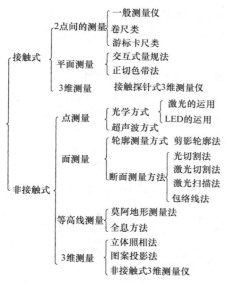

图 6-1　人体形态特征测量的图例

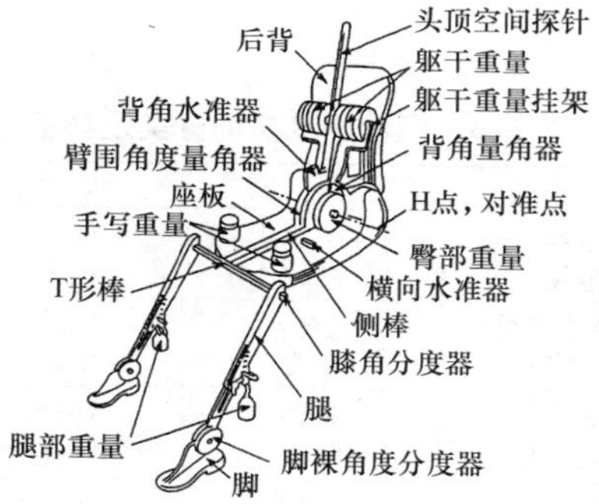

图 6-2　三维人体模型的各部分名称

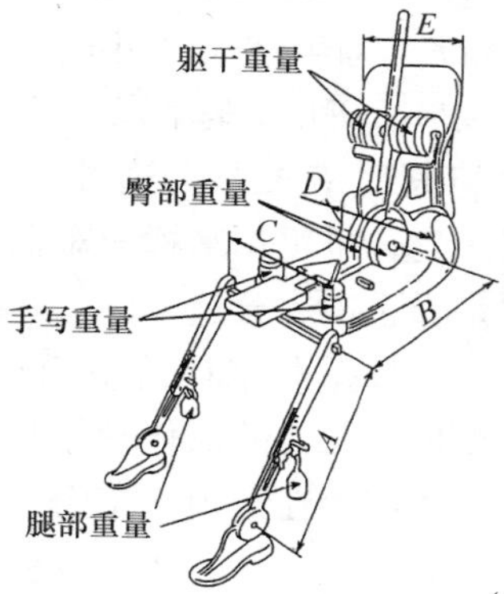

（单位：mm）

	A	B	C	D	E
50 百分位	417	432	108～424	393	395
95 百分位	459	456	108～424	393	395

（单位：kg）

	座板及后背	躯干重量	臀部重量	手写重量	腿部重量	总计
各部重量	16.6	31.2	7.8	6.8	13.2	75.6

图 6-3　三维人体模型的各部分尺寸和质量

6.2　人类动态特性测试分析技术

动作测量是指测量人体各部分的空间位置及其随时间的变化。然而，姿势测量、手指等可触及区域、手臂活动等测量很难获得其相应的空间信息。另外，要进行含有时间信息的动作测量，通常要测量部分或全部身体的刚性运动，即测量骨骼运动，但是在设计座位时就有可能出现随着身体运动发生部分柔性变形的问题。与此相对，在设计车内部件的布置时，有可能会需要知道以人体某一部分为质点的运动。从动态测量设备的设计到选择器具都应选择如图 6-4 所示的要素进行多维测量。它的技术限制条件有测量手指或全身运动的绝对尺寸、运动时应测量的范围、与采用周期相关的运动速度、设备的稳定性、与数据量相关的动作持续时间、精度、测量过程中动作对于干涉的容许限度等。举例来说，测量弹钢琴时手指的活动时，测量对象小、活动范围大、动作快、时间长于 10min、精密度高、不允许存在干涉等，有很多限制条件。所以，动态测量根据其测量对象和目的的不同，对测量设备的要求也大不相同，根据实际情况，要么开发专用设备，要么改造现成的设备。于是，除了要求开发基础测量技术之外，还需要研究如何高效利用此技术。

6.2.1　到达域和身体运动测试

市面上常用的运动测量仪主要是通过对身体动作的测量，来测量身体表面标点坐标或相对关节角度。要转化为标点位置的坐标数据，如图 6-5 所示，有很多方法。常用的照片测量法是利用摄影相机把身体各部分的空间位置用图像形式记录下来，其时间变化也可以用瞬时图像进行记录。这个方法的优点是可以直接记录动作的视觉印象，缺点是图像难以转化成坐标数据。电视相机的优点是可以利用电脑自动处理图像的功能，缺点

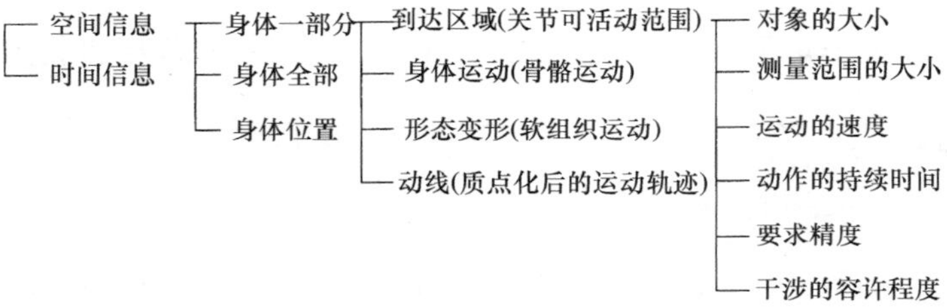

图 6-4　人类形态特性测量要素

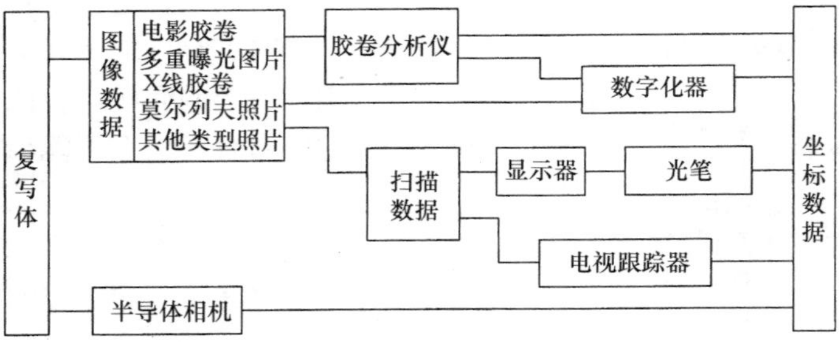

图 6-5　图像测试法的分类

是把图像转化为电子信号会受分解能、像素差、快门速度的限制。半导体相机的优点是可以直接获取实时的标点坐标值，缺点是无法记录图像。

更简单的方法有光电轨迹法，即在测量标点上装上电灯，在暗房里用相机进行快门录像。此外，还有多重图像曝光法，即使用反射标点、回转快门或加减光源摄影的光电计时器。这些方法的优点是可以记录图像随着光源变化而产生的时间信息，缺点是精密度不高。

另一方面，与光学方法不同，还有一类测量方法是把电动角度仪安装在人体关节处，直接测量关节角度，或者使用小型加速器测量运动加速度。这两种方法属于非摄影法和接触式测量法，其优点是不需要测量空间，可以进行实时测量。在只需要测量如动作周期等时间信息的情况下，可以只通过安装活动电动接点的方式进行简单测量。以上所说的运动测量法的分类及其特征如表 6-3 所示。运动测量法把多重曝光图像等精致的图像转化成动画，更加注重实时性，所以测角器和半导体相机使用广泛。

表 6-3　运动测试法的分类及特征

测试手法	空间信息	时间信息
电影 电视	图像 图像	帧时间 扫描时间
半导体相机 测角器	坐标 角度	实际时间 实际时间
光斑照片 多重曝光照片	轨迹 图像	明暗时间 曝光时间
加速度传感器 触点开关	加速度 —	实际时间 实际时间

在评价汽车车内空间大小时，不仅要测量人体坐姿和 3DM 等基本尺寸，也要考虑人体尺寸与其对应关系。这种方法优点很多，使用广泛，也可用来检查车辆设计阶段的设计图是否正确、合适。

但是，仅仅据此来评价空间是不够的，还有必要测量驾驶人的操作动作和上下车活动。为此，还需要在车顶、车门、地板等部位使用实物大模型，实时测量各种动作。测量动作时，可以用图像解析仪解析受测者的各基准点的轨迹、距离、速度或加速度，也可以用 3D 图像法分析舒适地操作所需空间或定量空间的层次划分。表 6-4 所示为驾驶过程中头部所需空间评估，图 6-6 所示的是后座乘客就座时盘腿所需的腿部空间图。

表 6-4 头部空间的评价基准

评价项目		评价路线	考虑要素			
			就座姿势和动作	公差、偏差	人体要素	行驶条件
前座位	通常的驾驶姿态	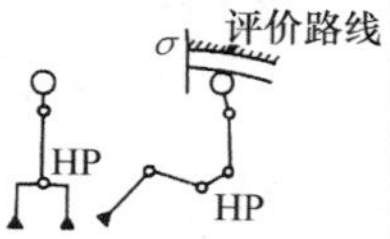	驾驶姿势 以座椅位置为 设计基准	座椅 车顶 车身	头发 （商用车 头盔）	坏路行驶时的振动
	前方起身	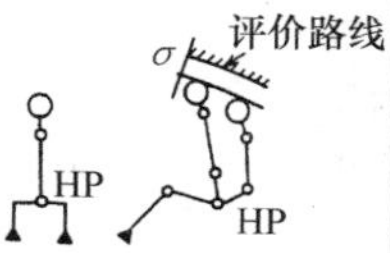	从安乐姿态到直立姿态的变化	↑	头发	通常路面行驶时的振动
	左右摇头	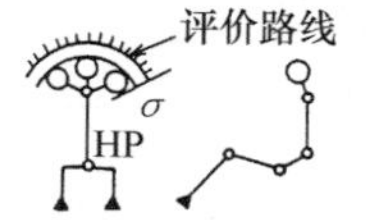	安乐姿态	↑	↑	↑
后座位	通常的驾驶姿态	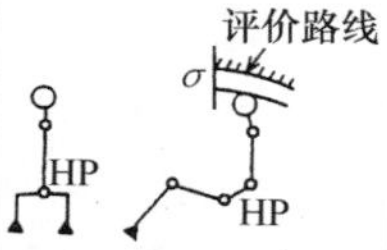	安乐姿态	↑	↑	坏路行驶时的振动
	前方起身	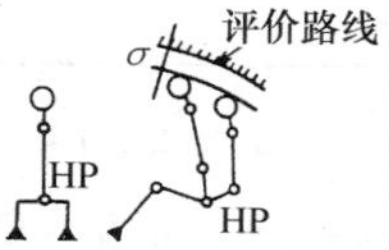	从安乐姿态到直立姿态的变化	↑	↑	通常路面行驶时的振动
	向后摇头	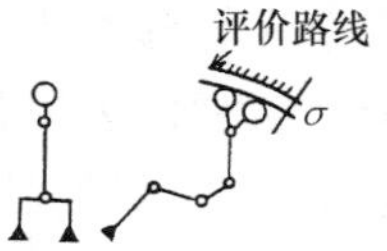	安乐姿态 向后摇头	↑	↑	↑
	坐有 3 人	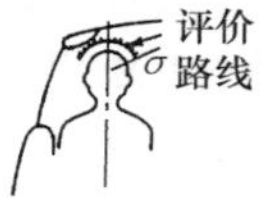	安乐姿态	↑	↑	↑

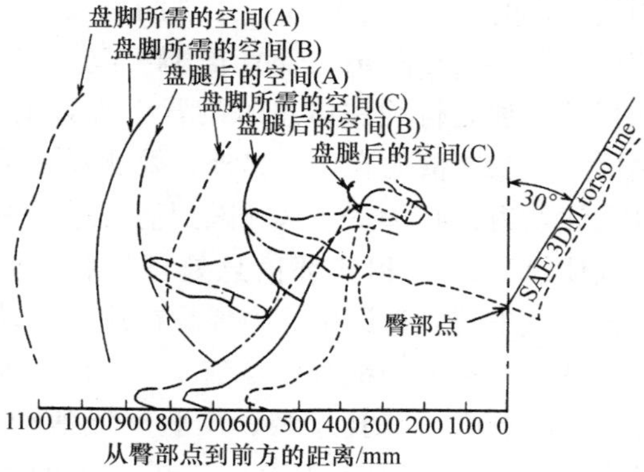

图 6-6 盘腿所需的腿部空间图

6.2.2 形态变形测试

形态随着运动的发生而改变，本文所述的形态特征测量技术能够用来测量形态的变化。一方面，可以通过动态特征测量技术的多点化对其变化进行测量，即直接在身体表面多个标点或网目画图，然后采用动态图像测量法进行测量。另外，还有借助摄像机连续拍摄莫尔条纹图像的动态摩尔纹法。但是，这些方法的缺点是需要大量时间处理数据。如果要测量肌肉收缩或特定部位皮肤的伸展，需要使用图 6-7 所示的金属薄板和应变片组成的鲁普千分尺、碳素纤维、感压性橡胶、导电纤维等由柔软材料组成的传感器。

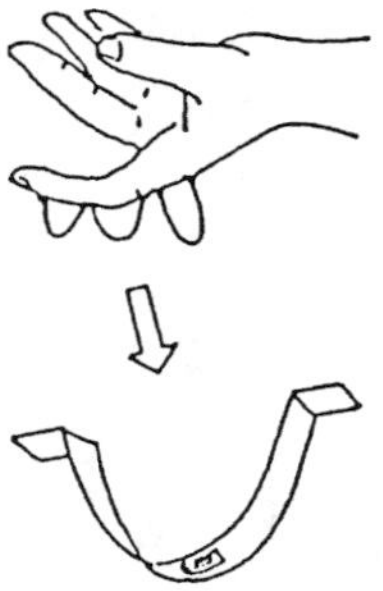

图 6-7　鲁普千分尺

6.3　生理测试分析技术

生理特征种类繁多，有血液（红细胞、白细胞等）、循环系统（血压、心跳等）、呼吸系统（呼吸数、肺活量等）、内分泌系统（各种荷尔蒙在血液中的浓度）、神经系统（神经传导速度等）、肌肉（肌肉收缩等）、体液调节（体液量、体液酸碱度）、体温调节（核心温）、大脑活动（脑波等）。如果追求舒适性，就要考虑所有因素之间的关联性。

英国某大学 I. C. E（消费者人机工程学研究所）提交了一份关于驾驶人在轻度压力（等红绿灯、右转弯）情况下的测量报告。实验分为实验台实验和道路实验两种。在实验台实验中，实验者一边借助眼前的显示器进行跑道行驶操作，一边从其他显示器中显示的 9 个单词里找到目标单词，并通过转向系统的变速装置进行回答。找单词的压力设定为低压 10s ，高压 1s。表 6-5 所示的是 9 位受测者的测量数据。道路实验在选定路线上进行，即红绿灯右转、转盘、郊外行驶等约 18km 的环形路线。受测者共 18 人，分为两组，一组跟随向导车行驶，一组单独行驶，以便测量各种生理指标。结果显示，道路实验测量出来的指标与实验台实验测得数据不符，由此得知，日常驾驶中的轻度压力很难被检测出来。

表 6-5　测试指标

	项目
生理测试	肾上腺素/去甲肾上腺素
	平均心跳
	心跳分散
	静脉血压
	动脉血压
	呼吸数
	呼吸数分散
	肌电
行动测试	握力
	眨眼
	就座姿势
心理测试	感觉评价（SACL：Stress/Arousal Check List）
	感觉评价（VAS：Visual Analog Scales）

但是，心理测量（SASL 和 VAS）仍可用作轻度驾驶压力指标，理由是：①感受压力的程度受个人心理素质的影响；②道路实验中看出肾上腺素、去甲肾上腺素之间的关联。报告显示，要测量轻度驾驶压力，必须同时进行生理测量、动作测量和心理测量。在测量各项指标的同时，也要探讨各指标之间的相关性，如表 6-6 所示。这份报告内容中没有得到明确的数据，但是，综合评价各测量结果的方法，可以作为生理测量法之一使用。图 6-8 和图 6-9 显示了道路实验中追踪行驶、独立行驶和休息时的肾上腺素值、去甲肾上腺素值的变化。另外，要测量清醒度和注意力，必须掌握从睡眠到清醒过程中的人体基本动作和脑部信息处理过程。同时，在汽车驾驶过程中，也要重视运动活动的评估，其主要测量对象是脑波、电位、眼球运动、眨眼、瞳孔反映、皮肤电气活动、脑波图等。安装在头皮上的电极记录的脑波，反映了大脑活动的电位变化，有利于测

量人体意识状态。除了脑波还可以同时测量脉搏、呼吸、皮肤电气活动、眼球运动、颈部肌肉电位、脸部表情和眨眼情况。记录下来的脑波电位由于水平低，使用了电力盾构、不分级电极，其动作响应度高，能够保持稳定姿势，所以数据准确度高。关于反映复杂的脑活动、解析显示复杂变化的脑电位，可以通过分析人眼频率、振幅、类型等数据，运用连续光学频谱分析仪，用重复书写法导出诱发电位，再加上使用计算机进行计算、相关分析、算出电光谱，以求得不同诱导位置之间的相关性、相位差。关于感觉刺激与诱导电位之间的联系、脑电位的技能意义与其定量测量法的开发也有进展。利用此方法的例子有如下所示的驾驶人的清醒度评估法。

表 6-6　各指标间的相关性

	肾上腺素	去甲肾上腺素	平均心跳	心跳分散	收缩压	舒张压	呼吸数	握力	SACL/压力	SACL/兴奋度	VAS/压力	VAS/疲劳度
肾上腺素												
去甲肾上腺素												
平均心跳	0.29	0.32										
心跳分散	0.31	0.00										
收缩压	0.28	0.44	0.11 -0.53									
舒张压	-0.09	0.28	-0.14 -0.26									
呼吸数	-0.11	0.00	0.65 -α			0.71 -α						
握力						0.7						
SACL/压力	0.35	0.47		0.73								
SACL/兴奋度	-0.28	-0.65										
VAS/压力		0.58										
VAS/疲劳度		0.48	0.37 0.48				0.71 0.42					

注：上排数字为上午实验者（8 名），下排数字为下午实验者（10 名）。

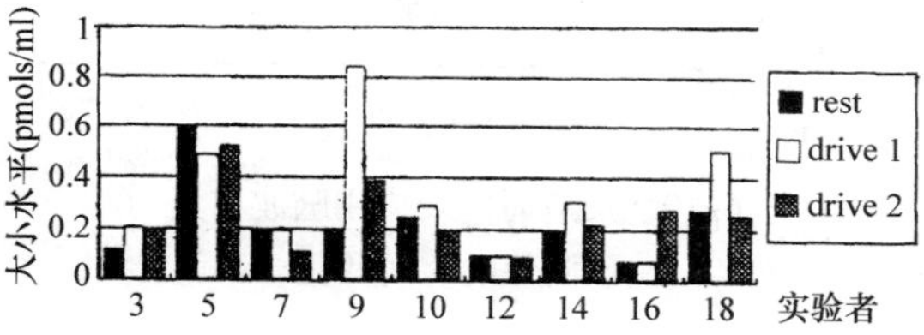

图 6-8　肾上腺素值的变化

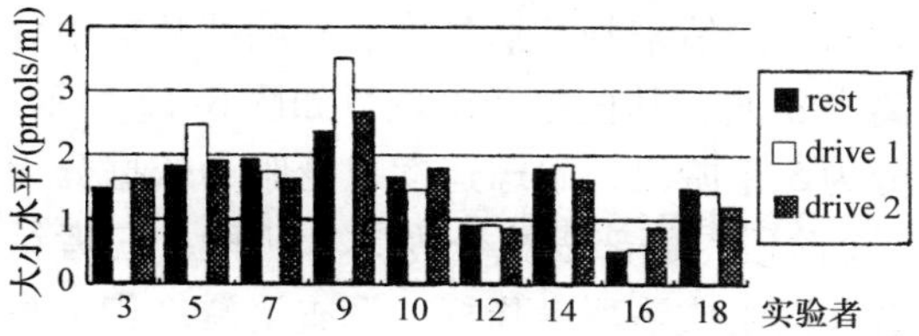

图 6-9　去甲肾上腺素值的变化

实车实验结果，drive1：跟踪行驶；drive2：单独行驶

6.3.1　运动者的清醒度评价法

汽车驾驶人的清醒度评估属于安全预防研究领域，特别是对于预防疲劳驾驶的研究起着重要作用。疲劳驾驶时，驾驶人明显处于不清醒状态，认知、判断、操作等能力低下，发生事故时死亡率极高。于是，预防疲劳驾驶尤为重要。检查疲劳驾驶程度的技术和消除疲劳驾驶状态的技术的研究一直不曾停止。就检查技术来说，研究人人开发了通过操纵杆查出驾驶人清醒度低的装置和通过皮肤电位查出驾驶人清醒度低的装置。在这些开发当中，清醒度评估技术直接用于检查

疲劳驾驶，或者用于确认技术是否有效。而另外一种防止疲劳驾驶技术，即适应型清醒维持系统的研究驾驶人清醒评估技术对于适应型清醒程度保持系统也起着至关重要的作用。

6.3.2 清醒度评价指标

驾驶人的清醒度低下体现在生理现象、驾驶操作和车辆状态上。清醒度是用来衡量生理现象的指标，实验时必须测量至少一项生理指标。生理指标根据测量方法不同大致分为两类，一种方法是在身上安装传感器，直接检测脑波、眼球运动、心电图、皮肤电位水平等身体信息；另一种方法是用相机拍摄驾驶人的面部表情，通过观察表情和眨眼情况来判断其是否清醒。测量多种生理信号时，经常使用多种示波器，即在身上安装由传感器、增幅器、记录仪、监视器等组成的仪器，同时连续记录多种信号。

（1）利用脑波判断清醒度

临床上测量脑波一般使用多点贴电极的方法，但是由于此方法准备阶段繁杂，不被受测者接受。现在实验一般以受测者的耳垂为标准电极，从头顶到后脑勺单级诱导测量，或同时从头顶和后脑勺开始进行双极诱导测量。

衰减测试是用脑波定量测量清醒度的方法之一。这个方法要求受测者每 2min 睁眼闭眼 3 次，据此画出 12min 内每 5s 的脑波变化光谱图，并用以下公式计算清醒度：

$$\text{清醒度} = C/O \tag{6.1}$$

式中，C 代表闭眼时 α 波的总数；O 代表睁眼时 α 波的总数。衰减测试无法在驾驶过程中进行，但可以用于判断驾驶人驾驶后是否变得不清醒，或休息后是否变清醒等情况。

接下来举个例子说明如何用脑波测量驾驶中驾驶人的清醒度。

首先在实验台上测试驾驶人的选择反应，用以测量其脑波能量、睡意程度，即测量可以代表清醒度的反应时间。其次，测量实际驾驶过程中驾驶人的脑波变化，通过得到的脑波能量预测其反应时间即清醒度。测量脑波用的是上文中提到的双极诱导法连续测量，得到分布在 δ 波（1 ~ 3Hz）、θ 波（4 ~ 7Hz）、α 波（8 ~ 13Hz）、β 波（18 ~ 30Hz）的脑波数据。其次，抽样调查各波段脑波数据转换成平均时间 1s 的脑波能量，进行平滑化处理。实施对数变换之后，与脑波一样对反应时间进行平滑化处理。然后把平滑化处理过后的反应时间设定为目的变数，把分布在 4 领域的脑波能量设定为说明变数，改变平滑化时间来进行重回归分析。各受测者在多重相关系数最大的情况下，脑波与反应时间之间关系紧密，如图 6-10 所示，可以通过使用重回归式来依据脑波精确预测反应时间。另外，如图 6-11 所示，可以确认汽车运行过程中从驾驶人的脑波测得的清醒度与睡意症状的变化是一致的。

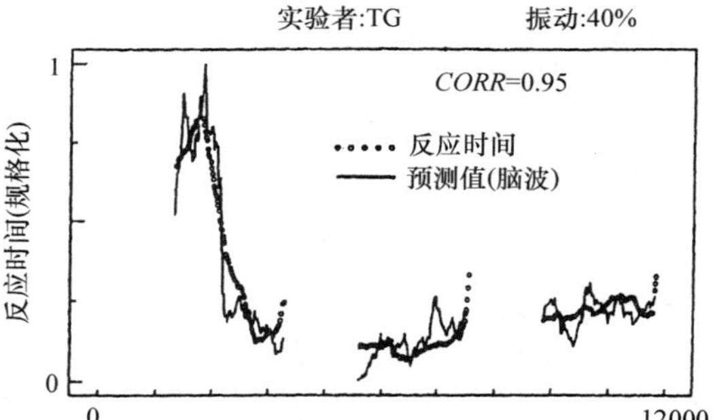

图 6-10 反应时间及应用脑波得到的预测值的时间变化

另一种方法是同时测量脑波、眼球运动和面部表情来判断清醒度。从脑波数据中分离出 α 波，其振幅和出现量如图 6-12 所示，分为 5 个阶段，眼球运动以眨眼为依据分为 5 个阶段，面部表情分为 3 个阶段，三者结合共同组成清醒度指标。调查清醒度指标与驾驶能力之间的关系可以推算出驾驶人的精神状态。

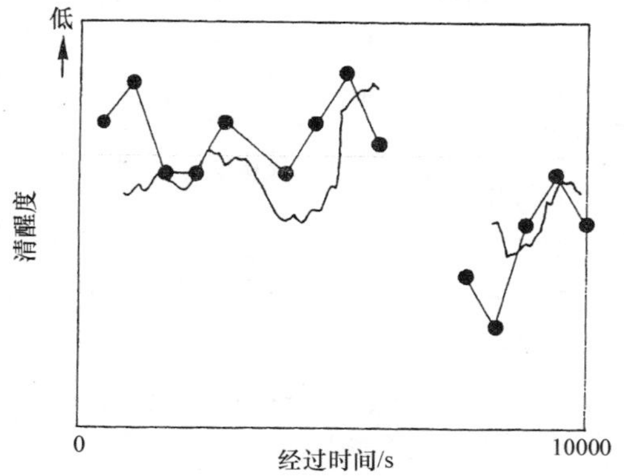

图 6-11　通过实车进行清醒度评价方法的确认结果

脑波可以显著表明清醒度的变化，客观性强。但是缺点是必须在受测者头部安装电极，过程繁杂。另外，导出数据时容易混入杂声，所以必须在隔声室里测量。再次，由于从头皮导出的脑波很微弱，容易受到出汗等外部因素影响，所以必须控制室温。

（2）依据眼球运动判断清醒度

测量眼球运动的常用方法是在眼睛上下左右贴上电极，导出垂直方向和水平方向的眼电位（EOG）。由于可以通过测量垂直方向的眼电位来确定眨眼情况，因此，眼球运动成为判断清醒度指标之一。

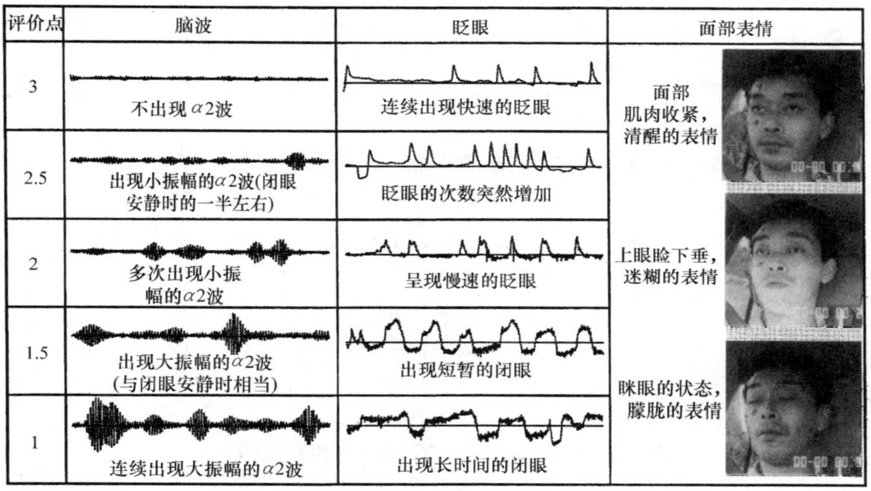

图 6-12　脑波、眼球运动和面部表情的评价基准

如图 6-13 所示，要测量眨眼，就是以眨眼时眼睑向上为开始点、眼睑向下为结束点，测量眨眼的持续时间。眨眼的持续时间与后述暂定清醒度相关联，如图 6-14 所示，暂定清醒度的时间变化与从眨眼的持续时间求得的暂定清醒度之间是契合的关系。

从水平方位的眼点位解析飞跃运动，如图 6-15 所示在移动时间和移动速度方面，也与暂定清醒度相关联。

暂定清醒度是拍摄行驶过程中驾驶人的表情、派生动作（打哈欠、调整座位等与驾驶无关的动作），拍摄的图像按表 6-7 所示的标准分为 5 个阶段。

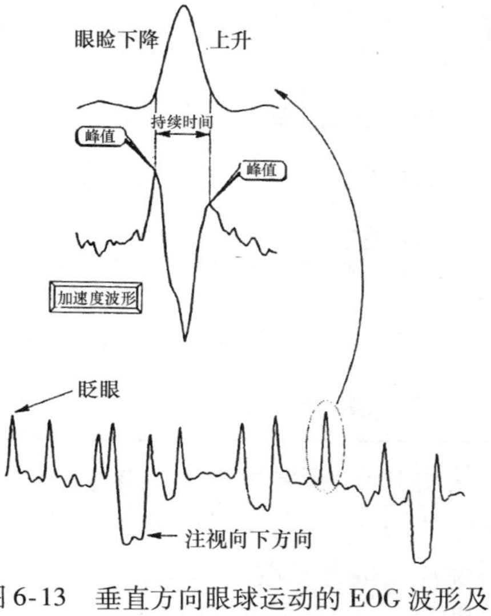

图 6-13　垂直方向眼球运动的 EOG 波形及 Duration 的定义

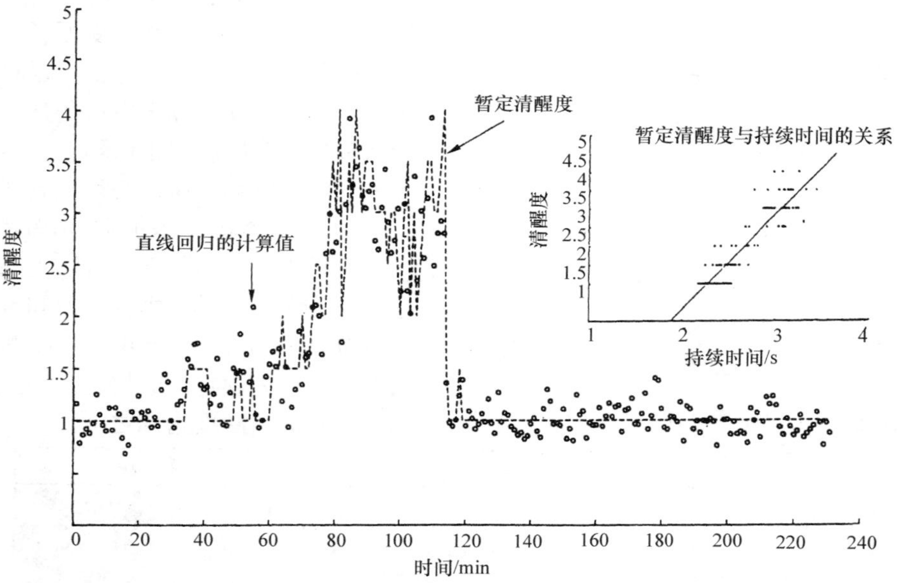

图 6-14　暂定清醒度与眨眼的持续时间的线形回归得到的计算值

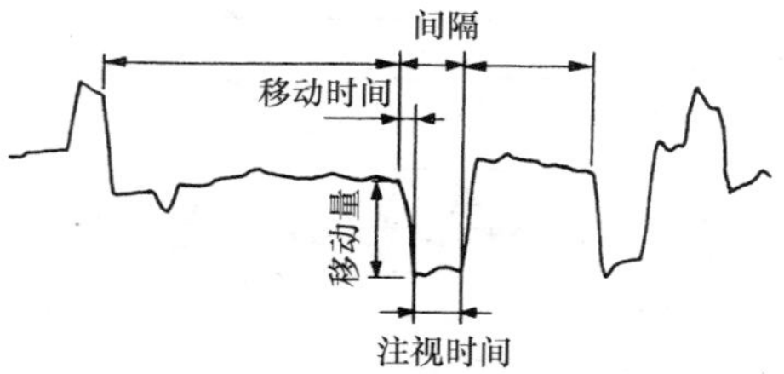

图 6-15　飞跃运动的 EOG 波形与各数据的定义

表 6-7　暂定清醒度评价标准

指标	基于表情判断状态（驾驶能力的变化等）	派生动作	观察四周	车辆状态（有无蛇形）
1	完全清醒（放松，驾驶能力和反应都处于最佳状态）	几乎不见与驾驶无关的动作	频率高（变道之外也经常左右确认车况）	无蛇形
2	稍有睡意	打哈欠、调整坐姿、开始摸脸和身体	变道之外视线变化减少	无蛇形
3	睡意明显（可以预见遇到突发事件时紧急回避速度慢）	派生动作频率变高	变道之外视线不左右确认车况	偶见轻微蛇形
4	周期性打盹	打盹时无派生动作，恢复清醒时动作集中	只看正前方	周期性蛇形（偶尔偏离路线）
5	打盹（事故前状态）	几乎没有派生动作	视线不定	大幅度蛇形，无法保持线路

使用 COG 装置可以不用电极测量眨眼情况。如图 6-16 所示，COG 系统的风镜的塑料镜片上接上厚度约 0.01μm 的半透明金属电极，此电极与眼球、眼睑的突出部分之间的距离不同，空间静电容量也不同。安装在镜片上的 UHF 振荡器可以调节频率。使用 COG 测量出来的眨眼情况可以用以下方法进行解析。如果眨眼间隔不足 1s 并连续

三次以上，称之为群发，单位时间内的群发次数称之为群发发生数。群发发生数处于最大值的时候可以认定为驾驶人处于清醒度低下的警戒状态。

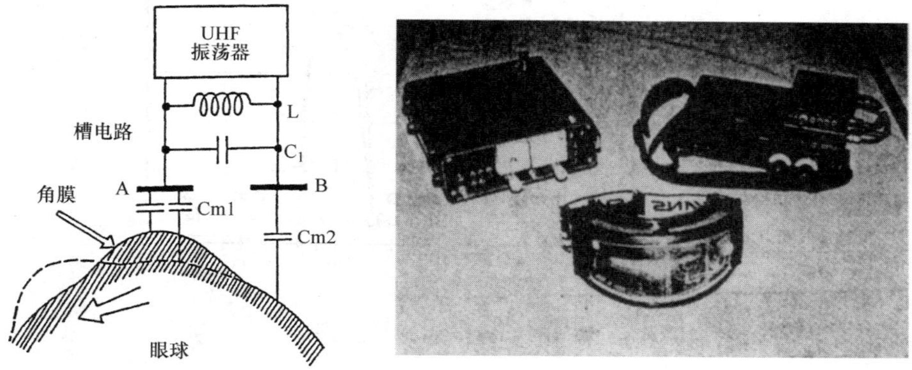

a) 原理　　b) 装置

图6-16　COG系统（风镜、信号接收机、磁带记录仪）

另外还有方法可以通过拍摄面部表情然后利用图像识别来判断驾驶人是否闭眼。指定时间内闭眼次数的累计值与图6-12的清醒指标相关，如图6-17所示，可以从图中的闭眼累计值看出清醒度判定标准和清醒指标之间的对应关系。由此可以得出，清醒度判定法可以有效地检测出驾驶人是否处于清醒状态。

通过观察眨眼来判断清醒度的方法与脑波法一样，客观性强，不需要安装电极，不会引起受测者反感，是使用广泛的评价指标之一。

（3）依据心跳判断清醒度

这一测量方法通过在驾驶人胸部三个部位贴上电极，然后导出其心电位可以测量出心跳数。图6-18显示的是驾驶人从上车前的活动状态到驾驶过程的状态，直至不清醒乃至打盹状态的全过程的心跳实时变化图。驾驶人的清醒度可以根据心跳数值、面部表情、操作状态分为高度清醒状态、清醒状态、半清醒状态和瞌睡状态。高度清醒状态时心跳数值很高，清醒状态时由于驾驶人坐着，肌肉活动少，注意力集中在驾驶上，心跳数的绝对值变动很少。半清醒状态时由于忍着睡意、打哈欠等行为使心跳数值大幅度变化，其绝对值大于清醒状态。如果半清醒状态时心跳数的绝对值低于清醒状态，则说明驾驶人正在打盹。解析各清醒状态的心跳变动时，可以得出图6-19所示p1，p2，p3，p4四个峰值。p1表示血压调整，p2表示精神活动，p3表示呼吸，p4表示运动。p2低下则表明处于瞌睡状态。

比测量心电位更简单的方法是通过测量脉搏来判断心跳的变化。从指尖测得的脉搏的变化与心电位R－R间隔测得的实时心跳变化一致，如图6-20所示，清醒时变化小，不清醒时变化变大，约0.02Hz的变化就很明显。更进一步，图6-21所示可以量化变化程度。首先在某个时间间隔内抽样调查，相邻的数据用x坐标和y坐标连接。变化大时面积大且密度很大。接下来计算面密度（某半径范围内点的平均数）和力矩（重心周边的力矩），然后把清醒状态的密度与力矩与其他状态进行比较。如果不清醒，其密度低，力矩变大，所以我们可以认为根据从指尖脉搏的变化推断驾驶人是否清醒的这一做法是可行的。

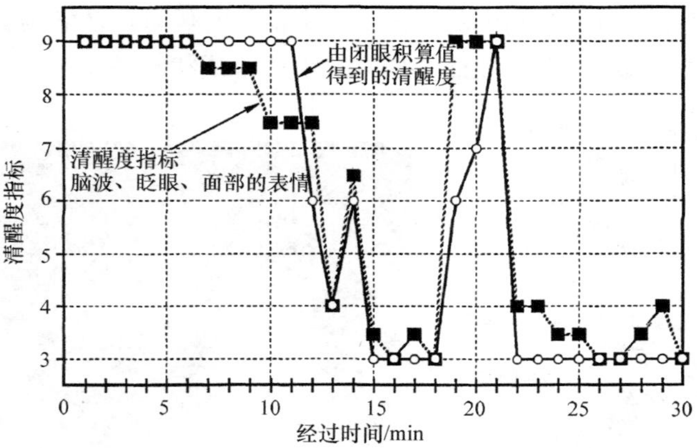

图 6-17　清醒度的时间变化

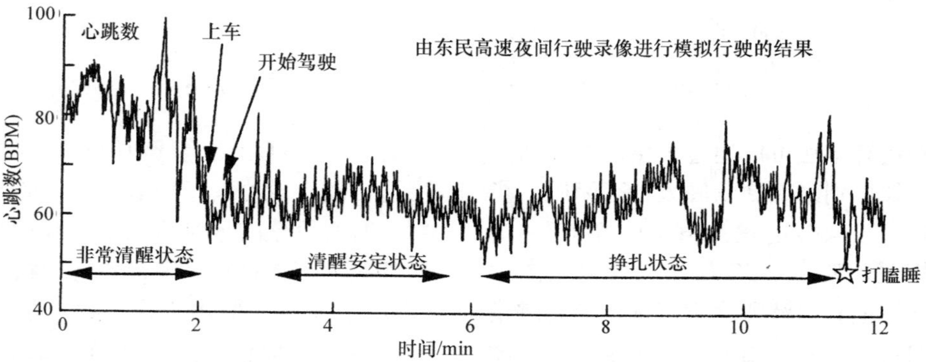

图 6-18　典型的心跳数的绝对水准的时间历程

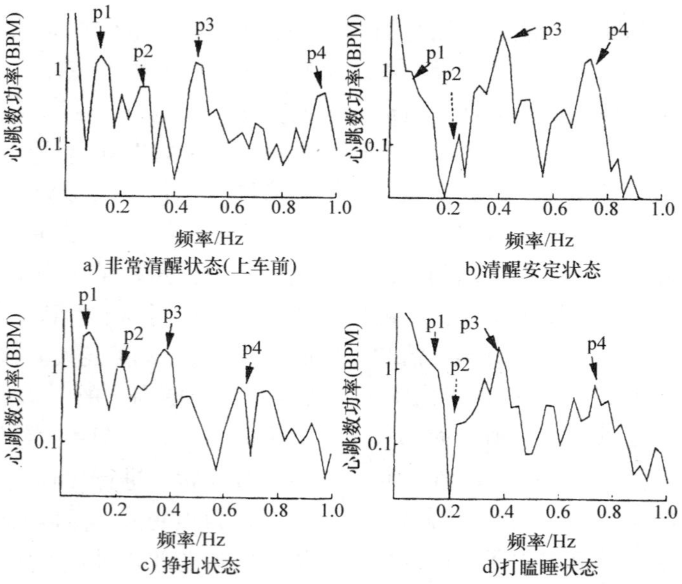

图 6-19　各清醒状态的心跳变动频谱

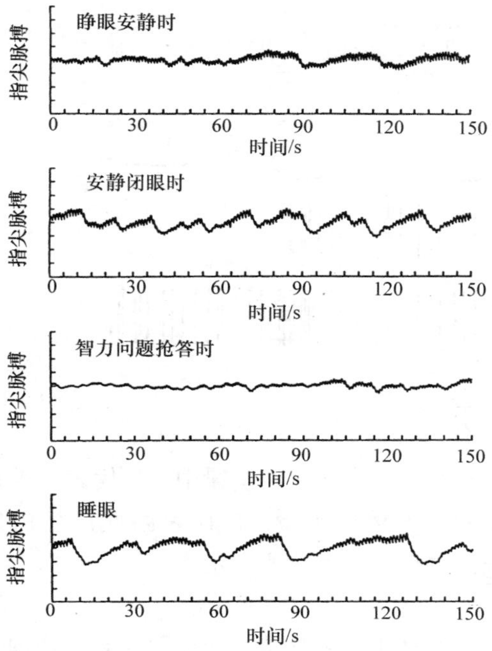

图 6-20　各种清醒下的指尖脉搏的时间波形

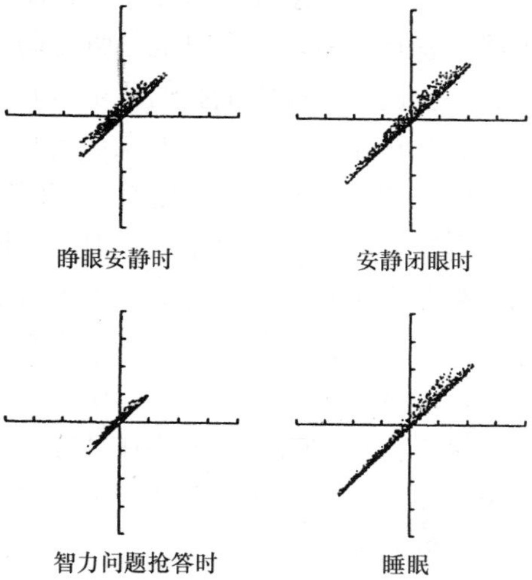

图 6-21　各种清醒下的指尖脉搏的回归曲线图

与脑波、眼电位相比，心跳数更容易测量，所以受测者接受度较高。但是，心跳数的绝对值个体差异巨大，测量心跳变化的机械装置尚不明确，所以此方法有待改进。

（4）依据皮肤电位判断清醒度

皮肤电位水平（SPL）也可以反映清醒程度，它是从手掌导出皮肤电位活动的长期变化成分（DC－0.5Hz 的低频率）得来的。

SPL 是从测量部位（手掌）和基准部位（前手腕）安装的电极中导出的（图 6-22）。可以在进行驾驶或操作时测量 SPL，也可以测量不影响驾驶或操作的手掌前部。另外，也开发出简单的、不妨碍驾驶的、不用在身上粘贴电极的装置。部位与基准部位之间的电位差清醒时大约是 50mV 的负电位，随着逐渐入眠，睡着时变成 10～20mV 的负电位。由于 SPL 的变化，在入眠时尤为显著，入眠后变化很少，所以可以作为入眠的指标之一使用。

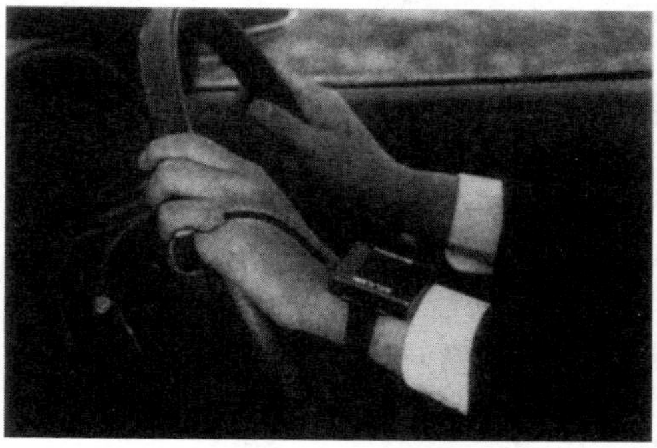

图 6-22　手腕型清醒度仪

图 6-23 显示的是操作过程中 SPL 的时间变化图，处于打盹状态（按按钮反应欠缺或明显延迟）时，SPL 曲线集中在底部，由此得知瞌睡时 SPL 下降。接下来说明一下如何判断由清醒到睡眠状态 SPL 的相对变化。如图 6-24 所示，提取清醒状态时的高 SPL 值和睡眠状态时的低 SPL 值，计算二者之间的比率 LL/HL。如图 6-25 所示，LL/HL 之比集中分布在 0.4 左右，0.7 以下，因此判定可以通过 LL/HL 来判断驾驶人是否清醒。

测量皮肤电位的方法与测量心跳数测量方法一样可以简便地测量清醒度，但是由于其绝对水平存在个体差异，需要测量其长期变动状况，所以仍需继续研究如何实时地判断清醒度。

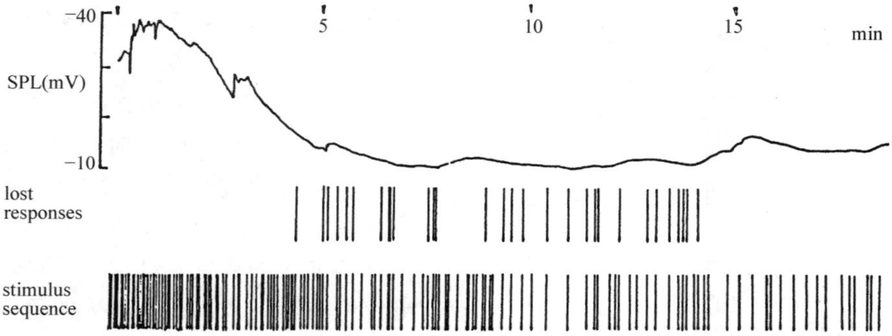

图 6-23　SPL 与清醒度水平之间的关系

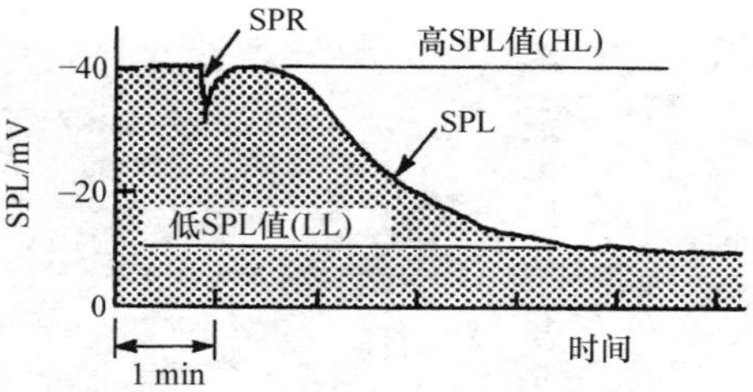

图 6-24　SPL 的电位变化图

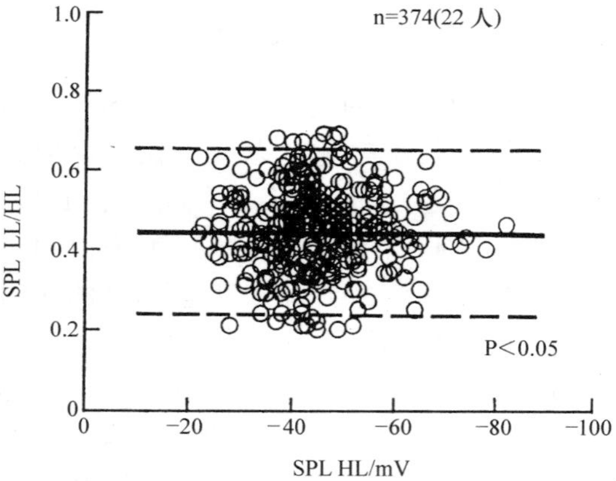

图 6-25　SPL LL/HL 的分布

6.4　感觉知觉的测试分析技术

感觉测量技术的理论基础之一是韦伯－费希纳定律。费希纳（1860）创立了心理物理学，科学地表明心理量和物理量之间的关系。韦伯－费希纳定律中，R 代表人类接受的外界物理刺激，E 代表由此产生的感觉，二者关系用公式表示为

$$E = K\log R \tag{6.2}$$

这是所有感觉共通的现象。心理物理学是研究外界刺激与人的感觉之间关系的科学，是感觉测量的重要方法之一。其测量对象可能是视觉刺激，也有可能是听觉刺激或触觉刺激。例如，视觉上我们看东西时，以为看到的是物品本身，实际上视觉具有主观性，我们看到的东西并不一定就是实际对象的真实全貌，有可能产生错觉。但是，即使看到的东西不是它原本的样子，也不可能脱离太多。如果在特定条件下，每个人都会产生错觉，那么有可能是系统性错误让人类视觉发生错误，这种错误有可能在某方面有助于人类生活。首先介绍一下感度指标以便量化测量人的看法。

6.4.1　心理物理学测试方法

心理物理学测量法中被测的定数大体分为两种，一种定数与阈限相关，如刺激阈限、绝对阈限、差别阈限等。另一种属于PSE，即主观相等点或等价值、等价差异值、等比值、等比差异值等。阈限和 PSE 都属于与感觉变化相对应的刺激强度，所以

可以视作感觉指标之一。

（1）阈值的测量

我们在观察外界物体时，其物理刺激强度越大，如明亮、体积大等，越容易辨认。如果其物理刺激很小，即使不是零，我们也有可能看不见。另外，两种不同刺激的强度差越大，我们越容易辨认。强度差小的情况下，我们有可能察觉不了。

刺激物只有达到一定强度才能引起人的感觉，这种刚刚能引起感觉的最小刺激量叫作感觉阈限。可视性等可见或不可见的最小刺激属于绝对阈限或刺激阈限，差别是否能被察觉的最小刺激属于差别阈限或刚好可知差异。刺激阈限与差别阈限一起称作阈限，其测量值称作阈值。阈值越低，感度越高。过去阈限被看作感觉上的一种屏障。刺激强度足够大的话，人就会产生感觉。如果刺激强度很小，没有超过临界值，即使注意到刺激的存在，人也不会有任何感觉。阈值是感觉系统中可测量的与阈限相对应的值。

我们在不同的情况下，对于相同刺激可能产生不同的感觉。原因是相同强度的刺激与感觉体上某一点并不完全是一一对应关系。假设某一刺激多次发生时产生的感觉体上的分布为正态分布，在阈限周围，随着刺激强度变大，分布的一部分超越阈限，比例变大。我们根据这个比例来观察刺激的存在与变化。而实际上刺激强度低于某一点时完全不可见，高于某一点时立刻可见的突发情况几乎不存在。测量时阈值是确定的临界值，通常定义为50%的实验次数被正确判断的且能被察觉的刺激强度为临界值。

（2）PSE的测量

心理物理学测量法中PSE用于测量其他类型的定数。阈限指特定反应（例如视觉）与其他反应之间的临界阶段。PSE指测量的两种刺激强度相同、标准一致，主观上可视作同等刺激。

6.4.2　信号测试理论

一般来说，视觉反应“看见”发生时，刺激强度超过觉察阈限，没有刺激时几乎不可能有反应。但是实际实验时，即使没有刺激，也会出现视觉反应，即看见物品。阈值由视觉反应的发生率所决定，过去的方法中，在某些极端情况下，即使是无关刺激，如果受测者回答“看见”，也会被当作有效感觉，所以，阈值受到受测者反应标准的影响。如图6-26所示，信号检测论中，要计算感度指标 d' 与反应误差 β，必须把感觉指标中的非感觉因素分离出来。在此方法中，无刺激的情况下并不是没有任何反应，可以认为是有噪声。有刺激的情况下，除了刺激也存在噪声。

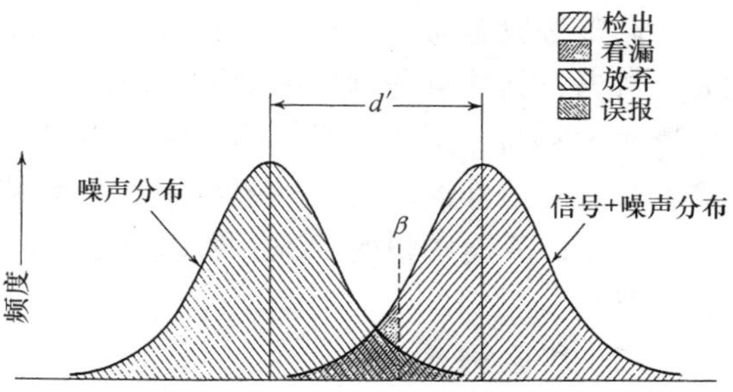

图6-26　信号检出的模型

6.4.3　层级推测法

层级推测法中使用了上阈，直接推测受测者面对物理刺激产生的心理量，受测者对于刺激的物理特性，无论数值大小都存在一定比例的主观印象。例如，某种明亮度为100，另一种为25。层级推测法是简便且适用范围广泛的有效方法，但是关于绝对零点的定义还存在异议。

6.4.4　测定阈限的方法

测定视觉的方法很多，除了阈值、PSE等测量定数的心理物理学法之外，还使用各种尺度构成法。尺度构成法可以把各种心理反应数值化，例如测量光的明暗、大小、纵深、速度等。尺度构成法因尺度水平不同而不同，分为间隔尺度、比例尺度中的差别阈限、对比法等间接构成法，地震震级推测法等直接构成法。接下来以心理物理学测量法为中心进行说明。

（1）调整法

调整法历史上称作平均误差法，适用于测量 PSE，也适用于测量阈值。调整法的基本流程是：受测者本人调整刺激的变化，在接近阈限时可以反复调整刺激，以减少刺激的起始点对结果的影响，直到对结果满意为止。调整刺激有从小到大和从大到小两个系列，求出每一系列的阈值，然后根据系列方向查看效果，通常阈限附近的系列允许逆行。

调整法较容易实施且短时间内可以获得大量数据，其缺点是测量由受测者操作，操作透明度不高，不能在线，测量值可能被受测者有意图地操控。另外，还存在由于受测者因素难以算出阈限的情况，所以有必要加以注意。

（2）极限法

极限法又称作最小变化法，可用于测量阈值和 PSE，一般常用于测量阈值。极限法中刺激分为上升系列和下降系列。受测者的反应一般分为两种或三种，例如"大""小"或"大""不明大小""小"等。测量值取其变化的平均值。极限法与调整法相比用时更长，但操作更简单，且操作的透明度较高，也可以再现。缺点是出现时间误差、空间误差、系列误差等各种恒常误差的可能性大，另外，系列的截止和测量值的选定都存在问题。

（3）上下法

上下法可以视作极限法的变形，原用于火药的爆炸实验中。上下法中，在刺激变化点转折刺激系列，即上升变为下降，下降变为上升，然后回到实验前的刺激值并反复测量反应。用此方法反转各系列规定的次数，求各系列的平均数，然后求两个系列的平均数。上下法的优点是效率高，可以在刺激少时得到大量数据，缺点是刺激值一般在所求阈限和 PSE 附近上下摆动，对受测者要求高。

（4）恒常法

恒常法又称作恒定刺激法，广泛用于测量阈值和 PSE。恒常法中的刺激恒定（通常 4~7 个阶段），与极限法不同，其刺激顺序不规则。每个刺激出现 20~100 次，各种刺激次数相同，顺序随机以测量受测者对各种刺激的反应。由于反应的变化中心点不一致，要计算每个刺激出现的反应率，要以 50% 强度刺激作为绝对阈限，然后用数学方法推测反应。恒常法的优点是不受受测者主观因素的影响，可以任意选择某一反应，避免系列误差，结果的处理方法简便且适用范围广泛。缺点是用时多，花费劳力，不适合测量易变、不稳定的情况。

6.4.5 比较法与视线测量

为了测量白天摩托车的前照灯、辅助灯的诱目性，我们做实验让汽车与摩托车并列行驶，看哪种灯光能引起人们注意力。诱目性评价让观察者用对比法进行主观评价的同时，进行以下三种测量，一是设定时让观察者的注意力不集中在对象上的二重课题法；二是没有任务的情况；三是用摄像机测量观察者的注视时间，得到的结果如下：

1）摩托车的灯光在各种开灯情况下，诱目性最高的是行驶时的光线（图 6-27）。

2）二重课题法实施时附加任务的影响只限于行驶时的光线。

3）摄像机的注视时间与主观诱目性评价结果之间的关系变强（图 6-28）。

4）附加任务的有无对于注视时间的影响很小。

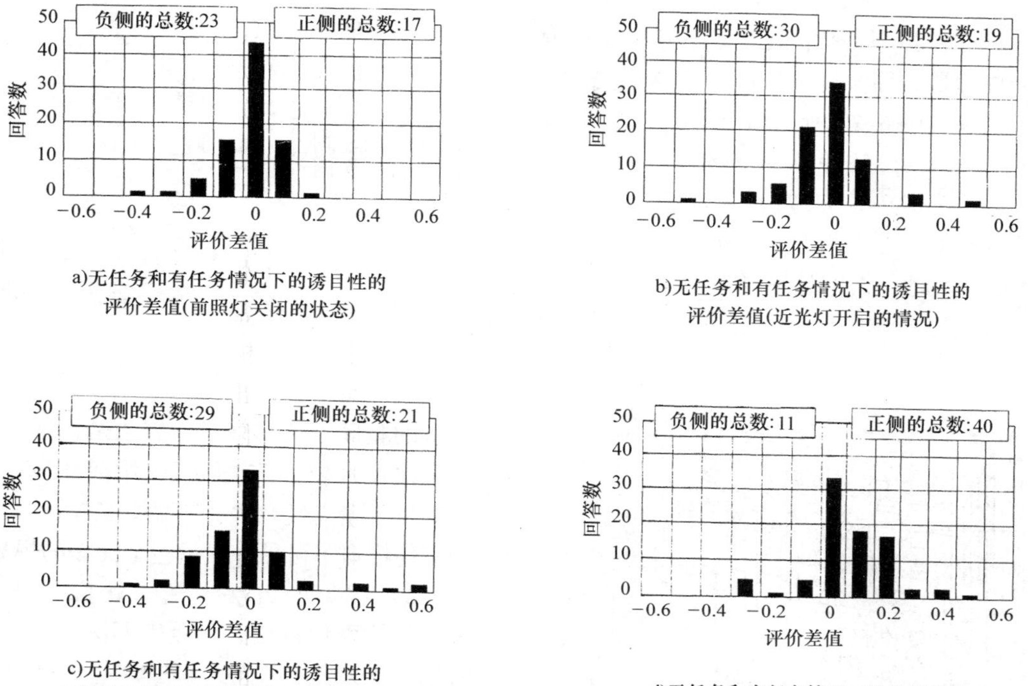

a)无任务和有任务情况下的诱目性的评价差值(前照灯关闭的状态)

b)无任务和有任务情况下的诱目性的评价差值(近光灯开启的情况)

c)无任务和有任务情况下的诱目性的评价差值(近光灯及辅助灯开启的情况)

d)无任务和有任务情况下的诱目性的评价差值(远光灯开启的情况)

图 6-27 诱目性比对评价结果

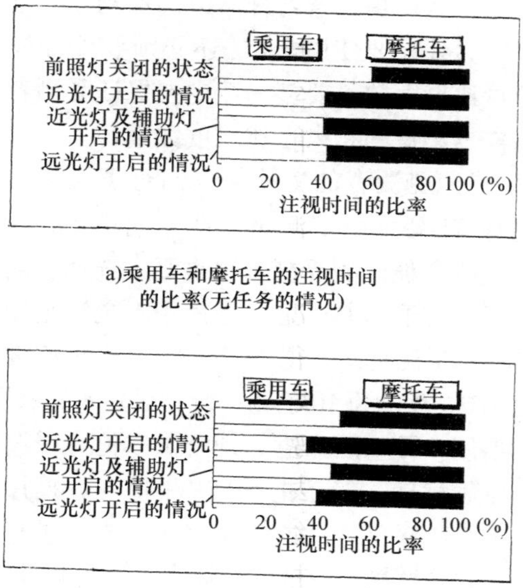

a)乘用车和摩托车的注视时间的比率(无任务的情况)

b)乘用车和摩托车的注视时间的比率(有任务的情况)

图 6-28 通过眼球摄像机对注视时间的比较

6.5 主观评价技术

现在消费者购买商品时非常重视自己的爱好。虽然目前汽车功能强、价格低是主要购买动机，但单纯由于喜欢就购买的这一比例也不容忽视，所以我们也要测量包含喜好在内的消费者心理。

主观检查用于检查人的感觉强弱，一般来说，刺激越大，感觉越强，调查相同种类的刺激下，随着强度变化人的感觉发生变化，我们称之为 1 型。这与感觉测量技术上所说的心理物理学测量法相对应。另一方面，包含感性评价的操作性、舒适性、高级感的主观检查也很有必要。但是应该如何处理爱好、舒适等感性感觉呢？具体说明如下。随着物理值变大而变大，到达顶点之后而慢慢减小。物理值用 S 表示，舒适度用 R 表示，二者关系如下：

$$R = aS^2 + bS + C \qquad (6.3)$$

式（6.3）物理量只有 S，但实验中有两个物理量，即温度 x，湿度 y。舒适度用 z 表示，得出图 6-29 所示结果。

$$z = -0.3389(x-27.39)^2 - 0.02(y-53.71)^2 + 91.79 \qquad (6.4)$$

由式（6.4）可以看出，温度 27.39℃，湿度 53.71% 时，人感觉最舒适。

舒适度与车内异味程度也相关，以下具体说明。

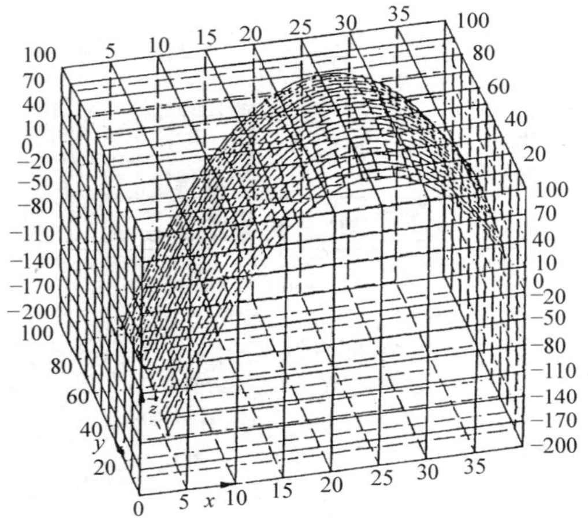

图 6-29　舒适度与环境温度、湿度之间的关系

6.5.1　汽车内饰材料气味评价实验

新车内饰材料气味大，虽然也有人喜欢此气味，但基本上属于臭味，甚至会导致乘员头晕，所以必须设法减轻气味。接下来介绍汽车内饰材料评估实验法——主观评价和机械分析法。

（1）主观评价

气味中有种成分虽然量少，但刺激性强，人的鼻子是最精确的分析器。但是由于存在判断的个体差异，所以有必要统一实验条件和判断标准。汽车内饰材料气味的主观评价法有乘车体验法，也有图 6-30 所示的安装装置法，接下来介绍第二种方法。

1）使用气味袋评估汽车内饰材料气味。气味袋是用于测量气味的无味袋，用袋子里的玻璃管评估气味。方法是把样本按种类依次放入袋中，然后填入用活性炭过滤过的等量干净空气，然后在温室里放置一会儿，为了使样本不可见，最后包上无味的黑袋子。

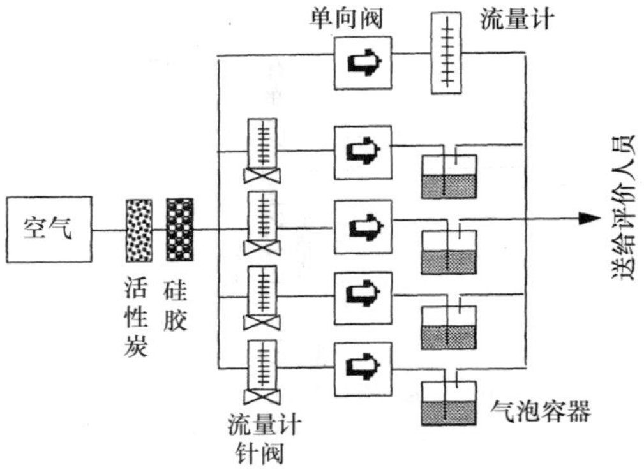

图 6-30　气味显示装置

2）评价的方法。气味评价方法有很多，如侧面评价法、分级推算法、对比法和常用的 SD 法。SD 法（图 6-31）可以运用能表达舒适性的用语、汽车概念用语，所以最常见。但是气味的 SD 评价法很难规定其一般评价标准，所以必须选择判断标准明确的受测者或提前学习样本以确保判断基准统一。另外，要使用 SD 法还必须要保证样本数量比尺度数量要多，至少要保证受测者乘以样本数量的积大于比尺度数量。

3）受测者的选择。人们对于气味的感觉有着巨大的个体差异，为了缩小差异，选择正确、稳定的受测者很重要。选择受测者有很多方法，其中之一是使用嗅觉测定用的基准味道。把正常人的基准味道最小浓度设定为 0，然后每 10 倍为一级，设定 8 个级别。然后用 5 种基准味道分别测试以检查受测者嗅觉敏感度。然后把 SD 法测得的数据用个体差多次元尺度法或三相因子分析法进行分析，根据其敏感程度的好坏来选择受测者。

另外，由于嗅觉受温度、湿度、当天身体状况的影响。所以一般不选体质差的人，实验前，受测者还需要禁烟、注意饮食。如果是精密度高的实验，还必须注意避开湿度大、气温高的梅雨季节。

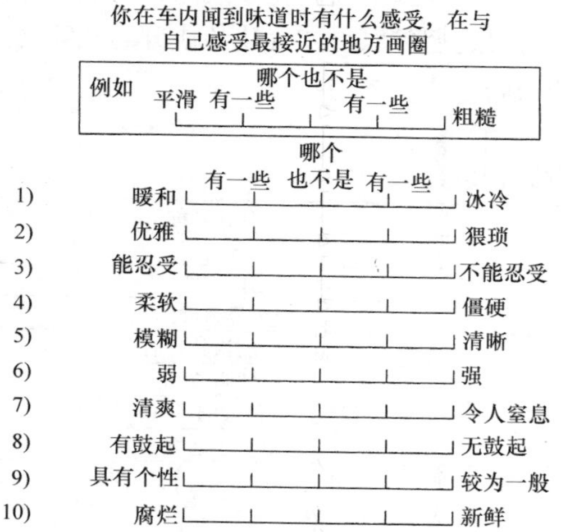

图 6-31　SD 方法的示例

4）统一样品浓度。气味袋实验时在袋中注入一定量的样品，并填充一定量的无味空气来统一袋内浓度，由于样品挥发情况会影响其浓度，所以有必要统一样品浓度。测量时需要使用气味仪或检测管。气味仪无论什么气味都可以检测出其浓度，具有普遍性。检测管可以有效检测其浓度，样本为单一成分且成分明确的情况下效果显著。

5）评价的统计分析。主观评价所得数据大致分为四种：①名义尺度；②顺序尺度；③间隔尺度；④比例尺度。名义尺度指与数值大小无关的性别、年纪等尺度；顺序尺度指爱好等表示数值大小关系的尺度；间隔尺度指温度、智力等在大小关系基础上加上距离关系并可增减的尺度；比例尺度指身高、体重等除了数值大小和距离之外的比例关系，可加减乘除的尺度。通常用 SD 法测出顺序尺度，用对比法测出间隔尺度。

一般来说，对间隔尺度和比例尺度的数据进行因子分析和重回归分析；对名义尺度和顺序尺度进行分类；对于 SD 法测得的数据假定其间隔尺度并对其进行因子分析。

6）主观评价的例子。举例说明如何用 SD 法评价汽车内饰材料。

① 评价尺度。选择过去气味研究的事例或气味评价使用的语言，初步调查时取出样品间分散的语言和相似语言，设定 24 对样本。

② 样本。共 24 种，其中 12 种汽车内饰材料，3 种车内常见气味，9 种具有广泛特征气味。

③ 受测者。20～40 岁的男女共 80 人。

④ 分析。SD 法得出的数据进行因子分析，结果为 24 对尺度可以归结为舒适度、强度、柔韧度，汽车内饰材料的味道整体给人不适、坚硬的感觉（图 6-32）。汽车内饰材料气味中氨甲酸酯的味道相对能被人接受，而最让人不适的是天窗材料的气味。

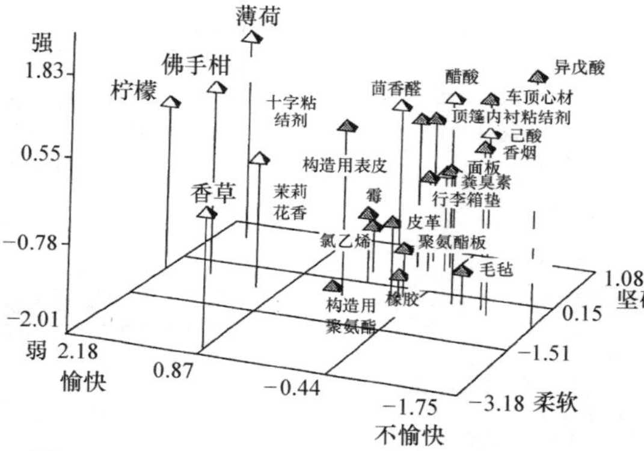

图 6-32　气味空间中的采样位置（因子得点图）

（2）设备分析

气味的物理分析主要使用气相色谱仪。主观检查与设备分析相结合的嗅觉气相色谱仪可以有效分析气味。嗅觉气相色谱仪如图 6-33 所示，其分离管出口分为两路，一路

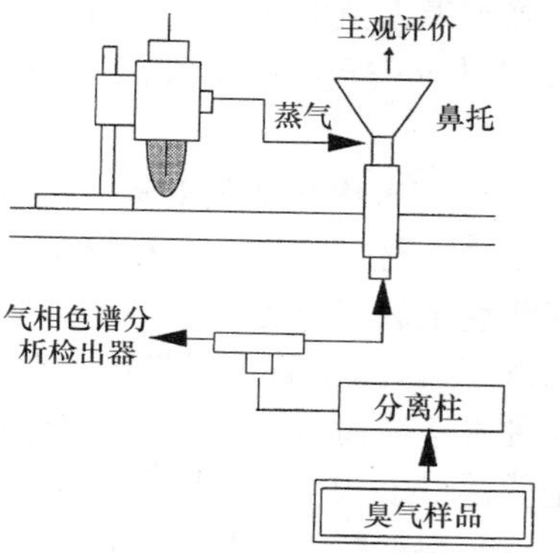

图 6-33　嗅觉气相色谱仪

与 GC 的感应器相连，另一路通向受测者，这样可以明确 GC 的最大值相对应的气味成分。对 GC 得到的最大值进行质量分析，要把 GC 分离出的成分用电子冲击电离化，并从其断裂样式推断其化学成分，与气味评价相对应之后可以得知气味的成分与气味之间的关联（表 6-8）。

表 6-8　内饰材料气味的主要成分

内饰材料	嗅觉 GC 气味的表现	化合物名称
顶棚填充材料	尿粪臭	苯酚
	填充材料 1	己内酰胺
	甜烧焦气味	甲苯异氰酸酯
	填充材料 2	不能确认其峰值
	甜的气味	硬脂酸
	其他一些峰值	二苯甲烷二异氰酸酯类（2.2，4.4）
连接剂	连接剂的臭味	甲基乙基酮
	其他一些峰值	三氯乙烷类（1.1.1，1.1.2） 酒精，1.4 二氧杂环己烷，甲苯
氨基甲酸乙酯	氨基甲酸乙酯味	二丙二醇类
		含氮氧化合物
	不锈钢味	甲苯异氰酸酯
	杏仁味	苯并咪唑
		二氢嘧啶
	肥皂味	十六烷基七硅氧烷
	其他一些峰值	丁基羟基甲苯
		邻苯二甲酸二辛酯
		二氧杂环乙烷化合物（硅树脂系列）
门内饰聚氯乙烯	聚氯乙烯味	癸醇
	塑料味	十二烷醇
	其他一些峰值	十三烷醇，十四烷醇
		十五烷醇
		丙二酚 A，DOP

嗅觉 GC 分析的例子。通过 GC 分析汽车内饰材料成分的例子如图 6-34 所示。首先，把从乙醚中提取的样本注入 GC 分离管中，从气味出口逐个判断每个最大值给人的印象。相同样本也用质量分析器进行分析，并一一确定最大值的成分。然后把二者得出的结果相对应就可以明确氨甲酸酯的气味成分。

（3）降低车内气味的对策

汽车内饰材料本身也存在异味，与车内其他气味混杂后气味更让人不适，所以，降低车内汽车内饰材料的气味很重要。于是，采用何种方法应对令人不快的汽车内饰材料气味是值得考虑的问题。降低异味的方法有三种，一是换材料或换材料内的添加剂，二是使气味不外泄，三是降低有异味材料的使用量。综合考虑效果和成本之后，选择最佳方案（图 6-9）。

（4）对气味的生理评价

由于身体的感觉结构尚不明确，嗅觉中枢处于脑部深处，所以对气味的生理评价与其他感觉相比相对迟钝。由于嗅觉是五感之中离语言中枢最远的感觉，很难转化成言语来形容，所以对气味的生理评价还有待加深研究。最近，已经开始使用脑波和脑磁波等进行相关研究。使用脑波可以从脑部电位变化测出气味对情感的影响；使用脑磁波可以从脑部磁场变化测出脑部深处活性化状态。

图 6-35 所示的是用脑波地图测出的结果（脑波地图：在脑部粘贴多个电极使其电位变化可视化）。与汽车内饰材料气味相比，气味宜人的柠檬所显示的代表舒适的 α

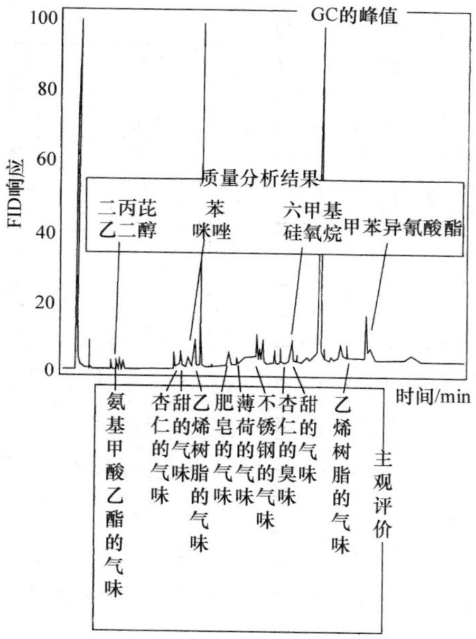

图 6-34　GC 分析实例

波出现得更多。气味的生理测量技术尚不成熟，所以对气味的客观评价和主观检查一样，都很有必要。

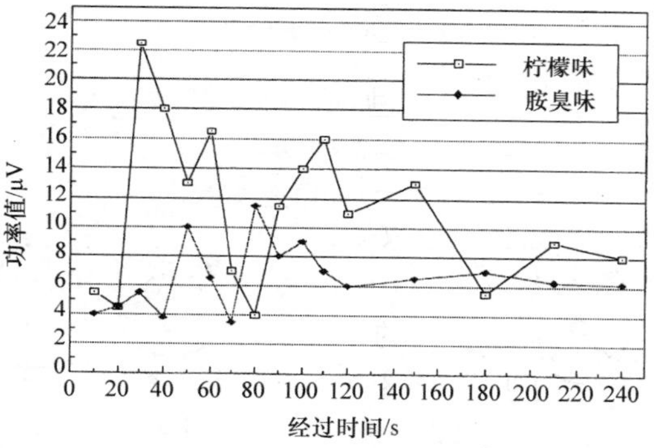

图 6-35　α 波功率的时间变化

6.5.2　感性评价法

汽车室内温度的舒适性、室内气味的舒适性是人类情感对汽车室内环境的反应。但是感情也分为很多类，有使身体活动或表情变化的强烈情感（也称之为情绪），有表示长时间情感状态的心情，有喜悦、悲伤、愤怒、恐惧、寂寞、不安等个人内心情感。与这些情感不同，车内环境感性评价是一种感观情感，换言之，是人类情感中相对表层部位的情感。

测定此情感可以说是了解情感对于人类嗜好的形成、感情与嗜好对人类活动的影响的媒介（图 6-36）。换言之，弄清印象的内容就是弄清舒适性、美感、高级感等感性评价的内容。感性评价法有三种，一是包括自由联想法、选择法、评定法、SD 法在内的直接测量法；二是包括比较法、多次元尺度构成法（MDS 法）在内的间接测量法；三是为把握感情采取的问询法。接下来以直接测量法为中心进行说明。

（1）自由联想法

最原始的感性测量法是向受测者提问，“（看着模特等对象）你最先想到的词是什么?”不断地提问以求得到答案数据。这个方法可以测出某物品的“联想意义”。联想意义与字典里的定义不同，它并不是固定不变的，受个人体验和媒体的影响，具有流动性特征。联想意义除了可以用定性法进行分析，还可以用计量法测量。诺布尔的“意义指数”就是计量法之一。除了可以定性分析联想意义的内容，还可以对其进行量化分析。诺布尔的意义指数 $\overline{m}$（有意义）定义如下：

$$\overline{m} = \frac{\sum R}{N} \tag{6.5}$$

式中，R 为对于某种刺激受测者联想到的单词数量；N 为受测者数量。

诺布尔的 $\overline{m}$ 其内容本身不能直接索引，但在特定的群体中，例如红色室内和粉色室内，二者可以进行对比。红色室内让人联想到的单词与粉色室内相比越多，两者之间 $\overline{m}$ 差越大，即表示两个室内的“意义性”存在差异。Osgood 发现了“有意性”与“精通度”“亲近性”之间的对应关系。即有意性较高的对象对我们来说更亲近。

表 6-9　降低气味的方法

部件名称	臭气性质	改善内容	改善前	改善后
座椅用发泡聚氨酯	胺样臭味，聚氨酯臭味	退火 110℃，100min	3.9	2.0
车顶用芯材	胺样臭味，苯酚气味	用 PE 膜对基材里面贴面	3.0	2.8
车门内饰芯材	木材味，焦味	用 PE 膜对基材里面贴面	2.4	2.2
地板用地毯	苯酚气味	防振毛毡→一部分变换触煤	2.6	2.3
防振用注入的聚氨酯	胺样臭味	将触煤变更非胺系	3.8	2.0
熔断器片 A	石油的沥青味	进行 10μm 以上的涂装	2.0	1.5
熔断器片 B	溶剂味（甲苯，二甲苯）	进行干燥工程充分干燥	2.0	1.5

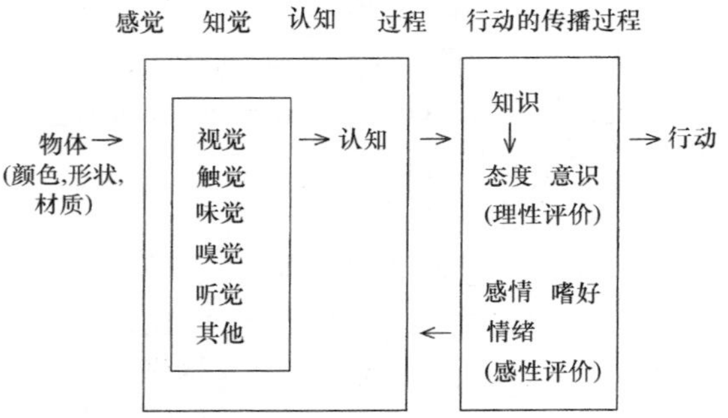

图 6-36　物体知觉认知评价的过程

从其他侧面索引联想意义，我们可以借用情报量（H）。Osgood 等人把 Shannon 的求情报指标 H 的方程进行了变形：

$$-H_i(j) = \frac{1}{N_T}\left(f_i \log_2 f_i - \sum f_{ij} \log_2 f_{ij}\right) \tag{6.6}$$

式中，N_T 为对刺激的反应总数；f_{ij} 为某一联想词对于 N 种刺激出现的频度；f_i 为某一联想词对于所有刺激出现的总频度。

$H_i(j)$ 表示接受刺激（i）时每个联想词（j）持有的不确定性，从所受刺激中求得某联想词出现的平均值。结论是：$H_i(j)$ 的绝对值越大，其不确定性越大，越难被预测。

多元尺度构成法（MDS 法）从其他测量进行计量测量。此方法是在各种刺激的全部联想词中测量其中通用联想词的比例及其与心理距离之间的远近关系，进行 MDS 测量。

（2）选择法、评定法

选择法指的是不追求自由联想法内容上的自由和丰富，尽可能地对共同点进行比较研究，从最初的数十种语言和选项中进行选择，最后选中最佳选项。选择法一般用于限制联想法和选择最喜爱产品的喜好调查法。此方法简单易懂，可以短时间操作，所以经常用于球场调查。评定法指的是把文章或单词（形容词等）按照其匹配程度分为 7 段或 9 段。图 6-37 户田的喜好尺度指的就是此方法。图 6-38 所示的微笑的尺度也属于此范畴，这是在多民族且非英语语言者众多的美国所使用的方法。

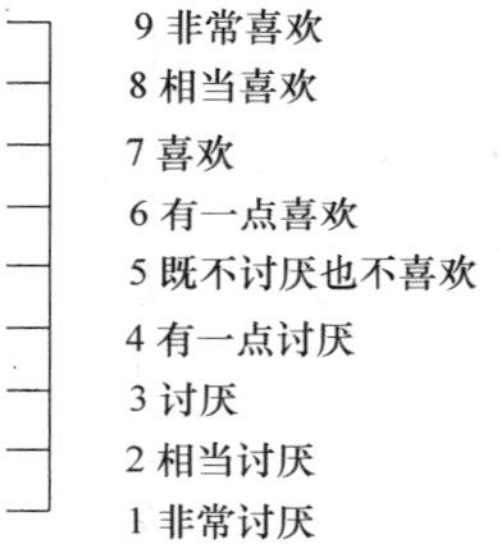

图 6-37　户田的喜好尺度

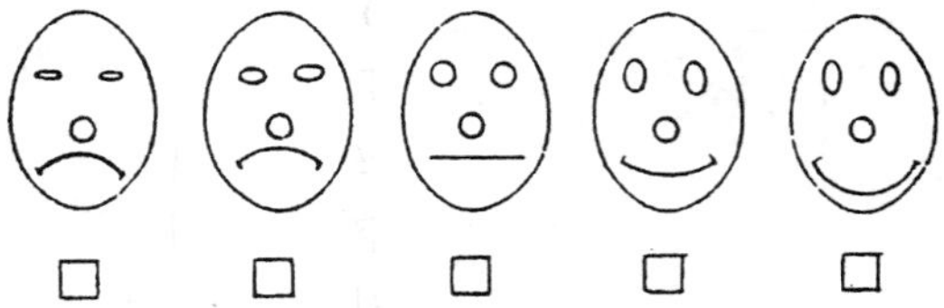

关于该商品，请在最能表现你的感觉的表情的下方方框中打钩

图 6-38　微笑的尺度

（3）SD 法

感性测量要求正确地记述和流畅地传达。以下三点可以概括其基本要求。

1）客观、科学的测量。感性测量必须展示测量对象的全貌。如果测量对象全貌不可测，也必须弄清要测量的是全貌的百分之几或哪个侧面。

2）数量表达。为了正确传达结果，用数量表达是最简单的，感性测量的结果也必须能量化对比。对三种对象的感性评价结果进行对比时，需要求它们的差值。

3）有效测量。调查的前提是有效。对类似侧面的多项调查效果不太好。感性评价要求尽可能多元、独立测量。对两种现象进行感性评价对比时，也不能只单一比较某一侧面，否则达不到目的。以上三个要求都满足的方法是 Osgood 的 SD 法。对于第一要求客观、科学来说，SD 法使用尺度值使各感性特征数量化；对于第二要求数量表达来说，SD 法可算出因子得点 D－Score；对于第三要求有效来说，SD 法用因子分析法测量意义空间。

4）运行顺序。SD 法由刺激尺度和受测者等要素组成。感性测量时，首先要明确测量对象是什么。根据对象不同，尺度和受测者的选择也不同。选定测量对象之后，接下来要选择可以测量全貌、效率高的尺度。方法有两种，即利用标尺和特制尺度。

5）评定。对象和尺度决定后，下一阶段是选择受测者。受测者的选择主要由测量对象决定。

6）尺度的数量和评定阶段。尺度的数量主要由调查的尺寸和目的决定。饱户在抽取日文版标准尺度时，Osgood 在英文版标准尺度，都使用了 50 的尺度。但是评定其他对象时，这一数量相比较还是偏大。

对某一对象的感性空间进行因子分析时，必须尽可能使用多种尺度。但是，如果此对象的因子空间可以推测出来，或只注重此对象某个特定侧面，就不需要对此对象进行全面测量。

7）结果的处理。获得的基本数据资料是度数分布值。在此基础上，算出尺度值和标准偏差。由于尺度值属于心理尺度（距离尺度），算出尺度值之后，可以用于统计法、各种相关分析法中。

（4）心理物理尺度值与感性评价值之间的关系

用 SD 法测出的对色彩的感性评价结果相对一致，与 Osgood 一样，抽取的某对象的活动性、潜力性、评价性等三因子也大致相同。例如，1962 年测量的表 6-10 的因子分析结果与 1984 年测量的表 6-11 的结果大致一致，由此得知，对色彩的感性评价几乎不随时间的改变而改变。依据类似研究，最近开始凭借色彩的心理物理尺度直接推测其感性评价结果。色彩感性评价数据也使用三因子分析，以得到的各色因子为基础，使用花键函数，求在蒙赛尔表色体系（蒙赛尔色立体图）的明度、色相、纯度面上求回归曲面，然后画出色彩感性评价的评价因子的等值轨迹（图 6-39）。据此可以推测出某蒙赛尔明度、纯度的颜色的评价尺度值。另外，根据三相因子分析，可以测量不同受测者的因子轴对应的感应度（图 6-40）。据此可以分析出色彩的感性评价中灵敏度高与灵敏度低的人的比例以及评价性尺度中灵敏度低的人所占比例。

表 6-10 单色 SD 法的因子分析结果（一）

	因子 1	因子 2	因子 3
喜欢	0.95821	0.01919	0.10618
活力	0.28020	0.90085	－0.23400
轻松	0.64452	0.72629	0.20207
漂亮	0.92164	0.27989	0.12320
欢快	0.61881	0.74209	－0.00312
品质	0.82109	－0.26685	0.35779
温暖	－0.08704	0.83959	－0.01229
明亮	0.63465	0.58178	0.47683
牢固	0.21982	－0.74981	－0.34942
坚实	0.29036	0.50781	0.78869
沉重	0.50122	0.40808	0.74733
厚重	0.43922	－0.09999	0.87541
强壮	0.08531	0.16901	－0.96778

表 6-11 单色 SD 法的因子分析结果（二）

	因子 1	因子 2	因子 3
喜欢	0.82556	－0.05328	0.06978
漂亮	0.84909	－0.08865	0.18788
明亮	0.57368	－0.27597	0.59085
温暖	－0.01442	－0.10051	0.76926
欢快	0.56195	－0.10913	0.66176
轻松	0.52407	0.06698	0.62961
厚重	－0.10869	0.85869	0.14935
沉重	0.38436	－0.75418	0.17347
坚实	－0.03258	0.71726	－0.34308
强壮	0.10081	0.84730	0.20094
干净	0.80437	－0.06750	0.15399
活力	－0.19944	－0.20918	－0.76408

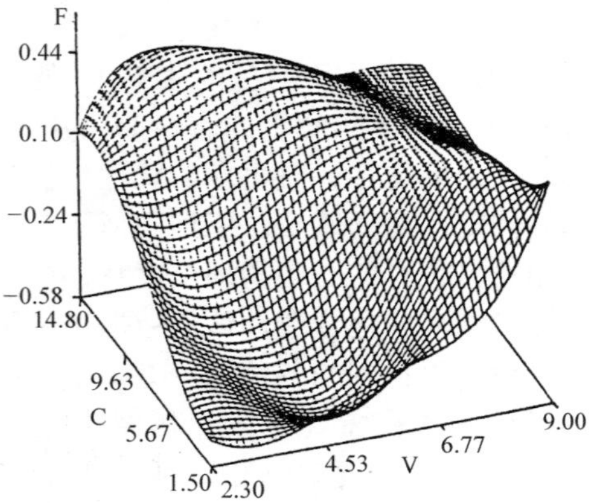

图 6-39　蒙赛尔明度彩度平面上的色彩感情评价因子等值轨迹

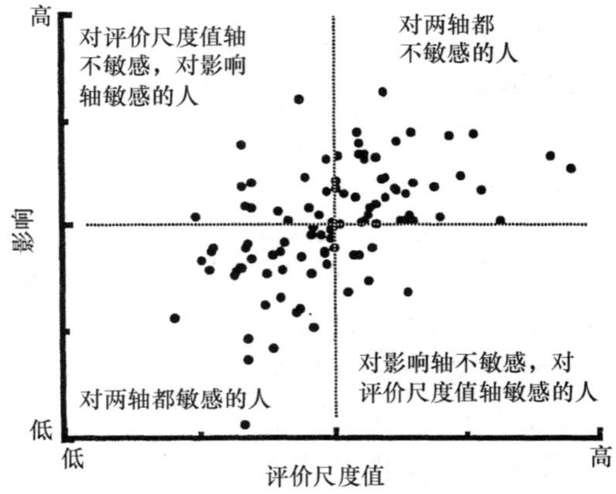

图 6-40　三相因子分析个人感应度

参 考 文 献

1) 日産自動車㈱：NEO-X 広報資料
2) 大型技術懇話会通商産業省生活産業局：人間生活工学検討委員会報告書（1988）
3) 人間生活工学研究センター編：人体計測データベース構築に関する事業報告書（1994）
4) JIS D 4607：自動車室内寸法測定用 3 次元座位人体模型（1977）
5) SAE J 826
6) 山崎信寿：動作分析概論，総合リハ，Vol.10，No.2，p.225-230（1982）
7) 戸井ほか：快適空間について，マツダ技報，No.2，p.4-13（1984）
8) 北村ほか：乗用車の居住空間に関する一評価法，日産技報，No.9，p.15-23（1974）
9) 伊藤英世：掴み手の動作機能解析，バイオメカニズム 3，東京大学出版会，p.145-154（1975）
10) 近西郁夫：炭素繊維のバイオメカニズムへの応用，バイオメカニズム学会誌，Vol.4，No.2，p.14-23（1980）
11) 森本正治，土屋和夫：導電性ゴムを応用した関節角度計の試作，人間工学，No.20（特別号），p.252-253（1984）
12) 前野郁尚ほか：伸張導電シートの生体計測への応用，第 10 回バイオメカニズムシンポジウム前刷集，p.271-280（1987）
13) 永島淑行：自動車技術ハンドブック，3.試験・評価編，第 9 章，p.207-269（1991）
14) Loughborough Univ. Research Institute for Consumer Ergonomics Report：METHODS FOR MONITORING DRIVERS STRESS
15) 世古恭俊ほか：覚醒度低下時の運転操作解析，自動車技術会学術講演会前刷集，No.841，p.69-74（1984）
16) 児玉　悟ほか：皮膚電位を用いた覚醒度検出装置の開発，自動車技術会学術講演会前刷集，No.912，p.213-216（1991）
17) 岸　篤秀ほか：ドライバの覚醒度評価手法について，自動車技術，Vol.46，No.9，p.17-22（1992）
18) 金田雅之ほか：居眠り運転警報システムの開発，日産技報，No.34，p.85-91（1993）
19) 道盛章弘ほか：ドライブによる覚醒度の変化とその回復方法，人間工学，No.27（特別号），p.208-209
20) 岸　篤秀：マツダ技報，Vol.10，p.206（1992）
21) 柳島孝幸ほか：脳波などを用いた自動車運転者の覚醒度の評価法について，人間工学会第 20 回大会論文集，p.256-257（1979）
22) 平松真知子ほか：香りが覚醒に及ぼす効果の研究，日産技報，No.33，p.57-63（1993）
23) 山本恵一ほか：大型トラックの長時間運転時の覚醒度評価の検討，自動車技術，Vol.46，No.9，p.23-28（1992）
24) 保坂良資：まばたき発生パターンを指標とした覚醒水準評価の一方法，人間工学，Vol.19，No.3，p.161-167（1983）
25) 川上祥央：運転者の覚醒度低下，自動車技術，Vol.46，No.9，p.29-33（1992）
26) 片山　硬ほか：覚醒度と脈波のゆらぎ，自動車研究，Vol.15，No.10，p.10-12（1993）
27) 西村千秋ほか：いねむり運転防止システムの研究，IATSS 研究・研修助成報告集，Vol.3，p.67-72（1982）
28) 大型技術懇話会通商産業省生活産業局：人間生活工学検討委員会報告書（1988）
29) 高橋伸子：こころの測定法，見え方を測る，実務教育出版，p.24-45（1994）
30) 森田和元，益子仁一，岡田竹雄，伊藤紳一郎：二輪自動車の誘目性等に及ぼす副次的タスクの影響，自動車技術会学術講演会前刷集，No.935（1993.10）
31) 後藤　洋ほか：車室内匂いコントロール技術開発の現状と展望，自動車技術，Vol.45（1991）
32) 増山英太郎，小林茂雄：センソリー・エバリュエーション（1989）
33) 斉藤幸子：臭気不快度の評価方法，昭和63年度製品科学研究所研究講演会（1988）
34) C. E. Osgood, G. J. Saci and P. H. Tannenbaum：The measurement of meaning, Iniver. of Illinois Press（1957）
35) 中川正宣，富家　直，柳瀬徹夫：色彩感情空間の構成，色彩学会雑誌，Vol.8，No.3（1984）